KB071551

음악치료 탐구: 논점과 이해

The Study of Music Therapy :
Current Issues and Concepts

Kenneth S. Aigen 저 | 김경숙 · 황은영 · 박소영 공역

학지사

『음악치료 탐구』 소개

　이 책은 음악치료를 학문적인 영역에서 이해하기 위해 중요한 이슈들을 다루었다. 즉, 음악치료가 어떻게 발전하고 있으며 어떻게 다른 학문 영역과 연결할 수 있는가에 대한 것이다. 임상적인 영역보다 학문적인 영역에서 음악치료 이슈에 대한 정의를 자세히 살펴보기 위해 다학제 간 접근을 사용하였다. 이 책은 음악치료에 관심이 있는 학자들이 매우 흥미 있어 하는 영역, 예를 들면 정의에 대한 이슈, 이론, 사회적인 맥락에서의 기능 등에 초점을 맞추었기 때문에 이들에게 유일한 최고의 자료원이 될 것이다. 그러나 이 주제에 대한 이전의 지식들을 자세하게 가정하지는 않는다.

　논의된 몇 가지 주제는 음악치료의 본질을 정의하는 것, 인간의 웰빙에서 음악 사용에 대한 현재와 역사적인 관련성, 음악치료가 효과적이기 위한 고려사항 등을 포함하였다. 또한 신경학적인 이론의 역할, 조기상호작용이론, 음악치료 이론에서의 발전적인 고려사항 등에 대한 현대사조를 검토했다. 이러한 영역에서 저자는 사고 발달에 대한 개요를 제시하고 반대되는 입장을 토의하고 이슈에 대한 개인적인 통합을 제공한다. 『음악치료 탐구』은 이러한 이슈에 대한 현재 지배적인 의견의 비평을 제공하면서 현재 논쟁이 되고 있는 주된 이슈들을 모아 놓은 유일한 책이다.

역자 서문

1990년대 후반 한국에 음악치료가 소개된 지 20여 년이 되어 가고 있습니다. 이제 음악치료라는 단어는 사회적으로 더 이상 낯선 단어가 아니라고 생각합니다. 하지만 여전히 '음악치료가 무엇인가?' '음악치료사는 누구인가?'라는 질문은 끊임없이 반복되고 있습니다. 심지어 음악치료를 공부하는 학생 뿐만 아니라 전문가들조차도 내가 하는 것이 과연 제대로 된 음악치료를 하고 있는가 등 음악치료의 정체성에 대해 고민하고 있습니다. 국내 음악치료가 소개된 초기에는 주로 장애아동, 정신질환자 등 특수한 대상에게 적용되는 보조치료로서 소개되었지만, 최근에는 그 영역이 확대되어 일반인의 정신건강을 위해서도 적용되고 있습니다. 또한 전 세계적으로 힐링, 웰니스의 열풍과 함께 음악치료 역시 그러한 분위기를 반영하여 적용하려는 움직임들이 있습니다.

음악을 사용하는 음악치료 역시 사회적·문화적 배경에 따라 고정된 것이 아니라 변화되고 진화되어야 합니다. 이에 따라 국내에서도 한국의 실정에 맞는 음악적 접근, 새로운 영역의 출현에 따른 모델개발 등의 필요성이 대두되고 있습니다. 이러한 시점에서 이 책은 음악치료에 관련된 여러 가지 이슈와 쟁점에 대해 논의함으로써 새로운 음악치료의 패러다임 전환을 위한 지식과 정보를 제공해 주고 있습니다. '새로운 음악치료는 전통적인 음악치료와 다른 것인가?' '치료사의 역할을 어떻게 변화되는가?' '힐링과 치료의 공통점과 차이점은 무엇인가?' '대중을 위한 공연을 음악치료라고 할 수 있는가?' 등 국내의 음악치료사들에게도 많은 논쟁이 될 수 있는 다양한 주제를 다루고 있습니다.

이제 한국에서도 이러한 문제들에 대해 논의와 합의가 필요한 시기라고 생각합니다. 국내에서 음악치료를 공부하는 학생들과 전문가들에게 이 책은 음악치료에 관해 고민하던 문제에 조금이나마 해답과 방향을 제시해 줄 수 있기를 바랍니다. 또한 이러한 과정을 통해 새로운 음악치료의 방향을 모색하고 발전시키는 데 이 책이 기초자료가 되기를 희망합니다. 모쪼록 한국의 음악치료가 세계적인 음악치료로 나아가기 위해 국내 음악치료사들에게 이 책은 함께 고민하고 새로운 도전에 대한 열정을 갖게 할 것이라고 생각합니다. 많은 치료사에게 이 책이 도움이 되기를 바랍니다.

마지막으로 이 책이 국내에 번역될 수 있도록 도와주신 학지사 김진환 사장님 이하 관계자분들께도 진심으로 감사드립니다.

2016년
역자 일동

저자 서문

2000년대 초에 나는 음악치료 즉흥연주에서 대중음악 스타일을 사용하는 연구 프로젝트에 깊이 관여하였다. 내가 조사하고 있었던 한 가지 중요한 현상은 음악치료에서 그루브 창조의 역할이었다. 나의 주된 초점은 어떻게 그루브가 형성되고 임상적으로 이익을 주는가에 대한 것이었다.

이러한 흥미는 나로 하여금 Charlie Keil과 Steven Feld의 작업, 특히 그들의 저서인 『음악리듬(Music Grooves)』(Keil & Feld, 1994)에서 탐구와 대화를 하도록 이끌었다. 나는 민족음악학(ethnomusicology)과 인류학(anthropology)으로부터 발생한 개념, 즉 Keil의 '참여적 불일치(participatory discrepancies)'와 Feld의 'dulugu ganalan' 혹은 '소리를 상승시키기(lift-up-over sounding)' 개념이 음악치료와 매우 관련이 있음을 발견하였다. 이러한 생각은 나의 개념적인 분석에서 중대한 역할로 가정된다. 이러한 유용성이 나를 더욱 깊이 민족음악학 문헌에 빠져들도록 하였으며, 그래서 나는 한때 연구 프로젝트에서 시간을 보냈던 것을 출판하였다.

나는 개요를 쓰기 위해 이 영역의 몇몇 친구에게 한 가지 교재를 추천해 달라고 하였다. 그들 중 몇몇은 Bruno Nettl의 『민족음악학의 소리(The Sound of Ethnomusicology)』(2005년에 개정판이 발간됨)가 좋은 시작점이 될 것이라고 대답하였다. Nettl의 연구에서 일반적인 논조는 몇 가지 이유로 나를 깊게 관여하게 하고 영감을 제공함을 발견하였다. ① 이 책은 인류음악학자, 관련 영역의 학자, 대학원 학생을 포함하여 다양한 청중을 대상으로 하였다. ② 이 분야에서의 이슈에 대한 설명과 논쟁은 완전히 이방인 같은 나도 이해하게 하였다. 상대적으로 복잡한 주제를 지나치게 단순화하여 제공함으로써 얻어지는 것이 아님이 분명하다. ③ 이 책은 기존의 입장에 대한 요약도 아니고 개인적인 견해의 진술도 아니다. 대신 Nettl은 이슈에 대한 다른 입장에서의 탐구와 지나치게 격론을 벌이지 않는 방법으로 자신의 관점을 제공하는 것 사이에서 균형을 유지하였다.

Nettl의 책이 지닌 가치는 내가 이러한 방법으로 음악치료에 대한 책을 쓰도록 하였다. 따라서 이 책의 목적은 학문적인 영역에서의 음악치료의 이해, 발전, 그리고 관련 훈련과의 연결을 이해하기 위해 중심이 되는 이슈들을 말하고자 하는 것이다. 이 접근은 앞에서 언급한 Nettl의 작업에서 세 가지 측면에 의해 안내되었다. 이 측면의 처음 두 가지와 관련하여, 그 작업은 음악치료학자, 음악치료 대학원생, 그리고 인류음악학과 음악사회학 같은 관련 영역의 학자들에게 말하는 것이다. 음악치료의 상세한 지식이 가정되는 반면, 주어진 장에서 초점을 이해하기 위해 필요한 정보만을 제공하면서 음악치료에서의 공통적인 지식의 설명은 최소한으로 유지된다. 세 번째 측면에서는 대조되는 관점을 처리하기 위해 사용되는 전략이 Nettl의 관점과 유사하다. 각 장은 주제에 대한 개요와 서로 다른 입장에 대한 설명, 그리고 다양한 저자에 의한 이론적 근거를 포함한다. 탐구된 이슈의 서로 다른 측면으로 인해 내 자신의 관점 또한 분명하게 할 것이다.

이러한 영역 내에서 나는 사고의 발달을 추적하고 두 가지 의도를 가지고 대조되는 설명을 제공한다. 그 의도는 음악치료사들이 관심을 갖는 학문적 · 이론적 · 실질적인 관심에 대해 자세하고 광범위한 견해를 제공하기 위함과, 이러한 관심에 대한 논쟁으로 나아가기 위함이다. 몇몇의 경우 논쟁은 한 가지 위치에서 서로 반대되는 입장을 모으면서 발전하기도 하고, 잠재된 이론적 근거를 조사하기도 한다. 가능하다면 어디서든 나는 이전에는 강조되었던 과거의 극단적인 입장으로부터 움직이기 위한 통합을 제안한다.

음악치료에 대한 이전의 상세한 지식을 가정하지 않고 혹은 많은 분석적인 도구가 유도될 것이라는 것을 기술함으로써, 나의 바람은 작업이 두 가지 방향으로 다학제 간 훈련에서 이해와 통합을 발전시킬 것이라는 것이다. 이것은 음악치료에서 이슈와 딜레마를 이해하는 데 유용할 수 있는 관련 훈련 영역으로부터 관점을 음악치료사들에게 소개하는 것을 포함할 것이다. 그리고 동시에 이러한 개념을 사용하는 것이 음악치료 영역 밖의 학자들을 위한 새로운 시작점을 제공할 것이다.

상대적으로 적은 수지만, 음악치료사들은 서로 다른 기능 수준과 전 연령에 걸쳐 매우 다양한 클라이언트와 일을 한다. 음악적으로 지지를 받는 출산부터 삶의 종말까지, 그리고 최소한의 인식으로 반응이 없는 개인부터 자기실현을 위한 심리치료의 대안적인 형태를 찾고 온전히 기능하는 개인까지 작업이 수행된다. 그들의 작업은 본질적으로 광범위하기 때문에 음악의 본질, 건강과 웰빙의 의미, 개인 발달에서 문화의 중요성, 음악의 의미를 결정하는 데 맥락(사회적·개인적)의 역할 같은 관련 영역에서 논쟁이 되는 계속적인 질문에 음악치료사들은 직면한다.

이러한 관심의 모든 것은 음악치료사들에게 근본적인 것이지만 아직 많은 것이 다른 영역과 유사하지도 않고 또한 다른 훈련 영역에서 직접적으로 다루지도 않는다. 결과적으로 음악치료사들은 음악 훈련 영역의 학자들에게 빈번하게 제안한다. 음악하기(musicing)[1]가 발생하는—인류음악학 혹은 사회학적인 관점으로부터 어떤 것이든—맥락을 더욱 완전하게 설명하기 위해서는 음악치료사들이 그들의 클라이언트와 음악을 창조하는 맥락을 포함하는 것이 필요하다. 예를 들면, 그것이 만성 정신질환을 가진 외래 성인 환자를 위한 시설이건 자폐아동의 학급이건 간에 포함해야 한다. 음악훈련이 없이 음악치료 안에서 일어나는 것이 무엇인지 고려하지 않는 한, 그 노력 안에서 이해를 위해 접근할 수 없다.

반대로, 내 경험에 의하면 다른 영역의 학자들은 음악치료 세션에서 일어나는 것이 무엇인가지 통찰을 제공할 수 있는 개념을 만들어 왔다. 결국, 음악치료 활동은 작곡, 감상, 재창조 혹은 즉흥연주이든 무엇이든 간에 문화적으로 자리 잡은 음악하기(musicing) 상황의 사례가 된다. 따라서 음악치료 밖에서의 음악훈련을 기본으로 하는 지식을 기반으로 하는 연구가 음악치료에 더욱 적절하다는 가정이 합리적이다. 음악치료사들은 비임상적인 음악 영역으로부터보다는 비음악적인 건강 관련 영역으로부터 더욱 많은 이론을 사용하기 때문에 현재 작업의 중요한 초점은 이러한 불균형의 시정을 지지하는 것이다.

이 책이 비록 본질적으로 연구는 아니지만, 나는 각 장의 내용을 결정하고 이 책의 장을 구성하기 위해 어느 정도는 질적 연구와 유사한 방법을 적용하였다. 각 장의 제목과 초점에서는 일반적인 구조를 강조한 후 이러한 기본적인 초점과 관련된 많은 음악치료 관련 서적과 모든 음악치료에서 중요한 학술지들을 조사하였다. 많은 출처로부터 각 장의 주제가 언급되고 이러한 주제는 이 책의 기본 내용이 되었다. 그래서 어느 정도는 나의 관심을 반영하는 특별한 부분도 있는 반면, 음악치료 저자들에 의해 주장된 지속적인 주제를 기본으로 한 것도 있다. 이러한 점에서 여러 장에서 인용된 저자들도 소수 있다. 이는 단지 나의 개인적인 선호를 반영하기보다는 오히려 나의 경험적인 작업의 결과다.

한 가지는 관련 이슈들이 논쟁이 되고 있는 영역에서 다양한 관점을 검토하기 위한 이 책의 중심 전략과 관련이 있고, 반면 이러한 지속적인 이슈에 대한 나 자신의 관점을 제공하는 기회도 있다. 물론, 나는 이 책에서 이러한 이슈를 언급하는 방법과 이슈를 선택하는 방법에 분명하게 영향을 미친 나의 가치, 신념, 경험을 가지고 있다. 나의 이전 출판물에 익숙한 음악치료사들은 이러한 나의 작업에 관해 몇 가지 생각을 가지고 있을 것이다. 익숙하지 않은 독자들은 나의 관점과 이슈에 대한 설명을 똑같이 이해할 수 없을 것이다. 따라서 음악치료에서 이미 뛰어난 의료 지향적 · 과학적 · 행동적 · 정신역동적인 접근과 달리 창조적 · 즉흥적 · 사회적 · 음악적 기반의 이론에 대한 나의 작업을 아는 것이 중요하다.

음악을 기반으로 하고 사회적·문화적으로 지향된 음악치료에 대한 나의 헌신 때문에 나의 분석이 의료적·순수과학적·정신역동적인 접근의 관점의 저자들에게 비평적인 것은 자연스럽다. 그러나 나의 비평적 분석은 내가 더 많이 공감했던 전반적인 프로그램을 소유한 이전의 작가들의 작업 또한 다룬다. 이론적인 스펙트럼에 걸친 저자들을 분석함에 있어, 나는 나의 주장의 내용이 단지 이미 결정된 어떤 관점을 위한 논쟁으로 고려되기보다는 그 자체의 가치에 관해 평가될 수 있기를 희망한다.

나는 또한 중요한 문헌으로부터 많은 의미 있는 작업을 인용함으로써 내 의견에 대해 균형을 맞추었다. 아마도 이러한 형태의 작업에서 전형적인 것은 아니다. 내가 이렇게 한 것은 어떻게 이러한 관점들이 구성되었는가에 대한 내 결론을 이끌어 내기 위해서 독자인 당신에게 독자의 말로 직접 접촉할 기회를 제공할 뿐만 아니라 다른 저자들의 관점에 대한 나의 주장을 구체적으로 설명하기 위해서다. 상대적으로 자세한 인용은 또한 현재 연구 같은 광범위한 조사 연구에서 다루어질 수 있는 것 이상의 이슈들을 포괄적으로 탐구하기를 희망하는 독자들에게 안내를 제공한다.

이 책에서 나의 목적은 음악치료에서 학문적으로 논쟁이 되고 있는 중심 이슈를 수집하는 것이기 때문에 모두가 만장일치하는 이슈들은 포함하지 않았다. 결과적으로 비록 나의 바람은 이러한 논쟁에서 더욱 발전하기 위해 미래의 저자들을 위한 도구를 제공하고 있는 반대되는 관점을 요약하는 것이지만 몇 가지 탐구는 아직 결론에 이르지 못했다. 몇몇 곳에서 나는 통합을 시도하고 내 의견에 대한 몇 가지 합의점을 찾기 위해서 갈등을 해결하기 위한 제안을 제시한다. 나의 희망은 집중되고 분산되면서 모두 균형을 이루는 것에 초점을 맞추는 것이며 따라서 독자들에게 풍성한 경험을 제공하는 것이다.

이미 말한 것처럼 나는 다른 영역과 유사하거나 혹은 이러한 영역으로부터 명확하게 될 수도 있는 주제를 특히 강조하여 왔다. 이 이슈는 임상적인 실행

으로 발생하거나 혹은 이러한 실행에 대한 학문적인 반영으로부터 발생한다
고 주장하였다. 그러나 임상적인 작업에서 어떤 형태의 통합적인 개요를 제공
하기 위해 주장하는 것도 아니고 포괄적으로 토의되고 있는 치료 모델이나 방
법을 주장하는 것도 아니다. 내가 주제를 선택하기 위해 노력하는 것은 음악
치료사와 다른 훈련 영역의 독자들 모두가 매우 흥미 있어 한다고 믿는 이슈
들을 지지하는 것이다. 또한 나는 더욱 실질적이며 실천적인 이슈의 근원에
대한 이론과 개념에 더욱 관심이 있다.

　직접적으로 포함하지 않았지만 다른 이슈에 대한 맥락에서 논의되고 있는
두 가지는 미(aesthetics)적인 역할과 음악치료 이론에서 정서적 표현의 개념화
다. 이 두 가지 주제는 이 책에 포함될 수 없지만 다른 출판물에서 구체적으로
언급되었고,[2] 따라서 여기서 반복하지 않기로 하였다. 또한 언급되지 않은 두
가지 기본적인 영역은 음악치료에서 연구와 교육적인 훈련에 대한 것인데 이
러한 영역은 중요하지 않아서가 아니고 그 자체로 더욱 노력이 필요하기 때문
이다.

　이것이 간단한 개요 안에서 이미 분명하지 않다면, 나는 내가 기질적으로
그리고 훈련에 의한 철학자라고 말할 것이다. 세계가 개념적인 이슈들에 대해
자세하게 설명하는 데 유용한 많은 도구를 제공한다는 것을 이해하지만 철학
적인 글은 그러한 모든 측면이 이미 탐구되었기 때문에 중요한 이슈에 초점을
유지하기 위해 독자들에게 도전이 될 수 있다. 더욱이 탐구된 이슈의 대부분
은 분명한 해결을 갖지 않는다. 이는 대개 철학이 답을 제공하기보다는 질문
을 더욱 분명하게 하기 위한 작업이기 때문인 것으로 보인다.

　음악치료사들은 전문적으로 대화할 때 자애로운 경향이 있다. 다른 학문
영역과 비교하여 음악치료에서 다른 사람들의 비평과 불일치에 대한 출판물
이 거의 없다. 이는 부분적으로는 음악치료 전문가 집단은 도량이 넓기 때문
이며 또 한편으로는 음악치료 문헌에서의 토의에 대한 많은 이슈들이 사실은
관심이 없기 때문이기도 하다. 대신 그들은 임상적인 틀, 개념, 다소 특정한

맥락에서의 이론을 다룬다. 실용적인 구성에 따라 이러한 틀은 실용성이 가득한 치료사들에 의해서는 사용되고 일반적으로 반대되는 입장에서 작업을 하는 치료사들에게는 사용되지 않는다. 몇몇 독자가 이러한 비평이 없는 전문성의 역동성은 그들의 작업에서 일반적으로 지지적인 입장을 반영하는 긍정적인 기질로 생각하는 반면, 그렇더라도 갈등과 해결이 성장을 위해 필수 요소가 되는가에 대한 자세한 심리치료와 상담의 기본적인 개념과는 일치하지 않는다.

이 책에서 중요한 부분이 다른 사람들의 글을 비평하는 것을 포함하기 때문에 나는 이러한 관찰을 하였다. 그러나 음악치료에 대한 특정 개념을 이슈로 선택하는 것에 있어서 나는 그들 중에 어떤 것들이 옳은가를 정당화하는 것은 아니다. 대신에 나는 대부분 유용하다는 것을 식별하기 위해 노력하였다. 그리고 비록 일반적으로 이어지는 논의에서 강조되지 않더라도 내가 지향하는 음악치료는 클라이언트의 삶을 확장시키기 위해 존재하는 서비스라는 것이다. 나는 다양한 사람과 함께했던 25년간의 임상 경력이 있다. 내가 주장하는 생각과 관점은 모두 클라이언트의 삶을 최선으로 만드는 것에 의해 동기부여가 되며 나는 클라이언트가 음악과 함께하는 임상적인 관계로부터 원하는 것이 무엇인가에 대해 연결되어 있다.

이 작업을 통한 나의 목적은 진보를 촉진하기 위해 음악치료에서의 몇 가지 공통적인 실행과 개념에 잠재된 문제를 이해하도록 하는 것이다. 여기 포함된 이슈에 대한 대부분의 철학적인 탐구는 몇 가지 다른 전략으로 구성되어 있다. 이 책에서 논의되는 다양한 입장과 개념은 내적 일치성과 합의를 위해, 언급되지 않거나 혹은 보장되지 않은 개념적인 가정, 그리고 특정 가치에 숨겨진 작업을 위해 분석되었다. 이러한 작업 형태는 어떤 가치 시스템 안에서 개념적인 계층을 강조하고 내가 믿는 약점이 무엇인가에 대한 것을 보여 주어야 하기 때문에 본질적으로 비평적이다. 그러나 이러한 투명성의 가치는 그것이 진정으로 학자들의 공동체에 대한 반응과 협조하려는 노력을 통해 만들어지는 진보를 요구한다는 것이다. 따라서 내가 다른 이들의 저작에 대해 비평을 하지만 나는 이러한 작업이 내 작업에 대한 유사한 비평 이상의 보상은 아니라고 생각하며, 그래서 어떻게 음악치료가 개념화될 수 있는가에 대한 진보적인 결정은 앞으로도 계속될 수 있다.

Notes

1. 1990년대 중반에 음악치료에서 음악이라는 명사를 동사로 사용하기 시작하였다. Musicing의 철자를 사용하는 작가는 David Elliott(1995)이며, 그 책에서 인용한다. Musicking이라는 철자를 사용하는 작가는 Christophrt Small(1998)이며, 그의 책에서 인용한다. 이러한 용어가 문장에 나타날 때마다 사용된 철자는 작가가 인용한 선택을 반영할 것이다.

2. 음악치료 이론에서 미(aesthetic)의 역할에 대한 개요를 살펴보기 위해서는 Aigen(2007, 2008)을 참고로 하고 Smeijsters(2008)와 Stige(2008a)에 대한 반응을 보라. 음악치료에서 정서적 표현의 다양한 개념에 대해 알고자 하는 독자들은 Aigen(1995b, 1998, 2005a), Ansdell(1995), Epp(2001), Pavlicevic(1997), Smeijsterds(2005)를 참고하라.

감사의 글

Routledge의 Constance Ditzel의 끊임없는 격려와 인내로 이 책이 탄생할 수 있었다. 그녀의 인내와 지지가 없었다면 이 책은 거의 쓰지 못했을 것이다. 두 명의 익명의 검토자가 이 책을 구성하는 데 도움이 되는 유용한 피드백을 주었다. 나는 그들의 광대하고 사려 깊은 제안에 깊은 감사를 보낸다. Carolyn Kenny는 30년 이상 다학제 간 틀 안에서 음악치료를 탐구하며 영감을 주어 왔으며, 나는 이 책이 그녀의 노력 없이는 (최소한 나를 통해) 쓰일 수 없었음을 안다. 템플 대학교 Boyer College of Music and Dance는 이러한 방대한 작업이 수행되는 동안 오랜 연구를 할 수 있도록 허락하였으며, 나는 이에 대해 매우 감사한다. Darlene Brooks는 내가 떠나 있는 동안 그녀 자신의 엄청난 업무량에 더하여 학문적인 책임감을 떠맡았다. 이러한 지지와 고마운 친구와 동료들이 없었다면 이것과 같은 작업을 해내는 데 필요한 나만의 시간을 가질 수 없었을 것이다.

차 례

개 요 19

제1부 음악치료란 무엇인가

제2부 음악치료에서 음악은 어떻게 고려되는가

제3부 음악치료에서 비음악적 양상들은 어떻게 고려되는가

개 요

　이 책에서 다루어지는 첫 번째 주제는 음악치료의 본질과 왜 이 문제가 많은 논쟁거리가 되는지에 초점이 맞춰져 있다. 그러한 개념적 주제들—그리고 이 책의 나머지 부분을 구성하고 있는 것들—을 탐구하기에 앞서 음악치료에 익숙하지 않은 모든 독자에게 음악치료의 보다 구체적인 측면에 대한 약간의 개요를 설명하는 것이 중요하다.

　음악치료는 전 세계에 걸쳐 학사, 석사 그리고 박사 수준에서 수학하는 과정이다. 호주, 캐나다, 미국의 경우에는 학사 학위 소지자들이 치료사 자격을 얻을 수 있다.[1] 유럽과 남미 등 대부분의 다른 지역에서는 석사 이상의 학위 소지자들에게 자격이 주어진다. 다양한 보건 임상가(간호사, 심리사, 사회복지사 등)가 자신들의 분야에서 음악을 사용할 수 있고, 다양한 유형의 음악가들이 건강 관련 기관이나 지역사회 현장에서 음악을 제공할 수는 있지만, 그들이 음악치료를 시행하는 것은 아니다. 음악치료가 적절한 교육을 받고 규제기구의 승인을 받은 개인에게만 제한되는 전문적으로 보호받는 명칭이라는 것은 이후의 논의에서 인식되어야 하는 중요한 사실이며, 특히 이 전문적 임상과 음악을 사용하는 토착적 치유 행위의 이전 선례와 현재의 유사 행위들 간의 관계를 검증하는 것이 중요하다.

비록 음악치료는 미국의 경우 5,600여 명의 비교적 적은 치료사가 있는 전문 영역이지만 매우 다양한 임상 현장에서 적용되고 있다.[2] 음악치료사들은 출산 시 음악적으로 지원하는 것부터 호스피스 완화의료 현장에서 주요한 치료로 적용하는 등 인간 삶의 모든 단계에서 일을 하며, 모든 상상 가능한 현장(학교, 병원, 재활 센터, 감옥 등)과 개인 센터, 그리고 다중적 지역 현장에서 일을 할 수 있다. 그들은 모든 장애 유형(감각, 운동, 인지, 정서적 영역을 포함하는)을 가진 대상자들은 물론 건강과 자기실현이 목적인 비장애인들을 위해서도 작업을 하며, 사람이 음악과 소통할 수 있도록 하기 위해 음악을 만들거나 즉흥음악이나 작곡된 음악을 감상하는 등의 모든 가능한 방법을 사용한다. 또한 그들은 자신을 주로 과학적 사고 안에서 일하는 의학적 임상가로부터 주로 창의적 사고 안에서 일하는 예술가로 생각하는 넓은 범주에 걸친 전문적 정체성을 유지한다.

모든 양상에서 보이는 음악치료의 이러한 다양성이 강점이 되는데, 다양성은 음악치료사가 매우 다양한 환자의 필요를 충족시켜 줄 수 있도록 하기 때문이다. 그러나 이는 또한 정치적·이론적·임상적 주제들과의 논쟁적 교류를 만드는 문제가 되기도 하는데 다양한 사람과 각기 다른 방법으로 일하고 각기 다르게 임무를 개념화하는 것이 자주 상충되기 때문이다. 사회의 구조 안에서 잘 자리 잡은 비교적 큰 분야에서 이러한 다양성의 교류에서 기인하는 충돌이 더 쉽게 발생한다. 음악치료는 비주류의 전문직종으로서 사회적으로 발전하기 위해 적어도 각 국가적 상황 안에서 의견 일치와 한목소리로 말하는 능력을 필요로 하는 어려운 위치에 놓여 있다.

음악치료에 존재하고 있는 다양성은 그 전문성에 대해 명확하게 진술하는 것을 불가능하게 만들며, 이러한 사실은 음악치료 외부에서 그것을 이해하려는 사람들을 짜증 나게 만들 수도 있다. 그것은 또한 자신들의 경험을 바탕으로 특정 임상적 접근법이나 업무 내용, 또는 직업에 대한 개념에만 충실하여 일반화시키는 사람들에 의해 종종 왜곡되거나 적어도 과도하게 편협한 방법으로 설명될 수도 있다는 것을 의미한다.

서문에서 밝힌 바와 같이, 이 책을 쓰면서 나는 논의할 주제와 인용할 자료들을 정하는 데 사용된 방법을 통해 내 자신의 선호로 의해 본의 아니게 발생하는 영향력을 줄이려고 시도하였다. 그럼에도 불구하고 독자들은 분명히 이 책을 음악치료에 대한 포괄적이고 광범위한 고찰보다는 개념적 주제들에 대한 탐구를 시작하는 시작점으로 생각하게 될 것이다. 이 책은 이 영역에서 더욱 중요한 주제들과 저자들에게 지도의 역할을 하도록 의도되었다. 그러나 위에서 언급한 생각과 임상의 다양성은 음악치료에 대한 정확한 관점을 논리적으로 얻을 수 있는 기본적 자원을 얻기 위해 매우 중요하다.

Notes

1. 이 책을 쓰는 시점인 2013년 봄, 미국음악치료협회는 많은 다른 치료 분야들—모든 예술치료를 포함—의 기본을 따르고 임상 입문 단계를 석사 이상으로 요구하는 제안서를 고려 중이다.
2. 이 숫자는 2013년의 상황을 반영한다.

제1부

음악치료란 무엇인가

음악치료 직업에 대한 정체성

01
CHAPTER

이 책의 어떤 독자들은 음악치료와 오랜 기간 익숙하게 지내 왔을 수도 있고 어떤 독자들은 음악치료를 처음 접할 수도 있을 것이다. 그러나 음악치료의 본질이 그 역사를 통해 계속 논쟁되어 왔기 때문에 전자의 독자일지라도 후자의 독자보다 문제없이 정의를 잘 내리지는 못할 것이다. 음악치료를 정의 내리는 것에 관한 복잡한 예로, Kenneth Bruscia(1989)가 책 한 권 전체에서 이 문제에 대해 다뤘고 이후 개정판(Bruscia, 1998a)에서는 상당히 수정하고 확장하는 것을 볼 수 있다. 그의 학구적 작업에 들어간 질과 양으로, Bruscia의 정의는 이 전문 영역에서 독특한 위상을 차지하고 있다.[1] 음악치료에서 두드러지고, 대표적이며, 영향력을 가지고 있는 두 개의 다른 단체는 미국음악치료협회(American Music Therapy Association: AMTA)와 세계음악치료연맹(World Federation of Music Therapy: WFMT)이다. 이 모든 것을 함께 고려할 때, 다음 세 개의 정의가 음악치료사들이 어떻게 자신들과 그들의 직업을 조망하고 있는지에 대해 논리적이고 포괄적으로 묘사하고 있다.

Bruscia의 정의는 체계적인 개입을 포함하는 건강 관련 직종의 일반적 개념을 일깨우며 변화의 과정에서 일어나는 관계가 중요한 심리치료의 시행을 언급하고 있다.

> 음악치료는 치료사가 대상자의 건강을 증진시키는 데 있어 변화의 역동적 힘으로서, 발전되는 음악 경험과 관계를 사용하는 개입의 체계적 과정이다.
>
> (Bruscia, 1998a, p. 20)

AMTA의 정의는 Bruscia의 정의보다 좀 더 국소적이다. 그 정의에서는 근거 중심을 언급하여 음악치료를 단순한 건강 관련 분야가 아니라 의학적 전문 직종으로 보다 엄격하게 규정하고 있다.

> 음악치료는 승인된 음악치료 과정을 완수하여 자격을 갖춘 전문가가 치료적 관계 안에서 개별적 목적을 달성하기 위해 음악적 개입을 임상적으로 그리고 근거 중심적으로 사용하는 것이다.
>
> (AMTA, 2013)

다원주의의 국제적 조직이라는 자신들의 상황에 걸맞기 위해, WFMT는 앞의 두 정의보다 더욱 확장되어 건강은 물론 삶의 질까지 포함하고 있다.

> 음악치료는 삶의 질을 최적화하고 신체적 · 사회적 · 의사소통적 · 정서적 · 인지적 · 영적 건강과 안녕의 증진을 원하는 개인, 그룹, 가족, 또는 사회 공동체 구성원에게 의학적 · 교육적 그리고 매일의 환경 속에서 개입하기 위해 음악과 그 요소들을 전문적으로 사용하는 것이다.
>
> (WFMT, 2011)

이상의 세 정의에 내포되어 있는 음악치료에 대한 다른 개념들은 이 책 전체에서 다뤄지는 다양한 주제에 대한 탐구의 배경이 된다. 그러나 이런 차이에도 불구하고 그들 모두 직업의 내면에서 음악치료를 보여 주고 있다. 음악치료는 정부의 전문적, 또는 교육적 단체에 의해 특정 자격이 주어진 사람들만 실행할 수 있는 건강 직종으로 간주된다. 내용 면에서 매우 다양한 적용을 가지고 있지만, 음악치료사들이 따라야 할 두드러지는 사회적 역할은 의학적 전문가, 심리치료사, 작업치료사, 물리치료사, 또는 언어치료사 같은 재활 전문가다.

　최근 들어, 음악치료가 처음으로 다른 영역의 학자들에 의해 연구되기 시작했다. 음악치료의 본질에 대해 내부로부터의 자세한 관찰이 아니라 이러한 외부적 관점으로 탐구를 하는 근본적 이유는 두 가지다. 첫째, 음악치료사가 아닌 독자들에게는 좀 더 친숙한 시작점을 제공할 수 있으며, 둘째, 음악치료사에게는 외부의 학자들이 음악치료에 대해 학문적으로 초점을 돌릴 때 포함될 주제들에 대한 의식을 제공한다.

음악치료에 대한 역사적 조망의 발생

　그렇다면 음악치료란 무엇인가? 음악치료사들이 쓴 자료들에서처럼 제2차 세계대전 이후에 생겨난 현대적 보건 행위인가? 혹은 관련 분야의 전문가들이 논쟁을 벌이고 있는 것처럼 인류의 시작부터 있었던 치유 목적을 위한 음악의 영구적 사용을 현대적으로 명시해 놓은 것인가? 또한 주로 서양적 형태의 전문적 적용은 현재 인간의 건강을 증진시키기 위해 음악을 사용하는 다양한 문화의 고유한 방법과 어떤 관계가 있는가? 이러한 고유의 방법들이 전문적 음악치료의 문화적 다양성을 대표하는가 아니면 그런 방법들이 문화의 다양성으로부터 완전히 분리되었을 때 더 정확하게 보이는가?

　1980년대 초에 음악치료사들은 그들의 일을 주술적 치유 같은 역사적 전조

증상과 관련지어 생각하기 시작했다. 대략 2000년 이후부터는 음악치료의 이론을 세우는 데 있어 더욱 공공연하게 인류학, 사회학, 그리고 민족음악학 분야들의 생각도 받아들이려는 경향을 보이고 있다. 비슷한 시기에 역사가들, 인류학자들 그리고 사회학자들도 음악치료를 역사적·문화적으로 맥락화하는 데 초점을 두기 시작했다. 이러한 두 상관된 움직임은 음악치료사들이 사용하는 원리의 지원적 이론을 찾기 위해 전통적으로 음악치료에 적용되어 왔던 의학적 그리고 심리적 틀에서 벗어나 그 범위가 확장되었음을 의미한다.

음악치료를 위해 잠재적으로 가치 있는 것이기는 하지만, 영역 밖으로부터 주목을 받는 것은 음악치료 학자들의 관점에서 볼 때 일련의 초기 노력들이 기본적인 원리들을 혼란스럽게 만드는 문제를 일으켰다. 따라서 다영역 간 교류가 확고한 기본 원리에 근거해 진행될 수 있도록 하기 위해서는 이러한 쟁점들을 분명히 규명하는 것이 중요하다.

Penelop Gouk(2000a)가 편집한 연구 모음집 『문화적 맥락에서의 음악적 치유(Musical Healing in Cultural Contexts)』는 "사회적·문화적·역사적 연구를 하는 학자"(Gouk, 2000b, p. 1)의 관점으로 음악치료를 현대적 전문 영역으로 언급한 최초의 저서들 중 하나다. 그러나 Gouk의 용어 선택은 혼란을 일으키는데 특히 치유(healing)와 치료(therapy)라는 단어의 관계에서 그렇다. 그녀의 의도는 "음악의 치유적 힘에 대해 다영역 간 그리고 다른 문화 간의 논의를 촉진하는 것"이었으며 이를 위해 "사람들은 어떻게 자신과 남을 치유하기 위해 음악을 사용하는가?"(2000b, p. 1)라는 질문을 던지고 있다. 비록 자신의 책에서는 구체적으로 다루고 있지 않지만 현대의 음악치료는 진단평가, 치료 목적, 그리고 체계적 평가를 포함한다는 것을 알리고 있다. 그러나 이로운 효과를 위해 어떠한 형태건 간에 음악에 참여하는 활동 모두에 '음악치료'라는 용어를 적용한다는 점과 전문적 음악치료를 묘사할 때 '전인적(making whole)'의 개념을 포함하지 않는다는 것 모두 문제의 소지가 있다.

그러나 이 책에서 다루고 있는 '음악치료'의 유형은 전문적이라기보다는 일반적이며…… 이러한 맥락에서 '치료'라는 용어는 연주자로 혹은 청중으로 어떠한 형태든 음악적/예술적 행위에 참여함으로써 얻을 수 있는 일반적인 치료적 효과를 지칭하기 위해 사용되고 있다. 이러한 종류의 활동과 '올바른' 음악치료의 중요한 차이는…… 그것이 훈련된 치료사의 개입을 필요로 하지 않는다는 것, 그리고 주로 오락의 형태, 즉 개인이 자신의 여가 시간에 원하는 것을 하기 위해 선택하는 경험이나 활동이라는 것이다. …… 그러므로 우리의 책 제목 시작을 음악적 치유로 선택한 것, 이것은 치유의 형태(즉, 다시 건강하고 전체적이 되는)로서의 음악을 생각하는 것이며 치료의 관점(즉, 뚜렷한 목적과 달성하려는 결과를 포함하는 개입의 기술)에서 음악을 생각하지 않는다는 경향을 반영한다.

(Gouk, 2000b, pp. 2-3)

Gouk의 치유와 치료 용어 사용과 이 둘 간의 뚜렷한 차이에 대한 그녀의 의미는 현대 음악치료 담론과 잘 맞지 않는다. 그녀는 용어를 반어적 의미가 아니라 고의적으로 모호하게 사용하고 있음을 알리기 위해 음악치료라는 용어를 작은따옴표 속에 넣어 쓰고 있으며, 그녀의 역사적 견해로 현대의 전문직보다도 앞섰던 음악의 사용에 대해서 잘 알고 있다고 주장한다. 왜 그녀가 훈련된 치료사가 필요하지 않으며 치료적 효과에 초점을 두고 있고, 그녀가 말하는 올바른 음악치료와 확연히 구분되는 모든 음악의 사용에 치료라는 용어를 사용했는지는 명확하지 않다. Gouk의 설명은 수사학적으로 현대의 음악치료사들이 갖고 있는 관점을 갖고 있다는 것을 제시하지만 아마도 그녀 스스로는 실제 그러한 차이를 믿고 있지 않을 수도 있다.

그녀는 책 제목으로 음악적 치유라는 용어를 선택한 이유에 대해 현대의 전문적 시행을 포함한 과정보다는 '전인적(making whole)'에 더 초점을 두고 있기 때문이라고 계속 설명하고 있다. 여기에서 몇몇 문제가 대두된다. 첫 번째 문제는 그녀가 사용한 '음악의 치유력'이란 용어다. 이러한 문구는 음악치료 담론에서도 사용되어 왔지만 음악이 상황을 초월하는 필수적 자질을 갖고 있다는 견해에 대해 논쟁하고 있는 현대적 관점에 기인한 최근의 용어가 아니다. 음악이 마치 약초처럼 치유적 성질을 갖고 있다는 생각을 장려하기보다는 사람들이 음악에 참여하는 방법을 통해 음악의 가치를 만들어 낸다는 생각이 음악치료에서 합의를 이루고 있다. Lisa Summer(1995)는 "소리는 힘을 갖고 있다. 그러나 그것은 치료적으로 사용될 때 사람에 의해 만들어지고 조작되는 힘이다."라고 주장하고 있다(p. 60).

두 번째는, Broucek(1987)이 예를 든 것처럼 현대적 임상 시행에서 Gouk가 치유라고 설명하는 그 목적들에 몰두하는 음악치료의 전체적 담론에 대한 것이다. 이 관점은 전체적이고, 자원 지향적이며, 사회실천을 반영한다. 음악치료사들은 일반적으로 음악치료가 '분명한 목적과 원하는 결과'를 더 선호하기 때문에 '전체적 완성'에 초점을 두는 것을 배제한다는 Gouk의 구별을 받아들이지 않는다. 음악치료 분야의 영역 밖에 이런 유형의 신념을 두는 것은 현대적 생각과 일치하지 않는 것이다.

셋째, '치유'라는 용어의 사용은 음악치료 학자들 사이에서도 신뢰하지 않는 일이다. Summer(1996)는 현대의 음악치유에 대해 논의하고 분석하면서 자기 스스로를 치유자로 부르는 사람들을 협잡꾼으로 묘사하고 있다.

> 특히 신시대 음악 치유자로 설명될 수 있는 임상가들은 명확성과 논리성이 떨어지는 철학을 자신들끼리 만들어 왔다. 신화나 전설로부터 발전되었으며, 과학이 진보하는 방법을 모방하여 '사실'로 변형시켜 왔다. 신시대 음악치유의 기반과 원리는 그들이 아마도 무의적으로 사실이라고 믿는 것에 합의해 온 소망이나 환상들에 근거하고 있다.
>
> (Summer, 1996, p. 7)

　Summer의 연구는 고객을 속여 그들의 유익을 추구하기 위해 사람들이 어떻게 음악을 '새로운 만병통치약'으로 팔고 있는지를 잘 보여 주는 특별한 연구다. 그러나 Summer는 주술적이거나 비과학적이고 비서양적인 문화에서 사용되어 왔던 음악의 치유적 사용에 대해서는 비평하지 않았다. 사실 Summer의 분석 대상인 신세대 치유자들은 그들의 접근법에 대해 과학적인 언어로 가장하고 있다. Summer는 이러한 치유자들이 주장하는 음악, 진동, 음 주파수, 우주의 구조와 음악의 구조와의 평행성 등에 대한 거의 모든 가정이 기본적으로 잘못 해석된 것이거나 분명히 잘못된 것이라는 걸 밝히고 있다. 그녀는 그들 자신을 위해 스스로 주장하고 있는 과학적 기반에 근거한 이런 접근들의 가면을 벗기고 있다.

　따라서 여러 이유로 인해 음악치료 유형으로서의 치유로 간주하거나 Gouk가 제안했던 목적에 따라 두 활동을 구별하진 않을 것이다. 대신, 20세기 중후반에 설명과 책임을 강조하는 전문직의 출현으로부터 기인한 임상과 임상가들에게 음악치료라는 명칭을 붙여 주는 것이 더 정확할 것이다.

　Peregrine Horden(2000a)은 그의 저서 『의술로서의 음악: 고대부터의 음악치료 역사(Music as Medicine: The History of Music Therapy since Antiquity)』에서 음악치유의 형태와 현대 음악치료 간의 역사적 연속성을 정립하기 위해 Gouk와 유사한 기본적 실수를 하고 있다. 이 편저서의 부제는 음악치료는 수천 년 동안 존재해 왔다는 것을 암시하고 있으며 Horden은 어느 시대의 어느 형태든 "정신적 건강, 그리고 심지어는 신체적 건강을 유지하거나 복원하는" 음악의 사용을 음악치료로 분명히 주장하고 있다(2000b, p. 1). 그는 "'음악치료'라는 용어는 현대 전문가들이 고수하고 있는 좁은 의미의 용어이기보다는 사용하기 편리한 명칭으로서의 보다 넓은 의미로 이해되어야 한다."라고 주장한다(2000b, p. 2). 이러한 선택에 대해서 아무런 근거도 제시하고 있지 않기 때문에 그가 언급했던 현대 전문가들에게는 분명한 문제적 사안이 된다.

　Horden 저서의 제목에도 불구하고, '의술로서의 음악'을 고려하는 것은 음악치료의 이론과 임상에서의 많은 부분과 대조를 이루고 있다. 그리고 음악치료가 고대부터 존재해 왔다는 주장도 음악치료사들이 사용하는 용어와 일관되지 않으며 음악치료의 본질에 대해 혼란만 더 가중시킬 뿐이다. 역사적 연속성을 정립하기 위해 이처럼 중요한 차이점에 대해 도배하는 것은 학문적으로 어떠한 유익도 제공하지 않는다.

Horden의 음악에 대한 관점은 일반적으로 그의 분석이 최근의 정서를 반영하는 음악치료 조망을 제공할 것이라는 신뢰감을 고취시키지 않는다. 음악의 편만성과 대중음악의 특성에 대한 그의 비평은 그의 관점을 지지하기 위해 1934년 작곡가인 Constant Lambert가 쓴 글을 예로 듦으로써 1950년대 로큰롤의 탄생을 수반한(1920년대의 재즈 탄생뿐만 아니라) 음악의 종말에 대한 극적인 선언과 맥을 같이한다.

> 우리는 즐거움의 격조가 둔화되어 그것을 회복하기 위해 점점 더 흥분하고 광란적 시도를 유도하고 있는 조성의 타락 시대에 살고 있다. 마치 성적 경험을 반복적인 가려움을 주기적으로 제거하는 것쯤으로 여기는 사람에게 매춘부가 가장 적절한 분출구를 제공하는 것처럼, 음악적 경험을 단순한 청각적 간지럼 정도로만 생각하는 사람에게는 이런 이류의 기계적 음악이 가장 적절하다는 것은 분명하다.
>
> (Lambert: Horden, 2000c, p. 4에서 인용)

Horden은 도처에 편재해 있는 음악으로부터 자신들의 국민을 보호하겠다는 것에 한해서는 현대적 신정정치에서나 덕행이 되는 이런 Lambert의 시대착오적 관점을 칭송하고 있다.

> 음악은 도처에 편만해 있고, 더욱 나쁘게는 그(Lambert)가 거의 상상하지 못했던 정도까지 기계화되어 가고 있다. 근본주의에 입각한 어떤 무슬림 국

가들에서나 이런 고정적이고 말 그대로 비인간적인 리듬을 가진 음향적 환
경에 대해 엄격히 통제하는 방법으로 그 영향을 피할 수 있다. …… 대부분
의 대중음악이 가지고 있는 기계적인 박자와 화성적 진부함, 순식간에 지나
가는 최신의 기술로 장착된 난해함은 의심의 여지가 거의 없다.

(Horden, 2000c, pp. 4-5)

대중음악의 무가치함과는 반대로, Horden은 "클래식 음악을 듣는 소수의
사람에게 음악은 인생 그 자체다."라고 대조시키고 있다. Horden은 실험실에
서 록 음악이 인간의 암 세포 성장을 촉진시켰다고 주장하는 연구를 인용하며
록 음악에 대항하는 싸움에서 모든 것을 잃게 되는 것은 아닌데 왜냐하면 이
연구가 더 많이 알려지면 "식물이나 세포 배양이 사람보다 더 좋은 음악적 취
향을 갖고 있다는 이 연구 결과가 점점 덜 충격적이 될 것이기 때문이다."라고
강조하고 있다(2000c, p. 7).

인간의 건강 증진을 위한 역사적 음악 사용에 대한 그의 연구에서는 왜
Horden이 대중음악에 대해 이처럼 이유 없이 그리고 시대착오적인 비평을
하고 있는지를 설명할 수는 없다. 그의 연구 목적은 이러한 비평을 정당화하
는 것은 아니며 단지 숨어 있는 역사적 과제에 의해 유발된 것이 아닌 공정한
입장에서 그의 연구의 역사적 결과에 대해 의구심을 제기하기 위함이다. 그는
개인들과 집단들의 정체성을 확립하고 화합력을 지원하는 대중음악의 역할
에 대해 음악학적으로, 사회학적으로, 그리고 심리학적으로 연구하는 전문 영
역의 연구자들에게 인정받지 못하고 있는 자신의 입장을 발전시키기 위해 이
런 역사적 사건들을 사용하고 싶었던 것 같다.

음악과 인간의 건강에 관한 임상의 다른 영역들을 고려할 때, Horden은 "비
정통적(the 'heterodox'), 전문적(the 'professional'), 역사적(the 'historical')"의
셋으로 갈라진 개념을 소개하고 있다. '전문적'이란 유럽과 미국에서의 음악
치료 주류를 말하고, '비정통적'이란 다양한 비주류의 풍조를 말하며, '역사

적'이란 선례적으로 혹은 합법적으로 다양하게 매력을 끌었던 영역을 말한다 (2000c, p. 8). Horden의 이단적 개념에 대한 상세한 묘사는 그것이 Summer에 게 불신당한 현대의 치유적 임상과 거의 비슷하다고 표현하고 있으며 그렇기 때문에 이 영역에 대한 그의 생각은 현재의 논의와는 특별히 관련이 없다.

그러나 현대적 음악치료의 전문적 영역에 대한 Horden의 논의는 잘못되어 있다. 그는 전문적 임상의 기본 요소는 리듬이라고 주장하고 있다. 이 주장을 지원하기 위해 그는 음악치료사가 아닌 Paul Robertson의 말을 인용하고 있 다. "특정한 생리적 변화를 일으키기 위해 작곡된 작품(또는 음악)은…… 몸의 생체 기능에 내재되어 있는 고유의 신경생리적 그리고 생물적 리듬에 고정시 키기 위해 고안되었다."(Horden, 2000c, p. 12, 재인용) 그의 논의에서, Horden 은 제2장에서 차이점이 설명되는 음악치료보다 음악 의료 쪽을 더 언급하고 있는 것처럼 보인다. 또한 음악치료 임상의 성격을 결정하는 데 있어 왜 영역 밖에 있는 사람의 주장이 의미를 갖고 있는지 분명하지 않다.

Horden의 논쟁은 그리고 나서 현기증 나게 180도 변하고 있다. 음악치료 사들이 자신들이 하고 있는 일에 대한 적절한 묘사, 설명 그리고 정당화를 할 수 있는 능력에 대해 비평을 한 후, Horden은 "음악과 치유에 대한 사회인류 학"(2000c, p. 16)이 음악치료사들이 어려움을 겪고 있는 평가에 대한 문제를 도와줄 수 있다고 주장하고 있다. Horden은 음악치료사들이 자신들의 사회 적 기능과 비서양 문화에서 존재하는 음악 치유자들의 사회적 기능 간의 관계 에 대해 광범위하게 쓰인 기록을 갖고 있지 않다고 비평하고 있으나, 이런 관 점에 관련된 음악치료 문헌들에 대한 그의 지식은 매우 부족하고 그 자신의 것 이전에 선행되었던 Kenny(1982), Aigen(1991a), Moreno(1995a) 등의 출판 물들에 대한 어떤 언급도 하고 있지 않다. 더욱이, 그의 입장은 현대의 전문적 음악치료가 부적당한 기반을 갖고 있다는 그의 이전 관점과 직접적으로 모순 된다. 그는 정말로 비과학적 사회의 세계관을 적용하는 것이 음악치료사들의 전문적 임상의 확고한 토대를 만드는 데 도움을 줄 것이라고 단언하는가? 전문적 음악치료의 설명을 위한 가능성 있는 자원으로서 말라위 북부 지역에서 시행되는 영적 고뇌와 치유의 최면 상태를 기원하는 음악적 치유 행위를 인용하는 것만이 몹시 논쟁적인 이 문제에 대한 그의 유일한 지원책이다.

Horden은 그의 의도가 무엇인지를 분간할 수 없을 만큼 문제의 양면에 대해 모두 논의하고 있다. 마지막으로, 음악치료와 음악치유 간의 관계에 대해 주장하기 위해 Horden은 음악치료에 대해 최악의 주장을 펼치고 있다. 그는 "음악치료사와 음악치유사의 공통적 특성은······ 과거에 대한 기원이다. 둘 다 동시대 사람들보다 조상들을 더 존중한다."라고 주장한다(2000c, p. 19). 사실 나는 연설에서나, 행동으로나, 혹은 책에서라도 이러한 감정적 의견을 표현했던 음악치료사를 단 한 명도 생각해 낼 수가 없다. 영감을 주는 사람들로 인용되는 음악치료사들은 Juliette Alvin, Rolando Benenzon, Helen Bonny, Paul Nordoff, Clive Robbins, Mary Priestley, William Sears 등과 같은 현대 음악치료의 선구자들이다. 현대의 임상가들이 "다윗 또는 피타고라스가 어느 정도 음악치료의 창시자"(p. 21)라고 믿는다는 것은 극단적으로 기발한 생각일 뿐 전혀 사실이 아니다.

Horden은 "현대의 음악치료는 그것의 독특함으로부터 기인하는 역사를 필요로 한다."라고 주장하며 결론짓고 있다(2000c, p. 32). 그러나 그러한 역사는 두 가지를 반영해야 하는데, 그것은 음악치료의 현재 상태에 대한 정확한 묘사로부터 시작되어야 하며, 단지 일관성 있는 진술을 하기 위해 연속성의 모습을 만들어 내서는 안 된다. 음악치료 내부에서의 관점으로 볼 때, Horden의 묘사는 그가 음악치료사들이 범하고 있다고 비난한 이 두 실수를 역설적으로 모두 범하고 있다.

전문 영역 내에서 바라보는 음악치료 정의 규명의 문제들

음악치료의 이러한 개념들에 대해 음악치료 영역 밖에서 혼동이 야기되는 이유 중의 하나는 음악치료의 중심에 다수의 정의적 문제가 있기 때문인데, 어떤 것들은 그 이름 자체로부터 직접적으로 야기되기도 하고 어떤 것들은 그 이름을 사용하는 사람들이 수행하는 활동의 실체로부터 발생되기도 한다.

정의와 관련된 이러한 문제들의 인식은 1970년대 중반부터 나타났다. Donald Michel(1976)은 음악치료사들이 어떻게 자신들의 영역에 대한 정의를 규명하기 위해 끊임없이 관여해야만 했는지를 논의하면서, "용어 자체가 분명하지 않은데, 즉 그것이 음악을 다루는 것과 관련된 치료(언어치료에서처럼)를 의미하지 않기 때문이다. 또한…… 신체적 문제에 대해 신체적으로 접근하는 물리치료처럼 분명하지도 않기 때문이다."라고 하였다(p. vii). Michel의 관점은 정의에 대한 혼동의 원인은 음악치료라는 이름이 다른 치료들처럼 변화를 바라는 기능의 영역에 의해서가 아니라 치료에 개입하는 방법으로부터 도출된 것이기 때문이라는 것이다.

Dale Taylor(1997)도 "지속되는 문제는 '음악치료'라는 이름"(p. 4)이라는 것에 동의하고 있다. 그는 이 전문 영역이 "그것의 방법론―음악―에 의해 지정되어 목적, 과정, 대상자, 치료 초점 등에 대한 어떠한 설명도 제공하고 있지 않는"(p. 4) 독특한 존재라고 믿고 있다. Taylor는 기본 원리와 과정이 임상 현장에 따라 매우 다양한 것이 문제점이라고 보고 있다. 그는 "음악치료가 시행되는 모든 임상 현장에 적용될 수 있는 공통적 요소, 또는 하나의 치료적 초점"을 규명함으로써 "음악치료를 설명할 수 있는 포괄적 기준이 필요하다."고 주장한다(p. 5). 다시 말해, Taylor는 음악치료에서 정의 규명의 문제를 개념적 기준보다는 경험적 기준의 문제로 보고 있다. 일단 음악치료가 시행되는 모든 임상적 현장에 적용될 수 있는 포괄적 이론이 개발되면 음악치료의 정의가 확립될 것이다.

　정의에 대한 문제가 인정되는 반면, 다른 학자들은 다른 결론을 제시하고 있다. 어떤 사람들은 정의 규명의 문제를 치료 같은 단어의 의미에 대한 동의 부족을 반영한 결과라고 본다. 이것과 관련된 문제는 음악치료가 여러 개의 지시 대상을 내포하고 있다는 생각이다. 이 관점에서는 정의의 문제를 야기하는 것은 Taylor가 주장한 것처럼 단일화된 이론의 부재가 아닌 우리가 언어를 사용하는 방법이다.

　예를 들면, Brynjulf Stige(2002a)는 음악치료 명칭에 대해 논의하면서 무엇이 그것의 정체성을 의미하는지 탐구하고 있다. "음악치료라는 용어가 사용되는 방법(원문대로), 음악이 임상에서의 방법을 더 의미하는 것이지 목적을 의미하지 않는다는 것에 대해서는 논쟁의 여지가 있다."(p. 190) 음악치료는 일반적으로 음악적 기술이나 감수성 발달과 관련되지 않기 때문에, 물리치료나 언어치료가 치료방법이 아닌 그들의 치료 초점이나 목적에 근거하여 이름 붙여진 것처럼 음악치료라는 용어가 어느 정도 오해의 소지를 일으킬 수도 있기 때문이다.

　이와 유사하게, Rudy Garred(2006)는 변화의 목표 영역이 아닌 치료 개입의 방법에 근거해 음악치료라는 명칭이 사용되었다는 점이 음악치료의 독특함이라는 것을 주장하였다. 이러한 방법으로 명명되었기 때문에, 그것의 가치는 "특별히 어떤 것을 위한 치료적 방법이 아닌 치료적 방법 자체의 질"(p. 2)에 근거해야 함을 시사하고 있다. 이러한 혼란 상태는 "만성적 정체성 문제"(p. 2)로 비난받을 수도 있지만, 음악치료의 폭넓은 임상의 다양성과 지속적인 진화로도 설명될 수 있다.

　Carolyn Kenny(1982)에 따르면, 정의에 대한 문제는 치료에 대한 두 개의 다른 개념, 즉 전통적인 의학적 의미의 개념과 본질적으로 더 비의학적인 개념에 기인한다. 치료라는 용어에 대한 전통적 사용은 의학적 처치와 동일시되었던 반면에 현대에서의 사용은 "고통을 감소시키고, 잠재력을 개발하며, 재활을 격려하는 모든 치유의 방법을 의미하게 되었다"(p. 2). 이 같은 더 광범위한 적용은 음악치료사와 의료 전문가들 간의 갈등을 야기하는데, 의료적 임상가들은 음악치료사들이 의학적으로 충분하지 않기 때문에 치료에 참여할 수 있는 능력에 대해 의구심을 갖는 반면에, 음악치료사들은 의료적 전문가들이 "너무 지나치게 의학적이기 때문에 이러한 치료를 할 수 없다."라고 주장한다 (p. 2).

음악치료의 정의에 대한 많은 논쟁의 근거가 되고 있는 치료라는 단어 사용의 다양성에 대한 인식 부족은 Stige(2003)에 의해서도 입증되었다. 비록 음악치료사들이 하는 일이 실제로 '질병을 고치는 것'이 아닐지라도, 치료에 대한 일반적인 의미는 질병에 대한 처치와 고침을 내포한다. 이러한 의미는 많은 음악치료사가 일하고 있는 완화의료나 재활, 건강 증진 그리고 예방의 측면과는 관련이 없기 때문에 그 사용이 적절하지 않다. 음악치료의 잠재적 대상은 광범위하기 때문에, Stige는 그것을 "부분집합들 간에 유사성이 존재하지만 반드시 많은 핵심적 속성을 공유할 필요가 없는 가족 유사성 범주(family resemblance category)"라고 제안하고 있다. 이는 모든 음악치료사가 공유하고 있는 초점을 의미하는 치료의 개념이라기보다는 "건강에 대한 포괄적 개념"이다(p. 213). 결론적으로, 만약 명칭을 바꾸는 것에 대한 현실적 장애물만 없다면, Stige는 현재 사용하고 있는 **음악치료**(music therapy)라는 명칭보다 **건강 음악학**(health musicology) 같은 명칭이 실제 음악치료사들이 수행하고 있는 것을 망라하는 데 더 정확한 설명이라고 믿고 있다.

Kenneth Bruscia(1998a)와 Stige(2002a, 2003) 모두 음악치료의 용어에 대해 다수의 설명으로 규명해 왔으며 이러한 불일치로 인해 어떻게 음악치료의 본질에 대한 논쟁들이 일어나고 있는지에 대해 논의하고 있다. Bruscia는 음악치료가 학문으로서 그리고 직업으로서의 이중적 정체성을 갖고 있다고 하였다.

'학문'으로서, 음악치료는 음악의 치료적 사용과 관련된 이론, 임상 그리고 연구로 구성된 지식의 조직체다. '직업'으로서의 음악치료는 임상가, 교육자, 행정가, 수련감독자 등으로 자신들의 직업에서 같은 지식을 사용하는 사람들의 조직체다.

학문의 영역은 음악의 치료적 적용에 대한 음악치료사들의 인식과 그러한 적용을 수행할 수 있는 그들의 능력에 따라 음악치료사들에 의해 내부적으로 규명된다. 직업의 영역은 음악치료사들이 근무하는 기관의 행정적 구조와 그 기관이 위치하고 있는 국가의 시행 지침에 의해 외부적으로 규명된다. Bruscia가 언급하지는 않았지만, 앞에서 논의했던 것처럼 그들의 직업을 법적으로나 직업적으로 잘 알지 못하는 학자들에 의해 학문적으로만 규명되면 음악치료사들은 자신들의 직무를 부적절하게 수행하는 위험을 감수해야 한다.

Bruscia의 연구를 설명하기 위해, Stige(2002a)는 음악치료를 다음의 네 가지 부류로 규명하였다. 그것은 ① 전통적 음악치료(folk music therapy), ② 학문으로서의 음악치료(music therapy as discipline), ③ 직업으로서의 음악치료(music therapy as profession), ④ 전문적 임상으로서의 음악치료(music therapy as professional practice)다. **전통적 음악치료**라는 용어로 Stige는 현대의 전문직업이 등장하기 이전에 음악과 건강에 관련되어 시행되었던 모든 역사적 임상을 설명하고 있다. 이는 앞서 설명한 Horden의 '비정통적(heterodox)'과 유사한 의미다. 비록 Stige가 여기서 일반적 사용에 대해 주장한 것인지 역사적 주장을 한 건지는 분명하지 않지만, "음악치료의 이전 역사는 수 세기를 거슬러 올라간다."는 그의 주장이 더 혼란스럽게 만들었다는 것은 유감스러운 일이다. 학문으로서의 음악치료 영역에서 Stige는 탐구와 담론의 특정 전통을 갖고 있는 영역에 대한 학문 분야를 언급하고 있다. 현재의 작업에 반영된 학문적 노력들이 이 영역에 포함된다. **직업으로서의 음악치료** 영역은 자격 기준을 갖춘 훈련과 공식적 · 비공식적인 사회적 구조와의 실제적인 연결을 요구하는 특정 직업을 의미한다. 마지막으로, 전문적 임상으로서의 음악치료란 "건강과 복지 서비스에서 음악을 만드는 실제의 상호 교류적 과정"(p. 193)을 생각할 수 있다. 그의 후속 연구에서 Stige(2003)는 "현대사회에서 건강을 위해 비전문가적으로 사용되는 일상의 음악"(p. 217)이라는 다섯 번째 영역을 추가하였다.

이들 다섯 영역을 모두 취하면 전통적으로 음악치료라 불렸던, 좀 더 정확히 말해 넓은 의미에서의 음악과 건강 영역을 다 포괄하게 된다. 음악치료사들이 하는 많은 일이 틀에 박힌 의미에서의 치료와 정확하게 맞아떨어지지 않기 때문에 Stige는 이러한 관점을 받아들이는 것이 "학문과 연계되어 있는 전문적 임상의 다양성을 지키기 위해 '치료'라는 단어의 의미를 사방으로 확대하려 고군분투하는 음악치료사들의 애로를 감소시켜 줄 수 있다."라고 논하고 있다(2002a, p. 199). 음악치료사들이 실제 하는 일은 치료를 포함할 뿐만 아니라, 그 이상의 "다른 유형의 개입들, 즉 기초적 건강 증진, 문제의 예방, 교육, 재활, 완화의료 등을 포함한다"(2003, p. 228). 만일 우리가 사용하는 모든 용어들을 음악과 건강이라는 대주제에 포함되는 것으로 재인식한다면, 음악치료사들이 치료를 시행하는 것 외에도 건강 증진 등과 같은 다른 영역에서 일할 수 있는 여지가 생길 것이다.

음악은 치료와 어떻게 관계 맺고 있는가

Gouk와 Horden의 역사 연구들의 중요한 공헌은 음악이 항상 인간 개인, 사회, 그리고 환경적 안녕과 관련되어 있다는 주장을 입증했다는 점이다. 음악치료는 현대 서양사회의 역사에 자리 잡고 있었던 건강에 대한 공공연한 관심으로부터 분리되었던 음악을 재통합하려는 시도로 보일 수 있다. 현대 전문가들이 하고 있는 음악과 건강의 재통합은 그것의 선구자들과 역사적 연속성을 갖고 있다.

어떻게 두 단어가 한 이름 안에서 관계 맺고 있는가에 대해, Bruscia(1998a)
는 음악치료의 중심과 음악치료사들의 중심에 개인적이며 직업적으로 정체
성과 관련된 어려움이 있음을 관찰하였다. 모든 음악치료사는 자신들이 음악
을 좋아하고 심리학(또는 의학이나 사람들)을 좋아하며, 그래서 음악치료사가
됨으로써 좋아하는 이 두 분야를 접목할 수 있는 기회를 얻게 되었다고 분명
히 말한다. Bruscia는 현대 음악치료사들의 이러한 동기 밑에 깔려 있는 심리
적 진실에 대해 "그것은 '나는 이쪽이지만 전적으로는 아니에요. 나는 저쪽이
지만 전적으로는 아니에요. 그래서 나는 이 두 가지를 다 하고 싶지만 전적으
로는 아니에요?'라고 우리가 말하는 것과 같다."고 주장한다(p. x). Bruscia가
이런 내적인 분리 상태를 해결하기 위해 통합을 사용하는 것의 가치를 인정하
는 반면, 문제는 음악치료사들이 "음악과 보건 사이의 많은 경계를 무시하거
나, 교차하거나, 연결하거나, 혹은 통합하는 방법으로 학문이나 직업을 완성
해 왔다는 점이다"(p. x).

이러한 분리는 음악치료가 교육 기관에 어떻게 자리 잡고 있는가에서 잘
볼 수 있다. 예를 들어, 북미의 경우에는 음악치료가 음악대학이나 음악학부
에 속해 있으며 학부 교육과정의 45%는 반드시 음악과 관련된 교육이어야 한
다는 사실에서 음악적 학문이라고 볼 수 있다. 그럼에도 미국음악치료협회에
서는 전통적으로 '보건 전문직'(AMTA, 2012)으로 규정하고 있다. 또 음악치료
의 정체성은 논쟁적 주장들이 일어나는 주제이며 건강 대 음악이라는 이분법
은 이 영역에서의 많은 다른 문제의 중심이고 딜레마다. 이러한 문제들은 이
론이 어디로부터 유래되어야 하는지, 음악치료사들이 지향하며 노력할 적절
한 목적들, 연주하거나 녹음하는 등의 비전통적 임상(그러나 분명히 음악적인)
활동의 적절성, 그리고 임상적 음악 안에서 심미적인 이해의 중요성 등을 포
함한다.

인간의 건강에 대한 관심으로부터 음악이 역사적으로 분리된 것은 음악치
료의 본질을 정확하게 설명하는 것을 어렵게 만드는 중요한 원인이다. 음악치

료가 속해 있는 적절한 사회적 혹은 학문적 영역에 대해 일치하기 어려운 이유는 다분히 그것을 구성하고 있는 두 영역으로부터 나온 기술과 지식들을 혼합하는 그것의 본질 때문이다.

음악치료가 하나로 통일된 실체로 정말 존재하느냐 그렇지 않은가를 묻는 것은 당연한 일이다. 그것을 규명하고 범주화하는 것을 돕기 위해 이러한 이름하에 포함되어 있는 모든 행위가 다 같이 공유하고 있는 것이 있을까? 어떤 부분에서는 공통의 요소를 갖고 있을 수 있지만 모든 행위나 모든 사람이 다 공유하고 있는 부분은 없다는 점에서 음악치료가 가족 유사성의 예가 된다는 Stige의 관점은 음악치료라는 이름이 갖고 있는 모든 임상과 신념을 맞추는 정의는 없다는 주장에 힘을 실어 준다.

따라서 학위과정이나 전문가 협회의 명칭 정도를 제외하면 음악치료를 하나의 방법으로 정의할 수는 없을 것이다. 이것은 "음악치료 임상의 영역이…… 다방면에 걸친 일반적 영역들에 속해 있어 매우 다양하기" 때문일 것이다(Aigen, 2005a, p. 21). 음악심리치료나 의술로서의 음악 같은 임상의 다른 영역들은 서로 간의 공통점보다 심리치료나 의학과 각각 더 많은 공통점을 갖게 된다. 고려해야 할 문제는 음악치료가 다양한 범주화를 요구한다고 해서 실제 음악치료 존재에 대한 논쟁거리가 된다고 말할 수 있는가 하는 점이다.

이런 존재에 대한 논쟁의 이유 하나는 Michel, Taylor, Stige와 같은 저자들이 언급한 수단-목적의 이분법에서 기인한다. 음악이라는 말이 치료라는 단어의 앞에서 서술하고 있기 때문에 대부분의 다른 치료들과 차이점을 만든다고 주장되었다. 언어치료, 물리치료, 심리치료 등의 학문들은 앞 단어가 치료의 목표와 방법 모두를 설명하고 있다. 이러한 수단과 목적의 단일성은 정의적 의미에서 요구된다. 예를 들면, 심리치료는 심리적 기능의 양상인 정서나 인지의 변화에 초점을 둔다. 심리치료를 시행하기 위해서는 심리적 방법을 통한 심리적 목적에 초점을 두는 것이 필수적이다. 정신과 의사들도 심리치료사들과 같은 목적에 초점을 두지만 약을 사용하기 때문에 심리치료를 하는 것이 아니고 의술을 시행하는 것이다. 그들의 목적은 심리치료와 일치하지만 방법은 다르다.

　마찬가지로, 언어치료와 물리치료에서는 치료의 방법이 언어와 근육운동이며 이는 변화를 추구하는 영역과 같은 영역이다. 언어치료사는 언어를 촉진하기 위해 언어를 사용해 치료를 하며 물리치료사는 운동 기능을 향상시키기 위해 신체적 움직임을 통해 치료를 한다. 그러나 음악치료에 대한 통념은 다르다. 음악치료에서는 수단으로부터 목적이 분류되어서 치료사가 음악을 사용해 다른 영역의 기능들에 영향을 미치기 위해 개입한다.

　Gary Ansdell(1995)은 이러한 통념에 이의를 제기하는 동시에 그것의 특성을 증언하였는데, "거의 모든 음악치료사는 음악교사들처럼 클라이언트의 음악을 향상시키는 것이 그들의 목적이라는 것을 부인할 것이다. 사실 많은 사람은 이와는 반대로 음악치료에서의 음악이 비음악적 목적을 위한 수단이 되도록 하는 것이 머지않아 그들이 하는 궁극적 일이 될 것을 알고 있다"(p. 3). 이와 유사하게, 클라이언트들은 보통 "음악치료가 음악을 만드는 것 이상의 어떤 것을 포함한다는 믿음 때문에"(p. 3) 음악치료에 오게 된다. 그들의 일 안에서 치료적 영역을 맞추기 위해 어떤 음악치료사들은 심리치료의 전통적 목적에 그들의 치료 초점을 두고 음악심리치료라는 용어를 사용한다. 그러나 이러한 전략은 치료 효과가 음악적 과정 자체 안에서 발생하는 기본적으로 음악적인 음악치료의 조건을 찾아내려는 Ansdell(또는 다른 사람들)을 만족시키지 않는다.

　Stige는 또한 음악치료에서의 음악이라는 단어는 "목적보다는 수단을 더 의미한다."라고 생각하였다(2002a, p. 190). 그는 일반적으로 음악치료가 음악적 기술이나 감각을 발달시키는 것이 아니기 때문에 음악치료라는 용어는 오해의 소지가 있다는 논쟁에 대해 잘 설명하고 있다. 그는 음악치료를 수단-목적의 이분법적 논리에 근거하여 이해하려는 사람들에 대해 "그들의 음악을 개발시킴으로써 사람을 돕는다는 것은…… 음악치료를 잘못 설명하는 것이며, 음악을 수단으로 그리고 건강을 목적으로 설명하는 것이 더 정확할 것이다."라고 주장하고 있다(p. 190). 그러나 Stige는 음악치료에 대해 전통적 수단-목적의 이분법 대신 Garred가 개발한 대화적 매체로서의 음악에 대한 개념을 장려하고 있다. 이 관점에서 볼 때 "음악치료에서 수단과 목적은 이분법적 분류가 아니라 변화의 체계 속에서 일어나는 같은 과정이며, 음악치료사들이 음악 행위(musicking)를 촉진하기 위해 일한다는 것을 설명하는 의미를 부여한다"(Stige, 2002a, p. 191).

만일 음악치료 안에서 일어나는 특정한 음악 행위가 비임상적 상황에서의 음악 행위와 다르다는 것을 이해한다면, 음악치료의 진정한 목적은 음악 행위의 촉진이라는 것이 Stige의 주장이다. 그는 "음악치료에서의 음악은 건강 증진을 위해 형성된 관계에서 공유되고 수행되는 건강을 위한 음악 행위다."라고 주장한다(2002a, p. 190). Stige는 건강에 대한 고려가 음악의 외부가 아닌 음악 자체 내에 담겨져 있다는 생각만으로 음악의 사용을 비음악적 목적에만 몰입하는 것은 피하고 있다. 중요한 점은 음악에 대한 이 새롭고, 구체적이고, 임상적으로 독특한 관점이 필요한 것이며 정확한 것인지를 조사해야 한다는 것이다.

정체성에 대한 이러한 개념적 논쟁들은 Kenny(1996)가 말한 독특성의 딜레마로부터 기인하였다. 비록 어느 한쪽도 정확하게 딱 맞지는 않지만 이미 음악치료에 잠재적으로 포함된 음악 분야와 건강 분야가 존재하고 있다. 개인들과 마찬가지로 전문직도 발달의 단계를 거치며, Bruscia의 주장처럼 이 두 과정은 자주 뒤엉킨다. 음악치료사들을 옹호하기 위해, Kenny는 다음과 같이 말하고 있다.

우리는 하나의 영역으로서 독특하길 원하지만 그렇다고 해서 고립될 만큼 독특하기보다는 다만 우리에게 존재의 이유를 줄 수 있으면 충분하다. 우리는 음악치료 안에서의 경험이 독특해서 다른 영역에서의 경험과 무언가 다른 것을 제공할 수 있기를 원하며, 특별한 정체성을 갖기 위해 우리는 '다른 영역들'과 구별되어야만 한다.

(Kenny, 1996, p. 89)

David Read Johnson(1984)에 따르면 미술치료, 무용-동작치료, 연극치료, 음악치료, 시치료 등을 포함하는 모든 창의적 예술치료들에서 독특성 정립의 필요는 생존의 문제다. 다른 전문 영역은 자신들을 더 보호하기 위해 구성원들만이 사용할 수 있는 기술들이 있다. 그러나 음악치료사들은 음악의 사용에 있어 전문적 독점을 할 수 없기 때문에 이러한 전략은 음악치료에서 적용될 수 없으며, 따라서 전문적 정체성의 논쟁을 일으킨다. Johnson은 이에 대해 다음과 같이 설명한다.

정신과 의사들은 약을 처방하고, 심리학자들은 심리적 검사를 시행하며, 사회복지사들은 가족들을 만난다. 심리치료의 효과에도 불구하고, 이러한 활동들을 수행할 환경에서는 이 전문가 집단들이 요구된다. 현재는 창조적 예술치료사들에게 요구되는 이와 비슷한 활동들은 없다.

(Johnson, 1984, pp. 210-211)

음악치료사의 존재를 위해 요구되는 독특성의 부재는 그 직업을 자원봉사 수준으로 만들어 버린다. 자율적이면서도 개성적으로 보일 필요성은 개인의 정체성에 대한 심리적 필요를 충족시킨다. 그러나 이보다도, 속해 있는 사회 속에서 이미 존재하고 있는 것들과 유사한 형태의 것을 정확하게 제공하지 못할 때는 그 영역의 정확한 자화상을 만들 필요가 있다. 음악치료가 처해 있는 난제는 그것의 존재를 보장할 수 있는 독특성을 충분히 제공하면서 동시에 사회의 구조 안에 적합할 수 있기 위해 다른 영역들과도 충분히 비슷해야 한다는 점이다.

음악치료의 과거, 현재 그리고 미래

이 장의 서두에서 논의하였던, 그리고 여전히 중요하게 남아 있는 역사적 논쟁으로 잠시 돌아가 보면, Gouk와 Horden의 노력에 대한 비평은 그들의 의도에 대한 비평이 아니었다. 음악의 효과에 대해 비기술적이던 사회에서 제의된 설명들을 현대의 직업에 적용했기 때문이 아니라, 인류의 역사 속에서 그리고 광범위한 현대 문화들에 걸쳐 지금의 음악치료사들이 하고 있는 일과 관련된 음악의 사용이 많이 있어 왔기 때문에 현대적 음악치료를 역사와 문화의 맥락 안에 두는 것이 바람직하다.

예를 들면, 청소년들의 통과의례 때나 임종 시 음악이 함께하는 것처럼 음악적 의례는 인생의 중요한 사건이나 전환 시기에 필수적 부분으로 사용되어 왔다. 이 두 가지 영역이 현대 음악치료사들이 집중적으로 일하는 영역이다. 음악치료사들이 자신들 직업의 역사적 선구자들에 대해 충분히 인식하는 것은 중요한데, 음악치료사들이 하고 있는 것과 영구적인 원형적 관계가 있고 그것이 음악치료 전문직종보다 선행되었기 때문이다.

현대의 음악치료사들이 사용하는 것처럼 음악을 사용하려는 인간의 성향은 항상 존재해 왔다는 사실을 인식하는 것만이 음악치료사들이 효과적인 임상을 개발하고 그 논리적 근거를 발전시킬 수 있도록 도와준다. 이런 다른 문화들에 의해 제시된 설명이 적절하다거나 Horden의 충고를 있는 그대로 받아들여서가 아니라, 책임감에 대한 현대적 기준을 충족시키는 음악치료 중재에 대한 설명을 지지하는 방법으로서 음악과 관계 맺는 인간의 보편적 양상에 대한 통찰을 제공하기 때문이다. 역사 안에서의 음악 사용과 현대 음악치료 간의 연속성은 고유한 임상가들의 설명이 아닌 개인과 사회의 건강을 유지하기 위해 사용되는 음악의 기능들에서 발견된다.

오랫동안 음악치료 직종을 괴롭히고 있는 정체성의 문제를 해결하기 위해서는 그 문제의 기저에 있는 수단-목적의 이분법적 사고에 대한 심도 깊은 이해가 필요하다. 이러한 상황에서는, 비음악적 목적을 달성하기 위해 음악을 사용한다는 음악치료에 대한 전통적 설명은 적어도 다음 세 가지 측면에서 불충분한 것임이 분명하다.

① 수년 동안 비평의 대상이 되어 온 수단-목적의 이분법적 사고에 근거해 있기 때문에, 음악치료가 더 이상 독특한 것을 제공하지 못함으로 인해 그 정체성과 지속성이 위협받고 있다. 결국, 음악치료 목적을 달성할 대체적이고, 더 낮은 가격이며, 더 쉽게 시행할 수 있는 방법이 개발된다면 음악치료의 지속적 존재 이유는 없어지게 된다.

② 전통적인 해석은 음악치료사가 실제 어떻게 임상을 수행하는지를 반영하지 못한다. 이러한 사고방식은 음악치료에 참여하는 클라이언트들이 얻을 수 있는 가장 우선적 유익이 무엇인지를 이해시킬 수 없다. 이러한 관점을 지원하기 위해 음악치료의 거의 모든 현대의 이론 근거—Aigen (2005a), Garred(2006), Lee(2003), Pavlicevic과 Ansdell(2004a), Rolvsjord(2010), Stige(2002a)의 것과 같은—가 다양한 수준으로 음악과 음악적 과정을 강조하고 있다.

③ 음악치료의 초점을 비음악적 재활 목적에만 두기 때문에, 전통적 해석은 사회, 문화, 그리고 심지어 개인의 심리적 맥락과 연결되지 않은 설명을 하고 있다. 만일 Taylor(1997)와 Thaut(2000, 2008)의 책에서 논의된 것처럼 음악치료의 '진정한' 영역이 뇌와 관련되어 있다면, 모든 음악치료의 적용 원리는 장애가 신경학적 원인으로 인한 것이든 아니든 상관없이 신경학적 구조와 과정의 관점에서 표현되어야만 한다. 이 방법은 문화적으로 관련된 임상의 중요성을 무시하고 전체적 맥락에서 분리하여 고찰하는 것을 강조하는 것으로서, 현대 사회학이나 음악학 같은 학문들이 지향하는 경향에 역행하는 것이다. 이런 방법으로 설명을 고착시

키는 것은 작용 원리에 대한 빈약한 설명을 제공할 뿐만 아니라 다른 관련 영역들로부터 음악치료가 고립되는 위험을 야기한다.

이런 전통적인 관점이 많이 보급되어 강하게 자리 잡고 있기 때문에 음악치료에서 음악의 역학은 전통적으로 중심에서 멀어져 주변으로 밀려나 버렸다. 음악치료가 시행되고 있는 의학적 · 교육적 · 심리치료적 상황에 적응시키기 위한 실용적 단계에서 이러한 전략은 이 장 전체에 걸쳐 논의된 정의적 그리고 정체성 문제에 크게 도움이 되어 왔다.

본 저자의 저서 중 하나(Aigen, 2005a)에서는 처음부터 끝까지 음악치료에서 음악이 더 중심적 위치로 돌아갈 수 있도록 하기 위해 노력하였다. 비록 그 책의 제목인 『음악 중심적 음악치료(Music-Centered Music Therapy)』가 과하다는 비평도 있었지만, 이 영역의 많은 사람이 음악치료의 일반적 통념을 특징짓는 필수적 음악과정이 희석되는 것을 교정하기 위해 이런 작업이 필요하다고 인식하였다.

제16장과 제17장에서 설명되는 현대적 음악치료의 틀에 대한 분석은 이 영역에 있는 대부분의 이론가가 전통적 해석이 더 이상 고수되지 않는 방향으로 움직이고 있음을 보여 준다. 음악치료 작업의 정당한 부분으로서 음악적 목적에 초점을 두는 것을 배제하는 대신, 이 새로운 관점에서는 이러한 사고방식의 정당성을 다양한 수준에서 포용하거나 적어도 인식하고 있다. 종합해 보면, 그리고 다양한 관점에서 보면, 그들은 "음악치료에 오는 정당한 이유는 그 사람의 삶에 음악이 부족하기 때문이다."라는 설명을 지지한다(Aigen, 2005a, p. 127).

그러나 사람들의 이런 필요에 따라 음악을 제공한다는 생각은 전통적으로 음악치료사들이 가져왔던 생각과 일치하지 않는다. 역할모델을 찾기 위해, 그리고 음악치료사는 무엇인가, 그들이 윤리적으로 제공하는 서비스는 무엇인가, 그들의 일은 어떤 목적과 관련 있는가, 그리고 치료사들은 클라이언트들과 어떤 관계를 유지해야 하는가에 대한 이상을 찾기 위해 음악치료사들은 종종 의학이나 심리치료 같은 영역으로 눈을 돌려 왔다. 제2장에서의 논의는 음악치료와 관련 영역들의 관계에 대한 설명으로 시작되며, 심리치료사나 의학적 전문가와 유사하게 음악치료사를 조망하려는 것에 대한 비평을 제공하고, 이러한 실제에 대해 진보적으로 생각하는 사람들이 개발한 대체적 정체성에 대한 설명으로 결론 맺는다.

Note

1. 그 자신의 정의를 제시하는 것 외에도, Bruscia는 음악치료가 시행되고 있는 모든 나라의 다양한 개인 저서나 기관으로부터 얻어진 61개의 서로 다른 정의를 정리하였다.

02 CHAPTER

전문적 음악치료사의 정체성 역할과 관련 영역들

음악치료의 본질에 대한 논쟁처럼, 음악치료사의 정체성과 정당한 역할 또한 논쟁의 대상이 된다. 음악치료와 가장 관련 있는 두 개의 분야가 의학과 심리치료이기 때문에, 음악치료사들에게 맡겨진 가장 공통적 역할은 의학적 전문가들이나 심리치료사들의 역할과 비슷하다.[1] 북미 지역과 호주에서는 '의학적 전문가로서의 음악치료사' 역할이 점점 더 지배적으로 되고 있으며, 영국이나 독일 같은 유럽 국가들에서는 '심리치료사로서의 음악치료사' 역할이 더 우세해지고 있다. 그러나 이러한 일반적 경향들도 전 세계에서 시행되는 역할과 영향들이 너무 다양하기 때문에 음악치료에 대한 유일한 그림을 제공하는 나라는 없다.

이 장에서는 세 가지 초점에 대해 다루는데, 처음 두 개는 음악치료와 밀접한 관계가 있는 의학과 심리치료의 전문 영역과 음악치료의 관계를 알아볼 것이다. 음악치료사 개인의 정체성은 전문직업으로서의 음악치료 정체성과 강한 상호적 관계를 갖고 있으며 이러한 전문직 간의 정체성 문제를 살펴보는 일은 개인의 정체성을 이해하는 데 매우 중요하다. 이 주제가 이 장의 세 번째 주안점이 된다.

음악치료와 의학적 모델

　음악치료는 일반적으로 의학의 범위로 볼 수 있는 건강에 초점을 두기 때문에 의학적 처치와 관련되어 있다. 이러한 관계 때문에 일어나는 많은 의문점이 있으며 그것들이 이 장의 주제들이다. 음악치료는 의학적 중재인가? 만일 실제적으로 의학적 중재가 아니라면, 음악치료 과정은 의학적 모델과 일치하는가? 음악치료사들은 의학적 모델을 갈망하여야 하는가 아니면 이것은 임상에 적용하기에는 제한적인 틀인가? 의학과 병행하는 과정이 진단평가, 처치 그리고 평가에 국한되는가 아니면 생리적 또는 신경학적 설명이나 개입이 우선되어야만 하는가? 단지 의학적 모델만이 의료적 환경과 관련되어 있는가?

　음악치료사들은 매우 다양한 비의료적 장소와 병원을 포함하는 의료적 장소들에서 일을 한다. 병원에서 일하는 임상가들의 초점은 통증의 완화처럼 본질적으로 의학적일 수 있으며, 수술 전 불안 감소처럼 보다 더 심리적일 수도 있다. 그러나 음악치료에서 의학적 모델과의 관련성을 생각한다는 것은 단지 의학적 환경 안에서 일어나는 일만이 아닌 음악치료의 모든 유형을 적용하는 것을 의미한다. 의사들은 사람을 사정하고, 상태를 진단하며, 구체적인 양과 기간의 치료를 처방하고, 상태를 치료하려 하거나 증상을 다스리려고 시도한다. 음악치료를 위한 의학적 모델의 적절함을 연구할 때 매우 중요한 문제는 의술을 특징짓는 이러한 과정들이 음악치료 클라이언트들을 가장 적절한 치료로 인도해 줄 것인가 하는 점이다.

　Cheryl Dileo(1999)가 보여 준 음악의료(music medicine)와 의료적 음악치료의 차이는 음악치료의 임상에 대한 관점을 명확히 하는 데 도움이 된다. 음악의료는 수용적 음악치료 방법으로 주로 녹음된 음악을 들려주는 비음악 치료사들이 시행하며 치료적 관계에 가치를 두지는 않고 "의료 환자들의 스트레스, 불안 그리고/또는 통증을 위해 비약물적 처치"를 제공한다(p. 4). 이와는 반대로, 의료적 음악치료는 모든 유형의 음악적 경험들(음악 감상, 연주, 즉흥연주 그리고 작곡)을 사용하는 음악치료사가 시행하며, 두드러진 요소로서 치료적 관계를 함께 사용한다. 의료적 음악치료는 음악의료보다 더 넓게 초점을 맞추고 있어, "보이는 의학적 증상이나 의료 처치과정에서의 반응"(p. 5)에 초점을 두기보다는 전인적 측면을 포함한다.

Dileo(1999)는 "의료적 음악치료 임상과 음악심리치료의 차이"(p. 6)에 대해 의문을 보이고 있다. 그녀는 연구들이 "마음, 신체, 사회적 환경 그리고 정신"(p. 6)은 모두 상호적으로 교류한다는 것을 보여 주고 있기 때문에 신체와 마음을 엄격하게 분리하는 관점으로 음악치료를 분류하는 것은 실제 임상에서 적용할 수 없는 인위적 구별에 불과하다고 주장한다. 그녀는 심리적 목적과 생리신체적 목적에 따라 우선순위와 이차적 순위를 정해 "치료의 일차적 목적과 이차적 목적을 설명하는 것은 가능하다."라고 주장한다(p. 6). 그러나 Dileo는 음악심리치료와 어느 정도 같은 목적을 갖고 있다는 것을 주장하며 의료적 음악치료를 배제하지는 않았다.

반대로, Kenneth Bruscia(1998a)는 "클라이언트의 심리사회적 변화를 추구하는 임상에서…… 생의학적 문제들을 개선하는 것과 클라이언트가 갖고 있을 수 있는 생의학적 문제와는 거리가 먼 심리사회적 변화가 목적 그 자체인 임상"(p. 193)을 구분하고 있다. 전자의 초점을 갖고 일하는 것은 의료적 음악치료이고, 후자의 영역은 음악심리치료다. Dileo와 Bruscia의 견해 차이는 어떤 요소가 임상의 영역을 잘 설명하고 있는지의 차이에 기인한다. Dileo의 관점에서는 일하는 장소와 클라이언트의 상황이 임상의 영역을 결정하며, 반면 Bruscia의 생각에는 임상적 목적이 이러한 결정을 한다.

음악치료가 의학적 모델을 충족시켜야 하는가에 대한 논쟁에서 Dale Taylor(1997)와 Michael Thaut(2000)와 같은 저자들은 Dileo가 규명한 차이점

들을 고려하지 않는다. Taylor는 음악치료에 대한 그의 생의학적 이론이 음악
치료사들이 일하는 모든 대상자에게 다 적용할 수 있는 용어로 "음악치료를
체계적이고 객관적으로 규명할 수 있다."라고 주장한다(p. 15). 그 이론의 신
경학적 관점은 의료적 환경뿐만 아니라 모든 음악치료 적용에 대한 관련성을
제공한다. Thaut도 음악치료 처치는 "객관적 사정과정과…… 객관적 데이터
산출"(p. 5)에 근거해야 함을 주장한다. 근거에 대한 엄격한 과학적 기준은 음
악치료사가 특정 상황하에서 예측 가능한 치료적 유익을 낼 수 있는 치료방법
을 선택하는 "체계적 임상방법"(p. 5)을 갖기 위해 필요하다.

음악치료사들은 의학적 모델이 과연 음악치료에 적합한지에 대해 비판적
으로 생각해 왔다. Leslie Bunt(1994)는 음악의 사용이 의료적 처치의 형태로
간주될 수 있는가에 대해 설명하고 있다. 그는 "증상들의 범위와 특정 음악치
료 전략의 적용, 그리고 그 결과들 간의 관찰 가능한 인과관계가 있는가?"라
고 직접적으로 묻고 있다(p. 30).

Bunt는 우선 음악이 어떻게 약으로 사용될 수 있을 정도로 너무 특이하게
경험되는지를 설명하며 이러한 주장들에 대해 의문을 내비치고 있다. 그는 음
악이 경험에 대해서보다는 생리적 변수들에 대해 더 예측적 효과를 갖고 있음
을 강조한다. 그는 생리적 변화가 단지 신체적 반응만을 반영할 수도 있기 때
문에 경험에 대한 신뢰할 만한 징후로 사용될 수 없다고 분석한다. Bunt는 의
학적 모델은 생리적 중재와 설명을 필요로 한다고 가정하며 생리적 요소들로
몇몇의 제한적 연구들을 검토하였다. 그는 "음악의 사용을 범주화하고 신체
적 영역을 심리적이고 정서적인 것으로부터 분리하는 것은 매우 어렵다."라
고 간단히 결론 내리고 있다(1994, pp. 33-34).

음악치료에 의학적 모델을 사용하려는 생각은 음악치료사가 임상을 하는
방법이나 클라이언트의 전반적 복지와 직접적으로 관련이 없는 실용주의적
사고에서 기인하며, 이는 Randi Rolvsjord(2010)가 주장한 음악치료의 의학적
모델에 대항하는 매우 특별하게 포괄적인 논쟁의 기초가 된다. 비록 그들이

정신건강을 위한 음악치료의 적용에 초점을 두고 있지만, 그녀의 결론은 음악치료의 다른 영역들과 관련되어 있다.

Rolvsjord는 예전에는 개인의 선택에 따른 행동으로 간주되었던 부적응적 인간 행동을 병적으로 보려는 일반적 경향이 있다고 주장한다. 이러한 "질병 이데올로기(illness ideology)"(2010, p. 20)는 정신질환 범주의 증식에서 분명히 나타나고 있으며 해결에 대한 능력이나 자원보다는 문제에 대한 심리적 노력에 초점을 두고 있다. 치료사의 임무는 "규명(진단)하고 중재(치료)를 처방하여 장애를 제거하거나 치료하는 것"이다(p. 21). 질병 이데올로기는 사람들이 삶의 문제를 외부 전문가들의 중재를 필요로 하는 정신적 문제로 생각하도록 만들기 때문에, 치료사들의 위상은 높아지고 클라이언트들은 무기력해진다.

또한 Rolvsjord는 음악치료의 영향이 항상 명백하지 않음에도 불구하고 음악치료에 의학적 모델이 퍼져 있는 것을 발견하였다. 그녀는 근거중심의학(Evidence-Based Medicine: EBM) 동향이 음악치료를 파괴하는 원천이라고 규명하였는데, 그것이 효과에 대한 체계적 탐구를 요구하기 때문이 아니라 음악치료사들에게 의학적 모델의 사고방식을 강요하기 때문이라고 하였다. Rolvsjord는 비록 EBM 동향에 의해 사용되는 근거의 서열이 "진단과 중재 간의 연결고리를 필요로 하지는 않음에도 불구하고, 의학적 모델은 EBM 상황에서 매우 자주 인정받는다."라고 주장한다(2010, p. 24).

Taylor와 Thaut의 입장도 이 EBM 원칙과 일치한다. 그들의 관점에서는, 음악치료 과정이 의료적 임상으로 통제되어야 할 뿐만 아니라 그것에 대한 적절한 설명도 마찬가지로 신경학적 요소들로 제한되어야 한다. Rolvsjord는 의료적 방법을 지지하긴 하지만 생리적 용어의 사용만을 주장하기보다는 심리적 설명을 허용하는 덜 극단적인 입장도 있음을 설명하고 있다.

이렇게 수정된 의학적 모델은 Rolvsjord의 주장처럼 정당한 근거가 없이 다음과 같은 다수의 가정을 내포한다. 첫째, "전문가로서 음악치료사는 문제를 규명하며 특정한 문제나 결함을 변화시키고 치료하기 위해 어떤 과정을 사용하는 것이 최상인지를 아는" 반면에, 클라이언트의 역할은 "치료에 대한 정보와 동기, 그리고 그것을 수락하는 것으로 제한되어 있다"(Rolvsjord, 2010, p. 48). 치료의 효과는 치료 전문가들이 결정한 전략이나 행위를 역할이 제한되어 있는 수동적 클라이언트에게 적용하는 것으로 인식되는 중재의 적용에 달려 있다. 둘째, 구체적 중재는 특정 질병과 관련하여 구체적 양과 기간이 명시되어야 한다. 이것들이 증거의 순위에서 EBM이 우선시하는 실험 연구의 변인들이며 약리학 연구에서 유래되었다. 셋째, 중재의 치료 효과는 동일하기 때문에 개인 간의 차이가 그 효과에 영향을 미치지 않는다고 가정된다.

음악치료에서 의학적 모델을 고수하는 것은 실용적인 면과 개념상의 근거를 갖고 있다. 실용적 측면에서는 의학적 모델에 맞춰 임상과 실험 연구에 참여하는 것이 직업을 번영시키고 더 많은 사람이 음악치료 서비스를 받을 수 있도록 하는 최선의 방법이라고 본다. 논쟁을 계속하자면, 음악치료 비용은 그 이용을 보장하기 위해 개인의 사적 보험과 정부 기금으로 충당되어야 한다. EBM 지침에 따르는 연구가 이 목적을 달성하는 최선의 방법이 된다.

그러나 개념상의 관점이 이러한 실용적 관점을 누르고 있기 때문에, 현재의 논쟁은 이전의 관점에 초점을 맞춰야 한다. 음악치료의 목적을 달성하기 위한 가장 효과적인 사회적 전략이 무엇이든 간에, 음악치료사가 임상을 시행하는 방법과 클라이언트가 음악에 참여하는 방법을 반영하지 않는 전략은 EBM 원칙을 엄격하게 고수하도록 만드는 내적 불일치를 내포하게 될 것이다. 다시 말하면, 만약 치료사가 특정 질병에 따른 문제를 치료하기 위해 구체적 중재방법이나 용량, 기간 등을 생각하지 않는다면, 그리고 만일 클라이언트가 약으로서의 음악에 개인차를 보이며 반응한다면, 실용적 관점이 아무리 훌륭하다 할지라도 음악치료에 의료적 사고들을 적용하는 것은 소용이 없다. 그리고 이러한 논쟁에 대해 이전에 치료사가 어떻게 임상을 시행해 오고 있었던 것과 상관없이 그들의 임상을 EBM 원칙에 맞춰야 한다고 지시하는 것이 정통적인 과학적 원칙이라고 말하는 것은 좋은 대답이 될 수 없다. 만일 클라이언트가 필연적으로 그들의 개인사나 선호도, 흥미 등에 영향을 받는 방법으로 음악과 관계 맺는다면 의료적 모델의 기본 가정은 효력이 없어지게 되며, 실용성에 대한 논쟁은 약화될 수밖에 없다.

의학적 연구로 유도하는 가정들이 음악치료에서 일어나는 일들에도 적합할까? 여기에서 가장 중요한 것은 사람들이 어떻게 음악과 그리고 음악을 통해 관계 맺는지, 그리고 어떤 요소들이 이런 관계에 영향을 미치는지를 고려하는 것이다. 이러한 관점으로 앞서 서술한 의료적 모델의 세 가지 측면을 살펴보려 한다.

① 클라이언트/환자가 의사나 치료사 같은 병을 없애 주거나 발현을 완화시키기 위해 치료를 처방하는 권위자를 만날 때 발생하는 전문적인 의료적 관계에 대한 생각에 다수의 제한적 가정들이 존재한다. 이 모델은 많은 점에서 진부한데, 그것은 건강생성적 관점(salutogenic view)을 반영한 과정으로 보기보다는 건강이 들어오거나 나오거나 하는 상태로 보는 발병적 관점(pathogenic view)에 근거하고 있다. 또한 그것은 클라이언트와 치료사 사이에 위계적 관계와 힘의 불균형을 유지시키며, 사회적 맥락과 개인의 환경적 영향을 무시하고, 세상을 인위적으로 장애가 있는 사람과 장애가 없는 사람으로 나누는 유행에 뒤처진 관점을 기반으로 하고 있다.

EBM의 요구로 음악치료에 의학적 모델이 부과됨은 음악치료의 많은 진보적 사회 경향과 현대적 발달에 어긋나게 되었다. 음악치료에 등장하는 새로운 개념적 구조들은 사회적 음악치료, 문화 중심적 음악치료, 음악 중심의 음악치료, 그리고 자원 중심의 음악치료 등을 포함한다. 그들 사이에는 중요한 공통점이 있는데, 사회이론과 음악학으로부터 나온 개념과 관점들을 포용하기 위해 심리학적 사고방식을 뛰어넘으려는 욕구, 클라이언트의 역량강화에 대한 지지, 음악치료의 임상적 시행의 범주를 확장하는 새로운 공식, 그리고 다양한 수준에서 음악치료의 의학적 모델에 대한 대안으로 존재한다는 것이다. 음악치료에서의 의료적 모델에 대한 주도권 논쟁은 이러한 새 접근법의 기초를 약화시킴으로써 클라이언트와 치료사의 선택을 불필요하게 제한한다.

② Rolvsjord(2010)는 심리치료의 연구는 치료의 효과를 결정하는 주요 요소가 중재방법이라는 생각과 모순됨을 강조한다. 메타분석 결과에 따르면 대부분의 사람이 심리치료의 효과를 보고 있으며 방법 간에는 차이가 거의 없다. 따라서 어떤 연구자들은 "관심과 초점을 심리치료의 특정한 재료로부터 기타 치료적 요소들과 모든 심리치료적 모델에 공통으로 있는 요소들로 전환"(Rolvsjord, 2010, p. 46)하는 것을 수반하는 공통적 요소 접근법(common factors approach)을 주장한다. 공통적 요소들은 치료사의 신조에 관계없이 치료에 나타나는 요소들이며, 치료사와 클라이언트, 동기, 긍정적 관계, 동감 그리고 다정함을 연결하는 요소들이다. 또한 포함되는 것은 상호적이고 교류적인 치료의 구조다.

비록 중재방법이 실험 연구에서는 전형적으로 시험되는 요소이지만, Rolvsjord는 효과를 결정하는 것은 중재가 아니라는 것을 연구들이 보여 주고 있음을 논의하고 있다. 중재의 중요성을 분산시킴으로써, 공통 요소 접근법은 의료적 모델에서의 음악치료 기반을 이루고 있는 원리에 대한 강한 논쟁을 불러일으킨다. Rolvsjord의 접근법은 전후 관계적이고 전체적이며, 클라이언트 중심적이고, 클라이언트 자신의 행위 주체감이 치료에서의 변화를 일으키는 주요 동력이 되어 자신의 역량을 강화하는 데 초점을 두는 자원 지향적 구조를 기반으로 하고 있다.

음악치료사들이 심리치료사들처럼 정서, 인지 그리고 행동의 영역에서의 효과적 변화 같은 목적을 위해 일을 한다는 것처럼, 공통적 요소 접근법은 심리치료에서처럼 음악치료와 관련이 있다. 음악치료에서 연구되는 전형적인 치료 유형은 그것이 노래 만들기건 즉흥연주건 상관없이 특정한 성격을 미리 결정하지 않은 활동들이다. 경험 많은 치료사들은 일반적으로 보이는 필요와 클라이언트의 흥미에 맞춰 세션의 음악적 내용을 발전시킨다. 클라이언트에 반응하는 능력은 치료의 효과에 있어 절대적으로 필요하다.

게다가 음악치료 세션에서 클라이언트와 치료사가 함께 부를 특정한 노래들을 미리 결정했다 하더라도 같은 노래들을 사용하는 다른 치료사들도 같은 치료를 제공했다고 말할 수 있는가? 각각의 치료사들은 특정한 악기를 사용하고, 특유한 템포를 사용하며, 화성을 다르게 노래하고, 다른 목소리 음색과 선율을 사용하는 특정한 방법으로 연주한다. 모든 제조 단위와 사용법이 같은 내복약과는 달리, 노래에 기본적으로 같은 가사와 음악이 공통 구조로 있다고 해서 똑같이 사용될 것이라고는 장담할 수 없다. 순전히 녹음된 음악만 같은 장치에서 사용하고 개인적 필요나 임상적-문화적 맥락에 반응하지 않는 한 음악치료 중재의 획일성을 확인하는 것은 불가능하다. 그러나 이렇게 하는 것은 Dileo가 규명한 것처럼 음악의료에 참여하는 것이지 음악치료에 참여하는 것이 아니다. 이러한 관점은 음악치료에 의료적 모델을 적용할 수 있다는 것에 대해 강하게 대항하는 것으로 보인다.

③ 복잡성과학(complexity science)을 기반으로, Barbara Crowe(2004)는 치료 효과의 획일성 요구에 대해 "음악치료를 포함해 어떠한 치료적 중재도 모든 클라이언트에게 일관되게 같은 효과를 내는 것은 불가능하다."고 논쟁하고 있다(p. 347). 앞 절에서는 EBM의 지침을 따라 평가되기 위해 충분히 획일적인 음악치료 중재를 만드는 것이 가능하다는 것에 대한 논의를 제시하였다. Crowe의 요점은 이러한 것이 가능할지라도 음악이 다수의 사람에게 획일적으로 시행될 수 없을 만큼 매우 개인적으로 음악이 사용되고 반응된다는 것을 생각해야만 한다는 것이다. 개인사, 선호도, 흥미, 동기, 가치관 등의 모든 것이 사람이 음악을 경험하는 방법에

영향을 미친다는 생각이다. 따라서 의료적 모델은 관계가 중심 요소이고, 예술적이고 창조적인 과정이 중심이며, 개인적이고 사회적 맥락이 관련이 있고, 융통성과 자발성이 필수적이며, 음악적 경험의 개인적 특성에 대한 신뢰가 있는 음악치료 접근법과는 대립된다.

역사 속에서 많은 음악치료사는 의학적 전문성의 인식을 얻는 것이 직업의 발전을 이루는 데 필수적이라고 주장해 왔다. 그러나 음악치료는 이런 공식적 인식이 부족함에도 불구하고 살아남았고 발전해 왔다. 물론 다음 질문에 대한 답은 임상가, 교사, 이론가, 연구자 등에 따라 매우 개인적으로 결정된다. 치료사는 의료적 모델이 요구하는 것을 충족시키며 자신의 임상 접근을 그것에 적응시켜야 하는가 아니면 클라이언트에게 최대의 효과를 주기 위한 노력으로 관계적인 기반하에 일에 대한 가치를 유지해야 하는가? 어떤 사람들은 실용적 혹은 인식론적 이유로 전자를 선택하는 반면, 자신들의 클라이언트들에게 가능한 최선의 치료를 제공하기 위한 윤리적 의무를 심각하게 생각하는 치료사들은 후자의 방법에서 더 편안함을 느낄 수 있다.

음악치료, 심리치료 그리고 음악심리치료

음악치료의 진화하는 개념들을 이해하려면, 심리치료와의 관련성을 생각하는 것 또한 필수적이다. 음악치료에 대한 많은 유럽의 접근법은 은연중에 음악치료를 심리치료로 생각하는 믿음을 반영하는 방법으로 발전해 왔다. Nordoff-Robbins 음악치료의 구조 틀 안에서 일하는 치료사들이나, 특수교육 현장을 개척했던 치료사들, 그리고 보다 넓은 사회적 명칭하에서 일해 왔던 노르웨이의 임상가들 같은 중요한 예외들도 있지만 이러한 주장은 일반적으로 사실이다. 유럽의 많은 나라에서는 음악치료가 가장 우선적으로 초점을 두고 있는 목적이나 영역들이 본질적으로 심리치료적이기 때문에 음악치료를 심리치료로 인식하는 경향이 있어 왔다. 이와 유사하게, 남미에서도 지배적으로 중요한 모델이었던 Benenzon 음악치료가 정신과와 강하게 관련되어 있었다.

이와는 대조적으로, 북미 특히 미국에서는 음악치료가 훨씬 더 복잡한 정체성을 가져왔다. 분명하게 본질적으로 심리치료적인 작업과 더불어 의료, 재활(정신과가 아닌), 그리고 교육 현장에서 많이 적용되어 있다. 이러한 상황은 Helen Bonny(1978a)가 잘 묘사했는데, 그녀는 음악치료가 음악 교육의 모델을 많이 따라 해 오고 있으며 음악치료사들은 일반적으로 클라이언트들의 심층적 자기탐구 과정에 함께하지 않는다는 사실에 대해 탄식하였다. 음악치료사들은 이차적이고 부수적인 역할에 불평이 없었다. 게다가 '음악의 강력한 환기 효과'는 언어적 심리치료 임상의 구조에 끼워 맞추기 위해 많이 최소화되었다.

심리치료적인 부분에 초점을 두는 음악치료와 다른 형태의 음악치료를 구분하기 위해, Barbara Hesser(2002)는 심리치료에서의 음악이라는 용어를 만들어 내었고, 후에는 이를 음악심리치료라고 줄여서 명명하였다. 음악치료에서의 심리치료적 적용은 1950년대부터 등장했기 때문에 Hesser가 이러한 방식의 작업이 발달되는 과정에 공헌을 한 것은 아니다. 그러나 Hesser는 첫째, 본질적으로 심리치료적이지 않은 음악치료 임상들이 적어도 미국 내에서 많이 나타났기 때문에 이렇게 특정 이름으로 명명하는 것이 필요하다는 것을 인식시켰고, 둘째, 음악치료를 수행하는 데 필요한 능력을 대학원 수준에서 개발시키는 데 초점을 두어 음악치료교육의 개념을 발전시키고 적용시켰다는 점에서 공헌하였다.

음악심리치료의 개념이 미국의 상황에서 유래된 것은 당연한 일이었다. 앞서 언급한 것처럼, 다른 나라에서의 임상가들에게 음악치료는 심리치료적인 것이었기 때문에 음악심리치료라는 용어를 굳이 사용할 필요가 없었다. 미국에서만 재활 목적(운동 기술과 의사소통 능력의 복원 같은)이나 교육적 목적(언어적 기술과 개념 교육을 강조하는) 등에 초점을 둔 음악치료가 많이 시행되고 있었기 때문에 음악치료 안에서의 심리치료적 영역이 설명될 필요가 있었다.

　Hesser는 음악심리치료를 심리치료의 한 형태로 보았다. 1979년에 처음 쓰였으나 미간행되었다가 후에 보완된 저서(Hesser, 2002)에서, 그녀는 음악심리치료를 설명하기 위해 심리치료에 대한 Wolberg(1967)의 정의와 그것의 임상 3단계를 사용하였다.[2] 그녀는 "음악심리치료는 정신병적 또는 신경증적 환자들의 모든 비의학적 문제들을 다룰 수 있다."라고 주장하였다(p. 3). 또한 음악심리치료사들은 삶의 위기 속에서 치료를 필요로 하거나 "보다 더 만족스러운 관계나 삶을 향한 성취적 태도를 개발하거나, 창의적 잠재성을 확장시키기 위해" "정상적이고 기능이 좋은 성인들"과 일하는 것은 물론, 다양한 유형의 품행장애나 집중력장애 등의 행동적·인지적 어려움을 가진 아동들을 위해서도 일한다(p. 3).

　Wolberg의 계층적 접근과는 대조적으로, Bruscia(1998b)는 음악과 언어적 교류의 상대적 중요도에 따라 음악심리치료 안에 광범위하게 펼쳐 있는 네 가지 임상의 유형을 구분하였다. 그것은 심리치료로서의 음악, 음악 중심적 심리치료, 심리치료에서의 음악, 음악을 사용하는 언어적 심리치료다.[3] 이들 중 처음 두 가지는 변형적 치료로 인식되며, 나중의 두 가지는 통찰적 치료의 예들이다. 변형적 치료에서는 "음악 경험이 치료적으로 변형되며"(p. 4) 그것의 효과를 위해 언어적 중재를 필요로 하지는 않는다. 내관적 치료에서는 "항상 언어적으로 중재된 통찰을 목표로 한다"(p. 4).

　심리치료로서의 음악에서는 "언어적 대화를 사용하지 않고도 음악을 만들거나 감상하는 과정을 통해 치료적 문제들이 나타나고 다뤄지며 해결된다"(Bruscia, 1998b, p. 2). 이러한 방법에서 음악의 우선적 역할에 대한 Bruscia의 의향은 정확한 반면, 언어적 교류의 사용은 지나치게 축소되어 있다. Aigen (2005a), Ansdell(1995), 그리고 Lee(1996, 2003)처럼 이러한 관점으로 일을 하는 대부분의 임상가나 이론가는, 음악적 경험을 언어적으로 해석하는 다른 접근법들과는 언어적 기능이 다르지만 그들 모두 언어적 교류의 중요성을 강조하기 때문에 이러한 묘사가 과장되었음을 발견할 것이다.

Bruscia에 따르면, 음악 중심적 심리치료에서는 "치료적 문제들이 나타나고 다뤄지며 해결되는 것은…… 음악을 통해서다. 언어적 대화는 음악적 경험을 인도하거나 해석하거나 또는 촉진시키기 위해 사용된다"(pp. 2-3). 여기에서 나타나는 대화의 역할은 좀 과장된 것처럼 보인다. 음악 중심적 음악치료에서는 음악적 경험이 임상적 가치를 얻기 위해 언어적으로 해석되어야 할 필요가 없다. 언어적 해석을 하는 것은 음악 중심적 접근의 진정성으로부터 이러한 방식을 배제하는 것이며 Bruscia의 음악 중심적 심리치료를 "음악적 그리고 언어적 경험 모두를 통해 치료적 문제가 나타나고, 다뤄지고, 해결되는…… 이 과정을 통해 얻어진 통찰력을 규명하고 통합 정리하기 위해 언어가 사용되는"(Bruscia, 1998b, p. 3) '심리치료에서의 음악'과 구별하기 어렵게 한다. 심리치료에서의 음악과 음악 중심적 심리치료 간의 구별이 확실하지 않다는 점은 만일 대화가 음악을 안내하고 해석하고 촉진하는 것과 관계가 있다면 어떻게 그것들이 언어적 경험의 예들이 아니라고 할 수 있는가라는 점에서 알 수 있다. 다시 말하자면, 만약 음악 중심적 심리치료에서 언어가 치료적 효과를 결정하기 위해 사용되었다면 어떻게 그것들을 임상적 문제들을 다루고 해결하는 예가 아니라고 할 수 있는가?

음악을 사용하는 언어적 심리치료의 영역은 특별히 음악심리치료와 관련이 있지 않은데, 왜냐하면 그 안에서는 음악적 경험이 사용될 수는 있으나 "치료적 문제 또는 문제의 치료와 직접적 관계가 있다고 간주되지 않기 때문이다"(Bruscia, 1998b, p. 3). 여기에서 불명확한 것은 심리치료에서 클라이언트의 문제해결 과정과 관련지어 음악을 사용하겠다는 의도 없이 누가 실제적으로 음악을 사용하는가 또는 더 나아가 그러한 경우에 어떤 이론적 근거가 있을 수 있는가 하는 점이다.

모든 음악치료사가 자신들의 직무가 심리치료와 동일시되어야 한다는 데 동의하는 것은 아니다. Henk Smeijsters(1993)는 이러한 것은 "음악치료는 단순히 정신적 장애를 다루는 것보다 훨씬 더 많은 영역에서 사용될 수 있으며" 그리고 "장애인들의 사회적 기술, 인지 또는 운동 기능을 다루는 음악치료사들은 이러한 일을 심리치료로 묘사하는 것에 개의치 않을 것"이라는 사실 때문이라고 주장한다(p. 223). "정신적 장애의 치료를 위해 일하는 음악치료사들은 실제 심리치료사로서 훈련받지 않았다."(p. 223)는 사실이 이러한 꺼림의 이유가 된다. 분명히 첫 번째 이유는 충분히 정당화될 수 있다. 본질적으로 심리치료적이지 않은 인간의 기능들을 다루는 임상가들은 심리치료사들을 뛰어나게 논리적이라고 규명하는 것에 관심 있어 하지 않는다.

그러나 Smeijsters는 정신과 병동에서 일하는 음악치료사들은 정신적 장애를 다루는 것이 필수적이라고 암시한다. 그의 숨어 있는 가정은 근무환경과 장애의 조건이 사용되는 음악치료의 유형을 결정한다는 것이다. Bruscia(1998a)는 이 가정에 대한 반론을 폈는데, 근무환경이나 장애는 음악심리치료 같은 임상의 영역을 규명하는 데 사용되지 않는다고 주장한다.

> 정신과 환자들을 위한 음악치료라고 해서 반드시 심리치료적일 필요는 없다. 단지 목적과 방법이 본질적으로 심리치료적일 때만 그러하다. 마찬가지로, 심리치료적 임상은 정신과적 진단을 받은 환자들에게만 제한되지 않는다. 심리적 변화를 원하는 모든 사람이 심리치료의 대상이 된다.
>
> (Bruscia, 1998a, p. 213)

음악 중심적 음악치료와 자원 지향적 음악치료 같은 최근의 접근법들은 장애의 영역에 대한 임상적 근거의 기반이 되는 생각들에 부가적 논점을 제공한다. 전자의 접근법에서는 "병리적 혹은 장애의 범주로 음악치료 과정을 보는 것은 분석을 위한 적절한 범위를 주지 않는다"(Aigen, 2005a, p. 121). 음악

중심적 치료사들은 조현병이나 자폐증 또는 다른 장애 상태를 다루지 않고, "대신 다양하고 보편적인 인간의 필요를 갖고 있는 개인을 어떻게 음악적으로 관계 맺게 하는가를 발견하는 것으로 그들의 일을 개념화한다"(Aigen, 2005a, p. 121). 심리치료로부터 클라이언트가 유익을 얻는 방법들이 장애의 상태를 치료하기 위해서라기보다는 일반적으로 음악의 보편적 이점으로 결정되는 것이 음악치료사가 그들의 클라이언트들에게 제공할 수 있는 음악과의 관계 맺음이다. Rolvsjord(2010)는 비록 다른 이유이긴 하지만 이와 유사한 관점을 주장하고 있다. 음악과 관계 맺는 것의 보편적 유익을 주장하기보다, 그녀는 클라이언트가 가지고 있는 강점과 음악과의 관계에 초점을 두어 치료하는 자원 지향적 접근법을 강조한다.

Smeijsters(1993)는 음악치료사들이 그들의 직무가 심리치료적이라고 간주하는 것을 꺼리는 원인을 직업의 독특성을 증가시키기 위한 잘못된 시도 때문이라고 보았다. 그는 또한 심리치료적 과정은 기본적이고, 음악치료의 피할 수 없는 측면이며, 음악치료사들은 그들의 일이 어떻게 이런 과정을 촉진시키는지 설명하는 데 두려워할 것이 없음을 주장한다.

여기서의 기본적인 논쟁은 어떤 사고의 틀이 (음악치료 또는 심리치료의) 기본이며, 음악치료가 자율성(실용적 이유건 또는 개념적 이유건)을 갖기 위해 무엇이 필요하며, 그리고 어떤 발달이론을 전략적으로 하는 것이 학문의 성숙을 허용하는가와 관련되어 있다. Smeijsters의 입장은 음악치료사들이 전문적 자아존중감을 위해 잘못 인도된 필요에서 그들의 학문의 독특성을 불필요하게 강조하고 있다는 것이다. 그의 관점은 심리치료 이론은 음악치료 임상을 충분히 수용할 수 있으며 따라서 음악치료사들이 그것을 이용하면 된다는 것이다.

Smeijsters는 또한 의료적 모델에 대한 가정을 찬성하고 있다. 그는 음악치료의 논리적 근거는 음악의 치료적 질이 클라이언트가 갖고 있는 질병의 특정 증상을 다루는 질병 이데올로기를 기반으로 해야 한다고 주장한다. 실존적 관심, 보편적 필요나 음악과의 관계, 또는 자원과 관련된 논리는 중요하지 않다.

질병의 특성만이 음악치료를 제공하는 논리적 이유가 된다.

> 음악치료에서 사용되는 많은 징후가 사람의 특성을 가리킬 수는 있지만 정신적 장애를 의미하지는 않는다. 이는 클라이언트가 음악을 사랑하기 때문에 음악치료를 필요로 해 왔다는 말로 설명될 수 있다. 클라이언트의 음악 사랑이라는 특성은 치료를 받는 클라이언트의 문제에 대해 아무것도 설명할 필요가 없다.
>
> (Smeijsters, 1993, p. 225)

Smeijsters의 의료적 모델에 대한 옹호는 비록 그가 논의한 적용이 심리적이고 행동적임에도 불구하고 여전히 남아 있다. 그의 주안점은 어떤 음악치료(중재)를 얼마만큼(용량) 적용하는 것이 특정 수준까지의 증상(질병 모델) 개선을 이끌 수 있는지에 대한 결론적 진술을 허용하는 적용의 범주에 근거하여 연구를 하는 것에 있다. 그는 "진단 특정적 효과에 대한 연구를 진행하기 전에 음악의 방법에 대한 통찰을 얻는 것이 중요하다."고 생각한다(Smeijsters, 2005, p. 4). Smeijsters는 음악치료의 현상에 대해 심리적 개념을 단순히 나열하는 것에 만족하지 않고 있다.

음악치료와 심리치료 간의 관계에 대한 논쟁은 영국에서 두드러졌다. 매우 상반된 감정이 공존하는 이 두 영역 간의 관계에 대해 Kay Sobey(1992)는 다음과 같이 묘사하고 있다. "다른 예술치료들은 그들의 훈련과 임상을 모델로 심리치료를 완전히 포용하고 있는 데 반해, 음악치료사들은 그 관계에 대해 좋아하는 경우부터 노골적으로 거부하는 경우까지 있는 것으로 보인다."(p. 19) Sobey는 음악은 클라이언트에게 분명한 효과를 보이고 있으며 이런 효과들을 효과적으로 통제하기 위해 심리치료적 개념 구조가 요구된다고 주장한다. 그녀는 임상적 주안점이 심리치료적이든 아니든 상관없이 치료사가 일정 부분은 심리치료적 사고로 이해해야 되는 음악의 사람에 대한 영향력이 있다고 주장한다.

이와는 대조적으로, Lee(1992)는 음악치료를 타당화하기 위해 심리치료의 이론을 사용하는 것에 대한 위험성을 인식하고 있다. Lee는 음악치료가 외부의 개념 구조를 통해 그것의 가치를 설명하려는 시도에 따르는 문제를 극복해 왔다고 주장한다. 외부의 개념 구조를 통해 타당성을 추구한다는 것은 일의 본질을 왜곡시키고 그것의 독특성을 감소시키는 고유하지 않은 패러다임으로 그들이 하고 있는 일을 설명하라고 음악치료사들에게 강요하는 것을 의미한다. 그는 심리치료적 모델을 적용하는 것이 음악치료의 음악적 기초를 더 완전하게 개발하는 것으로부터 음악치료사들을 억제하는 일련의 실용적 선택 중 가장 최신 경향인지에 대해 의구심을 보이고 있다.

음악치료사들은 윤리적으로 임상을 적용하기 위해 심리치료의 체계와 과정을 고려해야만 한다는 포괄적 논쟁은 Elaine Streeter(1999)가 처음 제시하였다. 그녀는 심리치료적 이론과 기반보다 음악적 이론과 기반에 더 근거한 음악치료의 이론이 치료사와 클라이언트 모두에게 "안전하지 않다는 것을 증명"할 수도 있다고 주장한다(p. 5). 그녀는 "클라이언트와 치료사 간의 상호적 관계가 안전하게 발전될 수 있는 필요한 범주를 제공하는 데 심리적 사고가 필수적 요소"이며(p. 6), 혼자서 하는 경험은 치료적이지 않기 때문에 반드시 음악적 경험은 심리역동적 방법을 통해 진행되어야 한다고 설명한다. 또한 그녀는 음악 중심적 접근법에 대해서 비판하고 있다. "이론을 세우기 위한 순수한 음악 중심적 접근은 치료사가 클라이언트에 대해, 그리고 클라이언트가 치료사에 대해 가질 수 있는 심리적 영향을 회피하도록 만드는 위험에 우리를 처하게 만들었다."(p. 18) Streeter는 심리역동적인 과정에서 발생하는 해석적 체계와 자아인식을 치료사가 사용하지 않는다면, 그 치료사는 클라이언트를 돕기 위해 잘 준비된 것이 아니라고 생각한다.

Streeter의 입장에 대해 어떤 사람들은 그녀가 증명되지 않은 이론적 주장을 하고 있음을 인식하지 못하고 있으며 관련 없는 기초에 근거하여 임상을 비논리적으로 비평하고 있다고 논쟁하는 반면, 다른 사람들은 그녀의 주장 내용에 대해 초점을 맞춰 비평하고 있다.

전자의 관점에 대한 예로, Sandra Brown(1999)은 기본적으로 다른 전제들을 갖고 비평의 부적절함을 주장한다. 한 가지 사고의 방법—여기서는 심리역동적 관점—이 주도권을 갖는 것은 옹호자들이 전통적인 심리분석적 개념 구조를 가졌든 혹은 의학적 구조를 가졌든 관계없이 다양성을 억제하며 전문성에 손상을 입히게 된다. Brown은 "적절한 치료적 행동에 관한 '규칙들'이 그것이 심리적이건 음악적이건 자체의 이론적 모델 안에서 발생되는 상황의 위험"에 대해 비난한다(p. 64).

이러한 비평을 발판 삼아, Ansdell(1999a)은 Streeter가 자신의 이론적 전체를 윤리적 필요성으로 격상시켰다고 주장하였다.

> 그녀가 시도하고자 하는 것은 자신이 선택한 이론적 입장을 윤리적인 것으로 정렬시켜 다른 치료사들의 임상적 업무가 자신의 이론적 전제와 얼마나 일치하느냐에 따라 판단하려는 것이다. 결과적으로 그녀 자신의 입장과 다른 임상이나 생각은 좋지 않거나 심지어 '안전하지 않은' 것으로 심판된다.
>
> (Ansdell, 1999a, p. 75)

Ansdell은 특정한 입장들이 윤리적이거나 책임 있는 임상을 할 수 있는 유일한 방법이라고 논쟁되는 음악치료의 경향을 규명하고 있다. 이러한 주장은 음악치료가 진정성 있고 책임감 있는 전문직종이 되는 유일한 방법으로서 특정 이론(Streeter의 심리분석에 대한 이론 같은)이나 특정한 접근법(행동주의나 신경학적 음악치료 같은)만 필요하다는 논쟁에서 잘 나타난다. 이와는 반대로, 사회적 음악치료 같은 다른 접근법들은 클라이언트의 필요와 문화적 맥락에 근거한 다양한 접근법의 사용을 주장한다.

Streeter의 입장에 대한 또 다른 비평은 그녀의 주장 내용에 더 초점을 맞추고 있다. 그들은 무엇보다도 심리적 사고는 언어적 방법을 통해서만 일어날 수 있으며, 누군가의 음악을 갖고 작업을 한다는 것은 그 사람의 중심적 모습을 무시하게 되며, 전통적 심리분석적 사고방식은 심리적으로 생각할 수 있는 가능성을 고갈시켜 버린다는 그녀의 주장에 대해 반대의 결론을 내고 있다. 다른 방식으로, 그들은 한쪽에는 언어와 동일시되고 심리적 생각을 요구하고 암시하는 사고가 있고, 다른 한쪽에는 음악 기반의 개념에 대한 논리적 근거가 되며 음악과 동일시되는 경험이 있다는 Streeter의 이분법적 입장에 이의를 제기한다.

예를 들면, Mercédès Pavlicevic(1999)은 심리역동적 사고가 음악 안에서도 일어날 수 있다고 주장한다. 사람이 심리역동적으로 행동하기 위해 음악 활동의 분야를 버릴 필요는 없다. 왜냐하면 "음악적 행동들 스스로가 심리역동적일 수 있기" 때문이다(p. 61). Brown(1999)도 음악 안에서 그리고 그 음악 안에 있는 사람과 같이 작업을 하는 것은 단순히 음악을 하는 것이 아니라 사람과 일을 하는 것임을 보여 준다.

> 그러므로 치료적 목표는 사람의 음악적 제한과 저항, 방어 등으로부터 자유롭게 되도록 해 주는 것…… 그리고 즉흥적 관계 안에서 그의 음악적 요소, 부분과 구조 등을 기반으로 하는 것을 포함한다. …… 이것은 Streeter가 우려했던 외부 세계로부터의 고립이 아니며, 그 사람의 인지, 신체, 신경학적 그리고 정서적 영역의 다른 측면들을 치유하는 작업이 동시에 일어나는 것을 목표로 하는 것이다.
>
> (Brown: Brown, 1999, p. 66에서 인용)

Streeter(1999)는 "모든 것을 담을 수 있는 음악을 기대하는 것은 그 안에 포함된 사람들 간의 대인관계가 있다는 사실을 무시하는 것이다."(p. 6)라고 말함으로써 음악을 기반으로 하는 이론가들을 회화화하고 있다. 음악적 근거를 갖고 음악 안에서 우선적으로 작업하는 것에 대해 치료적 관계가 고려되어서는 안 된다고 제언하는 것은 아무것도 없다. 그녀의 주장은 훨씬 더 일반적 용어인 심리적이라는 말과 더 특정한 용어인 심리분석적이라는 말을 동일시하는 것처럼 보인다. Streeter는 심리적이라는 용어를 자주 사용했는데— '심리적 사고' 또는 '심리적 자각' 등—이는 그녀가 실제로는 언어심리치료적이라는 것을 말하는 것을 의미한다. "Streeter는 '언어'와 '심리치료적'이라는 말을 동일시하면서 자신이 증명하고 싶어 하는 것을 다음과 같이 가정하고 있다. 음악 중심적 이론과 음악적 교류는 음악치료의 이론과 임상에 대해 완벽하게 설명하는 데 힘을 실어 줄 수 없다." (Aigen, 1999, p. 79) Streeter는 자신이 비난하는 자아초월적 경험도 심리적 사고의 다른 유형의 정통적 일면이라는 것을 스스로 무시하면서 심리적 자각에 대한 자신의 주장이 심리분석적 이론에 제한되어 있다는 것을 깨닫지 못하고 있다.

음악치료의 심리치료적 적용을 다른 형태의 임상으로부터 구별하려는 Hesser와 Bruscia 같은 이들의 노력은 매우 혼잡한 상황을 명쾌하게 정리하는 데 필수적 역할을 해 왔다. 그러나 음악심리치료라는 용어는 혼돈의 새로운 장을 열게 하였다. 구성되는 방법에 따라 작업의 형태가 심리치료인지 혹은 음악치료인지에 대한 의문을 야기한다. 옹호자들은 분명히 음악치료의 형태로 인식하는 반면에, **심리치료적 음악치료**라고 약간 변형시키는 것이 좀 더 분명하게 만든다. 그럼으로써 음악치료의 다른 유형을 지시하는 재활적 음악치료, 교육적 음악치료, 의료적 음악치료 등의 용어와 모두 일관된 형식과 구조를 갖게 된다.

정치적 차이, 다른 나라들에서의 역사적 발달의 특이성, 용어 사용의 불명료함 등은 모두 음악치료와 심리치료 간의 관계를 둘러싸고 벌어지는 전문적 논쟁의 원인들이었다. 영국의 상황에서 보이는 것처럼, 이론가들이 정통의 심리분석적 사고와 비슷하게 심리치료의 좁은 시각만을 주장했을 때, 다른 이론가들은, 자신들의 일이 심리치료의 영역인 생각이나 정서 그리고 행동의 효과적 변화에 초점을 두고 있음에도 불구하고, 그들의 일이 심리치료적이라는 주장에 대해 불필요한 논쟁을 불러일으켰다. 이러한 사고방식은 음악치료가 심리치료적 초점을 가져야 한다는 것과, 임상가들은 전이와 역전이의 역동적 일을 해야 하며, 음악적 경험과 표현에 대한 언어적 해석을 해야 한다고 제안한다. 그러나 Bruscia가 구별하고 강조한 것처럼, 심리적 과정과 구조에 그들의 주안점을 두었기 때문에 비해석적이고, 경험에 근거하는 작업도 정당하게 심리치료적이라고 간주될 수 있다. 심리치료적 음악치료는 전이 같은 특정한 이론적 구성개념을 고려하는지의 여부와 상관없이 일어날 수 있다.

의학적 모델과 질병 기반적 사고에 의해 음악치료의 이론과 임상에 자리 잡고 있는 제한점들은 클라이언트의 최대이익을 도모하지 않으며 음악치료가 발전하고 있는 방법과 어긋나 있다. 첫째, 음악이 각 개인의 개인사, 선호도, 필요 그리고 흥미에 의해 영향을 받는 독특한 방법으로 연결되고 경험된다는 것에는 이견이 없다. 음악치료에는 의료에서 치료로 생각되는 것 같은 대등한 중재방법이 없기 때문에 음악치료의 의료적 모델은 불가능하다. 만약 중재에 대한 생각이 지지받을 수 없다면 Smeijsters가 주장했던 특정 임상적 진단과 관련된 중재의 생각도 지지받을 수 없게 된다.

둘째, 많은 서구사회의 사회적 경향은 질병과 장애가 있는 사람들의 역량강화에 초점을 두어 왔으며 장애가 있는 사람과 없는 사람들 간에 있는 신체적·심리적 장애물을 제거해 주는 것을 지지하고 있다. 어떤 저자들은 모든 유형의 개인적 차이가 존재하며 인위적으로 장애와 비장애로 나눈다는 것은 아무런 유익이 없다는 것을 강조하기보다는, 임의대로 완전히 정상적인 세상과 장애의 세상으로 지나치게 영역을 나누고 있다. 따라서 클라이언트에게 음악치료를 권유하는 데 있어 중요하게 고려되어야 할 음악에 대한 사랑이 의료적 모델에서는 뭔가 잘 맞추어지지 않는 반면에, 역량강화의 모델에서는 그것이 정당한 논리적 근거가 된다. 음악이 모든 인간의 삶을 활력적이고 필수적인 방법으로 풍요롭게 한다는 생각은 장애와 비장애의 인위적 구분에 반대된다. 자폐, 조현병, 또는 치매에 걸린 사람들도 다른 사람들과 똑같이 음악으로 부터 유익을 얻을 수 있다. 의료적 모델은 그것이 의료적 환경에 적용되건 혹은 심리치료적 환경에 적용되건 이러한 현대사회의 중요한 경향과 가치에 어긋난다.

그러나 심리치료가 의료적 모델 안에서 일반적으로 적용된다는 것도 분명하다. 예를 들면, 미국의 경우, 『정신질환의 진단 및 통계 편람(Diagnostic and Statistical Manual of Mental Disorders: DSM)』은 심리적 기능의 손상에 대한 범주를 제공하고 있으며 환자가 진단을 받으면 치료 비용이 정부나 개인 보험으로 충당된다. 심리치료 연구는 공통적 요소 접근법 같은 대안을 연구함에도 불구하고 치료의 초점을 상태, 중재방법, 용량 그리고 효과에 두는 의료적 모델을 따라 많이 진행되고 있다. 그래서 '의료 전문가로서의 음악치료사'나 '심리치료사로서의 음악치료사' 중 어느 것도 실제 음악치료사들이 해야 할 일들에 대한 역할이나 안정적인 비유를 제공하지 못하고 있다. 최근 수년 동안 이러한 역할들에 대해 많은 대안이 제안되었고 이제 우리가 다룰 주제가 이 제안들과 관련된 것들이다.

음악치료사: 음악가인가 아니면 건강관리 인력인가

건강과 관련된 사안들을 설명하기 위해 예술의 형식을 사용함에 있어서, 음악치료는 일반적으로는 분리되어 있는 두 개의 영역을 결합시킨다. 그러나 병원, 클리닉, 학교, 그리고 음악치료사들이 일하는 다른 기관들처럼 대학들도 여러 부서로 구성되어 있다. 대학은 그들의 음악치료 프로그램을 음대에 넣을지 혹은 응용심리대학에 넣을지를 결정해야 한다. 병원은 음악치료 서비스를 레크리에이션으로 분류해야 하는지 혹은 임상부서에 배치할지를 결정해야 한다. 그리고 전문가 협회는 음악치료 프로그램을 결정한 대학이 음악대학의 기준에 맞는지 또는 건강 전문 영역의 기준에 맞는지를 결정해야 한다. 이러한 기관들은 음악치료의 실제 임상을 반영하는 만큼 실용성·사회적·역사적 사항을 반영하여 결정하게 되며, 음악치료사의 정체성은 이러한 결정들에 의해 강하게 영향받게 된다. 이러한 문제들이 해결된다 할지라도 음악치료의 혼합적 특성은 문제를 야기한다.

음악치료가 혼합적 특성을 갖고 있다는 이유 때문에 독특한 것은 아니다. 생화학, 심리학, 사회심리학 같은 많은 학문도 이러한 방식으로 규명된다. 더욱이 민족음악학과 음악심리학처럼 많은 음악 관련 학문들도 복합적 특성을 갖고 있다. 그러나 음악치료에서 유독 이러한 정체성 문제가 두드러지는 이유는 음악치료가 서로 다른 세 가지의 겹쳐지는 이분법적 분류의 교차점에 존재하고 있기 때문이다.

이러한 딜레마들 중의 하나는 음악치료가 음악의 전문직종과 학문으로 더 정확하게 인식되어야 하는지, 아니면 건강 관련 서비스의 직업과 학문으로 간주되어야 하는지에 대한 의문이다. 미국에서의 상황이 음악치료를 분류하려고 노력하는 와중에 생겨나는 모순들을 설명할 수 있다. 미국에서는 대부분의 음악치료 학위과정이 음악대학이나 음악학부, 콘서바토리, 음악과에 개설되어 있다. 승인된 모든 음악치료 훈련 프로그램은 전국음악대학협회(National Association of Schools of Music)로부터 인정받거나 확인받아야 한다. 더욱이 학부 교과목 편성 중 15%만 임상적 기초과목과 관련이 있는 반면에, 45%가 음악적 기초과목으로 개설된다. 이러한 사실은 음악치료가 음악적 학문임을 보여 준다. 그러나 제1장에서 논의한 것처럼 미국음악치료협회는 "음악치료는 개인의 신체적·정서적·인지적·사회적 필요에 초점을 맞추기 위한 치료적 관계 속에서 음악이 사용되는 입증된 보건 전문 영역이다."(AMTA, 2012)라고 분명히 음악치료를 음악 외의 영역으로 설명하고 있다. 이러한 모순적 상황은 음악치료사들의 자기정체성에 영향을 미치며 그들의 임상 시행에도 영향을 미치게 된다.

　　어떤 음악치료사들은 자신들을 기본적으로 음악을 사용하는 치료사(thera-pists who use music)로 인식하는 반면에, 다른 음악치료사들은 자신들을 치료를 하는 음악가(musicians who do therapy)로 생각한다. 이러한 구별과 관련된 음악치료사의 정체성은 다음의 많은 영역에 큰 영향을 미친다. 클라이언트와 그들의 임상, 그들의 이론과 전반적 개념, 능력 있는 치료사의 자질에 대한 관점, 그리고 음악치료 학생들을 위한 관련 교육의 기준에 대한 의견이다.

　　양쪽 유형의 치료사들은 다른 경향을 갖고 있다. 음악을 사용하는 치료사들은 정신역동적, 신경학적, 또는 행동적 치료 모델을 적용하면서 심리치료, 심리학, 신경학, 학습이론 등의 비음악적 영역이 갖고 있는 지원적 이론들을 가져와 사용한다. 치료 목적도 자아존중감 향상, 통찰력 증진, 감정 표현 촉진, 면역 기능 증진, 운동 범위 증진 등의 비음악적 용어들로 구성된다. 이러한 관점에서는 음악치료에서 음악이 갖고 있는 가치가 음악치료 밖에서 갖고 있는 그것의 가치와 다르다. 얼마나 비음악적 목적이 잘 성취되었는가에 따라 음악의 가치가 결정되기 때문에 클라이언트의 경험이 음악적이든 아니든 상관이 없게 된다. 임상도 의사, 심리치료사, 상담가, 그리고 교사 같은 다른 전문가들을 따라 이루어진다. 이 유형의 임상가들은 투사의 방법, 행동 강화제, 신경적 또는 운동적 동조화 도구, 또는 정서적 카타르시스의 수단 등 음악의 비본질적이고 외부적인 특성에 더 의지한다.

　　이와는 반대로, 치료를 하는 음악가는 Nordoff-Robbins 음악치료나, 다른 음악 기반적 모델들, 사회적 음악치료 등의 음악치료 방법을 사용하면서 음악이론, 민족음악학, 음악사회학 등의 영역들에서 지원적인 이론들을 가져와 적용한다. 치료 목적도 음역이나 속도 이동성의 향상, 밴드에 가입하거나 연주하기, 음반을 녹음하기, 노래 작곡하기 등의 음악적 용어와 영역을 사용하여 구성한다. 이들 임상가는 음악치료 안에서의 음악 가치는 음악 밖에서 그것이 갖고 있는 같은 가치를 가져야 한다고 생각한다. 그들의 초점은 클라이언트가 임상 현장에서가 아닌 다른 곳에서 경험하는 음악과 매우 유사하게 질적으로 높은 음악적 경험을 제공하는 것에 맞춰져 있다. 경험 자체의 다른 측면이 아닌 그 과정이 치료라고 규명된다. 임상적 역할은 다른 음악 전문가들, 즉 작곡가, 음악교사, 밴드 리더, 지역 음악가들, 음악 제작자 등을 따라 만들어진다. 음악적 경험과 표현의 본질적 특성에 의지하고 기본적 생각은 클라이언트가 단지 음악이 유발하는 것만을 가져오게 하는 것이다.

이들 두 유형의 전문적 정체성은 각각 장점과 약점을 갖고 있다. '음악을 사용하는 치료사'라는 개념의 강점은 음악치료의 효과 영역을 분명히 말할 수 있다는 점, 경제적 그리고 행정적 구조 안에 맞출 수 있는 능력, 관련 영역들의 언어와 구조를 도입하여 다학제 간 협업을 할 수 있는 능력 등을 포함한다.

이 개념의 몇 가지 단점은 치료사가 갖고 있는 음악적 기술의 중요성을 최소화해서 클라이언트의 음악적 경험을 저하시키게 된다는 것이다. 또한 경험의 치료적 매체로서 음악의 중요성을 고려하지 않았다는 점이다. 음악이 비음악적 목적을 위한 도구일 뿐 음악의 구조적 자원들이 임상적 목적으로 사용되지 않는다. 클라이언트를 위한 음악적 경험의 본질들이 고려되지 않으며 클라이언트의 필요에 맞춰 음악이 독특하게 제공할 수 있는 잠재적 유익을 무시하고 있다. 마지막으로, 이 입장은 전통적인 환자-치료사의 역할을 고수하고 있으며 음악가 대 음악가로 만난다는 생각은 고려하지 않아 클라이언트가 갖고 있는 건강한 부분과의 만남에 근거해 관계를 형성할 수 있는 능력을 억제한다.

'치료를 하는 음악가'라는 개념의 강점들은 음악적 경험의 본질적 측면을 치료의 목적으로 충분히 사용할 수 있고, 클라이언트와 음악가 대 음악가로 만나 전통적 치료관계에서 발생하는 문제적 역동을 피할 수 있으며, 임상의 초점을 악기 연주, 밴드 공연, 음반 녹음 같은 클라이언트의 열망과 일치시킬 수 있다는 것이다.

이러한 개념의 단점들은 클라이언트가 음악에 참여한 것에 대해 충분히 고

려하지 않은 채 효과를 음악적 구조의 외부적 요인 때문으로 생각하려는 경향
이 있다는 것과, 임상적으로 보장되었을 때 클라이언트를 언어적으로 참여시
키는 데 어려움이 있다는 것이다.

이러한 묘사는 어느 정도 추상적인 그림을 보여 줄 수 있으며 음악치료사들
은 그 양극점의 스펙트럼 사이 어느 곳에라도 있을 수 있다. 그리고 여전히 어
떤 위치에 그 사람이 있는가 하는 것이 어떻게 임상에 영향을 미치는지에 대
한 정보를 줄 수 있다. '음악을 사용하는 치료사' 개념이 치료에 대해 보다 더
틀에 박힌 관점을 제공하기 때문에 더 널리 퍼져 있고 음악치료사들이 일하는
많은 직업환경에 더 쉽게 맞출 수 있다.

그러나 음악치료의 근대적 발달과정의 많은 부분이 '치료를 하는 음악가'
개념을 지지하고 있는데, 사회적 음악치료, 문화 중심적 음악치료, 음악 중심
적 음악치료, 심리적 음악치료 등이 그 예다. 음악치료사의 정체성에 대한 탐
구는 이런 모델들이 제안하였던 좀 더 새로운 제의들과 그것들과 양립할 수
있는 관점을 고려함으로써 끝이 나게 될 것이다.

유도된 심상과 음악(guided imagery and music: GIM) 모델을 설명하는 첫 번
째 책에서, Helen Bonny(1978a)는 그 과정에 반응하는 전문가를 치료사나 상
담자가 아닌 인도자(guide)라고 불렀다. 임상가들의 많은 개인적 자질이 좋은
심리치료사의 자질과 같을지라도, 치료사라는 용어 대신 인도자라는 용어를
선택함에 있어 Bonny는 치료사라는 말이 GIM 임상가들이 수행하는 모든 것
을 포함하기에는 충분하지 않다고 주장하였다.

치료사의 역할에 대한 새로운 다수의 개념은 사회에 대한 인식 증가와 문화
적 맥락과 관련이 있다. 사회적 음악치료와 문화 중심적 음악치료의 사고 구
조는 이 영역에 대한 생각을 구체화시켰고 음악치료사가 무엇인지에 대한 새
로운 생각을 촉진시켜 왔다.

사회적 음악치료는 매우 "대중적이고 포괄적인 임상"이기 때문에 당연히
"이중의 혹은 다중의 역할과 관계"가 결합되어 왔고(Stige, 2003, p. 434) 이는

직업윤리가 임상의 발달을 따라잡으려 노력하는 과정에서 발생하는 윤리적 딜레마를 촉진시켜 왔다. 사회적 음악치료 환경에서의 음악치료사에게 주어진 보다 광범위한 역할은 "상담가, 보조 음악가, 중재자, 또는 프로젝트 코디네이터"(Stige, 2003, p. 436) 등을 포함한다. 이러한 역할들의 결과, 심리치료 임상을 지도하기 위해 만들어진 윤리적 규율들이 사회적 음악치료 상황에서는 반드시 적용되지 않는다. 클라이언트와 치료사 간에는 하나 이상의 관계가 성립할 수 없다는 심리치료의 배타적 특성은 다양한 역할과 기대가 공공연한 이상 다중의 역할이 수용될 수 있다는 명백한 생각으로 바뀌어야 할 것이라고 Stige는 강조하고 있다. Stige는 사회적 음악치료가 성장할 때 음악치료사들은 점점 자신들을 "흔히 말하는 치료사보다는 건강 증진 전문가들"(2003, p. 439)로 인식하게 될 것이라고 예측하고 있다.

치료사의 역할에 대한 개념에 대해 사회적 음악치료 모델과 음악치료사를 심리치료사로 이해하는 합의 모델(consensus model) 간에 큰 차이가 있다. Ansdell(2002)에 따르면, 합의 모델 방법에서는 클라이언트와의 관계가 "사회적 또는 문화적 용어보다는 심리적 용어로"("정체성과 역할들", 첫 번째 문단) 개념화되는데 치료사는 클라이언트의 정신적 스트레스가 표현되고 탐구될 수 있는 심리적 용기 또는 틀을 제공하는 유사 부모의 역할을 맡게 된다. 또한 음악치료사가 클라이언트에 대해 잘 깨닫는 것을 목표로 삼고 클라이언트의 통찰력을 촉진시키는 상징적 재료들의 해석을 도와주는 인식론적 차원의 역할도 있다.

대조적으로, 사회적 음악치료의 구조 속에서 치료사는 음악가와 치료사의 정체성을 동등하게 유지해야 한다. "음악가로서의 역할은 개인과 사회적 환경의 음악과 음악 활동을 증진시켜야 하며, 치료사로서의 역할은 개인이(혹은 지역이) 음악에 접촉하는 것을 방해하는 요소들을 다뤄야 한다."(Ansdell, 2002, "정체성과 역할들", 두 번째 문단) Ansdell은 "거주지에 있는 치료적 음악가"("정체성과 역할들", 두 번째 문단)라는 표현이 사회적 음악치료를 통해 증가된 넓어진 역할과 임무를 수행하는 음악치료사를 적절하게 설명한다고 주장한다.

음악이 코뮤니타스(communitas)의 경험을 제공한다는 것을 인식하는 것은 심리치료적 틀 안에서 유지되던 엄격한 범주와 역할이 사회적 음악치료 틀 안에서는 특별히 중요하지 않다는 것을 의미한다. 사회적 음악치료 영역에서는 관계와 범주가 특정한 상황과 사회 안에서 실용적으로 절충되기 위해 개방되어 있다. 이것은 클라이언트들이 어떻게 음악에 몰두하는지를 깨달았을 때 그들을 인도해 주거나 따라가 주는 것을 포함한다. 모든 영역에서 지식을 중시하는 반면에, 음악치료사의 전문 기술은 "심리적이거나 의학적이 아닌 우선적으로 음악적"이다(Ansdell, 2002, "정체성과 역할들", 두 번째 문단). 음악치료사들이 클라이언트들과 음악가 대 음악가로 만날 수 있다는 것과 의료적 계층 구조에서 부분적으로라도 벗어나 있는 누군가로서 관계될 수 있다는 사실 또한 유용하다.

클라이언트의 필요를 잘 충족시키기 위해, 어떤 음악치료사들은 여러 가지역할 사이를 왔다 갔다 한다. Cochavit Elefant(2010)는 음악치료사들이 불필요하게 제한되는 폐쇄된 치료실에서 일을 하는 것이 제약되며 그런 사람들은더 대중적인 영역으로 일을 맡는다는 것을 알고 있다. 치료사들은 더 대중적적용과 함께 개별이나 집단 치료 세션도 유지해야 하기 때문에, 대중적인 새로운 영역의 일을 잘 해내고 이 두 가지 유형의 일을 동시에 하게 되면서 요구되는 복잡성과 다중 역할을 절충하기 위한 기술들이 필요하게 된다.

Stuart Wood(2006)가 주장한 매트릭스 모델은 다중의 역할과 활동 영역들을 절충하는 데 도움이 되는 지원적 개념 구조다. Wood의 모델에서는 음악과 관련 있는 모든 가능한 형태가 계층적 구조가 아닌 동등한 가치를 가지며, 클라이언트들과 음악치료사들은 그것들 안에서 이동할 수 있다. 전통적인 개별 및 음악치료 세션에 부가해, Wood의 모델은 연주 프로젝트, 특별한 행사를 위한 음악, 음악 합주 등의 활동들을 포함한다. Wood의 모델은 클라이언트가 음악적인 생활의 범위를 완전하게 사용할 수 있는 잠재력을 갖고 있는 경우 제공될 수 있다. 클라이언트들은 다른 음악적 경험들로부터 유익을 얻음으로써 발달할 수 있으며, 그 체계는 클라이언트의 매 발달단계에 적응시킬 수 있다.

　사회적 음악치료사가 수행하는 역할이 확장됨으로써 "사용자가 주도하는 서비스의 방향에서"(Elefant, 2010, p. 210) 균형이 전환되는 것 이상으로 상호 관계성이 강화되었다. 그것은 클라이언트의 성장과 발달에 새로운 가능성의 장을 열었는데 "상호성, 개방성, 그리고 협동이 개인과 집단의 능력을 향상시킬 수 있는 잠재력을 갖고 있는" 관계이기 때문이다(Elefant, 2010, p. 210). 사회적 음악치료사에 의해 촉진된 새로운 역할들은 음악치료가 개인과 사회 공동체에 줄 수 있는 무언가를 매우 확대시키는 힘을 갖고 있다.

　음악치료사를 보편적인 음악적 자원을 가진 사람이라는 개념으로 볼 때 더 확장될 수 있는 유형 하나는 제작자로서의 음악치료사다. Michael Viega (2012)는 청소년들을 위한 힙합 노래를 작곡하는 작업에 어떻게 이러한 역할을 적용했는지에 대해 논하고 있다. Viega는 이러한 역할을 자신의 일을 지원하는 인간적이고, 자원 지향적이며, 음악 중심적인 생각과 가치들의 조합과 밀접한 것으로 보았다. 치료적 관계의 이 유형은 Viega가 클라이언트들과 사회적 음악치료에서 함께할 때 보인 클라이언트들의 반응에 의해 형성되었다. 그를 그들의 제작자라고 부르는 것은 "힙합 문화의 생생한 경험 속에 있는 치료적 관계"(p. 15)가 그들 나름의 사고방식인 것이다.

　이 유형에서 음악 제작자에게 맡겨지는 역할은 세 가지 치료 작업과 강하게 평행하는 유사점이 있다. 첫째, 제작자는 음악가가 음악에 더 깊고 강하게 몰두하고 참여할 수 있도록 하는 데 초점을 둔다. 둘째, 제작자는 음악가들이 자신들의 잠재력을 최대한 달성할 수 있도록 도와주는 내면의 자원을 발견하도록 지원하여 그들의 능력을 향상시킨다. 셋째, 제작자는 "음악가들의 음악적 초상"(Viega, 2012, p.16)으로 기능하는 종합적인 소리들을 달성하도록 도와주기 위해 보조 음악가의 역할을 하기도 한다. 또한 Viega는 때때로 자신이 음악치료사 겸 오디오 엔지니어로 어떻게 역할을 하는지를 설명하고 있다. 엔지니어의 역할은 제작자의 역할과 다르다. 엔지니어는 음악을 녹음할 때 장비나 기계를 다루는 일 같은 구체적 일을 한다. 제작자는 좀 더 창의적이고 음악적으로 공헌하는 역할을 담당한다. 양쪽 모두 음악을 작곡하고 녹음하는 데 필수적인 역할들이다. Viega는 이러한 접근을 정당화하기 위해 무엇보다 음악 중심적 이론을 주장한다. 창조된 음악이 임상 활동에 대해 스스로 정당화할 수 있게 규칙에 맞을 때, 이 목적을 달성하기 위해 치료사에게 주어진 어떤 역할도 정통일 뿐만 아니라 필수적이다.

사회적 음악치료사들이 제시한 새로운 치료사 역할의 다수는 공공연하게 음악적인 역할들이 많은 반면에, 다른 역할들은 좀 더 특정한 문화적 역할들을 지향하고 있다. Shapiro(2005)가 제시한 이런 역할 중 하나는 다문화의 상황에 있는 노인들을 위해 일하는 것과 관련이 있다. Shapiro는 자신을 "문화 전달자이며, 그들의 노래와 말을 배우는 사람"(p. 31)으로 보고 있다. 그의 클라이언트들이 "보다 능동적이고, 통합적이며, 창의적인 삶을 선도"(p. 31)할 수 있도록 돕는 임상적 목적들은 그들이 온 모국 문화의 필수적인 면과 끈을 계속 유지할 수 있는 방법을 통해 다뤄진다.

Pavlicevic과 Ansdell(2004b)이 주장한 것처럼, 음악은 '파급효과'를 갖고 있다. 순수한 청각 자극 수준에서, 음악은 자신이 만들어진 물리적 환경에 퍼질 때 그것을 억누르려는 대부분의 시도를 이겨 낸다. 그리고 심지어는 음악이 사람의 자기탐구의 도구로서 자신 내면을 들여다볼 수 있도록 자극하며 동시에 자신 밖으로 끌어내어 타인과의 상호관계가 이루어질 수 있도록 한다.

1944년[4]에 현대적 전문직으로 시작된 이래, 음악치료도 마찬가지로 받아들이기 어려웠다. 이것이 음악 중심적이고 음악에 본질적인 형태로 참여하는 임상가들에게 특히 더 어려웠던 것이 사실이다. 심리치료사 같은 다른 유형의 직업들로 정체성이 규명되는 음악치료사들은 적절한 역할, 근무 상황, 그리고 임상적 목적들 같은 그들 임상의 요소들이 골칫거리 없이 완전히 받아들여질 수 있다. 자신들을 음악가로 강력하게 규명하고, 그들의 일을 음악 자체와 동일시하는 음악치료사들에게 자기정체성에 대한 의문은 점점 더 유동적이고, 도전적이며, 잠재성으로 가득 차 있게 된다.

전문적 문헌에서 잘 다뤄지지 않았던 것은 음악치료에 참여하는 클라이언트들이 자신들에 대해[5] 어떻게 생각하는가 하는 문제다. 클라이언트의 관점을 중요하게 생각하고 클라이언트의 권능감에 초점을 두는 사람에게는 이 질문에 대한 답이 음악치료사의 정체성을 결정하는 데 필요한 부분이 된다. 음악치료에서 이루어지는 만남은 다양한 참여자와 양상을 갖고 있으며 참여하는 다양한 집단의 역할과 정체성에 대한 포괄적이고 분명한 묘사는 고립이 아닌 타인과의 관계 형성을 가장 잘 이끌어 낸다.

비음악적 치료 목적들을 우선적으로 달성하기 위해 음악치료에 오는 클라이언트의 경우, 그들과 함께 작업하는 임상가들의 역할은 비음악적 목적이 정서적이냐, 의사소통적이냐, 혹은 운동 영역과 관련 있는가의 여부에 따라 심리치료사, 언어치료사, 혹은 물리치료사의 역할과 비슷하게 보일 것이다. 그러나 음악치료에 참여하는 상당수의 클라이언트는 우선적으로 음악을 원하기도 한다. 실제 그들은 음악을 만들거나 감상하고 음악을 작곡하거나 기존의 소재를 재창조하고, 개별 치료실에서 개인 세션에 참여하기도 하고 합주단이나 다른 집단과 함께 공공의 장소에서 연주하기도 한다. 어느 자폐아동은 피아노와 잘 맞고, 부정적인 유년기를 경험한 청소년은 힙합 스타일의 노래를 작곡하며, 알츠하이머 치매에 걸린 어느 노인은 자신의 젊은 시절 노래를 부르는 등 사람들마다 각각 다른 것이 사실이다. 클라이언트들이 대부분 그들의 음악치료사를 **음악 조력자**(music enabler)로 생각한다는 사실은 음악치료사의 역할과 정체성을 이해하는 데 있어 우선적으로 고려되어야만 한다.

클라이언트들이 자신들을 보는 방법은 그들을 위해 일하는 치료사들의 생각, 행동, 가치관 등의 영향을 받는다. 자신의 자아개념이 클라이언트의 문제를 고쳐 주거나 치료해 주는 책임감을 우선으로 하는 음악치료사는 클라이언트의 자아상을 치료가 필요한 사람으로 만들게 된다. 반대로 자신에 대한 생각이 누군가가 음악을 만들 수 있도록 도와주는 책임감을 우선으로 하는 음악치료사는 클라이언트의 자아상을 사람이 참여할 수 있는 가장 보람 있고 탁월한 활동 중의 하나에 충분히 참여할 수 있는 음악가로 만들어 준다.

자신의 정체성이 유동적이고 개인 클라이언트의 필요와 특정 상황에 적합한 음악치료사도 두 가지 선택이 잠재적 역할들을 관련짓는다. 어느 입장에서 있느냐에 따라 음악치료사가 생각하는 적절한 치료 목적들, 클라이언트나 동료들과 만든 관계의 유형, 치료의 일부분으로 시행하는 활동들과 중재방법의 유형, 그들의 일을 정당화하기 위해 끌어낸 해석적 구조의 유형 등 임상에 대한 모든 것에 영향을 미친다. 그리고 제5장에서 논의될 내용인, 음악치료의 효과를 설명하는 방법들은 음악치료사의 정체성 본질과 복잡하게 얽혀 있다.

음악치료사들 또한 음악의 본질과 그것이 어떻게 음악치료에서 기능하는가에 대해 매우 대조적인 관점들을 주장해 왔다. 제3장부터 제6장까지는 이러한 관점에 대해 알아보고 음악치료의 기본 과정에 관한 중심적 의문들에 미치는 그들의 영향력을 논의할 것이다. 이 네 장에 있는 이슈들을 다루는 것은 자신이 음악치료사 자신들을 치료하는 음악가로 생각하든 혹은 음악을 사용하는 치료사로 인식하든 간에 이 문제를 기억하도록 도와줄 것이다. 탐구될 많은 대조적 관점이 내재되어 있다는 것이 특징이다.

Notes

1. 의료적, 그리고 의료 전문가라는 용어를 사용함에 있어, 그러한 용어들의 지시 대상을 의사로 국한시키지 않는다. 대신 작업치료사, 물리치료사, 언어치료사 같은 재활 전문가들을 포함한다. 의료 전문가라는 용어는 생리학적, 또는 인지적 문제들을 진단하고 과학을 기반으로 한 원칙들이나 증거에 근거해 치료하는 특

정한 중재방법을 사용하는 일반적 의미에서의 의학적 전문가들을 의미하고 싶다. 어떤 임상가들은 이 집단에 심리치료사를 포함해야 한다고 주장하지만, 내 개인적 관점에서는 심리치료에서 자발적으로 참여하고 치료의 필수적 요소로서 특이하게 만들어진 치료적 관계를 사용하는 것은 더 본질적으로 순수하게 의료적인 전문직과 다르다. 그러나 이러한 구별이 어렵지 않고 빠르며 이 문제에서의 두 입장에 대해 논리적인 논쟁이 있다는 것도 알고 있다. 더욱이 세 번째 유형인 '교육자로서의 음악치료사' 역할도 있으며 이들은 학교 현장에서 심리교육적 목적을 다루게 된다. 아마도 몇몇 지역에서는 이 역할이 음악치료사들 간에 만연하고 있지만 많은 출판물에서는 아직 나타나지 않기 때문에 여기에서는 다루지 않는다.

2. Wolberg가 음악치료 단계에 대해 처음 적용한 것은 Wheeler(1983)의 저서에서다.

3. Bruscia는 네 가지 영역을 구분하기 위해 단계라는 말을 사용하였는데, 본 저자가 읽은 바로는 이러한 구분들에 대한 위계적 설명은 없었다.

4. 어떤 저자들은 현대적 전문직의 시작을 미시건 주립대학에 음악치료 프로그램이 시작된 해로 본다. 다른 사람들은 전문가 협회가 구성된 1950년을 시작으로 보기도 한다.

5. 한 가지 주목할 만한 예외는 Julie Hibben(1999)의 음악치료에 참여하는 클라이언트 경험에 초점을 맞춘 작품이다.

제2부

음악치료에서 음악은 어떻게 고려되는가

심리역동적, 사회적, 그리고
음악 중심적 관점에서의 음악

03
CHAPTER

 무엇이 음악치료의 원동력인가에 대한 질문에 답을 할 때 분명히 고려해야 할 것은 음악이다. 그러나 Even Ruud(1998)가 말하듯이, 음악치료에서 음악의 본질에 대한 합의가 부족한 이유는 "음악치료를 가르치는 다양한 학교가 그들이 전통적으로 가지고 있는 특정 이론들의 가치에서 벗어나지 못하고 고착됨으로써 음악을 다르게 이해하기" 때문이다(p. 70). 이 질문에 대한 다른 관점은 사람들이 각기 다른 방향으로 대답하도록 영향을 미친다. 이 방향들은 그들의 음악에 대한 추상적 가정들과 어떻게 음악치료라는 직업과 그 안에서의 자신들의 역할을 이해하고 있는가에 의해 크게 영향을 받는다.

 음악치료사의 음악에 대한 관점과 그들의 임상적-이론적 사고 구조 간에 밀접한 관계가 있다는 것은 분명한 사실인 반면, 무엇이 더 근본적인가에 대해서는 불분명하다. 치료사들은 그들의 임상적 접근을 지원하는 음악적 관점을 모색하는가 아니면 음악에 대한 관점은 그 사람의 임상적 이론의 본질을 정립하는 역할을 하는가?

 Ruud(1998)는 전자의 질문과 관련하여, 음악치료사들은 "음악에 어떤 기능을 부여하거나 어떤 실행방법을 정당화하기 위해 특정한 음악적 개념을 선택한다."라고 주장한다(p. 81). 음악치료사들이 자신들의 임상적 모델의 특성을 지지하기 위해 음악적 관점을 선택한다는 그의 관점은 심리정서적 이론, 행동적 이론, 또는 의료적 모델 같은 비음악적 개념들에 근거한 방법들을 설명하는 데 적절하다. 그러나 음악을 기반으로 하는 접근방법에서는 이런 관련성이 반대가 된다. 음악 중심적 음악치료에서는 사람이 음악과 관련 맺는 것부터 시작하여 그 위에 실용적이고 경험적으로 임상을 시행해 간다. 그 실행은 음악에 대한 접근에 기초를 두고 있는 것이지 비음악적인 이론과 관련된 것이 아니다. 제3의 대안은 사회적 이론으로부터 광범위하게 촉진된 사회적 음악치료와 자원 지향적 음악치료 같은 방법들이다. 여기에서 임상적 모델과 음악에 대한 관점의 관계가 상호작용되며, 임상적 모델과 음악에 대한 관점은 상호적으로 서로를 성립시킨다.

제2장에서 논의되었던 것처럼, 음악치료의 의료적 모델에서 음악치료사는 클라이언트를 사정하고 그 결과와 사례기록 등에 나타나는 특정 상황들을 다루는 중재를 계획하여 발전시킨다. 음악은 약물과 동질의 것이며 어떻게 음악적 특성이 자율적 실체로서 원하는 변화를 이끌어 내는지 조사된다. 이러한 음악적 속성들이 가장 우선적이며 그들이 음악의 임상적 가치와 효과를 결정한다.

전통적인 심리분석적 사고의 영향을 받은 음악심리치료의 더 정통적 형식에서는 치료에서의 음악 효과에 대한 설명이 성격, 발달, 그리고 인간 삶에서의 예술의 역할 등과 관련된 심리분석적 이론에 맞아야 한다. 이러한 사고에서는 음악이 퇴행, 무의식적 정서의 저장소, 받아들일 수 없는 내면장의 투사, 또는 개인이 건강해지기 위해 반드시 받아들여야 하는 대상물의 표현으로 간주된다.

의료적 그리고 심리분석적 접근에서는 각각의 체계 안에서 역할을 하는 음악의 공헌도를 비교적 좁게 생각한다. 의료적 모델에서는 주로 신경학적 설명이 사용되며 음악은 뇌에서의 특정 경로나 체계를 통해 진행되는 정량화된 자극 변수로 조사된다. 이러한 과정을 통해 음악의 임상적 가치가 결정된다. 심리분석적 모델에서는, 관심의 대상이 뇌와 관련된 것이 아닌 전반적 성격 구조다. 그럼에도 불구하고 의료적 모델과 매우 유사한 점을 갖고 있는데, 음악이 유발시키는 투사, 퇴행, 승화 등의 특정한 심리적 과정들이 음악의 가치를 설명하기 때문이다.

　이들 두 모델은 음악과 사람이 매우 개별화된 방법으로 능동적 관계를 맺는 것을 고려하지 않고 상황과는 관련 없는 역학적 설명을 제공한다. 그들이 이런 수준의 분석에는 관심도 없고, 음악적 경험에 대한 클라이언트의 동기나 관계가 그들이 주장하는 설명과 특별한 관련이 없기 때문에, 그들은 효과가 주로 일어나는 곳인 뇌 기능에 영향을 미치거나 무의식을 자극하는 음악적 속성들을 사용해 사람의 변화를 일으키는 '음악의 힘'을 들여다보는 것으로 자신들을 제한하고 있다.

　사회적으로 근거한 이론들의 관점은 사람들의 욕구와 음악 요소가 대등하게 작용하는 방법으로 사람들 간에 관계 맺는 특정한 상황으로 음악을 간주하는 상호적인 관점이다. 이런 맥락에서 Brynjulf Stige(2002a)는 J. J. Gibson이 주장하는 행동 유도성(affordances)을 상기시키는데, 이는 특정한 존재의 성질과 관련된 환경적 요소들을 의미한다. 문화가 제공하는 것들은 그 유기체와의 상호 교류적 관계 안에서 존재한다. 그것들은 환경만의 요소도 아니며 유기체만의 요소도 아니다. 그들은 상호교류의 산물이다. 이러한 상황에서 사람들이 자신들의 건강 증진, 발달, 그리고 웰빙을 위해 음악과 어떻게 관련 맺는지를 설명하기 위해서는 음악이 어떻게 사람에게 가치와 작용을 불러일으키는 경험을 가능하게 하는지에 대한 통찰력을 제공하는 것이 필요하다.

　사회적으로 근거한 이론들은 음악의 비임상적 이론 위에 음악치료 적용을 정립하려 한다. 이와 관련해 Stige(2002a)는 "일상적 상황에서 음악의 의미와 관련한 행동 유도성을 활용해 왔고, 사용되는 음악적 재료들이 갖고 있는 의미 잠재력을 간과하지 않고 음악을 고정된 활동이나 행사로 다루는 것이 가능하다고 제안"(p. 97)하는 Tia DeNora의 연구를 참고하고 있다. 다시 말해, 사람은 음악이 갖고 있는 국지적 조건들과 그것에 내재적으로 들어 있는 것들을 동시에 고려하면서 음악의 역할을 탐구할 수 있다는 것이다. 음악은 단지 "한쪽으로 치우쳐 있는 자극, 또는 그와 반대로 사회적으로 만들어지는 표상"(Stige, 2002a, p. 98)만으로가 아니라, 이들을 통합하는 방법 안에서 고려될 수 있다.

Stige(2003)는 음악에 대한 최근의 생각들이 문화에 대해 사람들이 생각하는 것만큼 다원적이라고 강조한다. 시간과 문화를 망라하여 음악으로 간주될 수 있는 (서양적 세계관에서 볼 때) 보편적 특성은 없다. 심지어 어떤 특정 문화는 음악에 대한 개념을 갖고 있지 않다 하더라도 서양의 관점으로 보면 실제 음악을 사용하고 있을 것이다. 더욱이 " '음악 그 자체'에 ……라는 주장은 상황을 무시하고 음악적 작품들이나 전통적 틀에서 그들을 구체화하려는 행동을 기반으로 하는 추상적 개념이다"(p. 159). 이렇게 음악은 다변적 가치를 갖고 있으며 분리된 존재로서의 음악 개념은 추상적이라는 것, 그리고 그 순간 그다지 유용하지 않다는 것의 두 의견은 음악치료 이론의 발달에서 음악 자원을 별개로 보는 것에 방해가 된다.

심리역동적, 사회 기반적, 그리고 음악 중심적 모델들의 음악에 대한 대조적 관점들

Freud의 이론들은 신경증 연구를 기반으로 하고 있기 때문에 성격에 대한 심리분석적 이론은 기능장애에 대한 연구를 근간으로 한다. 이 접근의 주요 유산 중 하나는 많은 인간의 활동들이 최적으로 기능하는 수준이 아닌 단지 유지나 반영 정도의 역할로 축소되었다는 점이다. 예를 들면, 심리역동적 음악치료에서 음악은 퇴행하는 경향과 언어적으로 더 잘 표현될 수 있는 표현을 가능하게 하는 매개로 고려된다.

이러한 입장은 창의적 예술치료에서 두 가지 상반되는 심리역동적 사고를 유발하는데, 치료에서 예술을 사용하는 것이 치료 밖에서 예술을 사용하는 것과 일관적이라고 믿는지 혹은 치료 밖에서의 사용과 기본적으로 다르다고 믿는지에 따라 구분된다. 전자의 입장에서는 예술가의 창작물이 신경증의 증상이거나 혹은 해결되지 않은 심리적 갈등의 징후로 간주된다. 사회 속에서 예술의 기능은 그 때문에 병리화되었고 음악의 임상적 기능과 비임상적 기능 간의 연속성은 유지된다. 후자의 관점에서는 치료에서 예술의 기능은 비임상적 환경에서 사람들에게 그것이 어떻게 작용하는가에 따라 매우 다르게 적용되며, 따라서 두 영역 간에서의 음악적 기능은 비연속성을 갖게 된다.

이와 반대로, 사회적 음악치료나 자원 지향적 음악치료 같은 사회적 기반의 개념 구조로부터 나온 음악치료 이론들과 음악 중심적 음악치료 같은 음악 기반의 개념 구조들은 두 가지 중요한 방법에서 심리역동적 접근방법과 구별된다. 첫째, 그들은 음악과의 관계 형성을 개인 내면의 건강성을 반영하는 인간의 필수적 필요라고 생각한다. 둘째, 음악에 참여하는 것의 긍정적 유의성(positive valence)을 신뢰하는 결과로, 그들은 음악의 임상적 사용과 비임상적 사용 간의 연속성을 추구하며 민족음악학과 음악사회학으로부터 파생된 음악의 일반적 이론들에 근거한 음악치료 이론을 만들려고 한다.

이러한 사고의 예는 Randi Rolvsjord(2010)가 논의한 음악의 존재론에서 사용한 음악학적 이론이다. 그녀는 이런 생각들이 어떻게 "자원 지향적 음악치료 접근방법에서 그 역할과 개념을 특징짓는지"(p. 60)에 초점을 두어 탐구하고 있다. 비록 "자율적 대상으로서의 음악"(p. 60)과 다양한 상황에서 적용되는 "사람에 의해 연주되고, 지각되고, 경험됨으로써"(p. 60) 존재하는 음악 간의 엄격한 구분을 할 수 없다는 것을 알고는 있지만, 그녀는 이러한 연구에서는 "음악 '그 자체'가 무엇인지를 이해"(p. 60)하는 것이 필요하다고 주장한다.

　Rolvsjord에 따르면, 자율적 대상으로서의 음악에 대한 전통적 관점은 음악이 사람들 간에 어떻게 상호적으로 사용되고 있는가보다는 형식적인 속성들에 더 우선적으로 임상적 가치를 두는 역학적 관점을 유도하기 때문에 음악치료에 문제를 야기할 수 있다. 이와 반대로, 그녀는 J. J. Gibson이 묘사하고 Tia DeNora(2000)와 Stige, Ansdell 등의 음악치료사들이 음악에 적용한 것처럼 음악적 행동 유발성과 유용성을 사용하라고 주장한다.

　음악에 대한 이러한 관점은 "음악의 사용을 구성하면서 클라이언트의 역할을 강조"(Rolvsjord, 2010, p. 68)하기 때문에 자원 지향적 접근방법에 잘 맞으며 음악이 클라이언트에 작용하며 원하는 치료적 변화를 가장 잘 이끌어 내는 음악이 무엇인지를 결정하는 것은 전문적 치료사라는 전통적인 관점과 대조된다. Rolvsjord는 음악이 자율적 대상이라고 믿지 않기 때문에, 치료사는 클라이언트가 치료적으로 의미 있는 경험을 만들어 내기 위해 능동적으로 음악을 사용할 수 있는 상황을 제공해야 한다.

　Rolvsjord는 음악치료사들이 음악을 주요 결과로 생각하는 관점에서 주요 과정으로 생각하는 관점으로 전환해야 한다고 주장하지는 않는다. 대신, 그녀는 특정 상황에 대한 고려에 따라 이러한 방법들을 받아들일 수 있는 음악에 대한 다원적 관점을 가져야 한다고 주장한다. Rolvsjord는 모든 사람은 선천적으로 음악적임에도 불구하고 서양의 전문가들은 '비음악화된(demusicalizes)' 개인들로 본다는 Small(1998)의 생각을 제시한다. 모든 사람의 타고난 음악성에 대한 생각—혹은 모든(또는 대부분의) 사람은 그들의 유익을 위해 제공되는 음악을 사용함으로써 음악과의 관계를 발전시킬 수 있는 고유의 역량을 갖고 있다는 관점—은 상황의 넓은 다양성에서의 음악치료 적용의 강한 합리적 이유를 만들어 준다.

　다음 논의에서 분명히 다뤄지지만, 음악에 대한 다양한 시각과 음악치료와 관련하여 음악을 생각하는 서로 다른 방법들은 모두 이런 기초적 이분법을 반영한다. 즉, 심리역동적 그리고 의료적 사고에서 보는 보상적 매체로서의 음악, 그리고 사회적이고 음악에 기초한 사고에서 보는 부가가치적 매체로서의 음악이 그것이다.

음악치료에서 심리분석적 관점들로 보는 음악

심리분석적 관점을 발달시킨 음악치료사 중 대표적인 두 사람인 Florence Tyson(1981)과 Mary Priestley(1994, 2012)의 음악에 대한 생각을 살펴보는 것은 이 분야의 생각에 대한 완전한 관점을 얻는 데 중요한 일이다. 비록 그들 모두 그들의 이론이나 방법에 전통적인 심리분석적 사고의 양상을 사용했지만, 두 사람은 절충적이고 실용적으로 작업을 했다. 순수한 심리분석적 구조와 일치하지 않는 비전통적 중재를 사용했던 Tyson의 임상과 Priestley의 저서들은 순수한 분석적 사고를 뛰어넘는 음악에 기초한 개념들을 포함한다. 그럼에도 불구하고 그들 모두 음악에 대해 광범위하게 서술하기보다는 정통적인 심리분석적 노선을 더 따라가고 있고 이러한 관점을 잘 대변하고 있다.

Tyson은 "감각, 운동, 그리고 심리적 자극들에 대한 우리의 내적 반응의 청각적 표현으로 야기된 음악"을 믿었다(1981, p. 1). 게다가 그녀는 생체적 리듬을 반영하는 음악의 생리적 기본 요소가 음악치료의 기초를 제공한다고 생각했다. 그녀는 모든 음악치료의 작업에 퍼져 있는 전반적 관심으로서 정서의 억제와 분리를 규명하였다. 음악은 개인의 내면 상태로부터 환경으로 흘러오는 것을 표현하기 때문에 건설적인 정서 표현의 능력 부족이 약화되어 가고 있는 클라이언트가 직면한 핵심 주제들을 다루는 데 매우 적합하다.

Tyson의 접근방법의 초점은 "음악을 매개로 하여 본능적 목표들의 가능한 만족을 가장 자유롭게"(p. 29) 달성하는 것이며, 그녀의 임상적 모델의 목표는 음악을 통해 정서적 긴장감이 외부로 표출되는 것을 촉진하는 것이다. 그러나 그녀는 죄의식, 불안, 또는 억제감 때문에 대부분의 환자가 안도와 회귀를 위해 요구되는 감정의 유출을 스스로 허락하지 않는다고 믿었다. 음악은 "목소리의 상향 음계 정상에서" 소리 지를 수 있는 상황을 제공하고, 또는 "피아노 악보의 꽉 채워진 화성이나 사납게 큰 소리의 구절"(p. 29)은 정서의 카타르시스적 표출의 기회를 제공한다. 음악의 심미적 요소들은 그들이 비음악적 표출의 명목하에서만 임상적으로 관련이 있다.

Mary Priestley의 음악에 대한 보다 넓은 관점은 그녀의 음악치료 이론에서 완전히 나타나지는 않는다. 그녀는 음악은 "모든 존재물의 기본적 특성"(2012, p. 244)이라는 생각에 음악치료의 기원을 두었으며 음악치료가 그것의 역사적 전례들과 일상생활의 관심사에 어떻게 뿌리를 두고 있는지를 깨달았다.

> 비록 음악, 의학, 종교 그리고 마술이 하나의 전문직종이 되는 일은 오래 전에 중단되었지만, 그럼에도 불구하고 음악치료사들은 자신의 작업 도구가 음악대학이나 기관들의 온실 같은 분위기에서 각각 양성되는 이질적인 예술 형태이며 일상생활의 주류에서 많이 벗어난 것이라고 생각하면 안 된다. 음악의 요소들을 모든 삶 속에 있다.
>
> (Priestley, 2012, p. 244)

Priestley가 볼 때, 음악가들은 대부분의 사람이 단절되어 온 정서적 그리고 영적 경험으로의 접근을 제공함으로써 사회에 필수적인 보상적 기능을 수행한다. 비임상적 상황에서 음악 청취자들은 두 가지 중 하나의 입장을 취하게 된다. 첫째, 그들은 "음악의 화성과 멜로디에 맞춰진 일종의 인간 공명현(human sympathetic string)"(Priestley, 2012, p. 245)이 되어 음악과 공명되는 경험에 푹 빠지게 된다. 그리고 두 번째는, "얼어 버린 정서와 무의식의 심상을 화면처럼 음악 위에"(pp. 245-246) 투사하는 것을 허락하기 위해 자신 속에 있는 내면 검열을 해제하여 단절되어 온 그들 존재의 양상들을 경험한다.

이 이론에서는 임상적 상황하에서의 음악 기능들은 치료 밖에서의 음악 기능 방법과 유사하다. 이전에는 분출구가 없었던 정서의 표현을 제공하는 것이 음악의 주요 기능 중 하나다. 이것은 "정서적 사혈(emotional bloodletting)" (Priestley, 2012, p. 247)과 비슷한 것으로 자기파괴적 행동 중 나타나는 감정들이 때로는 분명하게 혹은 때로는 자신이 만든 음악으로 촉발되는 상징과 심상을 통해 안전하게 발산되는 것이다. 음악적 표현은 타인의 관점에 근거하여 내면화되어 버린 자아상과 구분하여 자신의 진정한 자아를 발견하도록 돕는다. 언제나 음악은 자신의 내면세계를 탐구할 수 있는 매체의 역할을 우선적으로 수행한다.

Freud의 사고에 기반을 둔 음악치료의 개념들 외에도, 음악치료사들은 비록 더 제한적인 방법일지라도 Carl Jung의 생각 또한 사용한다. 대표적 예는 Priestley(1987), Borczon(1997), Brooks(1998), Austin(1991, 1996, 2003) 등의 업적들을 포함한다. 어떤 영역에서는 Jung이 대체적으로 예술적 과정과 창조적 활동에 더 지원적인 것으로 보이며 그것들을 단순한 보상적 기능의 수행으로서뿐만 아니라 힘과 통찰력의 긍정적 자원으로 인식한다.

Jung은 "치료적 목적을 위해 만들어진 창의적 작업"(Marshman, 2003, p. 21)과 예술에 의해 만들어진 창의적 작업을 분명히 구별하고 있다. Jung의 개념들과 관련 있는 모든 형태의 음악치료 접근방법은 이 창의적 작업의 두 유형에 대한 입장으로부터 시작된다. 창의성에 대한 Jung의 사용은 무의식의 비합리적인 측면에 대한 접근을 제공하고 그들에게 물질적 형상을 주는 것을 지향하여 사람들이 개성화(individuation)의 과정에 참여할 수 있도록 한다.

예술의 범주 안에서 Jung은 또한 완전히 의식적인 의도를 포함하는 작업과 무의식으로부터 파생되었으나 어느 정도는 완전히 형성된 작업을 구별하였다. 예술가들이 작업이 아무것도 없는 것에서부터 완성되었다고 느낄 때, 이것이 두 번째 유형의 작업 예가 된다.

그것의 근원은 "정신세계의 독립적 힘…… (알려진 것처럼) 자율적 콤플렉스

(autonomous complex)" (Marshman, 2003, p. 22)다. Jung에게 있어서 자율적 콤 플렉스의 출현은 정상적으로 기능하는 사람들의 불균형의 증거이며 정신질 환의 표시가 된다. 이 논의의 두드러진 요점은 Jung이 위대한 예술 작업의 원 천으로 묘사하고 있는 것의 원동력이 정신세계 내의 기능장애 과정에 존재한 다는 점이다.

Jung은 위대한 음악 작품들은 작곡가들의 집단 무의식에서 기원하였다고 생각하였다. 결과적으로 다른 사람들(감상자, 연주가)이 작곡가가 만든 작품에 참여하게 될 때, 그들은 작곡가가 말했던 인간 경험에 대한 유사한 보편성과 만나게 된다. 이 만남에 대한 치료적인 것은 이전에 개인적으로 고통받았던 것들을 보다 더 보편적인 인간의 특성들로 경험하게 되는 것이다. 그것은 뭔 가 더 넓어지고 더 의미 있는 것들로 객관화되고 규명되는 것이다.

창의적 음악성은 Jung의 사고에 두 가지 방법으로 관련되어 있다. 하나는 음악 원래의 자원으로서 역할을 하는 것이며, 다른 하나는 집단 무의식의 내용 에 접근하는 방법으로 그것의 메시지를 받아들이는 것에 포함된다. 존재하는 인간으로서의 집단적 지혜가 있으며, 각 개인은 완전한 개성화를 이루기 위해 그 내용을 배우고 받아들여야 한다. Jung의 사고에 창의적 음악성의 긍정적 가치가 자리 잡고 있는 것 같지는 않다. 자신과 혹은 타인과 음악적으로 관계 맺기 위해 사용할 수 있는 특별한 방법은 없다. 그리고 분석적 구조로 보면, 음 악의 원천은 여전히 소위 자율적 콤플렉스라는 기능장애와 관련이 있다.

몇몇의 현대적 음악치료 접근방법은 정신과에서의 음악 기능을 설명하기 위해 심리분석적 개념 구조를 사용하지만 우선적으로 무의식의 상징으로서 의 음악에 대한 상식을 넘어 사용된다. 예를 들면, Paul Nolan(1994)은 사람들 의 일상적 기능보다 심리분석적 관점에서 볼 때 자아 기능의 회복으로 간주되 는 더 높은 단계의 기능을 표현하는 직접적 징후로 음악을 설명하기 위해 자 아심리학의 요소들을 사용한다.

Nolan은 현대의 심리분석적 음악치료 이론가들 사이에 유행하고 있는 접근방법의 예가 되는데, 즉흥적 음악치료에서 클라이언트의 표현과 상호교류의 본질은 엄마-아가의 상호교류와 같은 특성을 갖고 있다고 주장한다. 음악적 교류 안에 내재되어 있는 이런 유형의 상호교류는 보편적으로 친숙하며 심리적 치료의 영향력 있는 특정 형태로서 즉흥적 음악치료를 가능케 한다. 클라이언트의 진보는 언어적 기술이 생겨나고 완전한 자아 발달이 이루어지기 이전의 좀 더 원초적인 형태로 상호교류가 귀환하는 능력에 달려 있다. 심리분석적 관점에서 보면, 정신질환을 앓고 있는 성인이 겪고 있는 어려움들은 언어의 발달 이전 단계에서 만들어진다. Nolan은 음악의 임상적 가치를 이 발달 단계에 도달하는 능력에 두며 이 이론에 동의하고 있다.

> 초기 엄마/양육자와 유아 연구에서의 일반적 주제는 음악적 요소들이 부산물이며 그리고 행동적 상태에 영향을 미치는 수단으로서 …… 양육자로부터의 음악적 자극을 받아들이고 음악적 반응을 만들어 내는 클라이언트의 능력이 특히 즉흥적 음악치료의 기본 원리와 과정에 적용 가능하다.
>
> (Nolan, 1994, p. 89)

심리역동적 음악치료의 접근방법들은 현존하는 심리분석적 과정과 구조들 속에 포함시키는 방법으로 음악치료 과정 안에서의 음악 역할에 대해 답을 하고 있다. 음악은 내면의 금기들을 우회하여 정서적 표현을 촉진한다. 그것은 발달 초기 단계로의 일시적 회귀 수단을 제공하며, 치료의 목적 달성을 위해 의식과 동화되어야만 하는 무의식 내용의 상징을 제공한다. 음악의 임상적 기능들이 치료 밖에서 더 일반화된 음악의 기능들을 반영하는 유일한 방법은 그러한 기능들을 병인 취급하는 것이다. 이러한 전략을 사용하기 위해, 음악을 내재된 특성들에 근거하여 임상을 시행하는 매체로 다루기보다는 심리역동적 치료의 목적들이 투영될 수 있는 매개물로 다뤄야 한다.

음악치료의 음악하기에서 음악에 대한 사회 기반적 그리고 음악 중심적 생각

음악에 근거한 그리고 사회적으로 기반을 둔 음악치료 이론들에서 음악하기(musicing)라는 용어는 대중적이 되었다. 앞서 언급한 바와 같이, 유럽의 대부분 지역에 있는 저자들은 Christopher Small(1998)의 저서를 참조하여 그가 쓴 철자대로 'musicking'을 사용하는 반면에, 북미 지역에서는 David Elliott(1995)이 철자 하나를 바꿔 쓴 'musicing'이라는 개념을 더 영향력 있게 사용하고 있다. 음악을 사물로서가 아닌 필수적 활동으로 생각하는 그들의 공통적 개념은 "음악은 사회적 그리고 문화적 상황에서 일어나는 행동이고 교류"(Stige, 2002a, p. 99)라는 생각에 근거하고 있다. Elliott과 Small이 구체화한 관점은 그 자체의 구조 안에 음악의 중요한 의미가 있다고 보는 전통적 관점과 반대된다. 새로운 관점은 그것의 중요성과 의미를 결정하기 위해 음악을 상황에 맞춰 탐구할 것을 강조한다. 음악의 의미에 대한 궁금증은 연주의 의미에 대한 의문으로 변환된다. 음악의 의미는 음악 작품에 내재되어 있는 것이 아니고 "상황 안에서 공유되는 행위를 통해 만들어진다."(Stige, 2002a, p. 100)

Stige는 음악치료사들이 전통적으로 결과보다는 과정에 초점을 두어 왔기 때문에 음악에 대한 새로운 이 관점은 음악치료 이론에 매우 편안하게 잘 맞을 것이라고 말한다. 그는 이 개념은 음악치료에서 음악을 직접 연주하고 즉흥적으로 사용하는 경우에만 적용되는 것이 아니라 녹음된 서양 고전을 사용하고 클라이언트가 음악과 수용적 관계를 맺는 유도된 심상과 음악(GIM) 같은 임상적 모델 안에서도 사용할 수 있다고 주장한다.

Small의 'musicking' 개념에서 음악이 사물이 아닌 과정임을 강조하는 반면에, Elliott의 'musicing' 개념에서는 음악을 '행위(doing)'의 유형뿐만 아니라 "지식에 근거한 행위, 지식을 특정 형태로 구체화하는 것"(Aigen, 2005a, p. 65)으로 강조한다. Elliott은 "음악적으로 연주한다는 면에서 음악하기(musicing)는 의도된 인간 행동의 특정 형태이며…… 음악을 연주하는 것은 사려 깊고 빈틈없이 행동하는 것이다."라고 했다(Elliott, 1995, p. 50).

Elliott이 주장하는 개념의 가장 중요한 의미 중 하나는, 음악하기의 능력을 보여 준다는 것은 "지능, 의도 그리고 의식이 있음을 의미하며"(Aigen, 2005a, p. 67), 이는 이러한 자질들이 있는지 의심스러운 클라이언트와 작업을 할 때 치료사들이 심도 깊은 평가를 할 수 있게 한다. 음악치료에서 클라이언트가 적극적으로 음악하기를 할 때, 다른 방법으로는 나타나지 않는 복잡한 인지 과정의 활성화에 필요한 지식의 형태를 보여 주고 있는 것이다.

Elliott은 음악을 "즐거움, 자아성장 그리고 자기인식의 기본적(그러나 반드시 유일하지 않은) 가치를 위해 공공연히 그리고 은밀하게 만들어지는 청각적-시간적 패턴들의 다양한 인간 행위"(Elliott, 1995, p. 128)로 보았다. 이러한 정의는 음악치료사들의 흥미를 자아내는데, 음악이 인간의 삶을 풍요롭게 하는 방법에 맞춰진 초점이 음악치료에서 음악이 개념화되는 방법과 일치하기 때문이다. 이러한 정의에 입각하여 일하는 것은 음악치료에서 음악을 임상적으로 사용하는 것이, 넓게 해석하면 음악의 본질과 비임상적 상황에서의 음악 사용으로 계속 연결된다는 것을 제안한다. 그것은 음악치료를 음악의 역할들로부터 분리시키는 것과 반대로 사회에 현존하는 음악의 역할에 음악치료를 끼워 넣게 한다.

언어 또는 경험적 세계로서의 음악

음악은 언어와 많은 특성을 공유한다. 즉, 둘 다 시간적이고 청각적이다. 음악과 언어는 시각적 상징을 통해 표현될 수 있으며, 모두 전형적으로 발신자, 수신자 그리고 메시지를 포함한다. 이러한 유사점들은 음악치료 이론가들이 음악치료에서의 음악을 언어나 적어도 의사소통의 매체로 인식하게끔 유도해 왔다.

Kate Gfeller(2012)의 관점은 음악치료에서의 더 보수적인 생각을 대표한다. 그 안에서 음악은 의사소통의 수단으로 기능하는 언어 같은 상징 체계로 간주된다. 그녀는 의사소통에 관한 Owen의 주장을 다음과 같이 인용했다.

> 정보와 생각들, 필요와 욕구들을 나누기 위해 참여자들이 사용하는 과정
> 이다. 그 과정은 의도하는 메시지를 암호화하고, 전송하고, 암호를 푸는 과정
> 을 포함하는 능동적인 것이다. …… 그것은 발신자와 수신자를 필요로 하며,
> 각각은 메시지가 효과적으로 전달되고 의도했던 의미가 보존되어 있는지를
> 확인하기 위해 서로의 정보적 필요들에 주의를 게을리하지 말아야 한다.
>
> (Owens: Gfeller, 2012, p. 493에서 인용)

이러한 관점은 그 과정이 메시지를 보내는 생산자와 이후 메시지 수신자에 의한 해독으로 구성되는 의사소통이론에 의거하여 성립된다. 의사소통이 일어나기 위해서는 발신자에 의해 전달된 의미가 수신자에 의해서도 반드시 동일하게 해독되어야 한다. 또한 음악은 구어적 언어가 가지고 있는 엄격한 외연적 의미를 가지고 있지 않기 때문에 이러한 관점은 Leonard Meyer의 음악에 새겨져 있는 의미에 대한 견해를 사용하도록 만든다.

구어적 언어와 매우 유사한 의사소통으로서의 음악에 대한 관점은 20세기 후반에 있었던 기호론적 접근과 음악철학의 발달을 설명하지 못한다. 음악의 의사소통이론과 대조적인 전자의 견해와 관련하여 음악은 세 가지 양상을 갖고 있는데, 이는 그것의 형태 또는 구조, 창조 활동을 일으키는 과정들, 그리고 지각과 해석 등을 불러일으키는 과정이다. 이 관점으로 보면 음악의 단독적이고 객관적인 메시지나 본질은 없다. 그것의 기원과 조직, 지각되는 방법 등 모든 것이 합쳐져 음악의 본질을 형성한다. 음악이 무엇인지를 확실히 알

기 위해 이런 모든 단계가 고려되어야 한다. 수동적으로 메시지를 받고 의사소통의 이론을 따라 미리 결정된 규칙에 의거해 발신자의 의도를 해석하기보다는, 기호론적 사고에서는 수신자가 음악적 내용에 참여하고 특유의 많은 요소에 근거해 능동적으로 그것의 의미를 구축한다.

　이 문제에 대한 Gfeller의 정확한 입장을 결정하기는 어렵다. 한편으로 그녀는 "의미를 의사소통하는 것은 자극이나 메시지 단독의 기능이 아니다. 오히려 의미는 그것이 가리키고 있는 상징과 일반 관찰자 간의 관계로부터 나온다."(2012, p. 493)라고 주장하며 더 현대적이고 상호 교류적인 관점을 수용하는 것처럼 보인다. 그러나 그녀는 또한 "상징은 그것을 만든 사람과 받는 사람 모두에게 같은 의미를 가질 수 있어야 한다."(p. 493)라고 주장하며 음악의 의미를 결정하는 것은 발신자의 의도라는 오래된 개념에도 동의하고 있다.

　언어로서의 음악을 보는 이 관점의 기본 틀은 행동적이고 신경학적으로 기반을 이루는 개념 구조에 포함된다. 전자의 관점에서는 음악과 그것의 의미 간의 연결을 설명하기 위해 연합주의자적 관점이 발생되며, 후자의 관점에서는 각 방법들에 의해 각각 활성화되는 다양한 신경학적 체계의 입장에서 구어적 언어와 음악 간의 차이가 탐구된다. 전자의 관점과 Meyer의 접근방법에 대한 믿음은 Gfeller가 음악 경험에 포함되는 지적 · 인지적 과정을 최소화하게 만든다. 그녀는 지시적 의미의 부재는 "음악적 의사소통이 이론적 논리나 지적 반응에 덜 의존적이다."(Gfeller, 2012, p. 496)라는 것을 의미하며 일반적으로 예술을 감상하는 것은 "원인이나 논리적 생각에서 생기는 압박감을 줄여 준다."(p. 496)라는 생각이 수반된다고 주장한다. Gfeller(2012)는 이러한 지적 능력의 최소화에 근거하여 음악의 임상적 가치를 규명하고 있다. "이러한 논리적 반응의 축소는 클라이언트에 의한 주지화(intellectualization) 작업이 고려되지 않는 경우뿐만 아니라 지적 능력이 제한적인 클라이언트들을 위해 치료적으로 적용할 수 있다."(p. 497) 이러한 생각은 복잡한 인지 처리과정에 음악이 반드시 포함되며(Aigen, 1995a에서 도식화한 것처럼) 음악치료에 오는 많은 클라이언트에게 음악은 그들이 다른 방법으로는 표현하지 못하는 복잡한 인지적 기술을 보여 줄 수 있는 기회를 제공한다는 인지적 관점에 기반을 둔 음악치료 논리들과는 극명한 대조를 보인다.

Pavlicevic(1995) 또한 음악을 의사소통의 형태로 보았는데, 특히 음악이 정신질환 환자들과의 임상적 즉흥연주로 사용될 때 더욱 그렇다고 보았다. 그녀의 관점에서 "임상적 즉흥연주는 음악적 파트너들끼리 음악을 통해 즉시 서로를 이해할 수 있는 기회를 제공한다. 그들은 언어 같은 중계 대상의 침입이나 잠재적 전환 없이 서로에 대한 자신들의 느낌을 나눌 수 있다"(p. 168). 그녀는 또한 비언어적 의사소통이나 어머니-유아(mother-infant) 상호교류 같은 연구의 다른 영역들도 '기본적 의사소통(basic communication)'으로 간주하고 있다. 정신질환이 있는 사람은 상호적 동시성의 결함을 보이기 때문에 음악 안에서도 상호적이고 자발적인 교류에 참여하지 못하는 것이 그들의 직접적 징후로 관찰된다. 반대로, 점점 더 증가하는 반응과 상호성을 보이며 음악적 의사소통에 참여하는 능력은 정신질환으로 인한 기본적 문제들을 극복하는 능력이라고 볼 수 있다.

그러나 음악을 상호적으로 창조하는 언어라는 개념보다 더 넓게 해석하려는 또 다른 생각도 있다. 음악은 현상세계에 살고 있는 사람들에게 다른 유형의 대안적 경험 영역을 상징한다는 생각이다. 이러한 넓은 구성개념은 언어로서의 음악이라는 개념보다 더 광범위한 입증이 필요지만, 더 확장되어 적용할 수 있다는 면에서 매우 큰 잠재적 유익을 가지고 있다.

이러한 개념이 만일 Nordoff-Robbins 음악치료의 임상에서 유래된 것이 아니었다면 분명 큰 범위로 규명되었을 것이다. 즉흥적으로 만들어지는 음악의 창의적이고 융통성 있는 사용이 어떻게 다양한 장애를 가진 아이들에게 큰 변화를 일으키고 효과적일 수 있는지를 반영하며, Paul Nordoff는 "음악은 그 안에서 살 수 있고 그 안에서 작업할 수 있는 거대한 세상이다. 그것은 어떤 개인에게서 병을 발견했을 때 우리가 그 병의 변화에 대응할 수 있도록 만들 수 있는 유일한 세상이다"라고 보았다(Aigen, 2005b, p. 18).

　음악을 대안적 경험세계로 생각하는 음악치료사들은 일반적으로 클라이언트들이 자신들이 갖고 있는 장애를 훨씬 넘어서는 기능을 수행할 수 있다는 것을 관찰하기도 하고 함께 임상적 과정에 참여하기도 한다. 음악치료에서 클라이언트들이 ① 그들의 능력보다 더 자연스럽고 의도적으로 신체적 운동에 참여할 수 있고, ② 다른 것들은 불가능하지만 음악 안에서 의사소통과 관계를 형성하고, ③ 생활에 완벽하게 몰입할 수 없게 만들었던 오래된 정서적 두려움이나 장애를 극복하며, ④ 불가능하던 기능적이고, 표현적이며, 의사소통적인 활동에 참여할 수 있도록 수많은 인지적 결함을 극복하는 상황을 생각해 보라. 클라이언트들이 "비음악적인 상황에서 그들에게 부과되었던 장애물들로부터 자유로운 음악적 상황에서" 기능을 수행할 수 있을 때 이런 일이 일어나도록 하는 기법은 "그 자체의 언어, 가치, 체계, 인식, 영적 믿음, 원리 체계 등으로 특징지을 수 있는 새로운 경험적 영역"을 더 적절하게 고려해야 한다(Aigen, 1998, p. 266).

　치료사가 극단적으로 고립되어 있고 인간의 삶에 거의 참여하지 않는 클라이언트를 위해 일을 할 때, 이러한 클라이언트들은 다른 세상에서 살고 있는 것처럼 보인다. 그들과 관계를 형성하기 위해서는 그러한 장애들이 강조되지 않는 대안적 경험 영역을 만드는 것이 필요하다. 자신의 경험적 세상에서는 전형적으로 타인과의 접촉이 편안하지 않은 사람에게 "음악은 희귀하고, 환기시키며, 위로를 주는 뭔가가 될 수 있다"(Nordoff & Robbins, 2004, p. 55).

　의사소통에 대한 개념의 뿌리를 사람에 두지 않을 때, 다른 사람을 지각이 있는 존재로서가 아닌 환경 안에 있는 대상으로 관계 맺을 때, 왜 음악이 타인과 소통하고 교류하고 싶어 하는 욕구를 깨우는지에 대한 설명은 언어와 관련된 단순한 수준을 넘어서야 한다. 이는 클라이언트들에게 인간 삶의 필수적 요소를 경험할 수 있는 독특한 음악적 세상을 확립시켜 주는 것으로 잘 설명될 수 있다. 음악은 "인간들의 정상의 사회적 세상과 장애인들의 극단적으로 고립되고 개별화된 세상 사이에 존재하는 중간 차원을 확립하는"(Aigen, 2005a, p. 147) 역할을 수행하는데, 그곳에서는 인간관계가 성립되고, 가치가 공유되며, 잠자고 있던 능력이 깨어난다.

    Gary Ansdell(1995)도 지각 있는 존재로서 서로 교류할 수 있는 사람들 간의 영역에 대한 Buber의 개념에 근거하여 '음악적 사이(musical between)'라는 설명으로 같은 주장을 하고 있다. 이 '사이'라는 개념은 Ansdell에게 음악치료의 효과를 설명하기 위해 매우 중요하다. 그가 음악치료에 대해 잘 모르는 사람에게 음악치료를 설명하면 이런 반응을 마주하게 된다. "알겠어요, 그건 땅 위에 있는 것과 물속에 있는 것의 차이와 같네요. 갑자기 당신은 다르다는 걸 느끼죠. 더 자유롭게, 지지받으며, 다른 일들을 할 수 있어요."(p. 68) Ansdell은 다음과 같이 말하며 이 반응을 더 발전시키고 있다.

> 당신이 참여하고 있는 활동의 방법을 바꾸는 것은, 그것이 땅이건 물이건, 혹은 언어건 음악이건 상관없이, 당신 자신과 당신이 관계 맺고 있는 다른 사람들에게 다른 느낌을 줄 수 있다. 음악 안에서 그랬던 것처럼 이 '음악적 사이' 안에서도 관계가 일어나게 된다.
>
> (Ansdell, 1995, p. 68)

    Ansdell의 보완적 관점에 대해, Colin Lee(2003)는 클라이언트에게 음악치료 즉흥연주는 삶과 죽음의 경계가 초월되는 '음악적 비상(musical flying)'의 형태로 경험된다고 주장하였다. 그의 클라이언트 한 명은 "음악을 통해 나는 날아간다. 즉흥연주를 하면서 나는 나의 병의 실체, 나의 종양과 내 삶의 퇴화를 버린다."라고 말하였다(p. 72). Lee에게 있어서, 비임상적 상황에서 음악의 세계로 들어가는 것은 상식적 논리가 버려진 대체적 현실로 들어가는 것을 포함한다. 그는 임상적 상황에서 음악 만들기가 왜 뭔가 달라야 하는지에 대한 이유를 찾지 못한다.

음악치료가 사람들을 위해 만들어 내는 큰 변화와 그것이 만들어 내는 극적으로 새로운 유형의 교류는 음악적 세상의 이 광범위한 구성개념을 정당화한다. 새로운 언어는 이전에는 가두어져 있던 내면의 상태가 의사소통할 수 있도록 허용하지만, 음악치료의 클라이언트들에게서 보이는 폭넓은 변화에 대해 더 잘 설명하자면 "장애를 초월할 수 있도록 하는 것은 새로운 경험세계의 확립이다."(Aigen, 1998, p. 267)

사람들이 함께 모여 음악을 만들어 낼 때 의사소통이 일어나지만, 그렇다고 해서 음악이 바로 의사소통이라는 것을 의미하진 않는다. 단체 운동 같은 활동을 생각해 보자. 선수들 간의 의사소통은 이 분야에서 성공하기 위해 필수적이며 모범적인 의사소통은 특정 단체 운동에서 아름다운 모습을 만들어 내기도 한다. 그러나 운동경기를 의사소통으로 간주하는 것은 의사소통이 일어났던 목적을 놓치는 일이다. 마찬가지로 협동적 음악하기는 의사소통을 필요로 하지만 그것은 음악에 대한 표현과 흐름과 공동체의 독특성을 만드는 것이 목적인 의사소통이다. 음악치료 이론은 음악의 가치를 설명하면서 일정 부분 의사소통적인 양상을 고려할 수는 있지만, 기본적 구성으로 '언어로서의 음악'이라는 개념을 사용하는 것은 사람들이 참여하는 음악의 진짜 목적을 무시하는 것이다.

해석 가능한 구어적 교류와 세션 동안 계속되는 미적인 형태에의 의존도를 최소화하는 활동 같은 음악 중심적 활동의 많은 특징은 경험의 음악적 범위 내에서 참여를 촉진하거나 유지하는 것으로 이해될 수 있다. 이러한 틀로 보면, 음악치료는 클라이언트가 음악적 경험에 완전히 빠져들었을 때 가장 효과적이 되며 이러한 동기가 건강과 웰빙을 위해 연결된 창조적 과정을 활성화시킴으로써 그 사람의 전인적이고 건강한 부분의 요소로 간주될 수 있다. 이 전체적(holistic) 관점과 그것의 창의성과의 관련성은 의학적, 행동적, 또는 심리분석적 사고보다는 사회 기반적, 음악 기반적 이론들의 특성이 된다.

음악치료에서의 음악과 전체론에 대한 견해들

음악치료에서의 음악에 대해 심리분석적·행동적·신경학적 관점들은 모두 공통적으로 축소하는 철학적 입장으로 설명을 하고 있다. 음악치료에서 사람들이 음악에 참여하는 방법에 대해 설명할 때, 심리역동적 설명은 성격 구성 요소들의 상호작용을 상기시키며, 행동적 접근방법은 복잡한 음악적 행동을 단순한 행동들의 조각들이 쌓인 것으로 분할시키고, 신경적 접근방법은 음악에 노출되는 것과 관련된 신경적 활동을 고려한다. 이 모든 접근법은 현상을 그것의 구성 요소로 분류하고 그 구성 요소들이 관찰되는 것을 설명하기 위해 어떻게 상호작용하는지에 대해 추측한다는 점에서 축소적이다.

그러나 적합한 설명이 전체적 구조에 대한 정확한 표현과 그 부분들의 상호작용에 대한 묘사에서 비롯된다는 생각은 현대의 과학철학에서 광범위하게 비평받아 왔다. 그것은 이론적 개념 구조를 구성하는 토대로는 빈약하다. 이와 반대로, 음악 기반적, 자원 지향적, 그리고 사회적 음악치료의 개념 구조는 전인적 수준에서 뭔가를 일으키는 임상적 음악을 고려하는 철학적 입장으로 설명하고 있다. 음악은 인간에 의해서 관계되며, 자아, 뉴런, 또는 환경적 조건들에 의해 통제되는 유기체들의 양상처럼 개별적으로가 아니라 전체적으로 고려된다. 이 관점에서는 음악치료에서의 음악적 가치를 설명함에 있어 인간을 구성 요소들이나 하위 체계의 기관들로 분석하지 않고 어떻게 음악이 "의미 있는 인간관계, 보상적 직업이나 취미, 삶에 대한 실존적 목적, 그리고 이러한 필요들을 충족시키기 위해 다른 사람들과 의미 있게 관계 맺는 능력" (Aigen, 1991b, p. 269) 같은 보편적 필요들을 충족시켜 주는지를 탐구한다.

전체적 관점은 "음악을 창조하는 필요는 본능적 인간 활동이며, 다른 의욕, 필요 또는 부족 등으로 축소되거나 그것들에 의해 설명될 때 더 잘 이해되는 것이 아니다. 그것의 필수적 특성 때문에 심리적 웰빙의 토대가 되는 것이지 비심미적 유익 같은 부수적이거나 우연한 것 때문이 아니다."(Aigen,

1991b, p. 269) 치료에서 음악적으로 참여하는 과정은 더 기초적인 어떤 것을 반영하거나 상징하는 것이 아니다. 그것은 음악 기반적이고 문화 기반적인 이론들뿐만 아니라 더 심리적 개념 구조에 뿌리를 두고 있는 Smeijsters(2005)의 현대적 작업에 의해서도 강조되는 관심의 실제 현상이다.

음악적 개념 구조와 문화적 개념 구조의 공통점은 음악적으로 창의적인 활동을 외부의 심리적 관점이나 신뢰 체계를 통해 보는 것이 아니라 가장 중요한 지향점으로 간주한다는 점이다. 이는 지구 중심적(geocentric) 세계관에서 태양 중심적(heliocentric) 세계관으로 옮겨지는 것 같은 개념의 반전을 포함한다. 일반적 신념들과 갈등을 일으키는 방법은 그것의 새로움으로 유용성을 흐리게 하는 원인이 되기도 한다.

음악치료에서의 음악과 창의성

음악적 창의성은 무엇인가를 신생의 요소를 가진 형태로 만드는 순수하게 창의적인 활동을 포함한다. "생명력이 없는 물질에서 생명이 발생하고, 세포에서 의식이 생겨나며, 날것의 재료들로부터 미적인 경험을 가져올 수 있는 창의적 현상들은 그들을 구성하는 요소들의 구조와 특성을 참고하는 것만으로는 해석할 수 없다."(Aigen, 1991b, p. 271) 음악치료가 이런 창의적 과정과 결합될 때, 음악치료의 중심에서 창의성을 분석하는 비본질적이고 심리적인 관점을 받아들이지 않고 임상적 과정을 보는 관점으로 지향점을 받아들이는 것이 논리적이다. 그리고 창의성(그것의 예술적 영역)과 생명의 창조를 연결하는 것 또한 이러한 견해와 관련이 있다. 무생물에서 생명이 발생하는 것은 모든 창의적 활동을 대표하는 전형적인 활동이다. 창의적 활동은—그것이 예술적이건, 과학적이건, 혹은 치료적이건 간에—삶에 도움을 주는 과정과 밀접하게 관련되어 있으며 따라서 유기체의 건강과도 관련이 있다.

창의성에는 그것의 구성 요소들이나 선례에는 나타나지 않는 요소들이 나타나기 때문에 관심에 대한 현상과 실제 그것들의 구성 요소나 선례들 간에 설명할 수 없는 차이가 항상 존재한다. 이것이 음악의 역할을 이해하는 데 더 축소적인 접근방법들이 효용성을 제한하게 되는 이유가 된다. 그들의 용어로는 창의적 음악 경험의 본질에 접근할 수 없다.

Ansdell(1995)에 따르면 음악은 가장 심각한 표현 상태일지라도 놀이의 형태이며, 이 놀이의 필수 요소로 창의성이 강하게 관련된다. Ansdell의 관점과 Nordoff-Robbins 음악치료에서는 음악 안에서 그리고 임상적 즉흥연주의 중심인 상호적 음악 참여 시 창의적으로 되는 것에 주안점을 둔다. 음악적인 것이 창의적인 것이며, 창의적인 것이 고유적으로 치료적이 되는데, 이는 인간의 기본적 필요인 "새로운 경험들, 새로운 양식들, 새로운 의미들을 찾기, 자유롭게, 융통성 있게 그리고 자발적으로 행동하기"(p. 103)를 충족시켜 주기 때문이다.

Ansdell의 관점은 창의성을 심리적 기능장애의 증상으로 본 Freud의 의혹과는 대조를 이룬다. 비록 뒤이은 심리분석적 이론가들은 더 호의적인 견해를 갖고 있을지라도, 음악치료에 대한 전통적인 심리분석적 사고의 영향은 창의성과 놀이가 치료에서 사용될 때 예술적 동기 이외의 다른 동기를 갖고 있으며 이러한 동기들을 해석하는 것이 임상적 과정에 필수적이라는 주장을 이끌어 낸다. 그러나 Ansdell은 영국인 분석가인 D. W. Winnicott을 심리치료적 과정을 이해하기 위해 놀이의 형태가 중요하다는 자신의 주장 범위 정도로만 놀이에 참여하는 일이나 놀이 그 자체의 가치를 이해하는(그가 해석되지 않는 놀이의 가치를 이해했다는 의미) 사람으로 간주하고 있다.

Ansdell 주장의 핵심은 음악적 창의성의 특별한 양상에 대해 강조하는 것이다. 즉흥연주 음악치료의 가치를 설명할 수 있는 것은 일반적인 창의성 개념이 아니며, 음악이 미지의 상황에서 친밀감과 상호교류 그리고 신뢰를 요구하는 특별한 방법이라는 것이 그 가치를 설명한다. 이전에는 아무것도 존재하지 않았던 곳에 상호 교류하는 음악적 존재를 만드는 것이 무에서 유를 끌어 내는 힘이며, 이것은 자신에게 창의성이 없다고 생각했던 많은 클라이언트의 전반적 자아상을 뒤집는 일로 그들에게 가장 가치 있는 일이 된다.

사실 Ansdell은 일반적으로 음악성(musicality)이라 불리는 것을 이 음악적 창의성의 형태로 규명하고 있다. 그것은 인간의 고유한 부분 중 하나다. 음악은 경험하는 특별한 방식이 아니라 인간 존재의 필수적인 면이다.

> 음악적이라는 것은 인간의 자연적 부분이다. 그리고 내가 '음악적'이라고 말할 때 그것은 음악적으로 기술이 있음을 의미하는 것이 아니라 세상 속에서 음악적으로 존재하는 방법을 의미한다. 나에게 음악적이라는 것은 알맞은 시기, 구조, 뉘앙스, 놀이 등에 대한 감수성이며…… 또한 다른 사람과 음악적으로 관계 맺는다는 것은 말 없이도 서로를 이해할 수 있는 수준이 있다는 것을 신뢰하고…… 이해의 다른 수준을 신뢰하여, 자유롭게 그 수준 안에서 돌아다니고…… 그 안에서 자신감을 갖게 되는 것이다.
>
> (Verney & Ansdell, 2010, p. 48)

이런 생각은 특별히 음악치료사들에게 유용한데, 그것은 음악적 기술에 대한 생각과 다르고 음악적 훈련을 받지 않았거나 어려운 상황에 있는 사람들에 의해서도 표현될 수 있기 때문이다. 음악치료사는 클라이언트의 음악적 기술을 증진시키기 위해 반드시 일할 필요는 없으나(비록 그것이 임상적 작업의 초점일 수는 있지만) 클라이언트의 음악성을 발달시키기 위해서는 많은 작업을 하게 되는데, 이는 이 음악성이 "창의성, 융통성, 상상력, 그리고 전인적 관점에서 나오는 음악에 대한 감각, 생각과 감정의 균형"(Verney & Ansdell, 2010, p. 108) 같은 음악치료와 관련된 많은 주제를 강조하기 때문이다. 음악치료의 클라이언트들에게 임상적 과정은 비음악적 놀이에서 음악적 놀이로의 전환을 포함하며 그로 인해 경직, 고립, 우울 같은 자기제한적 방식들을 극복하게 된다.

심리역동적 접근방법과는 대조적으로, Ansdell은 이러한 변화는 문제를 분석하거나, 음악을 해석하거나, 혹은 클라이언트에게 변화를 공공연히 혹은 은밀하게 제의한다고 해서 일어나는 것이 아니라고 믿는다. 클라이언트가 존재하는 새로운 방법을 성취하고 그것으로부터 클라이언트가 더 건강한 자아감을 형성할 수 있는 것은 세심하고 잘 들어 주는 음악치료사와의 의사소통을 통해서 이루어진다.

치료적 관계가 임상과정에서 매우 중요한 요소가 되는 심리역동적 모델에서는 음악을 무엇보다도 관계를 맺는 두 당사자들 간의 상호적 의사소통으로 간주한다. Ansdell이 주장하는 음악 기반적 모델에서는 의사소통을 중요하게 생각하지만 그건 단지 반쪽에 불과하다. 음악적 창조성의 심미적 가치 또한 치료에 모든 사람의 많은 경험을 포함하고 있기 때문에 똑같이 중요하다. 비음악적 목적을 위한 도구적 사용보다는 그것 자체의 목적을 위해 음악적 경험에 가치를 부여함으로써, 음악치료에서 창의성을 음악에 근거하여 강조하는 것은 사회 안에서 음악을 비임상적으로 사용할 수 있는 연결고리를 만들어 준다.

음악적 창의성은 좀 더 음악 기반적 음악치료 접근법 안에서 왜 그리고 어떻게 음악치료가 작용하게 되는지를 설명하는 데 중심 역할을 한다. 창조적 존재로 작용하는 기회는 사람들이 자신들을 보는 방법과 그들의 문화와 그 문화를 이루고 있는 음악적 유물들(양식들, 작품들, 관련된 방법들 등)에 자신들을 관계 맺는 방법을 변화시킨다. 이러한 관련성은 제4장에서 논의될 것이다.

음악치료 안에서의 음악적 스타일: 문화, 정체성, 그리고 변화의 본질

04 CHAPTER

음악치료 이론 중 사회학에 기반을 둔 접근법은 비임상적 상황에서의 음악 사용을 조사하고 발견한 결과를 임상 작업에 적용한다. 임상적 상황과 비임상 적 상황 모두와 관계있는 창의적 과정의 한 영역은 정체성을 창조하는 것이 다. Even Ruud(1997)는 음악을 통해 만들어진 정체성의 본질에 대해 연구하 였다. 포스트모더니즘의 관점에 근거하여 그는 정체성이란 주어지는 것이 아 니라 우리가 능동적으로 만들어야 하는 것이라고 생각한다. Ruud는 음악이 이러한 구축을 수행하는 기본적 무대가 된다고 주장한다.

Ruud는 "감상하고, 공연하고, 음악에 대해 말하는 것은 우리 자신의 감각 과 우리의 정체성을 보여 줄 만큼 정체성을 반영하지 않는다."(1997, p. 3)라는 생각에 기반을 두어 대학생들의 음악 자서전을 조사하였다. 음악은 우리 정체 성의 중심이기 때문에 그것의 본질은 심지어 우리가 만들어진 정체감을 어떻 게 생각하는지에 영향을 미친다. Ruud는 정체성에 대한 특별한 생각을 채택 했는데 그것은 다음과 같다.

의식이 자신의 활동들, 기억들, 그리고 상상들을 감시하고 있을 때 개인이 실행한다는 특정한 이론에 근거하고 있다. 삶의 가능한 상황과 기억들 중에 선택하고, 이것들의 미래를 향한 투사를 통해, 자아에 대한 개념은 그 자신에게 합의된 정체성으로 설명될 것이다.

(Ruud, 1997, p. 6)

우리의 개인적 정체성은 우리가 관여하고 있는 특정한 담론으로부터 기인하는데 우리 인생의 경험들이 맥락화되는 방법은 우리가 선택한 담론의 은유적 구성을 따라가기 때문이다. 정체성에 대해 더 잘 이해하기 위해서는 그것을 구성하는 사용된 비유를 통찰하는 것이 요구된다. 음악에 참여하는 것을 통해 우리는 우리의 가치를 분명히 하고 우리 자신을 특정 문화 속에 자리 잡게 한다. 음악의 과하게 정서적인 내용은 "개인의 삶의 사건들을 의미 있는 방법으로 강조하고 적당한 장소에 둘 수 있게 한다."(Ruud, 1997, p. 6)

Ruud의 작업은 음악과 음악적 경험들이 많은 수준과 많은 맥락 안에서 어떻게 정체성을 만드는 필수적 시금석이 되는지를 보여 준다. 그의 연구들은 음악을 통해 정체성의 구축이 진행되는 4개의 기본적 위치를 밝혔다.

그것은 ① 음악과 개인적 공간, ② 음악과 사회적 공간, ③ 시간의 공간과 장소, 그리고 ④ 초개인적 공간이다. 첫 번째 공간에서, 개인은 자신의 감정, 신체적 외모, 다른 사람은 접근할 수 없는 자신의 내면 핵심, 그리고 사회적으로 주어진 음악적 영역 안에 혼합될 것을 요구하는 진정한 자아에 대한 생각 등에 대한 인식을 발달시키는 과정을 발견하게 된다. 두 번째 공간은 공동체의 소속감, 그 사람의 가족에게서 나타나는 것들과는 다른 개인적 가치의 발달을 허용하는 그 사람의 사회적 세상의 다른 우월성이 자리 잡고 있다. 그곳에는 음악 안에 있는 새로운 현실에 맞는 진정한 자아를 발전시키기 위한 탐구가 있다. 세 번째 공간에서는, 그 사람이 살아온 그리고 영구히 연결되어 있다고 느끼는 특정한 시간과 장소에서 정체성의 구축이 이루어진다. 이 특정한 시간과 장소와의 연결은 그 사람의 삶에 대한 자서전적 그림을 위한 일생 동안 지속되는 지향점을 제공하는 음악적 경험 안에 새겨져 있다. 네 번째 공간에서, 음악적 경험은 일상적 경험과 다르며 말로 표현할 수 없는 무엇과 만날 수 있도록 해 준다. 이러한 에너지와 힘의 경험은 시간과 공간에 대한 일상적 경험과 다른 세상에 존재하며 더 넓은 현실의 일부가 됨으로써 자신의 정체성을 강화한다.

음악과 정체성에 관련된 Ruud의 폭넓은 연구 결과들은 음악치료에 많은 적용을 할 수 있다. 정체성을 확립한다는 것은 그 사람이 특별한 어려움이나 질병, 또는 장애의 여부와 상관없이 모든 사람에게 필요한 정상적 발달 과제다. 장애가 없는 사람은 관련된 사회적 구조와 타협할 수 있고 음악치료의 도움 없이도 음악이나 음악 공동체에 참여할 수 있다. 장애가 있는 사람들도 이러한 발달적 과제를 성취하기 위해 정체성을 만들 필요가 있고 음악 사용에 대한 기호를 갖고 있다. 따라서 이러한 음악 사용과 관련된 음악치료 개념 구조를 설정하는 것이 음악에 대한 임상적 참여와 비임상적 참여 간의 연속성을 강조하는 접근방법들의 중심이다.

정체성을 확립하는 데 중심 역할을 하는 음악적 능력이 Nordoff-Robbins 음악치료처럼 음악에 기반을 둔 접근법들의 핵심 원리다(Aigen, 1998). 클라이언트가 능동적으로 창조하는 예술적 작업이 개인적 자아감이며, 음악 작업은 개인적 특성을 만들고 있는 내면 작업의 외부적 징후다.

심리치료사들의 치료 중재는 치료의 효과를 설명하기 위해 제시된 방법들이 심리적 구조와 과정에 근거를 두고 있을 때에 지지받을 수 있다. 음악치료에 대한 설명도 신뢰할 수 있고 정교하며, 음악에 대한 폭넓은 이론을 기반으로하고 있을 때 더 힘을 얻을 수 있다. 그러므로 언어적 심리치료에서는 성격에 대한 이론들이 치료사가 되듯이 음악치료에서도 음악이론이 음악에 기반을 둔 음악치료사의 역할을 하게 된다.

자아에 대한 의식을 만드는 내면적 작업은 분명 중요한 일이다. 그러나

Stige 같은 현대의 이론가들은 건강을 유지하기 위해 내면적 자아탐구만큼 그 사람의 문화에 참여하는 것이 중요하다는 것을 보여 주고 있다. 음악 속에 문화가 포함되는 방법에 대한 연구는 포괄적인 음악치료 이론 개발의 필수적 부분이다.

음악치료에서의 문화적 요소들과 음악적 스타일의 역할

음악은 그 안에 있는 여러 가지 스타일의 특성 수준에 따라 관습이전 수준 (preconventional), 관습 수준(conventional), 관습이후 수준(postconventional)으로 고려될 수 있다. 관습이전 수준의 음악은 그것 그대로의 형태를 취하는데, 이는 참여자들이 음악적 특성에 노출되지 않았거나 내면화되지 않았기 때문이다. 관습 수준의 음악은 여러 가지 스타일의 기준을 기반으로 하고 있으며, 관습이후 수준의 음악은 특정한 스타일의 특성 이상의 것을 시도하려 한다. 매우 엄격하게 구별을 하는 것이 어려운 정당한 이유들이 있기는 하지만—관습적인 것을 피하기 위한 규칙을 갖고 만드는 관습이후의 음악도 단지 새로운 관습을 만드는 것이라는 것을 포함하여—그들은 음악치료사들이 음악에 대해 갖고 있는 관점들을 구분할 수 있는 방법을 제공한다.

음악치료에서 사용되는 음악에 대한 Stige(2002a, 2003)의 설명은 생물학적이고 문화적인 기반을 포함한다. 그는 클라이언트가 즉흥연주 음악치료에 참여하는 어떤 양상은 어머니-유아의 상호작용 연구들을 음악치료 즉흥연주의 근거로써 사용하는 이론가들의 경우만큼이나 관습이전 수준이기 때문에 문화에 의존하지 않는다고 주장하는 반면에, 음악치료에서 음악에 참여하는 관습적 그리고 관습이후 수준의 양상들을 고려하는 것이 어떻게 그리고 왜 음악치료가 작용하는지에 대해 더 강력한 설명을 해 줄 것이라고 제안한다. 이는 부분적으로는 문화적 학습의 침투성(pervasiveness)에 기인하는데, 모든 형태의 음악하기는 어느 정도 관습적 요소들을 갖고 있다는 것을 의미한다. Sitge(2003)의 주장처럼 "가장 자발적인 행동조차도 의사소통으로 이해되기 위해서 사회적으로 그리고 문화적으로 정의된 방식 또는 표현을 통해 전달된다."(p. 171)

사실 음악치료에서 음악적 관습을 사용하는 것은 그들이 유감스럽게도 실제 음악의 임상적 가치를 상당 부분 설명할 수 있기 때문에 필요한 것만은 아니다. "인간의 특성은 사회적 그리고 문화적 학습을 통해 이루어지며"(Stige, 2003, p. 171) 이런 형태의 문화적 참여를 욕하기 때문에 음악적 관습은 개인이 다른 방법으로는 기회를 갖지 못하는 문화에 대한 접근을 허용한다. Stige는 관습이전 수준의 음악에 참여하는 것은 "관습적인 음악하기가 사회문화적 정체성 발달에 매우 중요할지라도 개인의 정체성 확립"(p. 171)을 지원한다고 주장한다. 음악적 관습 안에서 작업해야 하는 필요성이 창의성을 억압할 수도 있기 때문에 음악적 관습의 사용은 클라이언트의 필요에 따라 다양하게 적용된다.

음악의 여러 가지 유형이 공유하고 있는 관습과 스타일의 특성들은 강력한 문화적 단서가 된다. 어떤 스타일이건 필수적 양상은 그것의 특정한 그루브다. 음악적 스타일의 그루브에 참여하는 것은 문화의 이런 양상들과 관련되었음을 나타내며 인류학자 Steven Feld(1994)는 다음과 같이 묘사한다.

> 그루브와 스타일은 시대의 정제된 본질이며, 협력적 기대들의 결정체다.
>
> (Feld, 1994, p. 109)

> '그루브에 젖는다'는 것은 감상자가 어떻게 스타일의 패턴을 예측하는지, 그리고 드러나 있는 규칙에 관한 미묘한 점들을 잠깐 추적하고 감상함으로써 어떻게 정서적으로 참여하는지를 설명해 준다. …… 그루브는 머물 수 있는 편안한 곳이다.
>
> (Feld, 1994, p. 111)

사회적 그루브 안에서의 편안함은 음악치료 즉흥연주에서 대중음악 스타일을 사용하는 음악치료 적용과 관련이 있다. 그 편안함은 그것이 좌절의 원천이 아닌 즐거움의 원천이 되었을 때 사람의 신체 안에서 시작된다. 그것은 동료들의 사회적 수용으로 연장되고, "그루브에 참여함을 통해 사람이 사회화되면서 더 큰 문화로" 확장된다(Aigen, 2005c, p. 36).

Charles Keil(1995)의 설명처럼, 그루브를 확립하는 것은 특정한 문화적 상황에서 일어나는 필수적인 사회적 활동이다. 스타일의 특성과 음악적 관습에 유능해진다는 것은 음악이 속해 있는 문화에 대한 비언어적이고 암묵적인 이해를 내포한다.

Keil이 논의하듯이, 어떤 음악이건 그 그루브에 참여하고 만들어 내는 것을 배우는 것은 "음악을 함으로써 문화 공동체가 되는 것을 학습함"(p. 12)을 의미한다.

음악치료에 참여하는 클라이언트들은 종종 그들의 문화에 참여하고 그것에 소속감을 수립하는 데 어려움을 보인다. 그들이 음악적으로 잘 어우러질 수 있도록 도와줄 방법을 찾는 것이 문화에 참가하는 수단을 제공해 주는 유일한 방법일지 모른다.

> 음악의 그루브는 문화의 윤리, 가치, 심미성, 그리고 사회적 관계를 나타낸다. 문화는 음악 안에 존재하며 그것이 나타내고 있는 것들과의 필수적이고, 임의적이지 않은 관계의 특정 형태로 구체화된다. ······ 사회적 삶의 구성 요소들은 음악 안에 편재해 있으며······ 문화적으로 그리고 양식상으로 구현된 음악에 참여하는 것은 문화에 참여하는 것이며, 문화의 특징이 되는 태도, 가치, 감정 그리고 경험들에 참여하는 것이다. ······ 그것은 문화적 고향의 편안함을 찾는 것이다.
>
> (Aigen, 2005c, p. 37)

　　음악치료에서 음악의 스타일로 작업을 하는 것의 이점은 특정한 리듬적 패턴과 화성적 구조 같은 독특한 재료들이 의미와 중요성을 갖고 있는 상황에 참여한다는 데 기반을 둔다. 이렇게 치료사와 클라이언트들 간에 공유되는 평가 기준 체계는 사회적 관계가 만들어지는 것을 허용한다.

　　스타일의 특성들과 공유된 음악적 관습은 인지적ㆍ운동적ㆍ정서적 문제뿐만 아니라 사회적 상호교류의 특정 유형을 나타내 왔다. 예를 들면, 록 음악이나 재즈 음악에서 그루브를 만들기 위해서는 다른 연주자들의 음악적 참여에 반응하는 정도를 따라 안정된 템포를 유지하는 것이 필수적이다. 그런데 장애를 가진 사람들은 이처럼 안정된 템포에 집중하면서 반응하는 데 특히 어려운 기술들이 요구된다. 그러나 그 사람이 스타일의 이런 특성에 참여할 때, 기능이 통합된 높은 수준까지 향상됨으로써 장애를 피해 갈 수 있다.

　　음악치료사들이 임상적으로 넓게 적용하는 전형적인 비음악적 목적들—즉, 자신과 타인에 대한 인식 증가, 충동 조절, 표현력, 의사소통 기술, 운동 감각 협응 등—은 "대중적인 음악 스타일의……스타일적 특성과 공유된 관습 안에서 완전히" 강조될 수 있다(Aigen, 2005c, p. 46). 이러한 방법으로 임상적 작업을 접근하는 것은 음악적 스타일의 진정한 실현은 음악치료에 사람들을 참여시키도록 하는 기본적 조건들을 갖출 수 있다는 신뢰를 기반으로 한다.

　　특정한 음악 스타일을 통해 신중히 작업한다는 생각에 음악치료 이론가들 모두 동의하는 것은 아니다. 예를 들면, Mary Priestley(2012)는 일반적으로 12마디 블루스나 론도 형식 같은 스타일적 요소들을 음악치료 즉흥연주에 사용하지 않는데, 그렇게 하는 방법이 클라이언트들을 치료의 초점인 무의식적 내용으로부터 직접적으로 멀어지게 하기 때문이다. 하지만 굳어진 초자아가 감정을 자유롭게 표현하는 데 걸림돌이 될 경우에는 예외가 되는데, 예를 들어 특정한 스케일을 연주하는 것은 억압 기제를 우회하여 "참을 수 없는 감정의 공식적 표현"(p. 131)을 허용하기 때문이다. Mercédès Pavlicevic(1997)도 "임상적 즉흥연주의 목적은 특정한 음악적 스타일을 만들고자 하는 것이 아닌데"(p. 87) 왜냐하면 "스타일적이고 구조적인 지시는 대인관계적 의미에 비해 그렇게 중요하지 않기 때문이다."라고 주장한다(p. 56). 이들 양쪽의 관점으로 볼 때, 음악적 스타일에 초점을 두는 것은 치료 목적의 가치를 떨어트리는 일이다.

그러나 음악적 스타일 안에서 작업하는 것도 "① 스타일의 느낌에 중요한 측면이 있어 클라이언트에게 경험적 유익을 줄 수 있을 때, 그리고 ② 스타일의 관습과 특성들이 임상적 초점 영역과 꼭 들어맞을 때"(Aigen, 2005c, p. 48)는 효과적 전략이 될 수 있다. 더욱이 음악의 스타일을 사용해 지시를 하는 것은 대인관계적 의미의 반대가 된다는 보장도 없어 보인다. 종종 대인관계적 의미가 스타일의 특성과 관습에 함께 참여하는 것의 직접적 결과로 나타나기도 한다. 중증의 의사소통적 또는 인지적 손상을 갖고 있는 클라이언트는 스타일의 관습에 능동적으로 참여할 때 그들이 다른 의사소통 방법으로 얻지 못하는 일정 수준의 지적 능력과 사회적 인식을 보여 준다.

스타일의 관습에 함께 참여한다는 것은 연결이 만들어지고 관계가 형성되는 매체를 제공한다. 또한 임상적-음악적 상호교류에서 짝지어진 의미(set meaning)를 가진 음악적 패턴이 나올 때, 그들은 그것을 재생할 수도 있다. "유머, 풍자, 그리고 예측 불가능 등의 특성들이 경험될 수 있는데, 이는 이러한 특성들을 대신할 수 있는 '타고난 특성'이 있기 때문이다."(Aigen, 2005c, p. 49) 이러한 현상의 예는 클라이언트가 로큰롤 즉흥연주의 내용으로 무조성 음악을 사용하면서 유머를 인지할 때 찾아볼 수 있다. 내가 Alan Turry의 보조 치료사로 작업을 할 때의 예인데, 그 클라이언트는 활동 중 특정한 부분에서 선택된 비관습적 특성들을 이해하였다고 표현하였다. 반응을 대신할 수 있는 미리 결정된 스타일적 관습이 없다면, 이런 특별한 클라이언트는 그의 음악적 인식과 지각을 상호적으로 공유하는 경험을 갖는 것이 불가능할 것이다.

음악을 통한 정체성 구축에 대한 Ruud(1997)의 연구 결과 중 하나는 스타일의 정체성과 개인적 정체성 간의 관계에 대해 우려하고 있다. 어떤 연주자들은 자신들의 자아감을 정확하게 반영하기에는 너무 폭이 좁은 음악적 특정 스타일을 경험하기도 한다. 그들의 진정한 자아를 정확하게 반영하는 음악을 찾는 일은 포크 음악과 재즈 음악을 결합할 때처럼 독특하면서 장르를 초월하는 혼합적 배열을 창조하는 것을 포함한다. 이러한 경향은 기존의 음악적 관습을 거부하는 게 아니라 새로운 독특한 것을 만들기 위해 기존의 음악과 신중하게 결합하는 것을 포함한다는 점에서 Priestley와 Pavlicevic이 주장하는 비관습적(aconventional) 음악보다는 Stige가 주장하는 관습이후 음악에 더 가까워 보인다.

이것과 유사한 역동성은 치료에서 음악 스타일이 지시하는 요소들 이상으로 확장되어 음악이 만들어질 때 임상적 과정 안에서 일어난다. 이러한 스타일의 확장은 상호적인 즉흥연주 음악에서 어떤 새로운 사건이 일어났던 Aigen(2005)의 사례 연구에서 볼 수 있는데, 록 즉흥연주에서 일관된 4/4 박자 느낌을 중단하거나, 설정된 화성적 형태에서 벗어나거나, 특정 스타일에서의 표준화된 악기 연주를 대체하거나, 록 음악에서 베이스 기타가 멜로디 선율을 연주하게 하는 등의 방법을 사용하였다. 결과적으로 이러한 "스타일의 확장은 기분, 관습, 다른 스타일의 특성 등을 독특한 방법으로 혼합함으로써 개별화된 스타일로 발전되었다"(Aigen, 2005c, p. 116). 이 클라이언트의 임상적 과정에서 만들어진 독특한 새 음악적 형태는 클라이언트의 자아 발전에 중요한 단계가 되었다.

이러한 새로운 양식에서는 "블루스, 록, 재즈 등의 다양한 스타일에서 악기들이 어떻게 기능해야 하는지에 대한 전형적인 지시에 그치지 않고, 개인으로서 치료에 참여하는 그 사람의 개별화된 스타일로 발전된다."(Aigen, 2005c, p. 117) 다시 말하자면, "그루브는 이미 결정되어 있는 음악의 부분들을 인식함으로써가 아니라 독특한 개인적–음악적–임상적 교류의 산물로서 만들어졌다."(Aigen, 2005c, p. 117) 새로운 스타일은 개인의 발전과 수반되어 생겨나며 그것은 문화적 음악 스타일이 그 문화의 주요 요소를 반영하듯이 클라이언트의 독특한 과정을 반영하고 지원한다.

사람의 정체성을 성취하는 과제는 일생 동안 지속되는 모험이며 다시 그 문화적 형태로 귀환하는 순환적 양상을 갖고 있지만 새로운 자아감을 갖고 돌아오게 된다. 문화적 양식을 사용하는 음악을 통해 정체성을 만들고 성취하며 이후 이러한 양식들을 초월하는 것은 그 사람이 문화와 계속해서 대화하고 참여할 수 있도록 유지시켜 준다.

음악을 통한 중재 또는 음악으로서의 중재

음악치료에서 음악적 스타일을 사용해 작업을 하는 것의 장점에 대한 다양한 입장은 중재로서의 음악 상태에 대한 이분법적 사고를 반영한다. 하나의 관점은, 음악 그 자체가 임상적 중재라는 것이다. 음악을 만드는 과정에서 치료사는 작풍, 스타일, 음역, 리듬, 화성 진행, 멜로디 윤곽, 음색, 크기, 조성의 사용 등을 선택한다. 임상적 중재를 위해서는 특별하게 선택하게 된다. 작곡된 자료들을 사용하는 것은 치료사의 선택에 더 많은 제약을 주는 반면에, 목록에 있는 음악들의 영역을 빠르게 살펴봄으로써 음악치료사가 작업할 수 있는 다수의 음악적 옵션이 여전히 남아 있음을 볼 수 있다. 중재의 음악성이 중요한데 그것의 목적이 클라이언트의 음악성을 깨우고 참여시켜 그 사람이 갖고 있는 완전한 역량을 강화할 수 있도록 하는 것이기 때문이다.

반대의 관점은, 치료사의 중재가 음악을 통해 일어나지만 그들이 음악 자체로서 확인되지는 않는다는 입장이다. 즉, 치료사가 환자를 수용하고, 촉발시키고, 자극하고, 또는 지지하기 위해 음악을 사용하려 하는지, 혹은 특별한 심상이나 감정, 또는 심리적 갈등을 탐구하기 위해 의도적으로 음악을 사용하는지 등과 같은 임상적 의도가 가장 관련이 깊다. 이 관점에서는 중재의 본질을 이해하는 데 음악의 특성들은 특별한 관련이 없다. 중요한 것은 특정한 중재 전략과 관련하여 음악이 어떻게 기능을 하는지, 그리고 이 기능은 어떤 특별한 음악적 표현과도 개념상 연결되어 있지 않다는 것이다. 여기에서 음악을 통해 중재가 일어나는 것이며, 중재에 대한 구체적인 음악적 설명과 그것의 임상적 기능 간의 연결이 필수적이지는 않다. 가장 중요한 것은 비음악적 임상 의도와 효과이기 때문에 중재의 음악성은 특별히 관련이 깊지 않다.

어떤 면에서는, 음악치료사들이 음악이 중재라는 입장에 대해 논쟁을 하는 것이 혼란스럽게 보일 수도 있다. 현대 의료와 전통의 치유 방식을 구분하는 것은 약의 특정한 생화학적 요소들이 원하는 효과를 인체에 주기 위해 어떻게 인간의 생리적 기능과 상호작용하는지에 대한 이론이다. 과학에서 만들어진 현대적 표준에서는 "중재의 방법이 갖고 있는 특정한 요소들과 그로 인한 특정한 결과들을 연결시키는 능력이 의료보건의 현대적 접근에 필요한 필수적 요소다."(Aigen, 2009, p. 240) 1950년 이후로 음악치료와 관련된 모든 유형의 출판물들이 수천 개 출간되었음에도, 음악치료 중재에서 사용되는 음악적 요소를 임상적 의도와 연관 지어 조사한 연구는 거의 없다. 이러한 유형의 탐구적 연결이 만들어질 때까지는 "음악치료 자체가 민속적 치유 행위의 수준에서 이루어지고 있다."(Aigen, 2009, p. 240)라는 논쟁은 계속될 것이다.

그런 연구를 포함하여 실제적인 문제들은 별도로 하고, 이러한 전반적인 노력을 방해하는 세 가지 두드러진 개념적 장애물들이 있다.

첫째, 음악적 요소와 언어적으로 표현되는 임상적 의도 간의 관계를 끌어내려는 시도에서 음악적 의미에 대한 전통적 문제와 직면하게 된다. 음악 외부에서 관련성을 갖고 있는 음악의 특정한 속성들의 범위는 앞으로도 계속 되겠지만, 음악철학에서 탐구와 논쟁이 진행되어 왔던 영역이다. 그렇기 때문에 음악치료에서 사용되는 음악의 특성과 그들의 건강 증진 기능과의 관계를 확립하기 위해서, 음악치료사들은 음악이 음악 외의 의미를 갖고 있는지, 그렇다면 어떻게 그 관계를 체계적으로 확립할 수 있을지에 대해 계속되는 논쟁을 하고 있다. 예를 들면, 서양의 고전 음악과 관련된 프로그램에 대한 모든 철학적 논쟁들이 음악치료에서도 일어날 수 있다.

둘째, 음악치료에서의 음악적 분석과 특수성을 주장하는 사람들이 사용하는 전략들 중 하나는 음악의 조성을 살펴보고 그것들이 어떻게 클라이언트에게 영향을 미치는가를 심사숙고하는 것이다. 예를 들면, Nordoff-Robbins 음악치료는 그것의 기본 요소들 중 하나가 음악적 특수성이라는 생각을 기반으로 하고 있다. 이 접근방법에서는 다음과 같이 가정된다.

> 멜로디의 모양이나 방향, 주어진 화성의 진행, 그리고 특정 음계와의 조성적 관계 같은 것들이 클라이언트의 경험과 임상적 효과에 직접적으로 영향을 미치게 된다. 따라서 만약 우리가 치료 상황에서 어떤 요소들이 임상적 목적을 달성하도록 돕는가를 이해하고 싶다면, 음악의 멜로디, 화성, 그리고 리듬적 구조를 살펴봐야 한다.
>
> (Aigen, 1998, p. 252)

이 근원적인 논리는 많은 방법으로 나타난다. 예를 들어, 어떤 사람이 하나는 근음과 2도, 4도, 5도, 6도를 사용하는 중국식 형태와 다른 하나는 근음과 단2도, 4도, 감5도, 감7도를 사용하는 일본식 형태의 서로 다른 두 종류의 펜타토닉 음계를 비교하려 한다. 첫 번째 음계는 주로 협화음의 음정을 사용한 반면 두 번째 음계는 2개의 단2도와 2개의 3온음을 포함하여 많은 불협화음을 사용한다. 이러한 불협화음의 사용은 음악적 긴장감을 만들며, 음악치료사가 음악치료 즉흥연주에서 긴장감을 도입해야 할 이유가 있다면 사용이 적절할 수 있다.

그러나 이러한 방법을 생각하는 치료사들은 음계나 음정 간격 같은 특정한 음악적 요소들에 의미를 부여하는 것은 시대착오적 본질주의자 입장을 받아들이는 것이라고 비난받을 수 있다. 음악치료 이론가들 사이에서 음악의 특정한 요소가 광범위하게 적용할 수 있는 필수적 본질을 가지고 있다는 생각은 문화의 상대성을 주장하는 포스트모더니즘과 다양한 음악치유자의 근거 없는 주장에 대한 반발이 결합된 반본질주의 경향과 충돌한다.

포스트모던 입장은 음악의 의미가 그것 안에 내재하여 있지 않으며 사용되는 특정한 상황과 관련되어 확인된다는 것을 강조한다. 그러므로 음악적 요소에 대한 음악 외적 의미의 영향은 비상황적 방법으로는 이루어질 수 없다. 또한 협화음, 불협화음, 꾸밈음, 긴장, 해결 등의 특성에 대한 판단은 문화와 음악 형식 간에 다양하게 이루어진다. 이는 또한 일반적 주장을 하는 능력을 완화시킨다. 그리고 마지막으로, 자칭 치유자라고 하는 사람들이 나타내는 신뢰할 수 없는 많은 행위는 특정한 음계나 음정에 대한 잘못되고 근거 없는 주장에 근거하고 있다(Summer, 1995). 음악의 요소들과 그들의 임상적 사용 간의 연결을 만들려는 음악치료사들의 노력은 이것과 관련된 음악치유자들의 근거 없는 주장과 연상되면서 오점이 될 수도 있다.

셋째, 특정한 음악적 선택의 임상적 의미에 대한 부수적 주장들로 음악적 세부사항에 너무 많은 초점이 맞춰져 있는 것은 음악치료를 처방적 접근방법으로 이끌게 될 것이라는 우려가 있다. 비록 근거중심의학의 견해와 의료적 모델에서는 특정한 음악적 선택이 특정한 임상적 상황을 위해 적용될 수 있다는 처방적 접근방법을 지지하긴 하지만, 음악치료 내에서는 그런 접근방법에 대한 바람직함과 타당성에 대한 강한 논쟁이 있다. 그들은 음악과 인간은 약물을 사용하는 것처럼 처방하기엔 각각 음악에 대해 너무 복잡하고 특이하다는 것을 핵심으로 삼는다. 게다가 음악적 특수성을 주장하는 사람들은 처방적 접근방법이 필연적 결과로 그들의 기본 신념을 따라 이루어진다는 사실을 거부한다.

음악치료에서 사용되는 스타일들에 대한 논의에서 Garred(2006)는 "음악적 표현 방식을 사용한다는 것은 단순히 어떤 특정 음계를 알고, 그것을 어떻게 기술적으로 음악적으로 적용하는가에 국한되는 것이 아니라 그것이 무엇을 나타내며 어떤 특성들이 그런지도 아는 것이다."라고 요점을 말하고 있다 (p. 270). 다시 말해, 특정한 스타일이나 표현 방식들은 그들의 조성이나 다른 기술적 영역들이 아니라 특정한 표현적 잠재력을 제시하는 필수적 특성에 의해 특징지어진다. Garred는 음악적 원형에 대한 얘기는 내재된 본질주의를 수반하며 이러한 토대는 없어져야 한다는 Stige(2002b)의 비판에 관심을 기울이고 있다. 그러나 Garred의 접근은 특정한 스타일에 있는 내재된 특성들에 대한 생각은 지지하지만 동시에 그러한 특성들이 바로 주어진 어떤 스타일이라는 과도하게 특별화하거나 고정화된 생각들의 표현에 대해서는 논쟁하고 있는 합리적 접근방법이다. 요점은 근거 없는 주장은 피하면서 열린 마음을 유지하라는 것이다. 그는 주어진 음악적 스타일의 실제 양상을 지지하기 어려운 완전히 상대론적인 입장에 빠져들지 않으면서 음악적 의미의 어휘 목록에 과도하게 독단적으로 집착하는 것을 피하고 싶어 했다.

그래서 Garred는 이 문제에 대한 두 가지 시각의 장점들을 이용한 관점으로 말하고 있다. 그것은 현대 음악치료를 특징짓고 음악의료(music medicine) 같은 관련된 영역들과 구별되는 융통성 있고 민감한 입장을 유지하면서 음악의 실제를 인식하는 것이다. 기본적 논쟁은 음악의 다양한 양식도 하나의 필수적 특성을 갖고 있다거나 어떤 객관적 요소들은 모든 사람에게서 같은 방법으로 개별적 특성들이 경험될 것이라는 것을 요구하지 않는다는 것을 인정하는 것이다. 대신 그것은 어떻게 다른 음악적 특성들이 다른 사람들에 의해서 다른 시간에 경험되는지를 결정하는 요소들의 독특한 집합체다. 따라서 특정한 상황에서 특정한 클라이언트에게 가장 적절한 음악적 중재는 여전히 개별적으로 결정되어야 한다. 개인의 음악적 경력, 음악 유형에 대한 이전의 경험, 치료적 관계의 특정한 영역, 그 개인의 심리적 상태를 위한 음악의 특성과의 관련성 등이 고려되어야 한다.

예를 들어, 지향점이나 긴장과 해결을 위한 특성들이 결여되어 있는 온음계 음악의 경우를 생각해 보자. 어떤 사람들은 이런 음악적 특성이 불쾌한 반면 다른 사람들은 세상에서의 어떤 경험과 그것들이 공명됨을 발견할 수도 있다. 중요한 점은 "지각에서의 변화는 임의적인 방법으로 일어나는 것이 아니며, 비록 제한되어 있기는 하나 어떤 경우건 음악의 고유한 특성에 따라 결정되는 것은 아니다."라는 것이다(Aigen, 1998, p. 259).

Ansdell의 관점은 임상적 가치가 그것이 제공하는 자신과 타인에 대한 경험이 무엇이며 어떤 유형인지에 따라 결정되는 곳에서 음악이 상호적인 매체로서 작용한다는 것이다. 음악치료의 과정과 그것이 클라이언트에게 제공하는 유익은 음악의 본질과 밀접하게 묶여 있다.

> 우리는 음악치료에서 그 안에 있는 '사물' 그 자체도 아니고 단순히 클라이언트와 치료사의 개인적 관계의 문을 열어 주는 투명한 매체도 아닌 음악의 역할에 대해 말하려 하고 있다. 음악은 그 방에 있는 '제3자'이며 그리고 그것은 자체의 특성을 갖고 있다. …… 그 상황에 자체적인 도움을 주고…… 음악의 작용은 선천적으로 개인적이며…… 사람들 간의 관계 욕구를 만드는 일을 …… 매우 특별하고 섬세한 방법으로 한다. 음악치료에서는 음악의 방법으로 하는 뭔가가 일어난다.
>
> (Ansdell: Verney & Ansdell, 2010, p. 22에서 인용)

이 관점에서는 클라이언트의 경험, 클라이언트와 치료사 간의 상호작용, 그리고 임상적 과정과 변화의 특성 등이 음악적 본질에 의해 강하게 영향을 받는다. 그러한 관점은 임상적 상호작용을 표현하는 음악에서의 변화가 치료의 초점과 관련된 실질적 변화로 구체화한다는 생각을 이끌어 낸다. 그러나 이러한 주장에 대해서는 다양한 견해가 존재한다.

음악적 변화와 개인적 변화

음악치료에서 계속 논의되고 있는 중요한 영역은 음악적 변화와 개인적 변화 간의 관계다. 많은 질문이 이 영역에 대한 탐구의 특징을 나타낸다. 클라이언트가 음악 안에 존재하는 방법과 클라이언트로 하여금 치료에 오도록 이끈 생각 간에는 어떤 관계가 있는가? 클라이언트가 음악에 참여하는 방법과 음악 안에서 다른 사람들과 관계 맺는 방법의 변화는 개인의 존재에 대한 더 넓은 변화를 암시하는가? 음악치료의 생산적 과정은 항상 클라이언트의 음악에서의 변화에 반영되는가? 이러한 문제들에 대한 의견들의 범위는 음악적 변화는 임상적 관심사와 관련이 없다는 신념부터 음악적 변화가 임상적 관심의 필수 요소라는 입장까지 폭넓다.

분석적 음악치료에서는 음악적 기능과 비음악적 기능 간에 엄격한 분리가 이루어지는데 그 이유는 다음과 같다.

> 성공적인 음악치료의 결과는 환자의 삶과 존재의 질을 추구해야 하며, 음악적 즉흥연주나 공연이 삶의 목표가 아닌 이상 그것의 질을 증진시키는 것을 추구하지 않기 때문이다. 사실 그녀의 음악은 변화가 거의 없거나 전혀 없는 것을 보여 주는 하나의 요소가 될 수 있다.
>
> (Priestley, 1994, p. 5)

이런 시각에서 보면, 음악은 치료가 행해지는 것을 통한 수단이다. 음악치료에 숨어 있는 목적은 비음악적 영역에서의 변화에 대한 효과이며 클라이언트에게서의 음악적 변화가 있고 없고는 치료의 효과성과 아무런 관련이 없다.

Henk Smeijsters(2005)는 덜 극단적인 입장을 논의하였는데 "그의 음악이 변할 때 클라이언트도 변한다. 만약 즉흥연주가 클라이언트에게 음악 안에서 자신을 표현할 수 있는 가능성을 제공한다면, 음악에서의 변화가 개인적 변화를 의미한다."라고 주장하고 있다(p. 72). 그럼에도 불구하고, 예를 들면 음악 안에서의 모든 변화가 동등한 것이 아닌데 "재즈, 팝/록, 그리고 고전적 즉흥연주의 능력 변화와 음악적 선호도의 변화가 더 깊은 개인적 변화를 의미하지는 않는다."(p. 72) Smeijsters가 음악치료가 초점을 두어야만 한다고 믿은 일종의 변화들은 깊은 개인적 변화들을 의미하며 기술 증진이나 선호도 수정에 기반을 둔 음악적 변화에 반영되지 않고 단지 "정신세계를 알리는 음악에서의 변화"에서 관찰된다(p. 72).

예를 들어, 즉흥연주에서 클라이언트가 억지로 한 개의 모티브나 리듬을 사용할 때, 그 음악은 치료의 초점이 되어야만 하는 저변에 깔려 있는 심리적 강박을 반영한다. 또는 느린 템포와 부드러운 음량을 광범위하게 사용함으로써 마음의 우울한 상태를 표현할 수 있다. 클라이언트의 음악이 좀 더 다양하고 융통성 있게 결합될 때 내면 존재 또한 변화되었다고 가정된다. 그러나 Smeijsters는 "점점 빠르게(accelerandi), 점점 크게(crescendo), 변주곡(variations), 그리고 음악적 구조들(musical structures)"(Smeijsters, 2005, p. 73)을 가르치는 사람을 치료사로 생각하지는 않았을 것이다. 대신에 음악치료사는 음악 안에서 클라이언트의 정신세계를 들으며 이러한 음악적 변화들을 클라이언트의 필요 영역을 선택하기 위한 특별한 심리적 의미로 도입한다.

Garred(2006)도 이와 관련된 관점으로 논의하고 있는데, 음악적 변화는 개인의 변화를 암시하는 것이지만 음악적 산물을 따로 떼어 생각하기보다는 클라이언트가 음악에 참여하는 것이 더 중요한 기준이 된다고 믿는다.[1] 음악적 변화가 곧 개인적 변화라는 생각은 너무 단순화된 생각인데 왜냐하면 "음악 안에서의 변화가 하나의 징후는 될 수 있지만 그것 자체가 일방적인 기준으로 간주되지는 않기" 때문이다(p. 245). 기술과 표현 간의 관계를 고려해 볼 때, Garred는 기술 증진이 개인적 변화나 표현 능력의 증진을 보증하는 것은 아니라고 주장한다. "그 사람을 만들어 가기"(p. 245)를 증진시키기 위해 임상적 음악 만들기를 적용하는 것이 치료사의 임무다.

Priestley가 주장하는 입장의 반대쪽에는 Rachel Verney(Verney & Ansdell, 2010)의 주장이 있는데, 음악 만들기는 "사람이 되기 위한 자연스러운 부분이다."(p. 48)라는 신념을 반영한다. Verney가 생각하는 음악적 존재는 음악적 기술을 갖춘 존재를 암시하는 것이 아니라 "세상에 음악적으로 존재하는 방법"(p. 48)에 더 가깝다. 이 음악적 방법은 개인적 민감성과 다른 사람과 함께하는 독특한 방법을 포함한다. 이 관점에서, 음악은 Smeijsters와 Garred의 경우에서처럼 비음악적인 것의 내면 핵심으로 들어가는 도구가 아니다. 세상에 타인과 함께 음악적으로 존재하려는 것은 사람들의 자연스러운 욕구이기 때문에 음악치료사들은 그것에 직접적으로 초점을 맞춰 노력해야 한다.

Ansdell과 Verney의 입장은 음악이 상호적 매체이며 그 상호작용의 본질은 기계적인 방법으로가 아니라 참여하는 클라이언트가 음악, 음악 안에서의 자신, 그리고 자신들이 특별한 음악적 방법을 통해 타인과 관계를 맺는 방법들을 받아들이는 등 그들의 의도에 따라 인도되는 방법으로 음악의 본질에 의해 영향을 받는다. 음악을 통해 만들어지는 관계의 유형은, 만약 음악에서 특별한 것이 아니라면, 참여자들이 음악 안에서 만들어 내는 것에 의해 강하게 결정된다. 상호작용의 본질은 음악의 특정한 요소들과 관련이 있기 때문에, 클라이언트가 음악을 통해 관계 맺는 상황에서 증진되는 방법들이 음악치료 과정의 가치를 평가하는 데 두드러지게 관련이 높다.

Smeijsters는 창조적 예술치료에서 치료의 근거로 이런 생각을 하는 것에 대해 비평하고 있다. 첫째, 만일 모든 다양한 예술이 인간 존재의 필수 요소를 나타낸다고 주장한다면, 어떻게 그들 모두가 옳을 수 있는가? 둘째, 이러한 방법에 의해 만들어지는 논쟁들은 일반적으로 개별 예술 영역들이 초기 인간 발달에서 유래되었으며 따라서 인간 경험의 필수적 영역임을 보여 준다고 주장하는 것에 호소한다고 그는 말한다. 그는 인간 발달의 초기에 나타났다는 시기적 이유만으로 활동을 우선시할 이유는 전혀 없으며 발달 초기와 중재 매체를 연결해야 하는 유일한 이유는 클라이언트의 문제가 발달의 그 단계에서 기원한 것이고 그때로 돌아가는 것을 통해 치료되어야 할 때뿐이라고 답하고 있다. Smeijsters는 클라이언트의 창의성이 변화되면 그 사람 전체가 분명히 변화될 것이라는 것을 믿을 이유는 없다고 주장한다. 이러한 주장의 기본적 결함은 어떻게 이런 포괄적 형태의 변화가 달성되는지에 대한 설명 체계가 없다는 것이다.

이들 다른 입장은 일반적으로 그리고 음악치료에서의 음악이 무엇인지에 대해 기본적으로 다른 생각들을 반영한다. 만일 어떤 사람이 인간 삶의 비음악적 영역에서의 변화를 성취하는 수단으로 음악을 생각한다면, 사람이 어떻게 음악적이 될 수 있는가(Verney의 용어 의미로 볼 때)는 임상적으로 중요하지 않다. 그러나 만일 어떤 사람이 자기발달의 방법으로 음악에 우선순위를 두는 견해를 갖고 있다면, 사람이 음악 안에 참여하는 범위는 자기발달의 척도로 사용될 수 있다.

Verney가 설명한―그러나 Smeijsters와 Garred는 인식한 것으로 보이지 않는―이들 차이점은 그녀와 Ansdell이 의미하는 음악성의 증진이 다른 이론가들이 음악적 변화를 논할 때 생각하는 음악적 기술, 테크닉, 지식 등의 전통적 개념과는 다르다는 것이다. 클라이언트가 음악에 자연스럽고, 융통성 있고, 상호적인 방법으로 참여할 수 있는 능력의 변화는 반드시 그 사람의 생활 속에서 영향을 끼치는 제한점들을 초월하는 것을 포함한다.

결 론

음악치료는 대부분의 사람이 그들의 많은 시간을 소비하는 방법과는 다르게 비언어적 매체를 통해 자리 잡고 있으며, 그것의 과정과 클라이언트와 공동체를 위한 가치를 설명하기 위한 독특한 어려움에 직면하고 있다. 비언어적 매체로서, 그것의 임상적 과정 안에서 무슨 일이 일어나고 있는지를 언어로 정확하고 완전하게 설명하는 것은 어려운 문제다. 다른 활동들과의 균형을 맞춘다는 관점에서 매우 전문화된 활동으로서, 그 안에서 일어나는 일을 삶의 균형과 관련지어 설명하는 것은 어려운 문제다.

이 장과 제3장에서 논의되었던 서로 다른 관점들은 이들 두 개의 기본적 난제에 대해 다른 전략과 해답에 근거를 두고 있다. Priestley와 Tyson의 주장 같은 심리분석적 관점은 언어적 상호작용을 설명하기 위해 개발된 접근법을 적용하며 그래서 비언어적 과정에 대한 역할이 있는데도 완전히 개발된 이론을 채택하고 있다. 심리분석적 관점은 개인의 음악적 실제의 변화가 어떻게 다른 영역에서의 변화와 관련이 있는지를 설명하려 노력하기보다는 이 질문에 대해 클라이언트의 음악하기 속에 있는 변화는 특별히 임상적 문제들과 관련이 없다고 주장함으로써 해결하고 있다. 음악의 임상적 가치를 설명하는 음악적 요소들은 동시에 양쪽으로 다 참여할 수 있을 정도로 독특하지 않거나 퇴행을 촉진하는 등의 예처럼 심리분석적 과정 안에서 틀에 박혀 있다. 음악은 단지 비음악적 목적을 위한 수단이며 기본적으로 상징적 매체로 인식되기 때문에 음악의 고유한 요소들은 그것의 가치를 설명하기 위해 고려될 필요가 없다.

Pavlicevic이나 Smeijsters 같은 중도의 입장을 갖고 있는 이론가들은 클라이언트가 보이는 음악적 변화는 음악치료의 목적과 관련이 있으며 음악은 상징적 표현 그 이상의 것이라고 인식한다. 그것은 인간의 정서세계가 활성화되고 살아 있는 매체다. 음악성을 표현할 수 있는 상태의 사람들은 단지 그들의 정서를 상징화하고 의사소통하는 것이 아니다. 그들은 정서와 하나가 되고 그들 안에 살아 있다. 그러므로 정서적 표현의 형태가 되는 음악 고유의 특성들은 임상적으로 관련이 있다. 음악에 정서가 내재되어 있다는 것은 음악이 정서를 상징화한다는 생각을 넘어서는 입장이며, 그것은 음악적 경험과 인간 기능의 보다 일반화된 영역들 간에 연결고리를 제공한다. 이 관점은 임상적 그리고 비임상적 음악 경험들이 필수적으로 연속되어야 한다는 신념에 대한 부족한 주장을 중단시키고 음악하기의 가치를 언어적 수단을 통해 확립하기 위해서 심리적 이론의 다른 유형들을 사용하려는 경향을 보인다. 예를 들면, Smeijsters의 경우, 이러한 연결고리를 제공한 것은 발달심리학자인 Daniel Stern의 이론들이다.

Aigen, Ansdell, Verney 같은 저자들의 음악에 기반을 둔 생각과 Stige와 Rolvsjord의 사회-문화적 초점들은 이런 질문들에 대답하기 위해 기본적으로 다른 접근방법들을 사용한다. 첫째, 치료에서 음악을 사용하는 것은 치료 밖에서 음악을 사용하는 것과 연속적이어야 한다는 것에 대한 논쟁은, 음악치료사들이 음악학, 민속음악학, 음악심리학, 음악사회학 등의 영역에서 나온 이론들의 전체 영역들을 사용할 수 있게 만들었으며, 음악적 경험을 언어적 이론으로 해석하는 문제를 다룰 수 있게 도움을 주었다. 예를 들자면, 이것이 왜 음악치료와 정체성에 대한 문헌들이 임상적 음악치료 상황에 합법적으로 적용될 수 있었는지에 대한 이유가 된다.

음악에 임상적으로 그리고 비임상적으로 일관성 있게 참여하는 것은 또한 장애를 가진 개인들에게 음악을 제공할 때 반드시 그런 장애의 개선에 기반을 두거나 그것으로 제한할 필요가 없다는 논리를 의미한다. 이 연속성을 수용한다는 것은 장애를 가진 사람들에게도 그렇지 않은 다른 사람들에게 제공하는 것과 똑같은 것을 제공한다는 것을 의미하며, 비임상적 환경에서 음악을 제공하기 위해 사회적 자원에 몰두했던 논리가 동일하게 임상적 환경에 음악을 제공하기 위해서도 사용될 수 있다. 따라서 다른 영역들에서 음악하기가 갖고 있는 기능들을 일반화하는 데 수반되는 문제들이 해결되거나 최소한 감소될 수 있다.

제5장에서는 음악치료의 목적들에 대한 개념을 이 기본적인 견해의 차이와 연관 지어 폭넓게 탐구할 것이다. 음악치료에서의 음악 사용이 비임상적 영역에서의 음악 사용과 연속성을 갖고 있다는 것은 자기를 정당화하는 혜택

을 주는 경험적 매체라는 개념을 지원하는 것인가? 또는 할 수 있도록 특화된 음악치료에서의 음악은 비음악적 목적을 지향하는 수단으로서 그것의 개념을 지원하고 있는가? 음악치료에서 다양한 이론가가 이 문제를 고려하는 방법은 아마도 음악치료 이론에 있어 가장 극명한 대조를 보이는 것들 중 하나일 것이다.

Note

1. 클라이언트가 음악과 관계 맺는다는 아이디어는 Nordoff-Robbins 음악치료에서 기원한 가장 중요한 개념이며 그 음악치료 발전의 중심이었다.

05
CHAPTER

음악 매체와 임상적 목적

음악치료 과정의 본질은 세 가지 중심 문제에 대해 논쟁이 일어나는 영역이다. 첫째, 음악치료에서의 음악은 원래 자체의 고유한 유익이 있는 경험적 매체인가 아니면 주로 정서적·인지적·사회적·운동 기능의 영역에서 비음악적 목적들을 달성하기 위한 수단인가? 둘째, 임상적 음악하기와 비임상적 음악하기의 과정은 기본적 방법에서 차이가 있나 아니면 본질적으로 같은가? 셋째, 음악치료는 근본적으로 예술적 과정인가 아니면 비예술적 과정인가? 첫번째 문제는 이 장에서 다뤄지며, 나머지 문제들은 제6장에서 다뤄질 것이다.

이들 문제에 대한 입장은 치료사는 자신을 음악가로 보는지 혹은 음악을 사용하는 치료사로 보는지에 따라 순환적 양상을 보인다. 치료하는 음악가는 음악치료를 효과적으로 만드는 음악의 양상들을 관찰하고, 경험적 매체 안에 깔려 있는 유익들을 생각하고, 그리고 클라이언트에게 현저하게 눈에 띄는 음악적 경험을 제공하는 것에 초점을 두기 위해 사용하는 매체에 더 중점을 두는 경향이 있다. 음악을 사용하는 치료사는 음악을 비음악적 목적들을 달성하기 위한 도구로 보며, 임상적 음악과 비임상적 음악을 근본적으로 다르게 생각하고, 음악치료를 근본적으로 예술적 과정보다는 임상적인 과정으로 생각하는 경향을 보인다. 이들 두 관점 간에 정확하게 결정 내릴 수 있는 기준이 없다고 판단하여 굴복하기보다는, 이 논의에서 가장 중요한 이해관계자인 클라이언트에 대한 이들 입장의 효과를 검증하고 어떤 입장이 가장 역할을 잘 수행하는지를 생각해 보는 것은 가능하다.

음악치료에서 사용되는 매체로서의 음악 또는 '단순한' 수단으로서의 음악

음악치료에서의 음악이 좀 더 정확하게 경험의 매체로 간주되는지 아니면 비음악적 목적의 수단인지에 대한 문제는 본 저자가 Nordoff-Robbins 음악치료의 근간이 되는 이론을 검증할 때 처음 논의되었다(Aigen, 1995b). 나는 사람들이 음악치료로부터 무엇을 얻으며 무엇이 그것을 작용하게 하는가를 반영한 전제로부터 시작했고, 우리는 소리의 요소가 아닌 음악의 요소에 반드시 초점을 맞춰야 한다. 진정한 음악치료의 유일한 논리적 근거가 음악이라는 것은 단순한 소리는 갖고 있지 않은 요소들과 임상적 잠재성을 갖고 있다는 것이다. 음악과 소리를 구별하는 것은 심미적 경험의 영역이기 때문에, 음악치료사는 음악치료의 효과를 이 부분에서 찾아야만 한다.

심미적 경험은 단지 예술하고만 관련이 있는 것은 아니다. 철학 영역에서 미학은 사람이 만든 사물에서건 혹은 자연세계에서건 발견되는 아름다움과 관련이 있다. 그러나 지난 100여 년 이상 지속된 대부분의 생각은 인간이 창조한 인공물로서의 예술품과 자연이나 사람이 만든 것에서 '발견'되고 그것의 상황에 의해 예술 작업으로 전환될 수 있는 예술품 간의 차이를 줄이는 데 초점을 두어 왔다. 자주 인용되는 John Cage의 〈4분 33초〉(이 시간 동안 공연장 안에서 발생하는 우연적 소리들로만 구성된 작품)나 Yves Klein의 푸른색 단색의 사각 그림들처럼 음악적 작품은 청중들이 공연장이나 박물관 밖 일상생활 속에 있는 소리나 장면들에서도 심미적 경험들을 할 수 있도록 가르쳐 준다.

이 문제에 대해 어떤 입장에 서 있든 상관없이, 또는 음악에 대한 정의가 소리의 특성들에 관한 것인지 혹은 심리적 과정을 의미하는지 상관없이, 미적 고려는 음악에 대한 정의와 관련이 있다. 음악의 본질에 대해 다른 철학적 입장을 갖고 있는 음악치료사들은 어떤 것의 '음악성'을 결정할 때 미적 요소가 소리 실체의 속성인지, 감상자에 의해 만들어진 무엇인지, 혹은 음향적 현상과 인간의 심리적 과정의 상호작용 안에서만 일어나는 어떤 것인지에 대해서는 동의하지 않겠지만 미적 요소가 중요하다는 것에는 모두 동의할 것이다. 더욱이 심미적인 것을 논할 때 문화적 혹은 다른 사회적 요소의 중심적 역할이 인식될지라도 미적 감각은 여전히 임상적으로 관련되어 고려될 수 있다.

만일 음악치료 경험이 클라이언트에게 심미적인 것이라면, 음악치료 이론가들의 난제는 미적 경험과 "성격 발달, 인지 기능, 그리고 사회적 상호작용" (Aigen, 1995b, p. 237) 같은 보편적 음악치료 목적들 간의 관계를 확립하는 것이다. John Dewey(1934)의 심미적 이론 기저에 있는 의제도 매우 유사하다. 즉, "예술 작품들과 일상생활의 사건들, 뭔가를 하고, 뭔가를 고민하는 등…… 경험을 구성한다고 보편적으로 인식되고 있는 정제되고 강화된 경험들의 연속성을 회복하는 것"(p. 3)이다. Dewey의 관점에서 미적 경험은 일반적인 경험, 비심미적인 경험과의 공통점을 갖고 있는데, 이는 예술 작품들의 심미적 측면들이 "보편적 경험에서 찾아진 특성들을 이상화"(p. 11)하는 작용을 하기 때문이다.

Dewey의 의제가 음악치료사의 임무에 대한 매우 근접한 모형이 된다는 사실은 그것을 음악치료와 관련이 있게 만든다. 음악치료의 전통적 지식은 임상적 음악하기를 비임상적 음악하기로부터 분류한다. 전자인 임상적 활동들이 그것의 목적으로 비음악적 임상 목적을 수립해야 하는 반면에, 후자는 그것 자체의 목적을 위해 참여할 수 있다. 그러나 이러한 구분은 "그것 자체의 목적을 위한 음악 만들기가 음악의 미적 요소를 경험하는 것에 대한 정확한 특성이다."(Aigen, 1995b, p. 238)라는 것을 받아들일 때에만 지지받을 수 있다. Dewey는 이에 동의하지 않았는데, "심미적 특성을 위해 감상되는 음악은 삶과 자연의 기본적 과정과 연결되어 있는 음악이기 때문이다. 그것의 목적은 삶에 의미를 더해 주는 능력을 통해 감상자와 연주자 모두의 삶을 풍요롭게 해 주는 방법으로 포함되어 있다."(p. 238)

비음악적 목적을 위한 도구로서 음악만을 사용하는 것은 가능한 일이다. 광고에서 음악이 어떻게 사용되고 있는지를 생각해 보라. 그러나 음악이 미적 경험을 달성하기 위해 사용될 때, Dewey가 사용했던 용어인 매체(medium)로서 더 정확하게 간주된다. Dewey는 인간 활동에 두 가지 유형의 수단이 있다고 하였다. 하나는 목적이 활동의 외부에 있는 것이며, 다른 하나는 결과가 그 활동에 통합되어 있는 것이다. 어딘가에 가기 위해 여행을 떠날 때, 우리의 일정은 우리의 몸을 한곳에서 다른 곳으로 움직이기 위한 단순한 수단이다. 산에서 하이킹을 하는 것처럼 내재된 즐거움을 위해 여행을 할 때, 우리의 일정은 특별한 종류의 방법인 매체가 되며 그 일을 하는 목적은 활동을 하는 그 안에 포함되어 있다. 여행이 이동의 단순한 수단일 때, 만일 이곳에서 저곳으로 이동하는 것이 다른 방법으로 달성될 수 있다면 우리는 그 수단 없이도 해낼 수 있게 된다. 여행이 경험의 매체일 때는 그것의 목적이 그 활동에 참여하는 것과 밀접하게 묶여 있기 때문에 그 여행 없이는 달성할 수 없다.

모든 음악 활동은 어떤 이유를 위해, 어떤 사람들을 위해 시행된다고 주장하는 데 아무런 문제가 없다. 만일 '음악 자체의 목적'이라는 생각이 '이유가 없어'라는 말의 다른 표현이라면 이는 분명히 비임상적 음악에 대한 설명이 아니며 이 기준은 음악하기의 서로 다른 두 가지 유형을 구분하는 데 사용될 수 없다. '그것 자체의 목적'을 위한 음악이란 비임상적 상황하에서 일단 음악하기가 끝났을 때도 지속되는 어떤 결과보다도 음악이 있는 동안 일어나는 것을 감상하고 이해하기 위해 시행하는 비임상적 음악을 묘사한다고 주장하는 이론가들에게 무엇이 가장 의미 있을까? 그들은 음악치료에서 음악에 대해 유일하게 정당한 묘사는 음악이 제시되고 있는 동안에 일어나는 것보다는 음악이 끝난 후에도 존재하는 것—다시 말하자면, 음악적 경험을 통해 성취해야 하는 것—을 위해 시행되어야만 하는지에 대해 논쟁한다. 그래서 그것은 음악치료에서의 음악이 사람들이 치료의 정당한 초점을 표현하는 음악을 하고 있는 동안 무엇이 일어나는지를 설명할 수 있는 매체로서 좀 더 정확하게 묘사되어야 한다고 믿는 사람들에게 임무가 된다.

　이러한 생각들은 음악치료의 논리적 근거에 대한 생각과 무엇이 음악치료의 정당한 목적들을 구성하고 유익을 주는 영역어 무엇인지에 대한 다른 입장들에 직접적으로 적용할 수 있다. 한쪽 입장은 음악이 수많은 비음악적 목적을 위해 사용되는 단순한 수단이라고 생각하는 전통적 입장이다. 음악적 경험의 본질은 이러한 양식의 이해 입장에서는 필수적으로 관계가 없으며, 비음악적 목적의 달성을 촉진하는 것이 유일하게 중요한 범위다. 이 관점에서 보는 음악치료의 목적들은 다른 치료들의 목적들과 같다. 만약 비음악적 목적들을 위한 좀 더 낫거나, 빠르거나, 혹은 더 효과적인 도구가 발견될 수 있다면, 음악치료 제공을 위한 논리적 근거는 없다. 왜냐하면 이 경우에는 음악이 단지 외부적 목적을 위한 도구이기 때문이다.

　그러나 만약 음악이 인간의 삶을 독특한 방법으로 풍요롭게 만들어 주고, 만약 이러한 풍요가 음악치료사가 하는 일의 정당한 초점으로 간주된다면, 음악치료는 다른 치료들이 제공하는 것과는 다른 것을 제공한다. 그것은 음악 안에서 음악, 자아, 타인, 그리고 공동체에 대한 경험을 제공하며 이러한 경험들은 복지의 필수 요소이며 독특하게 음악적이다. 이 관점에서 보면 음악치료의 목적들은 독특하다. 그들은 클라이언트들의 부분들(개인으로서 또는 다양한 유형과 크기의 공동체로서 폭넓게 해석된)에서 음악과 관련되어 있는 자연적 방법으로부터 기인되며, 음악치료는 다른 더 효과적인 치료 양식으로도 대체될 수 없는데, 이는 그 어느 것도 음악치료사가 작업하는 방식으로 클라이언트에게 음악하기의 기회를 제공하지 못하기 때문이다. 미적 영역이 가치가 있을 때 음악은 경험의 매체가 된다. Dewey의 용어로 보면, 그것은 목적이 안에 내재되어 있는 활동이 된다.

음악이 단순한 수단으로 사용되느냐 혹은 경험의 매체이냐에 대한 결정은 절대적인 것이 아니라 음악치료의 과정과 관련하여 그 사람의 입장에 영향을 받는다. "음악이 수단이냐 혹은 매체냐를 고려할 때 누구를 위해 그 결정이 만들어지는가를 구체화해야 한다."(Aigen, 2005a, p. 60) 그들의 치료사가 갖고 있는 이론적 입장과 상관없이 음악치료 클라이언트는 대부분(얼마나 많은지에 대한 연구 결과는 없음) 우선적으로 음악에 참여하고 싶은 욕구에 동기화된다. 이것은 음악치료에 참여하는 그들의 목적이 된다. 클라이언트의 윤리적 · 실용적 · 개념적 이유들에 대한 관점을 우선시해야 하는 것에 대한 강한 논쟁이 있을 수 있다. 첫째, 윤리적 측면으로 관련지어 보면, 치료사로서 자신의 활동을 클라이언트의 관심, 욕구, 필요, 동기에 가능한 한 근접하게 일치시키는 것이 중요하다. 둘째, 실용적인 면에서 말하자면, 임상적 과정에 대한 치료사의 관점과 클라이언트의 관점이 일치할 때 치료사들이 가장 효과적일 수 있다. 셋째, 순수한 개념적 단계에서 보면, 설명하길 원하는 현상을 가장 근접하여 반영할 때 강력한 이론이 구축될 수 있다. 예를 들면, 누군가가 자폐아동이나 정신질환이 있는 성인이 음악치료에 참여하는 동안 어떻게 의사소통이나 사회성 영역에서 장애들을 피해 갈 수 있는지를 이해하기 원한다면, 그들 경험의 본질에 대한 관점이 그동안의 연구에서 다뤄지지 않았던 이론들을 구축하는 데 두드러지게 작용할 수 있다.

음악치료에서의 1차적 그리고 2차적 목적들

아직까지 광범위하게 탐구되지 않았던 중요한 질문은 치료사가 음악적 경험들을 어떻게 해석하는가에 대한 것이다. 음악치료사들은 클라이언트들과 함께 음악을 만들 때 무엇에 대해 생각하는가? 많은 음악치료사가 사용하는 치료 계획에 나타나는 특정한 비음악적 목적들은 어떻게 그들의 음악하기나 음악치료적 관계에 영향을 미치는가? 많은 비음악적 목적이 음악적 상호작용 과 중재 안에서 나타나지만, 중요한 질문은 이러한 비음악적 목적들이 음악이 만들어지는 순간에 음악치료사의 마음속에서 가장 우선되는 목적들인지 아 니면 그것들이 클라이언트와의 특정한 음악적 상호작용으로 임상적 도움을 주는 것을 정당화하기 위해 사후에 추가되는 설명들인지에 대한 것이다.

이전에 논의했던 본 저자의 연구에서 이 문제를 다루고 있다. 발달장애를 가진 27세 성인과 팝 스타일 록 음악, 블루스와 재즈 즉흥연주 음악을 사용한 치료를 진행했던 구체적 사례 연구(Aigen, 2005c)는 다양한 대중음악 스타일을 사용하여 작업하는 것의 임상적 가치에 대한 결과를 보여 준다. 이 연구의 클 라이언트는 반응성, 독립성, 충동 조절 등의 영역에서 많은 효과를 얻을 수 있 었다. 이러한 것은 재즈 음악에서 서로 주고받는 교창적(antiphonal) 연주[클라 이언트는 드럼 세트를 연주하고 치료사는 피아노와 베이스를 연주하며 진행하는 '네 마디 변주(trading fours)']에 참여하거나 Check Berry의 노래 Johnny B. Goode 처럼 처음 4마디 동안 악기 연주로 전주가 진행되면서 일어나는 규칙적 리듬 진행의 중단 같은 다양한 유형의 특성들에서 가장 분명하게 보인다.

임상적 작업을 고려하는 관습적인 방법은 치료사가 클라이언트의 충동 조 절, 반응 개시와 반응에 초점을 두고 있을 때 음악 안에서 음악 자극의 중단과 시작을 사용하는 것이었다. 이 연구에서는 대안적 관점에서 치료팀이 "재즈, 록, 또는 컨트리 음악을 스타일에 맞게 적절한 방법으로 연주"하였고(Aigen, 2005c, p. 47), 클라이언트가 음악 안에서 정지할 부분을 예측할 수 있게 되어, "그가 음악에 참여하는 것의 2차적 결과로 충동 조절이 증진되었다."(p. 47) 다른 부가적 유익은 그들 모두 음악을 만들기 위해 있는 것이지 서로를 변화 시키기 위한 임상적 과정을 수행하고 있는 것이 아니라는 클라이언트의 시각에 음악치료사가 일치시켜 주었다는 것이다. 클라이언트가 음악 안에서 만들어진 상호작용을 치료사의 독단적 결정에 의한 것이 아니라 주관성이 배제된 과제로 경험하게 함으로써 스타일에 맞게 연주하려는 클라이언트의 열망은 광범위한 저항을 일으키는 개별화된 어려움 없이 자신의 제한점을 극복할 수 있도록 도와준다.

여기에서 1차적 유익과 2차적 유익에 대한 아주 중요한 구별점이 만들어진다. 위의 예에서, 1차적 임상 초점은—그리고 클라이언트의 경험이 갖는 1차적 가치는—음악치료 영역 밖에서도 이런 활동에 참여하는 사람들이 얻을 수 있는 음악적 상호작용의 유익을 클라이언트가 똑같이 경험할 수 있도록 하는 생생하고, 상호적이고, 즉흥적인 연주를 하는 밴드 경험을 제공하는 것이다. 그러한 경험은 음악적 흐름과 초월, 미적 창조의 자원으로 자신을 경험함, 그 순간에 존재함, 동료들과의 유대감, 공동체적 친밀한 일체감(communitas)의 경험, 스타일에 따라 특성화된 그루브에 맞춘 음악적 형상화를 통해 자신의 문화에 참여함 등이다.

이 연구에 참여한 클라이언트—중증의 운동 인지 그리고 의사소통적 장애를 갖고 있는—는 치료사와 함께 자신의 많은 영역에서의 장애를 우회하며 음악을 지속하고, 유동적으로 진행하고, 반응하는 등의 방법으로 즉흥연주를 할 수 있다. 예를 들어, 직업훈련에서의 과제에는 단 몇 초도 집중할 수 없던 그가 음악치료에서는 결과적으로 수 분 동안 상호적 음악하기를 지속할 수 있었다. 이러한 집중력 증진은 음악 안에서 그가 할 수 있었던 많은 성취들 중 하나일 뿐이다. 이 외에도 운동 협응 기능의 증진, 타인과의 밀접한 상호접촉에 대한 인내, 다른 치료에서는 예측할 수 없는 상황들이 그를 특별히 힘들게 하지만 음악 활동 중에는 폭넓게 그런 상황에서도 참여하는 것과 같은 향상을 포함한다.

그러나 이 작업에서 클라이언트와 치료사 모두에게 이러한 비음악적 효과들은 1차적 주안점이 아니다. 그것들은 음악에 깊게 참여한 결과로 파생된 것들이다. 그것들은 치료사가 노력해야 할 방향을 제공한 것도 아니고 클라이언트의 동기를 유발시키는 기능을 한 것도 아니다. 그것은 개별화된 음악하기 경험에 깊게 참여한 클라이언트가 음악에 참여하고 있을 때 어떻게 더 건강해지고 더 완전하게 기능하는지를 보여 주는 예가 된다.

음악치료에서 이 상황에 대한 관습적인 사고의 더 전형적 관점은 비음악적 목적이 진정한 치료이며 음악에 포함되는 것은 도전적이거나 저항적인 어떤 것을 클라이언트가 할 수 있도록 단순히 유도하는 것이라는 시각이다. 이 관점 안에서는 치료가 실제 비음악적 목적 성취를 위해 진행되어도 클라이언트는 음악에 참여하는 것이 치료라고 속임을 당하게 된다는 것이다. 이러한 관점은 음악치료는 필수적으로 비예술적이며, 의료적 모델의 지침에 기반을 둔 건강 관련 행위라는 생각과 잘 일치한다. 그리고 그것은 음악치료사가 자주 일하는 기관과 개념 구조와도 잘 일치할 수도 있다. 그러나 그것은 장애 관련 이론에서 나타나고 있는 다른 현대적 가치와 움직임, 보건 관련 소비자운동, 자원 지향적이고 역량 강화 철학들, 공동체 음악치료, 음악 중심적 사고 등과 점점 더 갈등이 증가하고 있다. 그리고 역설적으로 말하자면 정서, 인지, 그리고 운동 기능들의 영역에서 얻어지는 2차적 유익들은 실제 치료사의 노력들이 직접적으로 그것들에 초점을 두지 않았을 때 더 잘 달성될 수도 있다. 다시 말해, 치료사의 우선적 초점이 음악하기에 참여하도록 하는 것일 때 클라이언트가 더 깊이 음악에 참여하게 된다는 그럴듯한 주장이 제기된다. 그리고 클라이언트가 이렇게 깊게 참여하게 될 때 비음악적 영역에서의 2차적 효과가 더 크게 달성될 수 있다는 것이다.

수단-매체에 대한 문제를 탐구함에 있어, Rudy Garred(2006)는 "엄격하고 전적으로 수단적인 관점에서" 음악이 다른 목적을 위한 수단으로 간주될 때 "실제 치료적 매체로서 음악의 모든 특성이 뚜렷이 나타나는지"(p. 79)의 여부에 대해 의문을 가져왔다. 이런 방식으로 생각해 보면, 음악으로서의(as music) 특정한 음악적 요소들은 그들이 가져올 결과와 관련이 없기 때문에 관심의 대상이 아니다. 물론, 음악의 템포가 보행훈련과 관련이 있는 것처럼 특정 요소는 관련이 있을 수도 있다. 그러나 음악과 그것이 전체로서 불러일으키는 경험은 관계있다고 고려되지 않는다.

Garred는 중요한 질문을 하고 있다. 만일 사람이 음악의 고유한 특성과 관계 맺지 않는다면, 그 사람은 그것으로부터 수반되는 완전한 유익을 얻을 수 있을까? 사회적 관계를 증진시키기 위해 음악 앙상블에 참여하는 사람이 다른 사람과 함께 연주하는 것에 대해 관심이 없다면 그렇게 하지는 않을 것이다. 앙상블에 참여하게 되고 그 결과로 혹은 2차적 결과로 사회적 유익을 얻게 된다. 그러나 사람이 공동의 음악하기에 원래 관심을 갖고 있지 않는 한 그것과 관련된 이익은 발생하지 않을 것이다. Garred는 음악치료에 참여하는 대부분의 클라이언트가 음악 자체와 친밀하게 연결되어 있는 1차적 동기를 갖고 있을 것이라고 계속 주장한다. 이것은 음악치료 이론을 세우기 위한 매우 중요한 가정이 되는데, 음악과 우선적으로 관계 맺지 못하면 그에 수반되는 2차적 유익도 없다.

Garred는 자신의 주장의 기반으로 Martin Buber의 철학을 사용하고 있다. 그는 음악이 순수하게 수단적 '그것'으로 인식될 때, 이러한 경향의 생각이 클라이언트에게 전이되는 것을 피할 수 없다고 주장한다. 다시 말하자면, 만약 음악이 고유의 특성이 없이 단순히 기계적 도구로 간주된다면, 클라이언트들은 자신의 의지, 의식 그리고 역량을 갖춘 존재라기보다 마치 자신들이 '그것'인 것처럼 관련될 것이다. 그들은 '그것'에 의해 반응하는 무엇이 되며 그들의 욕구, 의지 그리고 경험은 치료사가 그들에게 가장 좋은 것이 무엇인가를 고려하는 것으로부터 멀어질 것이다. 즉, 단순한 도구로서 음악의 개념을 사용하는 것은 클라이언트의 개성을 없앤 음악치료 행위로 인도하는 것이다.

수단-목적에 관한 문제도 Gary Ansdell(1995)이 설명하였는데, 그는 "우리가 여기에서 정확하게 뭘 하고 있죠? 단지 음악을 만들고 있는 건가요?"라고 직접적으로 질문한 그의 클라이언트의 관점에서부터 탐구를 시작하였다. 비록 다른 음악치료사들은 다르게 대답할 수도 있다는 것을 인정하지만, Ansdell은 그 클라이언트의 질문에 "네."라고 대답하는 것으로 결론 맺고 있는데, 마치 "단지 음악을 만드는 것"이라는 말이 "즐거운 마음에서부터 심오함까지, 생명을 살리는 오락"(Ansdell, p. 221)으로 표현되는 막대하게 풍요로운 음악적 경험을 포함하는 것처럼 그 대답의 의미는 매우 심오하다.

Ansdell(1995)은 그 문제를 "음악 만들기가 그 자체로서 목적이 되는지 혹은…… 치료적으로 규명된 목적들을 위한 방법인지"(p. 221)로 말하고 있다. 그는 "음악 만들기가 구어적인 치료적 과정을 촉진하기 위해 의도적으로 명시되는" 음악심리치료를 음악 이외의 것에 초점이 맞춰져 있는 그의 접근과 대조적인 것으로 규명하고 있다. Ansdell은 그가 논의하고 있는 구별이 절대적인 것이 아니고 "치료의 중심 위치가 보여야 할 곳에 관하여 강조"(p. 222)하는 것과 관련이 있는 것처럼 그의 '단지 음악 만들기'에 대한 초점은 치료적 목적이 없다는 것이 아님을 주장한다.

그는 또한 예술과 만들기의 차이에 대해 만들기의 목적이 그것의 행위를 결정하는 반면, 예술의 시행은 다른 외부적 목적에 의해 지배되지 않는다는 것을 논하고 있다. 치료사가 외부적 목적(음악치료 기술 사용법이나 비음악적 임상 목적)에만 초점을 맞춘다면, 실제로 예술의 시행은 어려워질 것이라는 의미다. 그리고 Garred가 말한 것처럼, 음악의 질이 저하되어 있는데, 만일 음악이 클라이언트의 최우선 동기라면, 2차적 유익(비음악적 성장의 영역들)도 손해를 보게 될 것이다. 음악치료에서 비음악적 목적에 초점을 두는 것은 그것들의 달성을 억제하는 것이라는 역설적인 결과가 된다.

음악에 기반을 둔 관점에서 말하자면, Rachel Verney는 음악치료사로서 그녀의 입장은 "그 사람과 함께 있어 주는 것이며 이것을 집중하여 듣는 것은 치료사와 클라이언트에게 어떤 것을 유도하는 매우 현재적인 것이 될 수 있다. 나는 최대한 지금 여기에 있는 것을 목표로 하며…… 음악의 전체적 요점은 지금(NOW)으로 우리를 끌어오는 것이다!"라고 주장한다(Verney & Ansdell,

2010, p. 8). 이 관점에서는 음악치료 시행은 목적의 위계나 모형으로 구성되어 있다. 가장 기본적인 단계는 인간의 기본적 필요를 반영하는 목적들이다. 그것은 지금 여기에 존재하기, 미를 경험하기, 초월을 경험하기, 그리고 몇 번 다른 예에서 언급한 것처럼 다른 사람들과 관계 맺기 등이다. 음악하기의 이런 기본적 조건들은 의사소통, 정서, 사회적 그리고 운동적 기능 영역 같은 특정 기능의 목적들의 기초를 형성한다.

이 점에 관해 음악치료 이론가들 간의 차이점은 그들이 클라이언트와 함께 있을 때는 물론 사후에 이론적 기술에 분명하게 반영할 때도 과정의 어느 단계에 초점을 두고 있는가와 관련이 있다. 음악에 더 기본을 두고 있는 이론가들은 과정에 대한 치료사들의 의식을 반영하고 클라이언트들 위해 더 큰 가치가 무엇인지를 생각하기 때문에 실존적이고 보편적이며, 비작업적인 목적들에 초점을 두게 될 것이다. 더 '임상적인'—실용적 또는 개념적인 이유를 위해 임상적이라 함은 반드시 비음악적이어야 한다는 생각에 더 가깝게 따른다는 뜻에서—이론가들은 특별히 표현되는 기능적 목적들에 더 초점을 둘 것이다. 본 저자의 저서(Aigen, 2005a)는 전자의 접근법에 대한 예가 된다. 거기에서는 사람들이 개인적 표현과 공동 사회와의 연결을 통해 목적과 의미에 대한 보편적 필요를 충족시키기 위해 음악에 참여하는 것을 강조하고 있다. Michael Thaut(2008)의 저서는 특히 "운동치료, 언어재활, 그리고 기억력과 집중력 훈련"(p. 115) 등의 영역에 있는 특정 목적들을 더 지지함으로써 복지(well-being)를 증진시키는 것을 지향하는 접근방법들을 비평한다는 점에서 후자의 접근법에 대한 예가 된다.

음악에 기반을 둔 접근방법에서는 음악적 목적들이 임상적 목적들이고 이런 입장은 "클라이언트의 문제가 클라이언트에 의해 분명하게 진술되었든 혹은 그의 정서, 행동, 표현 등으로 은밀히 전달되었든 간에 목적과 꼭 들어맞을 때"(Aigen, 2005a, p. 93) 정당화된다. 음악치료에서의 우선적 과제가 클라이언트의 음악적 표현과 경험을 위한 능력을 개발하고 향상시키는 것일 때, 비음악적 영역에서의 변화 또한 일어나게 된다. 현재 논의의 시작에서 언급되었던 것처럼, 이러한 변화들은 1차적 목적인 음악적 초점의 부수적 결과들이다. 그들은 중요한 임상과정을 수반하지만 그 과정을 정당화하는 것들은 아니다.

이 관점의 기저에 있는 생각은 음악이 독특하고 필수적인 방법으로 인간의 삶을 풍요롭게 해 준다는 것이다. 클라이언트들이 그들의 삶을 풍요롭게 만들려는 의도를 가지고 음악에 참여하게 되었을 때, 그들은 자신들의 성격, 타인과 관계 맺는 방법, 그리고 다른 영역에서 자신을 표현하는 능력들이 변화하는 것을 경험하게 된다. 그러나 이것이 치료사가 노력하는 지향점과 그들의 결과를 측정할 수 있도록 하는 것은 우선적으로 클라이언트의 "음악적 행동, 느낌, 생각 그리고 존재"(Aigen, 2005a, p. 94)라는 사실을 변화시키지는 않는다.

음악적 기반 위에 있는 음악치료의 정당성

음악치료가 음악적 기반 위에서 정당화될 수 있는지 혹은 그래야만 하는지의 여부는 아직 매우 강력한 문제로 남아 있다. 지지자들은 이러한 입장이 클라이언트의 소망과 더 밀접하게 일치하며, 더 수용적이고 다원론적인 관점을 나타내며, 학문의 미성숙함을 진보시킬 수 있다고 주장할 것이다. 이런 방법이 음악의 특성에 기인한 고유한 이론을 형성할 수 있는 유일한 길이며, 음악치료가 이루어 내는 것들의 독특성을 나타낼 수 있는 유일한 방법이기 때문에 음악치료 서비스를 돕는 데 필수적이다.

이러한 생각에 반대하는 이론가들은 음악치료가 살아남을 수 있는 유일한 방법은 음악치료가 제공되는 건강 관련 상황과 여건에 맞는 설명 체계와 표준 그리고 과정들을 적용하는 것이라고 주장한다. 그들은 음악치료의 독특성은 비음악적 목적과 이론적 근거들을 요구하는 것이며, 그렇지 않으면 음악교육, 계발 활동, 연주 등에 포함되는 위험을 감수해야 한다고 말한다.

음악치료가 두 종류의 목적—1차적 목적은 순수한 음악적 과정을 포함하며 2차적 목적은 음악의 간접적 결과로 얻어지는 것—을 다 달성하는 순간을 가정할 때 재미있는 질문은 어떤 입장이 2차적 유형의 이익을 가장 잘 만들어 낼 수 있을까 하는 것이다. Ansdell, Verney, Garred, 그리고 본 저자 모두 주장한 것처럼, 1차적 목적의 정통성을 인정하고 싶지 않은 사람이 있을지라도, 2차적 목적은 치료사가 음악 만들기를 초점의 우선순위에 두는 틀과 주장을 할 때 가장 잘 달성될 수 있다.

음악치료에서의 이 두 가지 기본 입장 간의 차이점은 그것이 가능하든 아니든, 혹은 원하는 것이든 간에, 스스로는 음악하기에 참여할 수 없는 사람들에게 그것을 달성할 수 있도록 길을 제공하는 능력을 기본적으로 갖고 있는 음악치료의 음악적 정당성을 개발하는 것이다. 이 논쟁의 중요성을 완전히 간파하기 위해서, 음악교육과 음악감상 같은 사회에서 제공되는 음악의 다른 영역들을 생각해 보는 것이 도움이 된다.

음악교육은 그것이 사회에 주는 유익을 음악 안에 갖고 있기 때문에 존재한다. 음악교육 없이는 연주회장, 의식, 종교적 행사, 운동경기 등에서의 음악 연주가 불가능하다. 음악 연주와 작곡에 대한 교육은 음악가들 자신이나, 그 수업에 참여하고 있는 학생들에게 유익을 주기 때문이 아니라 우선적으로 사회에 이익을 주기 때문에 존재한다. 다시 말하자면, 학교에서의 음악 프로그램은 음악가들에게 일자리를 제공해 주고 악기 연주를 배우는 사람들에게 즐거움을 제공해 주지만, 음악교육과 연주 프로그램에 참여하는 사람들을 위한 이러한 유익들은 부수적이고 2차적인 유익이며 사람들이 전체적으로 사회가 아닌 음악가들을 위한 음악교육을 정당화하려 할 때(그들이 비음악적 학업 수행을 증진시켰다고 주장하는 것과 같이) 문제가 발생된다. 가장 중요한 점은 사람들이 음악 연주교육에서 능동적으로 음악 만들기에 참여하도록 하는 것은 다른 곳에 유익을 가져오도록 하기 위해서다.

이와는 대조적으로 음악을 감상함에 있어, 사회는 음악과 관계를 맺고 있는 구성원들과 음악에 교육적인 방법으로 참여하는 것에 그 가치를 두는 것으로 판단해 왔다. 거기에는 (음악 애호가들이 음악가들에게 더 많은 일자리를 제공하는 것 같은) 2차적 유익들이 있을 수 있지만, 1차적 이익은 음악 연주와는 대조적으로 수업에 있는 사람들을 위한 것이다. 음악감상이나 일반적 음악에서, 직접적으로 음악에 참여하는 사람들이 우선적인 혜택 수혜자들이 된다.

이와 같은 음악의 두 영역에 대한 논쟁은 2차적 유익이 무엇인가를 우선적으로 강조할 때 잘못 유도될 수 있다. Mozart 음악을 듣는 것이 수학 기술을 증진시킬 수도 있지만—비록 대부분의 체계적 연구가 이 주장에 대해 심각한 의문을 던지고 있지만—1시간 동안 수학 과외를 받는 것이 1시간 동안 Mozart 음악을 듣는 것보다 예외 없이 더 수학점수에 효과적일 것이다.

음악치료는 이들 두 영역의 요소들을 독특한 방법으로 결합한다. 음악 연주 교육으로써 직접 참여하는 것은 능동적인 음악 제조자로서 참여하는 것이며 능동적 음악하기 상태로 유도된다. 그리고 음악감상(일반 음악)에 참여함으로써 얻을 수 있는 우선적 유익은 전체적 사회보다는 직접적으로 참여한 사람에게 발생한다.

비임상적 영역에서 사회는 훈련된 음악가들에 의해 사회에 음악을 제공하고 작곡가들의 활동을 지원하며 사회 구성원들이 음악과의 관계를 개발하고 이용할 수 있도록 도와주는 것에 가치를 두어 왔다. 그것이 음악치료와 관계되었을 때 생기는 중심 질문은 다음과 같다. 음악치료가 음악과 관계 맺기 위해 특별한 적응이 필요한 많은 소외된 사람에게 음악을 제공할 수 있다는 것에 근거하여 정당화될 수 있는가? 또는 음악치료의 정당화는 반드시 다른 영역에서의 기능적 목적 달성에 근거하여 이루어져야 하는가? 전자의 입장은 장애가 있는 사람과 없는 사람 간의 경계를 없애 주는데, 왜냐하면 장애가 있는 개인들도 음악과 관계를 맺을 가치가 있으며 비장애인들이 얻는 것과 똑같은 유익을 음악으로부터 얻을 수 있기 때문이다. 후자의 입장—장애인과 비장애인 간의 구별은 인위적이고 차별적이기 때문에 그 비평이 증가하고 있다—은 장애가 있는 사람들은 다른 사회 구성원들과는 다르게 비음악적인 기준에 근거하여 음악을 이용해야 한다는 암시를 통해 그 경계를 유지하고 있다.

음악치료가 사람들을 위해 무엇을 하는가, 어떤 유익을 제공하는가, 어떤 생각들이 이런 유익들을 설명하는가 등의 질문에 대한 답을 하는 데 있어 가치관의 영향을 피할 길은 없다. 어떤 면에서는 모든 대답이 다 맞는 답일 수 있거나 혹은 적어도 그들이 상반되는 것이 아닐 수도 있다. 예를 들어, 뇌졸중으로 인해 운동 기능이 손상된 사람이 음악치료에 참여한다면, 그것이 비음악적 방법으로 측정될 수 있건 없건 상관없이 운동 범위가 증가되는 것을 발견할 수도 있으며 음악치료에서의 음악적 경험이 사회적 그리고 의사소통적 유익을 제공한다는 것을 발견할 수도 있다. 그래서 왜 음악치료로 인해 발생하는 모든 유형의 유익들을 인정하지 않는지에 대해 다원론적 논쟁이 계속된다. 그리고 아마도 독특한 음악적 유익은 삶의 질 척도나 이와 비슷한 사정도구를 사용하여 수량화될 것이다.

그러나 초점을 운동 기능에 두느냐 본질적인 음악적 보상에 두느냐에 대한 질문은 치료사의 적절한 역할과 음악치료에서 수행되는 적절한 활동들의 본질에 대한 지침들과 대조되는 매우 분리된 신념 체계에 속해 있다. 이들 다른 입장은 또한 특별히 임상적·음악적 기술들을 위해 다른 교육과 훈련 과정을 요구한다. 실제 시행에 있어서도, 개인 치료사들은(혹은 이 문제 때문에 훈련 기관들도) 이런 포괄적이고 다원론적인 방법으로 음악치료를 시행하는 것이 어렵다.

게다가 만약 치료사가 운동 범위의 증진이나 본질적으로 만족스러운 음악적 경험을 제공하는 등 매우 다른 접근방법들에 초점을 두고 있다면 클라이언트와 관계 맺는 방법도 완전히 다를 것이다. 현실적으로 이 두 가지 과제를 동시에 수행하는 것은 불가능하다. 치료사가 클라이언트를 위해 무엇이 최선이고 어떻게 치료 시간을 구성할지를 결정할 수 있는 위치에 있는 의료적 모델에서 일하는 치료사들에게는 아마도 이런 어려운 난제가 없을 것이다. 이런 유형의 치료사들에게는 실험적 연구가 성공할 것이라고 결정해 온 그러한 목적들을 위해 그리고 그런 활동들을 통해 일을 해야 할 의무만이 있을 뿐이다.

그러나 상황은 그렇게 단순하지 않다. 다시 운동 범위에 초점을 두고 일하는 것과 바로 그 순간에 본질적으로 만족스러운 음악적 경험을 제공하는 것을 비교해 보자. 한 가지 방안은 클라이언트에게 어떤 것을 더 선호하는지 물어보고 그것에 따라 결정하는 방법이다. 의료적 모델은 클라이언트들이 양적인 기준으로 수량화되거나 보장되지 않는 결과에 초점을 두는 것을 선택할 것이기 때문에 이 방법을 배제할 것이다. 이와는 대조적으로, 클라이언트의 역량 강화를 요구하는 가치 체계를 갖고 있는 치료사들은 치료의 방향을 정하는 데 있어 클라이언트를 반드시 포함할 것이다. 분명히 해야 할 것은 이들 두 선택 모두 가치가 내재되어 있는 것들이라는 점이다. 그 결정이 클라이언트의 선호를 포함했건 아니건, 그리고 어떤 방법으로 포함했건, 심지어는 치료 계획에 클라이언트를 포함하지 않는 선택을 했더라도 결정은 양쪽 치료사들에 의해 만들어진다.

더 다원론적인 입장에 대해 불리하게 작용하는 다른 요소들이 있다. 운동의 범위가 특정한 기술적인 음악치료 중재의 적용을 통해 일정 양 증가되는 상황을 생각해 보라. 만약 그 효과를 얻기 위해 소모된 노력과 시간의 양이 수고의 가치로 간주된다면, 그리고 만일 클라이언트가 다른 치료사가 제공하기로 선택한 본질적으로 만족을 주는 음악적 경험보다 운동 범위에서의 효과를 더 가치 있게 본다면, 어떻게 이런 운동 범위의 증가를 클라이언트의 삶의 질 향상에 전이시킬 수 있을지를 결정하는 것은 여전히 불가능하다. 따라서 클라이언트에 의해 이런 결정이 내려져야 한다고 논쟁함에 있어, 클라이언트가 진정으로 정보에 근거한 결정을 내리기 위해 필요한 모든 정보를 갖는다는 것은 불가능하다는 것은 분명한 사실이다.

또 다른 중요한 문제는 치료에서 본질적으로 음악적인 경험을 어떻게 효과적으로 평가할 것이냐 하는 것이다. 그것의 가치는 자기충족적인 것이기 때문에 어떠한 외부적 측정도 그것을 정당화할 수 없다. 음악이 제공되었을 때 클라이언트가 그것을 선택하고, 현재 진행 중인 것을 중심으로 그것에 참여하는 것을 지속하며, 그것이 실현되도록 하기 위해 모든 유형의 인지적·정서적·신체적 제한을 극복하는 사실로 가장 잘 평가될 수 있다. 이러한 방법의 작업은 다른 접근방법들만큼 잘 평가될 수 있어야만 한다고 주장될 수 있다. 예를 들어, 어떻게 그 경험들이 클라이언트에게 보상이 되었는지, 얼마만큼 그들에게 가치가 있었는지, 그 경험의 결과로 얼마만큼 그들의 삶이 보편적으로 변화했는지 등을 평가하는 삶의 질 측정도구가 시행될 수 있다.

그러한 자기보고식 평가가 타당한 도구로 간주될 수 있다는 것을 가정한다면, 이런 유형의 평가는 더 그 이상의 평가를 산출해 낼 수 있다. 나는 독자들에게 음악과 관련된 본인들만의 경험을 기반으로 이러한 질문지를 완성하는 실험을 생각해 보라고 요구하고 싶다. 당신이 받은 점수가 어떻든지 간에, 당신이 다른 활동에 참여한 후에 그런 질문지로 비슷하거나 심지어는 더 높은 점수를 받을 가능성이 있다. 그것이 당신이 다른 활동 때문에 기꺼이 음악을 포기한다는 것을 의미하는가? 나는 대부분의 독자가 아니라고 대답하리라 생각하는데, 이는 그것 자체의 독특성으로 존재하는 음악적 경험이 다른 형태의 인간 경험들과 같지 않기 때문이다. 단순한 수단에 적합한 생각을 수단과 목적의 논리가 다른 경험의 매체에 적용하는 것이기 때문에 평가도구로는 결코 사람이 갖고 있는 음악의 진정한 가치를 잡아낼 수 없다. 음악치료에서 사용되는 본질적으로 음악적인 유형의 가치를 결정하는 유일한 방법은 참여자가 표현하는 음악과의 친화력과 관련성에 의한 것이다.

Garred(2006)는 음악에 기반을 둔 생각에 매우 공감하면서도 어떤 면에서는 부족함이 있다고 믿었다. 그래서 그의 접근방법은 아마도 이들 두 접근방법 사이의 중간 지대에 있는 제3의 방법을 대표한다. 그는 음악 중심적 사고와 심리역동적 기반 음악치료 이론들로는 설명할 수 없는 음악치료 과정의 중요한 측면이 있다고 믿었다. Buber의 대화와 그것이 암시하는 상호작용의 유형에 대한 생각에 기반을 둔 Ansdell의 이론과 유사한 Garred의 이론은 어느 한쪽에 의해 제공되는 관점보다 더 포괄적인 그림을 제공하며 이러한 다른 이론들의 두 극단적인 입장 사이에 자리하고 있다.

음악치료가 치료가 일어나도록 하는―변화의 영역에 맞춰진 것이 아니고― 매체에 의해 정의되었다는 사실은 "매체 자체의 특성들"(Garred, 2006, p. 2)이 치료적이며 따라서 음악치료에 대한 설명은 이러한 특성들에 근거해 만들어져야 한다는 것을 제시하고 있다. 그러나 Garred에게 똑같이 중요한 점은 음악치료 과정에 있는 사람들 간의 상호작용 영역이다. Garred의 관점에서 볼 때, "현존하는 음악에 기반을 둔 이론은 과정의 이러한 측면에 적절하게 주의를 기울이지 않으며―사실 그것의 철학적 기반 때문에 기울일 수가 없다― 현존하는 심리역동적 기반 이론도 임상 시행의 음악적 기반에 적절한 주의를 기울이지 못한다."(Aigen, 2006, p. 48) Garred는 음악이 창조적 결과물로 고려되거나 혹은 비음악적 목적을 위한 수단적 방법으로 고려될 수 있다는 개념은 음악이 어떻게 치료에서 실제 기능하는지를 설명하기에 적절하지 않다고 생각한다.

Garred는 음악치료에서 사용되는 음악이 단순히 언어를 대체하는 것이 아니라고 생각한다. 음악 매체의 특성들은 심리치료에서 사용되는 언어로는 불가능한 방법으로 사용자의 관심을 끌 수 있다. 이는 왜 매체의 특성이 치료의 과정을 이해하는 것과 관련되어 있는지를 설명하는 다른 이유가 된다. 그것은 또한 임상적 이론에 있는 미적 감각의 역할을 정당화하는데, 비록 이 역할이 배타적이지 않고 심지어 우선적인 것이지만 치료의 대인적 관계를 따라 존재하는 것이다.

Garred는 더 극단적인 음악 근거 입장이 임상적 측면에서는 충분하지 않고 임상적 음악하기와 비임상적 음악하기 간의 유사성에 대한 주장이 음악 중심적 이론에서 너무 과장되게 진술되었다고 믿었다. 중요한 차이는 치료 목적들에 대한 방향이다. Garred에 따르면, 음악을 매체로서 진지하게 취하되 그것들이 음악치료의 목적들과 동일한 방향을 갖고 있도록 하는 음악치료 이론을 보여 주는 것이 필요하다. 음악치료가 클라이언트의 향상을 지향한다는 사실은 예술의 이론들이 음악치료에 적용될 수 없다는 것을 의미한다.

음악 매체의 특성에 우선적 가치를 두는 음악 근거적 이론에 대해 논쟁하는 모든 저자는 음악적 경험을 음악치료를 규명하는 임상적 초점과 연결시키는 데 어려움을 갖고 있다. 음악치료의 필수적 존재로서 음악 매체에 참여하는 것을 강조하는 만큼 동시에 사람은 임상적 음악 만들기와 비임상적 음악의 세계를 구별하는 데 어려움을 만들게 된다. 이 문제는 "그것의 특성들은 그것이 가져오는 임상적 유익들의 필수적 양상들이다."라고 말하며 사람들이 "음악 자체 밖의 수단적 목적을 위해 사용되지는 않는다."(Aigen, 2006, p. 54)라는 입장으로 기울어져 있다는 점이다.

Garred는 이 문제를 적절하게 설명하지 않았는데, 임상적 음악하기와 비임상적 음악하기는 기본적으로 다르다는 입장에 있기 때문이다. 그는 임상적 음악과 비임상적 음악 간의 기본적 차이를 유지하는 반면에, 매체에 기반을 둔 이론을 만들고 싶어 했다.

"음악은 치료의 매체다."라고 그가 말할 때 실제 그는 무엇을 말하고 있는가? 그의 반응은 여전히 음악을 수단적 방법으로 좌천시키고 있음을 보여 준다. 음악치료에서 Garred(2006)는 음악 "고유의 특성은 그것 자체보다는 다른 목적, 소위 어떤 의미에서의 클라이언트의 향상을 고수하고 있음"(p. 96)을 인정하였다. 그러나 '그것 자체보다는 다른 목적'에 초점을 둔 것은 음악을 매체로 참여할 때 사람은 외부적 목적보다는 그것 자체를 고려한다는 생각과 모순된다. Garred의 이론이 사람이 어떻게 "그 결과가 외재적 과제에 의해 통제되거나 지시되지 않는 상황에서 완전하게 매체에 참여"(Aigen, 2006, p. 54)할 수 있게 되는지를 설명하는지는 분명하지 않다.

Garred가 주장하는 어떤 측면들은 관심을 가져야 한다. 만약 음악과 관련된 치료적 만남이 매체 그 자체의 특성에 의존하고 있다면, 음악은 본질적으로 치료적(Garred가 임상적 그리고 비임상적 음악을 구분하려는 작업에서 말하고 싶어 하지 않는)이거나 그 음악은 치료적, 즉 비음악적 목적을 위해 사용되는 존재다.

본 저자(Aigen, 2005a)가 개발한 한 가지 방법은 음악의 내재적 가치에 대한 David Elliott(1995)의 생각을 도입하는 것이다. Elliott은 사람들이 음악에 참여할 때 그리고 그 논리적 근거가 "촉각적이거나, 생물학적이거나, 또는 다른 물질적 보상이 아닐 때, 우리는 음악에 자기발전의 목적을 위해 참여하며 이것이 우리가 말하는 '그것 자체의 목적을 위해서'"(Aigen, 2006, p. 54)라는 것을 의미한다고 주장한다. Elliott의 관점에서 보면, 음악은 자아를 발전시키기 위해 존재한다. 개인이 그것의 본질적 특성을 경험하기 위해 음악에 참여할 때 그들은 자아의 향상을 증진시키는 과정에 필수적으로 참여하게 되는 것이다. 이 관점은 음악교육의 목적과 음악치료의 목적이 사회 안에서의 일반적 음악 사용이라는 점으로 함께 묶일 수 있는 통합적인 것이라고 본다.

음악치료 과정의 본질에 대한 탐구와 음악이 더 정확하게 비음악적 목적을 위한 도구로 간주되는지 아니면 독특함과 음악적 유익을 가진 경험의 매체로 간주되는지에 대한 질문은 음악치료에서 음악이 비임상적 적용과 유사하거나 또는 그런 적용들과 근본적으로 다른 방법으로 기능한다고 사람들이 믿는지의 여부를 밝혀낸다. 제6장은 이 질문에 초점을 맞춰 구성되어 있다.

임상적 음악과 비임상적 음악 간의 관계

임상적 음악과 비임상적 음악은 본질적으로 같은가 혹은 다른가

음악치료 이론가들은 음악치료에서 사용하는 음악과 다른 형태의 음악 간에 근본적인 차이가 있는지의 여부에 대해 의견이 일치하지 않는다. 그것의 본질적인 흥미를 제외하고, 매우 현실적인 이유로 이 질문은 중요하다. 음악치료에 참여하는 클라이언트들의 음악과 음악적 경험들이 비임상적 환경에서의 그것들과 유사하다면, 음악사회학이나 음악학 등의 영역에서 나온 이론들이 음악치료에 임시적으로 적용될 수 있을 것이다. 그러나 만일 이 두 영역에서의 음악적 경험들이 근본적으로 다르다면, 다른 영역의 이론들은 음악치료와 비교적 덜 관련이 있게 된다.

음악이 비음악적 목적을 위한 수단이라는 음악치료의 관습적 생각은 임상적 음악과 비임상적 음악 간에 근본적 차이가 있다는 것을 지지한다. 그 이유는 비임상적 음악들은 듣고 연주되며, 또는 음악으로서 감상되는 것을 의미하지 않기 때문이며, 그것의 임상적 기능에 기반을 둔 모습으로 나타난다. 더욱이 이러한 임상적 기능들은 음악 안에서 들릴 수 있으며 교육받은 감상자들은 비임상적 음악으로부터 임상적 음악을 분간할 수 있다.

반대로, 음악을 매체로 생각하는 주장은 임상적 음악과 비임상적 음악 간의 연속성에 의존하고 있다. 이 입장에서는 클라이언트들이 본질적으로 음악적인 경험을 했을 때 음악치료의 효과가 극대화된다. 음악치료가 특성상 음악적이 되어야 하는—그리고 음악치료에서의 음악이 스타일 특성, 그리고 멜로디와 화성의 패턴과 구조들 같은 특별히 임상적이지 않은 생각들에 근거하는—필요성은 임상적 음악과 비임상적 음악의 근본적 차이점을 없애도록 작용한다.

몇몇의 음악치료에 대한 관찰들은 이 문제의 미묘한 차이를 더 깊이 탐구하기 전에 도움이 될 것이다. 첫째, 대부분의 음악치료 적용은 모든 유형의 대중음악이나 전통음악 그리고 고전음악 작품 같은 임상적 상황 밖에서 작곡된 음악들을 포함한다. 음악치료에서 주로 사용되고 있는 음악들이 비임상적 상황에서 기원되었기 때문에 이들 두 영역 간에 많은 부분이 겹쳐져 있다는 것은 논쟁의 여지가 없다. 만일 임상적 음악 참여와 비임상적 음악 참여 간에 근본적인 차이점이 있다면, 그것은 두 영역 간의 차이점을 강조하고 싶어 하는 이론가들이 왜 비임상적 상황에서 만들어진 노래들이 치료에 유용한지에 대해 설명해야 하는 임무를 갖게 된다.

유도된 심상과 음악(Guided Imagery and Music: GIM; Bonny, 2002)을 생각해 보면, 이 접근법은 클라이언트가 긴장 이완-집중 상태를 거치며 변용된 의식상태로 유도되고 이후 녹음된 고전음악을 감상하는 동안 옆에 있는 가이드(치료사)는 클라이언트의 심상과 감각에 대한 묘사를 들어 주고 언어적으로 혹은 다른 중재방법을 제공해 클라이언트의 경험을 지지해 준다. 이 방법은 가장 잘 개발된 수용적 음악치료의 한 형태이며 개인의 정신세계의 근본적 측면에 접근함으로써 의미 있는 개인의 변화와 통찰을 목표로 한다.

　그러나 이 가장 강력한 음악치료의 방법 중 하나 역시 음악으로 들리도록 작곡된 음악을 사용하며 다른 임상적 목적을 위해 사용되지 않는다. 게다가 GIM 치료사들은 작곡된 곡의 모든 연주가 치료에서 다 똑같이 사용되지 않는다는 것을 강조한다. 지휘자와 연주자들이 그 곡에 대해 깊게 이해한 것이 반영된 높은 미적 가치를 가진 녹음된 곡들만이 GIM의 목적을 잘 달성할 수 있다. 그렇다면 분명하지 않은 것은, 만약 임상적 그리고 비임상적 음악과 그리고 음악적 경험들 간에 근본적인 차이가 있다면, 그 곡의 임상적 가치를 결정하는 데 있어 왜 미적 가치의 비임상적 기준이 그토록 중요할까, 그리고 좀 더 일반적으로, 만약 음악 매체의 미적 특성이 어떤 임상적 의미와 관련이 있다면, 임상적 그리고 비임상적 음악의 차이보다 그들 간의 유사성이 더 크다는 생각을 지지하진 않는가라는 것이다.

　여기에 자주 융합되지만 분명히 분리된 두 개의 관련 질문이 있는데, 하나는 음악에 초점을 두는 것과 다른 하나는 음악 경험에 초점을 두는 것이다. 첫째, 임상적 음악과 비임상적 음악 간에 악보나 음악을 감상하는 것으로 서로를 구분할 수 있는 근본 차이점이 있을까? 둘째, 음악치료에 참여한 클라이언트가 갖는 음악적 경험이 임상적 적용 이외의 곳에서 음악에 참여하는 사람들의 경험과 근본적 차이가 있을까? 전자는 음악을 결과물이나 인공물로서 초점을 두는 것이며 후자는 자신을 위해 음악이 만들어지고 있는 개인의 경험에 대해 초점을 두고 있는 것이다.

임상적 즉흥연주와 비임상적 즉흥연주에 대한 고찰

　작곡된 음악에 대한 질문은 잠시 접어 두면, 즉흥연주와 관련된 주제는 훨씬 덜 문제적이다. 이 경우 음악은 치료적 상황 안에서 특별하게 만들어지며,

따라서 의문점은 훨씬 더 쉽게 탐구될 수 있다. Brown과 Pavlicevic(1996)은 이 주제에 대해 실험적 탐구를 시행하였다. 그들은 연구 초점을 "순수하게 음악적인 즉흥연주(혹은 예술 형태로서의 즉흥연주)와 임상적 즉흥연주(혹은 치료로서의 즉흥연주) 간의 차이"(p. 397)를 탐구하는 데 두었다. 더욱이 그들은 필요에 따라 음악치료사들이 소유한 기술이 "순수하게 음악적"(p. 398) 이상이라는 생각을 지지하기 위해 이러한 차이에서 이미 결정된 신념을 인정한다. 즉, 만일 임상적 음악과 비임상적 음악 간에 차이가 없다면, 음악치료사들이 주장하는 전문 지식은 도전받게 될 것이고 더 나아가 전문 영역으로서의 정통성에도 문제가 될 것이다.

그들은 두 유형의 즉흥연주 간에 있는 차이점들은 단순히 그들이 음악을 어떻게 지각하고 묘사하느냐의 결과가 아니라 그들 사이에 본질적으로 구조적 차이점이 있기 때문이라고 주장한다. 또한 그들은 치료의 과정은 나름의 미적 유형을 갖고 있다고 주장한 Carolyn Kenny의 생각을 검토하여 다음과 같이 결론짓고 있다.

> 치료사와 클라이언트 간의 자연스럽고 매우 친밀한 관계 또한 특정한 미적 요소를 가진 사건이 되며, 그래서 예술을 치료적 매체로 사용하려는 생각은 연장되어 예술 형태를 치료적 과정의 그 자체, 즉 임상적 예술 형태로 볼수 있게 될 것이다.
>
> (Brown & Pavlicevic, 1996, p. 399)

그러나 음악치료에서 사용되는 음악이 임상적으로 미적 가치를 가질 수 있다는 사실이나 그 결과 예술 형태로서 음악이 감상될 수 있는 가능성 모두 임상적 즉흥연주와 비임상적 즉흥연주 간의 차이를 최소화하는 데 사용될 수 없다.

본 연구에서의 연구 질문이나 설계는 위에 묘사된 두 문제들을 모두 언급하고 있다. 첫 번째 질문은 참여자가 치료사 혹은 클라이언트로 기능할 때와 그 사람이 음악가로서 기능할 때를 비교하면 참여자의 음악 만들기 경험 간에 차이가 있는지의 여부에 대한 것이다. 두 번째 질문은 세션에 참여하지 않은 제3자가 들었을 때 결정할 수 있는 임상적 즉흥연주와 비임상적 즉흥연주 세션의 음악적 차이가 있는가를 물어본다. 연구에서는 2명의 공동 연구자가 3번에 걸쳐 2인조 즉흥연주를 시행하였는데, 처음 두 번의 연주에서는 치료사의 역할과 클라이언트의 역할을 번갈아 가며 연주하였고, 세 번째에서는 역할이 없이 동료 음악가로서 함께 연주하였다. 세 번의 즉흥연주가 녹음된 후 2명의 연구자와 1명의 전문가가 그것을 분석하였다. 그들은 "단순히 다른 사람과 함께 연주하는 것과 치료적 즉흥연주 간에는 음악 만들기에 있어 차이가 있다." 라고 결론 내렸다(Brown & Pavlicevie, 1996, p. 404).

비록 Brown과 Pavlicevic이 두 연구 질문에 대한 특별한 답을 찾기 위해 개방적으로 참여한 것에 대해서는 찬사를 받을 수 있지만, 그들의 결론에 대해 의문을 던지게 된다. 그들이 치료사와 클라이언트의 역할을 번갈아 하거나 비임상적으로 연주할 때 그들 나름대로의 방법으로 음악하기의 차이를 준 것이기 때문에 그들의 관점에서 그런 결과가 나온 것이라고 가정해 볼 수 있다. 따라서 그들의 결과는 그들 자신이 사전에 맡은 일을 반영한 것일 뿐 그 이상은 아닐 수도 있다. 그러나 방법론적인 비평은 배제하고, 이러한 결과들(방법적으로 올바르게 시행되어 도달한)이 논의되고 있는 근본적 문제들에 대해 이야기하고자 하는 것을 반영할 수 있는 가능성은 여전히 있다.

Brown과 Pavlicevic(1996), Pavlicevic(1997) 모두 음악치료 즉흥연주를 비임상적 음악과 다르고 독특하게 만드는 것은 순수한 음악적 특성 때문이 아니라 그들이 상호적이고 의사소통적 배려에 기반을 두고 있기 때문이라고 주장한다. 그들은 음악치료 즉흥연주에서는 어떻게 음악이 연주자들 간의 관계적 윤곽을 따라가고 있는지를 듣는 것이 가능하다고 주장한다. 음악치료에서는 상호적 대인관계에 대한 요구가 음악의 흐름과 구조를 결정하는 반면에, 비임상적 즉흥연주에서는 음악의 발전이 상호적 관계보다는 음악적 고려를 따라 간다.

Brown-Pavlicevic의 주장에 깔려 있는 한 가지 요소는—비록 그들이 노골적으로 주장하진 않았지만—비임상적 즉흥연주에 대한 그들의 평가 기준 체계가 록과 재즈 같은 대중적 음악들이 그들이 말한 '예술음악' 또는 '예술 형태'로서의 음악에 포함되지 않을 수도 있다는 것이다. 특히 재즈 즉흥연주에서는 많은 부분에서 상호적 의사소통을 포함하는 것을 보여 준다. Berliner(1994), Hodson(2007), Monson(1996) 등의 연구들은 재즈에서 일어나는 상호 교류적 패턴을 보여 주고 이러한 패턴들은 최근에 음악치료에 적용되고 있다(Aigen, 2013). 더욱이 음악치료 즉흥연주는 상호적 교류뿐만 음악적 배려도 포함하는데, 이는 재즈 같은 비임상적 음악하기에서도 반영하는 것들이다.

> 클라이언트와 함께 음악을 만드는 치료사들은 음악적 요소들이 관계를 성립시키기 때문에 소리 안에서 절대 치료적 관계만을 신경 쓰지 않는다. 악기, 조성, 음색, 화성, 템포 등에 대한 치료사의 선택은 임상적 필요, 역동성, 그리고 관계의 의사소통적 패턴뿐만 아니라 클라이언트가 표현하는 음악성에 의해서 영향을 받게 된다. 이것은 재즈 연주 그룹에서도 마찬가지다. 그들은 서로로부터 들은 것들과 서로의 선호도, 그리고 누가 더 잘 들어 주고, 누가 리더로 혹은 따라가는 사람으로 더 적절한지, 그리고 누가 더 역동적 성향을 갖고 있는지를 포함하는 역동적 관계를 모두 조합하여 연주한다. 사실, 재즈는 음악치료만큼이나 음악에서 상호적 의사소통을 할 수 있다.
>
> (Aigen, 2005a, p. 71)

물론 사회적 상호작용은 임상적 즉흥연주 시에 더 쉽게 이해될 수 있고 음악적 지시는 비임상적 즉흥연주에서 더 쉽게 이해될 수도 있다. 그러나 이러한 차이는 정도의 차이일 뿐 종류의 차이가 아니다.

Brown과 Pavlicevic의 연구 결과가 실제 무엇을 보여 주는지 생각해 보는 것도 중요한 일이다. 그들이 자신들의 연구에서 두 종류의 즉흥연주에 있는 근본적 차이점들을 보여 준 것이 어떤 특정한 관점이나 감상의 방법이 아니라고 주장하고 싶어 했던 것을 기억해 보라. 그들은 그 결과가 음악 자체에 대한 객관적 주장을 대변한다고 주장한다. 이러한 주장들은 음악 연주가 수많은 다른 방법으로 그리고 수많은 다른 초점을 갖고 감상될 수 있기 때문에 더 분석되어야 한다.

다시 말하면, 음악을 감상할 때, 어떤 사람은 단지 소리로서 그 소리를 들으려 할 수도 있고 다른 사람은 사회적 상호작용을 위해 음악을 들을 수도 있다. 그리고 그 사람이 무엇을 위해 음악을 듣느냐 하는 것이 이런 다양한 개념 안에서 무엇을 들을 것인지를 결정하게 된다. Brown과 Pavlicevic은 단지 어떤 사람이 음악치료 세션 안에서 만들어진 결과물에서 예술적 가치를 들을 수 있다는 이유만으로, 그리고 교육받지 못한 임상적 감상자는 음악 안에서 치료의 역동을 들을 수 없다는 이유만으로, 임상적 음악과 비임상적 음악이 똑같다는 것을 의미하지는 않는다고 주장한다. 그들은 교육을 받은 임상적 감상만이 그들이 논의하고 있는 근본적 차이점을 들을 수 있다고 주장한다.

이와 같은 일련의 논쟁은 치료사의 인식에 존재론적 위상을 많이 부여하면서 또한 다른 사람은 들을 수 없는 것을 한 사람은 들을 수 있다고 함으로써 치료사의 인식론적 입장에 특권을 주고 있다. 즉, 치료사의 감상 방식이 음악의 본질에 대한 하나의(혹은 다수의) 대등한 관점을 개발하는 것이 아니며 치료사의 관점은 다른 감상자들에게는 들리지 않는 음악 자체의 본질에 대한 어떤 것을 드러나게 해 주는 특권을 부여받은 것이다.

다시 말하면, 여기에는 반사성(reflexivity) 부족으로 인해 음악 안에서 무엇이 일어나고 있는지에 대한 클라이언트의 관점이 갖고 있는 중요성을 감소시키는 것으로 보인다. 아마도 치료사는 사회적 상호작용을 들을 것인데 이는 그들의 초점이 그것이기 때문이다. 즉, 그것이 그들이 듣는 이유가 된다. 그리고 아마도 클라이언트들은 순수하게 표현되는 음악의 가치를 들을 텐데 그들의 방향이 단지 음악 만들기이기 때문이다. 이것이 치료사의 관점이 클라이언트의 관점보다 더 현실적이라는 것을 의미하는가? 긍정적으로 대답하는 것은 치료사가 클라이언트의 경험을 존중해 주는 보다 구성주의적 접근에서 고려해 볼 때는 특정한 문제의 소지가 될 수 있는 현실주의의 인식론적 입장을 적용하는 것이다.

사실 Pavlicevic(1995)은 클라이언트의 관점과 관련된 중심 질문에 영향을 미치는 중요한 관찰을 하였다. 그녀는 조현병 환자들에 대한 연구를 수행하며 자료 수집과정에 대해 논의하면서 "그 환자들 중 아무도 음악치료 세션을 음악을 연주하는 기회 말고 다른 것으로 보는 사람은 없었다."(p. 171)라고 진술하였다. Pavlicevic은 클라이언트들이 자신들이 참여하고 있는 것의 의미를 이해하지 못할 때 "그들 자신들을 활동 수준에 머무르게 하려는"(p. 171) 경향을 조명하였다. 그러나 만일 우리가 치료사의 관점이 주로 구성주의적 입장이라는 가정을 버린다면, Pavlicevic의 결과와 반대되는 결론을 낼 수 있을 것이다. 소위 클라이언트의 관점은 그들이 본질적으로 하고 있는 것은 음악 연주라는 경험 안에서 그들에 의해 가치 있다고 여겨지고 그들의 삶에 영향을 미치며 남아 있을 것의 반영이다.

음악 만들기는 임상적 개념 구조 안에서 예술적 목적을 가질 수 있을까

음악치료를 예술적 과정으로 구성하려는 것은 근본적으로 잘못된 개념에 기반을 두는 것이라고 주장한다. 그것은 치료과정과 관련 있는 1차적 창의성(심리학자 D. W. Winnicott이 개발한 개념)이 예술적 창의성과 다르다는 것을 인식하지 못하는 것에서 기인한다. 1차적 창의성은 일상생활 속에 참여하는 것과 관련이 있으며 예술을 창조하는 것과 관련된 어떤 특별한 과정을 의미하지 않는다. 1차적 창의성(혹은 정서적 창의성, Pavlicevic은 혼용하여 사용함)은 음악치료에서 예술적 창의성과 혼동되는데, 이는 음악치료가 예술 형태 안에서 일어나기 때문이다. 그러나 그녀는 "예술작품을 만들 때 있어야 하는 창의성— 또는 '순수하게' 예술적 창의성—과 정서적 창의성, 또는 우리의 정서적 생활과 함께하는 창의성"(p. 153)을 구분하는 것이 필수적이라고 주장한다.

이 구별을 하기 위해 장황하게 설명한 뒤에, Pavlicevic(1997)은 "예술적 표현과 예술적 활동은 예술가들의 정서적 삶에서 우러나온다."(p. 153)라고 주장하며 한발 물러서고 있다. 그녀는 뛰어난 작곡가들(Copland나 Stravinsky 같은)의 작품들은 "음악을 만든 사람의 정서적 과정으로부터 분리될 수 없는 것이며, 작곡하는 행위는 자아의 새로운 통합을 제공한다."(p. 156)는 것에 대해 세부적인 내용으로 들어가고 있다.

이와 관련된 Pavlicevic의 관찰은 임상적 상황과 비임상적 상황에서 음악을 만드는 것 간에 있는 근본적인 차이에 대한 관점을 약화시켰다. 차이점은 음악의 정서적 내용에 있는 것도 아니고 창작의 과정이 변화시키는 힘이 있다는 사실에 있는 것도 아니다. Pavlicevic은 이들 양쪽 상황에서 만들어진 음악 모두 이러한 특성들을 균등하게 공유하고 있다고 생각한다. 대신 Pavlicevic은 임상적 음악하기와 비임상적 음악하기를 구별할 수 있는 2개의 특성을 규명하고 있다. 첫째는 치료에서 음악적 창조는 상호적 상황 안에서 일어난다는 사실이고, 둘째는 치료에서 사용되는 음악의 종료점인 정서적 형태의 성취는 비임상적 상황에서는 작곡자가 그들을 더 발전시키려는 목적으로 예술 형태에 대한 작업을 계속하기 때문에 종료점이 아니라는 사실이다.

Pavlicevic은 임상적 음악하기와 비임상적 음악하기 간에 밀접한 관계가 있다는 것을 깨달았으며 겹쳐 있는 부분들을 통찰적으로 설명하고 있다. 그러나 이것은 그들 간에 근본적인 차이가 있다고 밝혔던 자신의 입장에 대한 논쟁의 측면에서 그녀의 재량권이 축소되게 만들었다. 그리고 두 영역 간에 차이점이 있다고 주장하기 위해 남아 있는 2개의 주장이 도전받게 되었다.

첫째, 수천 시간을 혼자서 고립되어 고독한 방법으로 작업하는 외로운 작곡가 이미지는 고전음악 세계에 잘 어울리는 사람일 수 있다. 그 점을 인정한다고 해도 음악을 만드는 이런 상황은 음악을 작곡하는 전체를 대표할 수는 없다. 사실, 비임상적 상황에서 음악을 만드는 것은 재즈건 다른 대중음악이건 상관없이 혼자 하는 것이라기보다는 공동의 노력이 들어가는 일이다. 그리고 음악을 작곡하는 것은 음악을 창조하는 전체를 대표할 수 없다. 음악은 일반적으로 모든 종류의 집단과 앙상블 안에서 공동으로 연주된다. 오래 지속되는 음악 앙상블은 음악이 취하고 있는 형태, 성취된 음악의 질, 음악 안에서 일어나는 사회적 상호작용의 유형, 그리고 참여자와 청중이 갖고 있는 앙상블, 음악, 그리고 전체적 경험에서의 존중감 등에 기여하는 강한 상호교류의 상황을 만든다. 임상적 음악하기로부터 비임상적 음악 상황을 구분하는 기준으로 사용하기에는 비임상적 상황의 우세함으로 너무 많은 상호적 교류가 언급되고 있다.

둘째, 예술적 상황(대중음악, 고전음악 등)의 음악이 새로운 형태가 달성될 때까지 작업을 하는 반면에, 임상적 상황에서 만들어지는 음악의 지향점은 단지 클라이언트를 정서적으로 만족시키는 것이라는 생각 또한 종류의 차이보다는 강조점의 차이를 묘사하는 것처럼 보인다. 심지어 Pavlicevic은 작곡가의 정서적 형태가 그들 음악의 기반이 된다는 것을 인정하였다. 그리고 누군가가 음악치료에 있는 음악은 미적·예술적·음악적 생각의 영향을 받지 않고 순수하게 카타르시스를 해결하는 것(Pavlicevic은 주장하고 싶어 하지 않은)이라 주장하지 않는 한, 어느 정도 수준의 예술적 창조물은 항상 음악치료 안에 존재하고 있다는 것이 분명하다. 두 영역 간의 근본적 차이를 대표하는 논쟁은 여기에서 견고한 지지를 받지 못하는 것으로 보인다.

Pavlicevic(2000)은 또한 이 문제를 재즈 즉흥연주의 상황과 그것이 임상적 즉흥연주와 맺고 있는 관련성으로 받아들이고 있다. 그녀는 전통적 재즈를 프리 재즈와 퓨전 재즈로부터 구별하고 있는데, 전자의 경우에는 미리 정해진 지침들이 있어서—화성 변화를 통한 연주 같은—음악의 진행을 지시하는 반면에 후자의 경우에는 사전에 정해진 지침들이 없어서 더 본질적으로 의사소통적이고 상호적이라고 주장한다. Pavlicevic의 퓨전 재즈—사실 대부분이 모드의 화성적 사용이나 록에 기반을 둔 그루브의 리듬적 사용 같은 전통적 구조를 따르는—에 대한 잘못된 해석은 접어 두고, 프리 재즈와 음악치료 간의 잠재적 연결고리에 대한 통찰력 있는 요점은 후속 탐구를 위해 분명 가치 있는 것이다. 얼마나 유사한지에 대해서는 다음과 같이 설명되어 있다.

> 다른 사람의 리듬적 · 멜로디적 · 화성적 미묘한 차이에 대한 음악가의 예리한 감각과 반응, 그리고 자신을 표현하고 다른 사람과 음악을 통해 의사소통할 수 있는 능력은 (음악치료) 즉흥연주의 양상과 매우 비슷한데, 음악적 행동은 밀접한 상호적 근거를 갖고 있는 것으로 보인다. 따라서 음악가들은 프리 재즈 즉흥연주에서 자신들을 표현하고 의사소통하며, 음악치료 즉흥연주에서는 치료사와 클라이언트(일반적으로 비음악가)가 음악적 기반을 갖고 있는 밀접한 개인적 관계를 형성한다.
>
> (Pavlicevic, 2000, p. 272)

Pavlicevic(2000)에 따르면 중요한 차이점이 또 있는데, 그것은 두 영역에서의 음악 창조 뒤에 있는 목적과 관련이 있다. "음악치료 즉흥연주의 목적은 '좋은 음악을 만들기'가 아니며 대신 음악 즉흥연주 안에서 치료사와 클라이언트 간에 음악적 사건을 통해 밀접한 상호적 관계를 만드는 것이다."(p. 272) 그 결과, 임상적 즉흥연주에서의 음악은 음악으로서 경험되기 위해 연주되는 음악과 상당히 다르게 들린다.

예를 들면, 음악치료 즉흥연주는 음악 즉흥연주와는 달리 연주자들 간에

> 친밀한 단계의 상호적 의사소통을 일으키는 반면에 리듬적으로 단편적이고 멜로디적으로 흩어져 있는(즉, 음악적으로 '질이 떨어지는') 것처럼 들린다. 반대로, 리듬적으로 안정적인 즉흥연주는 마치 '좋은 음악'처럼 들리는 치료사와 클라이언트 간에 제한된 참여의 징후가 될 수 있다. 좋은 음악은 음악치료에서의 진정한 상호적 관계와 같지 않다. 관계의 진정성은 '음악적이지 않은' 소리 안에서 생겨나거나 조명될 수 있다.
>
> (Pavlicevic, 2000, p. 272)

Pavlicevic(2000)의 임상적 즉흥연주와 음악적 즉흥연주(여기서는 특별히 프리 재즈)의 구별에 대한 논쟁은 두 가지 요소를 갖고 있다. 첫째, 음악치료 즉흥연주에서는 상호적 관계를 지향하는 반면에 음악적 즉흥연주에서는 수준 있는 음악을 만드는 것을 지향한다. 둘째, 음악치료 즉흥연주는 매우 제한적인 예술적 가치를 갖고 있으나 여전히 임상적으로 가치가 있고, 반면에 음악적 즉흥연주는 제한된 상호작용을 반영하지만 여전히 예술적 가치를 가지고 있다. 그녀는 "넓은 의미에서 즉흥연주는 음악치료 즉흥연주의 중심에 있으며, 음악치료 즉흥연주는 단순히 치료적 생각이나 임상적 상황을 도입한 음악적 즉흥연주가 아니다. 각각은 구별되는 행동이다."(pp. 273-274)라고 결론 내린다.

Pavlicevic의 전반적 프로그램은 중요하고 칭찬할 만하다. 그녀는 영역 밖에서 나온 이론을 음악치료 시행의 독특한 특성을 고려하여 음악치료에 적용하고 싶어 했다. 나는 임상적 즉흥연주의 구별에 대한 그녀의 주장을 검증하고자 한다.

음악치료의 과정은 절대 좋은 음악을 만드는 것을 지향하지 않는다는 주장에 모든 음악치료사들이 동의하는 것은 아니다. 음악치료에 오는 많은 클라이언트는 좋은 음악을 만들고 싶은 욕구를 갖고 있으며 그것은 그들이 표현적으로 미적으로 만족감을 찾을 수 있는 음악이다. 이는 치료 밖에 있는 음악가들과 다르지 않다. 그래서 과정에 대한 치료사의 관점이 '진짜' 일어나는 일이며 클라이언트의 더 음악적인 관점은 비음악적 임상 과제인 '진짜' 과제에 대한 단순한 구실이라고 말하는 입장을 잘라 내기 원하지 않는 한, 임상적 과정에서 가장 중요한 이해관계자는 Pavlicevic의 주장에 동의하지 않을 것이다.

부가하여, 클라이언트가 치료과정에 대한 일정을 지시하는 것을 허용하는 클라이언트 중심의 방법과 질적인 음악(즉흥적이든 혹은 작곡된 것이든)을 만드는 것은 인간의 기본 욕구를 강조하는 변화의 경험을 인정하는 음악 중심적 방법으로 동시에 작업을 하는 음악치료사들이 있다. 강력한 상호적 관계는 클라이언트를 위한 음악을 만들어 낼 수 있으며 그러한 관계는 음악적 경험에서 필수적인 임상적 가치를 증폭시킬 수 있다. 이들 두 가능성 모두 부정될 수 없는 것들이다. 그러나 모든 치료의 중심 목적인 인간 삶의 질 향상이 Pavlicevic이 음악치료 즉흥연주의 필수적 부분으로 주장한 음악과의 상호적 관계 없이도 음악치료 안에서 일어날 수 있다. 음악치료의 1차적 과제는 상호적 중요성을 갖는 반면에, 비임상적 음악의 1차적 과제는 음악적이라는 그녀의 주장은 모든 음악치료 적용에 맞지 않을 것이다.

또한 보편적으로 비임상적 음악에는 있고 임상적 음악에는 없는 미적 요소들을 정확하게 서술하기는 어렵다. Pavlicevic은 음악치료에서의 음악이 비임상적 음악과는 대조적으로 '리듬적으로 단편적이며 멜로디적으로는 흩어져 있는' 것을 발견하였고, 그래서 자체의 권리 안에 있는 정통적인 음악으로서 그것의 상태는 도전받게 된다. 그러나 그녀의 임상적 음악에 대한 묘사는 많은 감상자가 Pavlicevic이 음악치료 즉흥연주와 구별하려고 노력했던 프리 재즈의 유형을 묘사하기 위해 사용하는 주장과 유사하다. 모든 유형의 단편성은 일부 프리 재즈의 측면을 규명할 수 있는 것으로 보인다. 프리 재즈 같은 것에는 존재하지만 음악치료 즉흥연주에는 존재하지 않는 특정한 심리적 기준을 주장하는 것은 가능하지 않을 것이다.

Garred(2006)는 예술적 과정과 임상적 과정 간에 강한 유사점이 있다는 음악치료에 존재해 있는 생각을 비평해 왔다. 그는 인간이 음악에 참여할 때 비임상적인 예술적 상황에 적절한 그리고 임상적 상황에는 적절하지 않은 음악의 요소들과 방법을 보여 주길 원한다. 비임상적 음악—구성주의적으로는 일로서 생각되는—은 한번 만들어진 이후엔 자율적인 삶을 갖고 있는 반면에, "음악치료에서의 음악은 자기 방식대로 만들어지고 소개되고 출판되며, 또는 방송되어 스스로 출발하는 독립된 실체처럼 그것 자체가 우선적 목적이 되도록 만들어진 것이 아니다."(Garred, 2006, p. 77) 임상적 음악과 비임상적 음악 간에 있는 근본적 차이점에 대한 Garred의 주장이 옳은 것인지를 결정하기 위해 그의 주장이 음악치료 세션에서 만들어진 결과물에는 적절하지 않은 반면, 그와 동시에 예술적 창조물에 대한 명확한 특성을 설명할 기준을 말하고 있는지를 고려하는 것이 필요하다.

Garred는 비임상적 상황에서는 작품이 그 상황 밖에서 경험되는 독립적 존재를 얻으려는 의도를 갖고 만들어진다고 주장한다. 이와는 대조적으로, 치료적 상황에서는 음악이 창조자나 혹은 잠재적 청중을 위해 세션 밖에서 지속되는 생명을 부여하겠다는 의도가 없이 창조된다. 그러나 현대 예술세계를 생각해 보면, Garred의 주장은 문제가 없는 것이 아니다. 한 사람이 공연 예술이나 음악과 조각, 1회성 연주 혹은 한 사람의 실제 생활환경 주변에서 그 사람에 의해 경험되도록 만들어지는 드라마 등을 본다면, 오래 지속되는 작품에 대한 생각은 더 이상 보편적 가치를 갖고 있지 않다. 그래서 이것은 임상적 창조물과 비임상적 예술작품을 구분하는 데 사용될 수가 없다.

게다가 음악치료에서 음악이 전통적인 음악작품과 유사한 방법으로 자율적으로 존재할 수 있는 최소 네 가지 상황이 있다. 첫 번째는 세션에서 즉흥적으로 만들어졌거나 세션 밖에서 클라이언트를 위해 작곡된 노래가 다른 상황에서 사용될 수 있도록 악보에 기록되어 영구적 작품이 되는 경우다. 둘째, 공동체 음악치료 개념 구조 안에서 대중적 연주와, 음악을 녹음하고 그것을 배포하는 것 모두 정당한 음악치료 활동으로 보인다. 음악치료에서 음악에 참여할 때 자연스러운 형태를 받아들이려는 새로운 움직임은 자주 그것이 만들어진 상황 밖에서도 공유될 수 있도록 음악을 만드는 것을 포함한다. 전제조건은 임상적 상황에서 만들어진 음악도, 기관 안에서든 혹은 일반 대중을 위해서든, 청중에게 음악적 정통성을 가질 수 있다는 것이다. 셋째, 만일 음악치료에서 미적 요소들의 관련성을 인정한다면 Garred가 그랬던 것처럼 클라이언트를 위한 그것의 임상적 중요성 외에 예술작품으로서 아무런 가치가 없는 것을 계속 유지하기는 어렵다. Colin Lee(2003) 같은 이론가 겸 임상가들은 클라이언트와 함께 하는 그들 작업의 미적인 측면을 강조하며 그 음악이 음악적 정통성을 갖고 있다고 주장한다. 심미적 요소들이 임상적 음악과 관련이 있다는 것을 인정하는 것은 이 음악이 그것을 만든 클라이언트를 위해서든 혹은 만들 때 그 자리에는 없었던 청중을 위해서든 세션 밖의 세상과 관련이 있다는 것을 암시한다. 넷째, Trygve Aasgaard(2000, 2005) 같은 연구자들은 치료에서 만들어진 노래들이 지역이나 기관을 통해 전파될 때 어떻게 그들 자신의 생명력을 얻게 되는지, 그래서 어떻게 Garred가 그렇게 될 수 없다고 주장한 의미에서 정확하게 '작품'이 되는지를 탐구해 왔다.

  임상적 음악과 비임상적 음악은 근본적으로 서로 다르다는 점과 음악치료는 예술적 과정이 아니라는 점은 Smeijsters(2005)도 주장하였다. 두 번째 개념이 첫 번째 개념에 의해 요구되지 않는 반면에, 그들은 서로 강하게 관련되어 있다. Smeijsters의 음악치료에 대한 유사이론은 이 두 개의 주장이 모두 사실이라는 것을 요구한다. 그는 예술적 또는 미적 고려들이 모두 임상적인 것과 관련 있는 것이 아니며, 만일 치료적으로 효과가 있는 음악이 우연히 미적 요소를 갖추었다면 그건 순전히 우연의 일치일 뿐이라고 주장한다. 음악은 클라이언트의 심리적 과정을 소리 내는 것이라는 점에서 다음과 관련이 있다.

  음악치료에서 문화적/예술적 현상으로서 관련된 것은 음악이 아니다.
  …… 음악치료에서 음악의 본질은 그것이 소리 내는 심리적 과정이다. 다시

말해, 치유처럼 모양이 보기 좋은 것이 아니라 구성된 음악적 과정과 클라이언트의 심리적 과정의 변화가 일치하는 것이다. 이것은 모양이 좋은 음악적 과정일 수도 있고 그렇지 않을 수도 있다. 만약 음악적 형태가 클라이언트의 내면 과정과 심리적 변화를 소리 내지 못한다면, 나는 모양이 좋은 것 안에서 일어나는 단순한 미적 경험이 치유라고 믿지 않는다.

(Smeijsters, 2005, p. 65)

이러한 믿음은 음악치료 안에서 음악을 만들도록 유도하는 심리적 과정들이 치료 밖에서 음악을 만들도록 유도하는 과정과 근본적으로 다르다는 그의 생각으로부터 기인한다. Smeijsters(2005)에 따르면, 음악 만들기와 음악적 경험의 본질은 이들 두 영역에서 근본적으로 차이가 있다.

능동적 음악치료 안에서 즉흥연주가 진행될 때 클라이언트와 치료사가 하고 있는 작업은 단지 '음악 연주'가 아니다. 음악치료 즉흥연주는 재즈, 팝/록, 또는 고전적 즉흥연주 같은 즉흥이 아니며…… 재즈, 팝/록, 그리고 고전적 즉흥연주는 미적 규칙에 의해 계속 진행된다. 음악치료는 심미적 사건이 아니다. 음악치료에서 중요한 것은 '미적 형식'이 아닌 '심리적 형식'이다.

(Smeijsters, 2005, p. 71)

Smeijsters(2005)는 스트레스와 소진이 생명을 위태롭게 할 정도의 우울증으로 이어진 자전적 사건을 설명하고 있다. 우울증의 가장 심각했던 양상이 의학적 치료를 받아 극복되었을 때, Smeijsters는 자신의 삶에 있어 어느 정도 급진적인 변화가 필요함을 깨달았다. 이것은 그를 Rolling Stones의 콘서트에 가도록 하였고 거기서 그는 중요하고 인생이 변화되는 경험을 하게 되었다. "무대로부터 점점 멀어지며 걷고 있는 동안 나는 내 감각과 몸에 전달되는 힘의 파동을 느꼈다. …… (나는) 무대를 바라보았고 마치 내 삶의 전체가 변화되고 있는 것처럼 느껴졌으며…… 내 몸은 멋지고 강함을 느꼈다. 그것은 내가 이전에는 한 번도 느껴 보지 못했던 힘이었다."(p. 147)

Smeijsters는 그의 개인적 감상과 연주 습관이 어떻게 Rolling Stones의 음악 특성으로 변화되었는지 설명하고 있다. 그는 그들의 노래와 비슷한 다른 노래들을 계속 듣기 시작했고 다시 전자 기타를 사용하여 그 노래들을 배우고 연주하게 되었다. 그는 또한 Eric Clapton의 음악을 접하게 되었는데 아래 묘사하는 것처럼 이러한 연결도 마찬가지로 그 자신의 치유를 촉진시키는 힘이 있었다.

> Clapton의 음악은 나에게 정확하게 내가 누구인지를 알려 준다. …… 이 음악은 당신의 가장 강력한 감정을 표현하도록 도와주며 동시에 당신을 위해 그것들을 간직하고 담아 둘 수 있다. …… Clapton의 블루스는 슬프면서 동시에 강하게 들린다. 우울한 분위기와 단호한 그것의 표현이 역설적으로 섞여 있는데 이것이 이 음악을 강하게, 그리고 나에게는 건강하게 만들어 준다. …… 길게 지속되는 음들과 갑작스럽게 빨라지는 속도, 진동, 스트링 벤딩(string bendings), 풀 오프(pull-offs), 해머 온(hammer-ons), 거친 음색, 그리고 릭(licks)의 타이밍 등은 강력하게 들린다. …… 그의 음악은 정서로 가득 차 있고 또한 '멋지고' 단호하다. …… 나의 Gibson Les Paul 기타로 그의 음악을 연주하기 시작하면서부터 나의 실존적 불안은 사라졌다.
>
> (Smeijsters, 2005, p. 149)

Smeijsters는 자신의 경험을 심리적 용어를 통해 설명하고 있으며 음악치료에서의 비유로 음악에 대한 자신의 생각을 지지하기 위해 그 해석을 사용하고 있다. 그는 그의 개인적 방랑이 비록 치료적 구조 속에서 일어난 것은 아니지만 음악치료의 예시로 간주되길 바라고 있다. 그러나 그것은 그가 그 자신의 건강을 증진시키기 위해 어떻게 음악에 참여했는지를 보여 주는 것이다.

이 대목을 읽다 보면 모순이 발생된다. Rolling Stones와 Eric Clapton의 음악이 갖고 있는 매력에 대한 설명은 그들의 청중 대부분이 경험한 것을 잘 잡아낸 것처럼 보인다. Stones의 경우, 그들은 음악을 통해 역량이 강화되었고 Smeijsters는 Clapton의 음악성이 보여 주는 미적 매력을 완벽하게 묘사하고 있다. 그러나 Smeijsters가 이것을 과하게 인정하는 것은 임상적 음악과 비임상적 음악의 차이에 대한 그의 주장을 뒤집는 일이며, 그래서 그는 Stones와 Clapton에 대한 자신의 반응을 '치료적'이라고 말하고 있다.

Smeijsters는 자신의 개인사에 대해 매우 솔직하게 묘사하고 있으며, 다른 사람들이 경험하는 것과 다른 방법으로 그가 겪었던 것들을 이해한다는 것은 불가능하다. 그의 이론적 헌신은 그가 경험했던 그리고 그를 위해 이 음악의 치료적 가치를 만든 것은 정확하게 록과 블루스 음악의 특정한 미적 감각이라고 보는 것을 방지하고 있다. 그래서 적어도 이 예에서는, Smeijsters의 경험과 그의 근본적 주장이 논쟁을 일으킬 것으로 보인다.

왜 Eric Clapton이나 Rolling Stones 같은 전형적인 대중음악가들의 음악이 그런 강력한 임상적 가치를 갖고 있어야 하는가? 그리고 다양한 고전음악 작품들 가운데 고품질의 녹음 음악들만 GIM의 음악치료 과정에서 사용되어야 하는가? 이것을 단순히 우연의 일치라고 주장하는 것은 논리적이지 않아 보인다. 대신 Smeijsters가 Clapton의 연주를 묘사한 것처럼 예술적 가치와 심미적 가치 간의 연결을 탐구하는 것이 더 논리적으로 보인다. Smeijsters의 관점에도 불구하고 훌륭한 테크닉, 유연한 변화, 그리고 동시에 강함과 약점을 갖고 있는 언뜻 보기에 역설적인 특성들이 모두 전형적인 미적 생각이다.

Smeijsters는 또한 음악이 본질적으로 치료적이라는 것과 유사한 생각에 대해 논쟁하고 있다. 음악치료사가 음악을 사용하고 따라서 예술가의 기능을 한다는 것은 분명한 사실인 반면에, Smeijsters에게 있어 예술적 감각이 임상적 작업과 관계없는 곳에서 예술적이라는 것은 단지 치료사가 입고 있는 가리개일 뿐이다. 바꿔 말하면, 음악치료가 인간의 변화에 효과를 주기 위해 예술 형식을 사용한다는 사실은 치료사가 예술가라는 착각을 일으키게 한다.

> 나는 음악 만들기 그 자체로 치료적이라고 생각하지 않는다. …… "음악
> 치료사들은 예술가들이다."라는 말과 반대로, 나는 이렇게 말하고 싶다. "음
> 악치료사들은 예술가처럼 행동하는 치료사들이다." 음악치료사들은 음악을
> 감상하고 음악의 규칙을 따르는 음악가들이 아니다. 그들은 음악 안에서 소
> 리 나는 심리적 과정을 듣고 따르는 치료사들이다.
>
> (Smeijsters, 2005, p. 80)

따라서 Smeijsters에게는 클라이언트로부터 발산된 음악이 단순히 심리적
의미의 구성 요소를 실어 나르는 운송 장치다. 운송방법의 성질은 실어 나르
는 대상물의 의미와 중요성과 특별히 관련이 있지 않다. 사실, 예술적 생각이
임상적 음악 만들기에 관여되면 치료적 가치는 위험해지게 된다.

> 클라이언트의 음악적 형태는 예술가의 작품 형태와 다른데, 예술가의 작
> 품은 그가 소통하고 싶어 하는 것이 그의 예술적 관점에 따라 유도되기 때문
> 이다. …… 클라이언트는 그가 다른 사람과 소통하고 싶어 하는 예술적 주제
> 를 개발하는 것이 아니며, 그의 자아를 표현할 때 예술적 관점을 사용하지도
> 않는다. 클라이언트가 예술적 관점을 사용할 때, 그는 그 자신으로부터 물러
> 나게 된다.
>
> (Smeijsters, 2005, p. 83)

Smeijsters는 일반화에 있어 세 가지 근본적 오류를 범하였다. 첫째, 그의
이론을 확립하기 위해 그는 자신의 임상적 접근법으로부터 그 적용을 일반화
하였고 이런 사고방식과 작업 방식이 모든 음악치료의 특성이라고 주장하였
다. 그는 그의 신념이 그가 찬성하고 있는 특정한 임상적 그리고 미적 이론을

반영한 것이라고 인식하지 못하고 있다. 둘째, 그는 치료사로서 그가 일하는 방법을 하나로 합쳐 버렸고 이것으로 클라이언트의 경험적 세계를 추정하였다. 단지 그가 임상적 음악하기와 비임상적 음악하기를 구별한다고 해서 반드시 음악치료 안에서 클라이언트들이 이 차이점을 경험하는 것은 아니다. 그리고 세 번째, 그는 적용할 수 없는 그의 특별한 미적 이론 영역들로부터 일반화를 하였다. 그것은 마치 Smeijsters가 치료라고 생각하는 그 방식으로 자기표현에 우선적 초점을 두고 있는 예술가처럼 보인다. 그의 임상적 논쟁은 많은 예술가와 음악가가 동의하지 않는 예술과 미학에 대한 특정한 관점과 연결이 되어 있다.

Ansdell(1995) 또한 예술의 경지에서 일어나는 진정한 음악을 통해 음악치료가 시행된다는 생각을 주장하였다. 그의 글과 함께 표현되는 기록들은 어떻게 임상적 음악이 미적인 특성들을 포함하고 있는지를 설명해 주며 Ansdell의 임상적 과정에 대한 설명은 어떻게 음악의 임상적 가치에 대한 이해가 그것의 미적 본질에 대한 이해를 요구하게 되는지를 보여 준다. 그러한 음악을 만드는 클라이언트들은 자신들을 미를 창조하는 능력이 있는 존재로 경험하며, 그러한 깨달음은 자신들과 그들이 살고 있는 세상에서의 위치에 대한 느낌을 변화시킨다. 여러 가지 점에서 치료적 관점으로 볼 때 더 이상 이런 특징을 현저하게 나타내는 것은 없을 것이다.

상황의 필수적 역할

임상적 음악과 비임상적 음악의 본질적 차이에 대해 주장하는 저자들의 기본 전제는 임상적 상황에서 우선적 초점은 수준 있는 음악을 만드는 것이 아니기 때문에 두 형태의 음악은 반드시 달라야 한다는 것이다. 이 생각에 함축되어 있는 것은 임상적 음악이 비임상적 음악과 같은 수준을 갖고 있지 않다는 것이며, 그것의 가치를 결정하기 위해 같은 기준을 적용해야만 하고, 전자가 후자와 비교됨으로써 손해를 볼 수 있다는 점들이다.

이 사고의 전체 맥락 밑에는 질적 수준에 대한 평가는 보편적이지 상황에 따른 것이 아니라는 생각이 깔려 있으나 나는 이것을 반박하고 싶다. 그리고 그렇게 하기 위해서 나는 단지 임상적 음악치료사로서 다양한 정서적 · 인지적 · 신체적 장애들을 가진 아동이나 성인들과 함께한 25년의 경력을 갖고 논쟁을 할 수밖에 없다. 그러나 한 클라이언트—27세의 Lloyd라는 청년이며, 그의 치료과정은 Aigen(2005c)에 자세히 나와 있고 이 책에서 이전에 논의되었다—와의 경험이 이 영역에서의 나의 경험을 보여 주는 가장 좋은 예가 된다. Nordoff-Robbins 음악치료의 구조 안에서 일을 하면서, 나는 보조치료사로서 Lloyd와 그의 주 음악치료사인 Alan Turry와 함께 오랜 기간을 치료에 참여했다.

Lloyd는 중증의 운동과 인지 장애를 갖고 있었으면서도 드럼 치는 것을 좋아했고, 우리의 세션의 대부분은 Lloyd가 드럼을, Alan Turry는 피아노를, 그리고 나는 베이스를 연주하는 음악적 트리오를 포함하였다. 비록 그가 이전에 습득한 음악적 기술은 없었지만, Lloyd는 음악에 대한 타고난 친화력과 능력을 갖고 있었다. 예를 들어, 그가 재즈 스타일을 연주할 때, 비록 그의 심벌즈 연주는 기본적으로 부정확했지만 음색이나 크기, 싱커페이션과 느낌은 음악과 완벽하게 잘 어울려 보였다. 나는 음악이 Lloyd의 장애 때문에 방해받지 않고 진짜처럼 멋지게 연주되는 것을 경험했다. 이 경험은 음악적 경험이 상황에 종속된다는 것을 알 수 있을 만큼 인상적이었다. 이와 같이 멋지게 잘 어우러져 연주되는 음악을 임상적 상황과 관계없는 외부에서 내가 경험을 했을 수도 있지만, 중요한 것은 우리가 만나는 특정한 상황 안에서 어떻게 우리가 음악을 경험하는가 하는 문제다.

Lloyd와 함께 한 나의 경험들은 Charles Keil(1994, 1995)의 작업과 참여 불일치(Participatory discrepancies)라는 개념을 이끈 그루브(groove) 현상을 더 이

해하고 싶도록 만들었다.

　Keil의 이론 뒤에 있는 기본 개념은 음악적 앙상블 연주 시 완벽한 동시성으로부터 미세하게 벗어남으로써 그루브가 만들어진다는 것이다. 어떤 박자에서는 음악가들이 동일하게 연주를 진행하다가 다른 부분에서는 음악이 지속적으로 미세하게 동일성으로부터 벗어나게 연주하는 것이다. 완벽한 타이밍에서의 미세한 이탈이 그루브의 질적 수준을 부여하며 감상자들이 참여할 수 있도록 역할을 한다.

　Keil의 개념에 근거하여, 다른 스타일의 음악에는 다른 양의 불일치가 담겨 있을 것 같다. 다시 말하면, 만일 어떤 것들이 너무 동시성을 갖고 있다면 그 결과로 생기는 음악은 기계적이거나 생명이 없다. 즉, 만일 너무 불일치한다면 그 음악은 흐름과 온전함을 잃어버리게 된다. 폴카, 일렉트로닉 댄스 음악, 레게 음악, 스윙, 로큰롤 등의 서로 다른 음악적 유형들은 적당한 양의 불일치가 있어야 그루브가 잘 이루어질 수 있으며 이 불일치의 적절한 양은 이들 다른 유형 간에 상이하다. 이처럼 그루브를 지향하는(groove-oriented) 음악의 질을 결정하는 것은 분명히 상황에 따라 달라진다.

　음악치료는 그것 자체의 유형적 결정 요인과 기대뿐만 아니라 한 가지 더 부가적인 상황이다. 중간 템포의 레게 음악에 있는 같은 양의 불일치를 빠른 템포의 폴카 음악에 넘겨 주며 그루브를 기대할 수 없는 것처럼, 뉴욕에 있는 나이트클럽의 재즈 악단이 비밥(b-bop)을 연주하며 만들어 내는 불일치와 같은 양을 비전문적 재즈 연주자와 전반적 지체를 갖고 있는 클라이언트가 있는 음악치료 세션에 넘겨 주며 그곳에서 그루브가 잘 이루어지길 기대할 수는 없다. 그러나 우리가 음악의 질적 수준—특정한 음악 그루브가 있는지의 여부 등—에 대한 모든 판단은 상황 종속적(context-dependent)으로 결정된다는 사실을 일단 받아들이면, 음악치료에서의 음악이 재즈 클럽이나 연주회장에서 달성되는 수준과 같게 항상 이루어질 수 없다는 사실도 음악적 수준은 후자의 상황보다 음악치료 상황에서 덜 중요하다는 생각에 무게를 실어 주지는 않을 것이다.

　이 영역에 있는 차이점을 해결하는 한 가지 방법은 '임상적 음악 만들기와 비임상적 음악 만들기가 본질적인 방법에서 서로 다른가?'라는 질문이 이런 방식으로 대답될 수 있는 질문이 아니라는 것을 고려하는 것이다. 그 대답은 음악치료에서 일하는 각기 다른 치료사들이나 방식들에 따라 다르게 나타날 것이며, 즉흥연주가 일어나는 음악의 특정 스타일에 따라서도 다를 것이다(만약 이 결정이 만들어질 수 있다면). 또한 그 대답은 그 질문을 바라보는 클라이언트, 치료사, 그리고 제3자의 관점에 따라서도, 그 과정에 참여자로서 경험하는 입장인지 혹은 녹음이나 악보 같은 음악의 흔적을 분석하는지에 따라서도 다를 것이다.

　논의의 여지가 없어 보이는 것은, 어떤 상황에서는 그들의 차이보다 더 우세한 임상적 음악하기와 비임상적 음악하기 간에 강한 연속성이 있다는 것이다. 이것은 심지어 아주 근본적인 문제에 대해 이야기할 때도 음악치료에 대한 보편적 설명이 불가능할 정도로 넓은 임상 영역으로 방식들과 접근방법들이 발전해 오고 구별되어 온 음악치료 전문 분야의 성숙을 가장 잘 반영하는 것이다. 이 점은 그 영역에 대한 설명과 그 안에 있는 정체성과 일체감을 유지하기 어렵게 만든다. 그러나 음악치료사들은 증가하는 다양한 클라이언트의 필요를 충족시켜야 하고 또한 전문직종으로 성장하기 위해 요구되는 다양한 예술적 · 정치적 · 경제적 · 사회적 문제들을 해결해야 하는 위치이기 때문에 이렇게 거대한 다양성 역시 유익한 것이다.

제3부

음악치료에서 비음악적인
양상들은 어떻게 고려되는가

07
CHAPTER

음악치료에서 말하기의 역할

이전의 4개 장에서는 음악치료와 다른 영역에서 음악의 관련성이 중요한 주제였다. 제7장과 제8장에서는 음악치료와 다른 형태의 치료 사이의 관계성을 조사하면서 상호 보완적인 초점을 가정해 본다.

왜 그리고 어떻게 음악치료가 효과적인가를 이해하기 위해 네 가지 영역이 일반적으로 고려될 수 있는데, 그것은 말하기(verbalization), 관계(relationship),[1] 신경학적 활동(neurological activity), 그리고 음악(music)이다. 현대의 음악치료 영역이 처음으로 발전될 때 효과는 "음악의 직접적인 힐링의 힘" 때문이었다는 설명에 많은 비중을 두었다(Schneider, Unkefer, & Gaston, 1968, p. 3). 그러나 이러한 음악의 힘으로부터 치료가 되었다는 주장은 구체적이지 않기 때문에 문제가 되었다. 따라서 전문성의 근거를 찾기 위해서 음악치료사들은 "음악 활동은 덜 강조하고 상호적인 관계성의 발달을 강조하기 시작하였다"(Schneider et al., 1968, p. 3). 음악의 중요성을 포기하고 '지나치게 심리치료'에 참여하면서 임상가들은 그들의 클라이언트와 더 말을 많이 하기 시작하였다. 음악 활동은 거의 준비하지 않았고 단지 환자들이 원할 때만 사용하게 되었다. 약 20년간 전문성의 발달에 대한 문헌에서 Schneider 등(1968)은 임상가들은 음악, 말하기, 심리치료적인 중재가 모두 기능하면서 더욱 균형적으로 접근을 수행하기 시작하고 있다는 것을 관찰하였다. 단지 음악만을 지나치게 강조하는 것에서부터 역사적인 발전이 시작되고 다음에는 음악은 부속품이며 관계와 말하기가 치료적인 요소로 강조되었고 다시 이 세 가지 요소가 통합하게 되었다.

비록 각 요소들이 얼마나 비중을 차지하는지 그리고 있다면 각 요소들이 음악치료 임상의 모든 과정에서 얼마나 설명될 수 있는지에 대해서 변인들 사이에 차이가 있을지라도 음악치료사는 여전히 이 세 가지 요소가 음악치료를 구성하는 요인이라고 생각한다. 이것은 치료사가 작업하는 어떤 이론, 혹은 임상을 하고 있는 어떤 이론적인 체계와도 상관이 없다. 더욱이 전문성은 Schneider 등의 관찰 이후로 의미 있게 진보되어 왔으며, 그들이 설명한 발달은 아직 하나의 방향성은 아니다. 현재 음악치료 체계에 대한 제17장의 분석을 따라 음악치료에 있어서 음악과정 중심에 대한 새로운 초점이 제시되고 있다.

음악치료, 심리치료, 음악심리치료에서 말하기의 이슈

한때 나는 환자들의 찬트와 드럼 연주가 의미하는 것이 무엇인가에 대해 의문을 가졌다. 다른 좋은 치료사처럼 나도 다른 방법으로 질문하였다. 처음에는 그 의미를 직접 질문하였다. 그들은 모른다고 답했다. 단지 그렇게 하는 것이 좋은 느낌이라고 하였다. 나는 약간 더 깊이 있게 질문하였다. "어떻게 느꼈는지 다른 단어로 설명할 수 없을까요? 지금 그것이 당신에게 어떤 의미가 있나요?" 그때 그룹의 다른 어떤 환자가 나에게 큰 소리로 말했다. "선생님, 그가 말할 수 있다면 그는 노래하지 않았을 거예요."

(Kenny, 2006, p. 31)

음악치료에서 말하기의 역할에 대한 질문은 음악치료, 심리치료 그리고 음악심리치료의 경계에 대한 이슈와 매우 연결되어 있다. 몇몇 임상가는 음악 경험이 클라이언트에게 강한 힘을 주지만 단지 이러한 경험이 해석되고 그리고 음악을 통해 유발되는 감정의 근원과 목표가 언어적 반영과 분석을 통해 표현될 때 치료는 발생한다고 주장한다. 이러한 관점에서 말하기는 윤리적이며 효과적인 임상을 위해 필수적이다.

음악치료가 인지, 운동, 언어 혹은 정신 영역, 즉 교육적 영역 안에서 어떤 기능적인 목적을 지향할 때, 다시 말하면 그 작업의 초점이 심리치료적이 아닐 때 말하기에 대한 질문은 문제가 되지 않으며 관련도 없다고 할 수 있었다. 이러한 생각은 클라이언트 개인성의 성장을 지지하기 위해 정서적 개입이 우선시되지 않는 기능적·재활적 작업은 심리치료의 특징인 언어적 교류를 요구하지 않는다는 것이다.

반대론은 음악 경험은 너무 강하기 때문에 치료사는 클라이언트가 이해하는 것과 혹은 그 경험에 의해 영향을 받는 방식을 통제할 수 없다는 것이다. 음악치료사가 소개하는 음악 활동에서도 심리치료 방법에서 다루어질 수 있는 강한 느낌, 기억, 경험들을 불러일으킬 수도 있다. 비록 치료사가 이러한 활동을 강조하거나 의도하지 않을 수도 있다. 따라서 심리치료적인 기능을 지향하지 않는 몇몇 치료사는 클라이언트의 반응이 나타날 때 이러한 경험을 클라이언트가 다룰 수 있도록 돕는 책임이 없다고 주장한다. 매우 흥미롭게도 비심리치료적인 작업, 즉 임상가가 말하기를 통해 클라이언트의 감정을 다루는 의무를 감소시킨다는 주장은 음악치료 스펙트럼의 양극단에 있는 치료사들이 하였다. 양극단은 음악치료를 행동적이며 신경학적인 관점에서 강조하는 영역과 음악치료를 더욱 음악이 지향된 예술로 강조하는 영역이다.

이 주제에 대해 많은 음악치료사는 다양한 입장을 취한다. 몇몇 음악치료사는 경험을 해석하는 것이 치료를 위해 필요하며 말하기가 없으면 해석도 없다고 주장한다. 그러나 다른 치료사들은 해석은 필요 없고 그 자체로 충분한 치료가 될 수 있다고 주장한다. 이러한 견해 차이를 탐구하기 전에 서로 개념적으로 논쟁을 불러일으키는 질문으로부터 야기된 몇 가지 혼란스러운 영역을 분명하게 하는 것이 중요하다.

해석은 말하기와 동일한 것이 아니다

어떤 작가들은 음악 경험을 해석하는 것이 치료를 위해 필요하기 때문에 음악 안에서 이러한 경험의 의미를 언어적으로 탐구하는 것이 필요하다고 주장한다. 그러나 어떤 사람은 해석이 한 언어 혹은 한 매체로부터 다른 언어 혹은 다른 매체로 경험을 전환하는 것이라고 생각한다면 단어를 통해 발생할 수 있는 것 이상의 여러 가지 해석이 존재하는 것은 분명하다고 한다. 때때로 음악 경험은 예술작품 혹은 몸을 통해 진행된다(혹은 해석된다). 음악 영역에서 다른 이해의 영역으로의 경험을 비언어적으로 해석하는 사례들이 있다. 다시 말하면, 말하기가 반드시 필요하지 않다는 것이 해석이 반드시 필요하지 않다는 것을 말하는 것은 아니다. 마찬가지로, 해석이 필요하다는 것이 반드시 말하기가 요구된다는 것을 주장하는 것도 아니다.

해석 이상의 말하기 사용이 있다

어떤 작가들은 인간의 경험을 완성하기 위해서는 관련된 것을 말하는 것이 필요하기 때문에 심리학적 체계 안에서 음악 경험을 해석하는 것이 필요하다고 한다. 물론, 클라이언트는 음악치료에서 강한 경험을 할 수도 있고 특별히 그 경험을 공유한 사람들과 경험에 대해 말하고자 하는 것도 인간의 본성이다. 그러나 음악 경험을 상징적 의미로 해석하는 것이 항상 강한 경험을 동반하고 따르기 위해서 언어적 교류가 가장 적합한 형태라는 것은 분명 아니다. 다시 말하면, 음악 경험이 해석될 필요가 없다고 주장하는 것이 말하기를 반대하는 태도를 의미하는 것은 아니다. 어떤 사람은 경험이 여전히 해석될 필요가 없다는 입장을 유지하지만 그러나 음악치료에서 음악 경험에 대해 클라이언트가 말하는 것이 유익하다는 것을 주장할 수도 있다.

심리치료 접근을 위해 해석이 반드시 필요한 것은 아니다

음악-언어로 구분된 양쪽 극단의 이론가들은 이러한 혼란을 인정해 왔다. 그들 모두는 심리치료는 무의식적인 생각, 느낌, 이미지 등을 통한 통찰과 언어적 해석 없이 일어나지 않는다는 것에 동의한다. 언어를 주장하는 측은 그래서 음악치료가 반드시 언어적인 해석을 포함해야 한다고 주장하기 위해 이 논거를 사용한다. 음악을 주장하는 측은 그래서 음악치료는 언어적인 해석과정 없이 진행되기 때문에 심리치료가 아니라는 것을 주장하기 위해 이 논거를 사용한다.

양측 모두에게 몇 가지 잘못된 이유가 있다. 우선, 몇몇 아동 심리치료 모델에서는 아동의 기능이 상징적인 영역에서 더욱 자연스럽기 때문에 경험을 해석하는 것이 발달적으로 적절하지 않을 수도 있다는 것을 강조한다. 게다가 음악 경험을 말로 해석하는 것을 요구하지 않는 경험적이고 변형적인 형태의 음악심리치료도 있다. Bruscia(1998b)는 경험적 변화를 촉진하는 "변형적 치료"와 "내관적 치료"(p. 3)라 불리는 '언어적으로 매개된 인식'을 요구하는 접근법을 동일하게 언급하였다. 전자의 접근에서는 "음악 경험이 치료적으로 변형되며 그 자체로 완성"(p. 4)된다는 것이며 후자의 접근에서는 언어적으로 매개된 통찰이 다른 어떤 치료적 혹은 삶의 변화를 위해 요구된다는 것이다. 요약하면, 언어적 해석이 없다는 것이 어떤 것은 심리치료이고 어떤 것은 그렇지 않는가에 대한 질문에 답을 하는 것은 아니다.

음악치료와 음악심리치료는 동등하지 않다

언어를 주장하는 측은 윤리적으로 음악치료가 수행되기 위해서는 반드시 해석이 이루어져야 한다고 주장한다. 그러나 여기에는 두 가지 가정이 있는데 그 어떤 것도 타당하지 않다. 첫째, 음악치료는 음악심리치료와 동일하다. 둘째, 음악심리치료는 언어화된 통찰을 요구한다. 우리는 이미 후자의 가정은 그렇지 않다는 것을 안다. 그러나 그렇더라도, 임상가들은 음악심리치료보다 오히려 음악치료라는 일반적인 명칭 아래에서 작업을 한다고 주장하기 때문에 말하기가 없으면 윤리적 임상이 관여될 수 없다는 주장을 따르지 않는다.

음악치료사의 딜레마

음악치료에서 말하기 이슈를 좀 더 깊이 있게 다루기 전에 일반적으로 단어와 음악 경험 사이의 관련성을 고려하는 것이 중요하다. 음악치료는 음악 안에서 인간이 경험하는 하나의 형태이며 일반적으로 단어와 음악 사이의 관련성에 대한 어떤 생각도 분명히 음악치료와 관련성이 있다.

이러한 이슈들은 음악치료 과정을 표현하기 위해 언어를 사용한다는 Gary Ansdell(1996b)의 생각에서 시작되었다. 그의 초점은 임상의 맥락(음악치료 세션)과 달리 전문적인 맥락(출판과 강연)에서는 단어를 사용하는 것이 중요하다는 것이다.

음악치료가 기본적으로 음악적 과정이 된다고 생각했기 때문에, Ansdell(1999b)은 이러한 관점에서 음악치료의 문제는 단순히 'Seeger의 딜레마'—음악학자 Charles Seeger의 이름을 따라 명명함—가 가장 최근에 명백하게 드러난 것임을 관찰하였다. Ansdell은 이것을 '음악치료사의 딜레마'로 명명하였다. 이 딜레마는 "음악적 과정을 설명하기 위해 그리고 특히 음악과정과

'치료과정' 사이의 관계를 정의하기 위해 언어적인 전략을 사용"하는 것(p. 16)이 불가피하게 설명하는 사람과 설명되는 것 사이에 부조화를 초래하였다는 것이다. Ansdell은 비록 이러한 문제가 음악적 상호작용과 경험을 치료의 소재로 사용하는 음악 중심 임상가들에게는 더욱 심각하지만 음악치료의 모든 이론에도 이러한 딜레마가 다루어져야 한다고 주장한다.

Ansdell은 만약 음악치료사가 전문적인 포럼에서 그들의 작업에 대해 발표를 하거나 혹은 토의를 할 필요가 없이 임상가로서만 역할을 한다면 음악치료사의 딜레마는 존재하지 않을 것이라고 한다. 그리고 그들의 작업 가치는 다른 사람들에게 연주되는 것이라고 확신하는 소수의 음악치료사에게는 더욱 그럴 수도 있다. 그러나 많은 임상가는 이러한 딜레마가 단지 콘퍼런스, 팀회의, 또는 출판뿐만 아니라 임상에서도 존재한다고 확신하는 것 같다. 음악치료사는 다양한 형태와 강도로 음악 경험을 촉진시키며 더욱 개방된 마음으로 언어가 치료과정에 들어가는 정도와 어떻게 이 언어가 사용되는가에 대해 궁금해한다. 이것은 음악치료사의 딜레마 영역이 Ansdell이 제시한 것보다 분명히 넓다는 것을 말해 준다.

Seeger의 딜레마는 말하기와 음악이 만나는 점에서 발생하며 음악과정을 이해하기 위한 분석적 도구로서 말하기를 사용할 때 '자국어 중심의 고충(linguocentric predicament)' 안에 사로잡히게 되는 것과 관련이 있다(Ansdell, 1996b, p. 52). Ansdell은 음악적 임상에 대하여 그리고 임상 '밖'에서의 말하기에 대한 지식과 달리 음악적 임상 '안'에서 작동되는 음악 지식 사이에서 Seeger와는 입장이 다르다. 말하기와 음악 안에서 다양한 형태의 지식이 반드시 말로 하는 표현과 일치할 필요는 없다. 따라서 음악 현상은 언어적 방법으로 조직화하면서 잘못 전해질 수 있다. Seeger의 작업에 따라, 음향학자들은 사람들이 음악에 대해 말하는 방법과 이렇게 말하는 방법이 음악 경험과 어떻게 연결되는가에 초점을 맞추었다. Seeger의 딜레마는 다음과 같은 이유로 음악치료사의 딜레마를 야기한다.

음악치료사는 또한 전통적인 음악 문화의 경계를 넘어서 음악과정(그리고 결과적으로 음악적 자원)으로 작업하는 도전에 직면한다. 음악치료사는 임상을 설명하고 가르치고 연구하고 또는 단순히 임상에서의 일상적인 대화를 하기 위해 음악치료 임상(이것은 대부분 Seeger의 '음악 지식' 안에서 작용함)과 언어적 표현(말하기 지식)의 필요와의 조화를 시도한다.

(Ansdell, 1996b, p. 62)

따라서 음악치료 경험을 말하기 위해 적합한 언어를 찾는 문제보다 이러한 딜레마를 해결하기 위해서는 음악치료에서 대화를 연구하고 가정, 사고의 방법, 특정 이론 체계에서의 개념 사용을 통해 전문성을 구성하는 방법을 결정하는 것이 필요하다.

두 가지 영역, 즉 치료사들 사이의 전문성과 치료사와 클라이언트 사이의 훈련은 강하게 서로 연결되어 있다. 예를 들어, 동료에게 임상 사례를 보여 줄 때 음악치료사는 음악 역전이를 예로 보여 주기 위해 한 세션의 특정 음악 즉 즉흥연주를 설명할 수도 있다. 역전이는 언어적이든, 음악적이든 치료사가 치료사 자신의 삶으로부터 특정 개인과 관련된 패턴을 반영하는 방법으로 클라이언트와 관련이 있을 때 발생한다. 그리고 치료사가 클라이언트와 말하기 중재에서 음악 역전이를 사용하는 것이 일반적인 것이 아닐지라도, 그럼에도 전문적인 포럼에서 치료사가 사용하는 것은 그 순간에 클라이언트가 경험하는 방법과 치료사가 만드는 언어 중재의 방법에 색깔을 입힌다. 다음의 논의에서 임상음악치료에서 음악과 함께 말하기를 사용하는 것에 일차적으로 초점을 맞추는 것은 서로 필수적이기 때문이다.

음악치료와 정신역동 체계 안에서의 말하기

　Mary Priestley(1994)가 말한 음악치료에서 말하기의 역할에 대한 생각이 분석적 음악치료(Analytical Music Therapy: AMT)에서는 일차적으로 적절하지만 그들은 또한 이 토픽[2]에 대해 음악치료에서 공통적인 생각을 하고 있다. AMT는 "음악치료사와 클라이언트에 의해 즉흥으로 연주된 분석적인 정보"가 "성장과 더 큰 자기인식"으로 클라이언트의 내면의 삶을 탐구하기 위해 사용되는 것으로 정의된다(p. 3). 그녀는 상징적인 매개로 음악 개입을 강조하기 때문에 음악의 의미를 드러내기 위해서는 말하기를 요구하는 것이 자연스럽다. 그녀의 접근은 음악이 상징적 언어 이상의 경험을 보완하는 대안적인 매체로 여겨지는 경험이 중심이 된 음악치료 형태와는 대조된다.

　Priestley(1994)에 의하면 음악치료에서 단어 사용은 필수적이다. 만약 음악 경험에서 정서적인 내용이 단어로 표현되지 않으면 세션은 분리되어서 "감정은 단어를 회피하여 음악 안에 숨겨지거나 혹은 단어에 들어가지만 더 깊은 내용 없이 음악을 떠난다." (p. 135) 원인에 대한 통찰을 말하지 않고 음악을 통해 감정을 방출하는 것은 클라이언트의 삶에서 진정한 발전이 될 수 없다. 음악은 표현되는 것을 타인이 알아차릴 수 있다는 위험 없이 인정되는 감정과 인정될 수 없는 감정의 모든 표현을 허락한다. 개인적으로 혹은 사회적인 이유로 금기되는 것도 표현할 수 있다.

　말하기의 역할에 대한 논쟁은 심리분석적인 이론 안에 박혀 있다. 음악은 금기시되는 것을 표현하는 상징적인 코드이기 때문에 감정을 명명하는 데에는 언어가 사용되어야 한다. 이러한 생각은 그들의 작업에 대해 많은 음악치료사가 가지고 있는 가정이다.

　이러한 입장에서 본질적으로 잘못된 것은 없지만, 문제는 정신분석적인 규칙이 선택적인 이론을 근거로 음악치료 임상에 비평적으로 사용하는 경우처럼 한 가지 시스템에 박혀 있는 이론적 근거가 다른 치료 모델에 적용되거나 혹은 다른 치료의 맥락에 적용될 때 발생한다. 게다가 정신분석적인 사고는 음악 현상을 설명하기 위해 만들어진 것이 아니었고 정신분석적 토론의 사용 자들에 의해 음악 경험이 왜곡될 수 있거나 혹은 음악 경험에 적절하지 않은 방법으로 고려되지 않을 수도 있다.

Ansdell(1995)에 의하면 음악과 음악 경험의 순간적인 특징은 특별히 해석 되거나 말하여지는 것에 저항하게 만든다. Ansdell은 치료에서 비해석적인 방법을 갖는 것이 가능한가에 대해 질문한다. 그는 "우리가 음악에 대한 '말 하기 지식'(외적인 과정)과 음악 안에서 '음악 지식'(본질적인)의 조화를 이루 는 방법"과 관련된 Seeger의 딜레마의 측면에서 이러한 이슈를 더욱 확장한 다(p. 171).

Ansdell은 음악치료사의 딜레마 문제는 음악학자가 직면하는 딜레마보다 더욱 심각하다고 한다. 왜냐하면 음악치료사는 클라이언트와 음악을 만들 때 음악 지식을 사용하는데, 그러나 그때 음악에 관해 말할 필요에도 직면하기 때문이다. 음악치료사가 특정 심리적인 체계를 사용할 때는 그 외부의 체계가 해석적인 어휘를 제공하기 때문에 문제는 해결된다. 이러한 사고 시스템은 음 악 경험과 그 경험에 대해 말하게 하는 것을 통해 합리적으로 의식을 통합하 려고 한다. 그러나 음악이 해석되고, 만약 단어를 통해 해석되면 해석된 내용 은 단어가 영향을 미치는 방법 안에서 제한될 것이다. 이것이 "음악이 영향을 미치는 방식에서 작용하는 음악치료"인 음악중심 접근에서는 더욱 문제가 된 다(Ansdell, 1995, p. 173).

Ansdell은 정신분석적인 개념으로 음악과 음악 경험을 해석하는 임상 안에 내재된 중요한 두 가지 가정을 확인하였다. 첫 번째는 음악이 언어적으로 만 들어질 수 있는 내용을 가진다는 것이며, 두 번째는 이 내용이 음악이 상징이 되는 외부적인 대상물의 형태가 된다는 것이다. 우리가 비록 음악적 의미와 언어적 의미에 대해 말하지만 의미의 이 두 가지 느낌은 서로 매우 다르다. 단어는 지적하는 것에서 의미를 얻는다면 음악은 그 안에서 의미를 창조하는 것이다.

> 음악은 '그 자체로 의미를 가지기'보다 한 사람 혹은 그 이상의 사람들이
> 전체적인 형식 안에서 리듬, 멜로디, 화음의 구조를 만들면서 의미 있게 된
> 다. 우리는 의미를 전달하기 위해 단어로 의사소통을 하지만, 반면 우리 안
> 에 어떤 의미를 발견하기 위해 음악으로 즉흥연주를 한다.
>
> (Ansdell, 1995, p. 26)

Ansdell은 음악중심 접근을 하는 음악치료사는 상황과 클라이언트가 말하기를 요구할 때를 포함하여 말하기를 사용하는 것에 대해 독단적이지 않다는 것을 인정하게 되었다. 그러나 그는 정신역동적인 사고의 한계를 기본으로 비평을 제공한다.

> 중심 이슈는 정신역동이론이 치료적인 상황의 문제와 본질을 이해하는
> 데 유용한 방식이 되지만 이것은 중심, 즉 상황의 변형적인 위치인 음악의
> 치료적 과정에 대한 적절한 설명은 아니다.
>
> (Ansdell, 1995, p. 17)

다시 말하면, 정신역동적인 사고는 지지적인 사회구조와 그 핵심 과정을 동반하는 조건을 강조한다. 이러한 요소들은 "관계, 힘, 의존 등의 이슈"를 포함한다(Ansdell, 1995, p. 177). Ansdell 같은 음악중심 임상가는 이러한 요소들이 제시되고 강조되는 것을 부인할 수 없다. 이러한 주장은 가장 강한 의미가 있고 개인적인 변형이 발생하는 곳에서 치료사가 클라이언트의 음악 만들기 상태로 이끌어 낼 수 있는 방법을 통해 피해 갈 수 있는 이차적인 이슈가 되는 단지 음악중심 모델에 있다.

이는 음악중심 모델과 정신역동 모델이 공공연히 충돌하는 곳이다. 후자의 접근에서 치료에서 결정적이라고 주장하는 요인(음악과 치료적 관계의 상호해석)이 전자의 접근에서는 이차적이며 필수적이지 않은 것으로 보인다.

Ansdell은 이러한 차이는 음악치료에 관하여 누구나 질문할 수 있는 가장 기본적인 대답에서의 차이를 기초로 한다고 말한다. 클라이언트가 경험을 통해 가장 기본적으로 얻는 것은 무엇인가? 이것이 몇몇의 새로운 지식, 통찰, 이해, 혹은 말할 수 없지만 음악이 우선되고 중요한 경험인가?(1995, p. 177) 전자의 장점은 논리적 사고로부터 발생하며, 후자의 장점은 모든 맥락에서 음악 만들기의 특징을 갖는 음악적 사고의 형태로부터 발생한다.

음악을 기본으로 하는 접근에서 중심은 명제적으로 말할 수 있는 새로운 통찰, 지식 혹은 충고를 제공하는 것이 아니다(Ansdell, 1995, p. 178). 대신에 "클라이언트가 질병 혹은 습관에 의해 만들어진 일상적인 신체적 · 정서적 패턴과 다르게 스스로 매우 다른 경험"을 하는 곳에서 음악 만들기 상황을 창조하려는 것이다(p. 178). 이러한 경험은 음악치료사가 클라이언트와 함께 음악을 만들 때의 본능적인 해석과정에 의해 가능한데, 이 해석은 음악치료사가 클라이언트에게 음악적 이해를 제공할 수 있는 치료사의 능력에 있어서 핵심이 된다. "이는 치료사와 클라이언트가 음악 안에서 함께 '음악적 사이(musical between)'가 되는 전체적인 음악 구조에 대한 창조적이며 음악적인 반응"이다(p. 179).

클라이언트와 치료사가 창조하는 음악을 해석할 수도 있지만 하지만 이것이 한 가지 매체에서 다른 매체로의 통역은 아니며 한 사람의 음악적 의식 안에서 온전히 발생하는 것이다. Ansdell이 개발한 관점에 영향을 미칠 것으로 고려되는 세 가지 다른 방법이 있다. 가장 논란의 여지가 없는 것은 정신역동 모델과 대조되는 임상의 방법을 위해 확실한 기초를 제공하는 것인데 이것은 결국 다양한 접근이 인정되고 가치를 갖는 다원적인 분야에 영향을 미친다.

그러나 Ansdell의 생각은 음악치료에 대한 몇 가지 기본적인 질문으로 한

발 더 나아갈 수 있었다. 음악중심 접근에서 그들이 듣고 반응하는 방법으로 대부분 혜택을 얻는다고 말하는 클라이언트를 생각해 보라. 그들은 치료사와 민감하게 음악적 상호작용이 발생하는 음악 안에서 존재하는 새로운 방식을 구축한다. 그러나 Ansdell은 이 경험은 음악 만들기의 자연적인 결과라고 인식한다. 그리고 치료사의 이론적인 지향과 상관없이 대부분의 클라이언트는 음악 만들기에 참여한다. 클라이언트의 이익에 대한 Ansdell의 설명을 서로 다른 치료적 접근에 적용할 수 있는가를 고려하는 것은 가치가 있다. 다시 말하면, 치료사가 그들의 임상적 작업을 개념화하는 방법과 상관없이 그리고 언어적인 해석과 Ansdell이 말한 이차적인 요인에 얼마나 중요성을 부과하는가와 상관없이 클라이언트를 위해 실제로 발생하는 것은 그들 스스로 음악 안에서 새로운 방법으로 경험하는 것이며 이것이 음악치료의 장점으로 설명될 수 있는 현상이다.

언어로 해석하는 것이 최우선이라는 이론을 옹호하는 치료사는 클라이언트를 위해 가장 의미 있는 경험은 그들의 해석적인 개입으로부터가 아니라 민감하게 듣고 반응하는 기술을 훈련받은 협동 음악가와 함께 음악을 만드는 핵심경험으로부터 비롯된다는 것을 인정하고 싶지 않을 수도 있다. 이를 인정하는 것은 임상가들이 강한 신념을 갖고 있는 패러다임의 몇몇 핵심적인 측면에서 도전이 될 수 있다. 그러나 클라이언트의 경험이 여기서는 우선적으로 고려되어야 한다는 것으로 보일 수 있다.

심리치료에서 클라이언트와 치료사는 치료과정에 대해 서로 다른 경험을 보고한다. 치료사는 치료에서 전환점이 되는 해석적인 통찰의 순간을 제공하는 반면, 클라이언트는 대신 가장 중요한 존재로서 독특한 방법으로 듣고 느끼고 혹은 반응하는 순간을 기억한다. 음악 만들기의 공통 요소에 뿌리를 두고 있는 Ansdell의 관찰은 음악을 기본으로 하는 접근을 넘어서도 적절하며 또한 정신역동적인 접근에 적용되는 것도 가능하다. 이러한 결론은 정신역동적인 접근의 근본에 대한 도전이 된다. 비록 클라이언트의 경험이 환상이며 불필요한 평계로 보일지라도 언어적 분석과 해석이 참여자들—치료사와 클라이언트—에게는 그들이 하고 있는 것은 치료이고 단지 음악을 연주하는 것은 아니라는 것을 확신시킬 수 있을지도 모른다. 음악을 중심으로 하는 임상가들이 임상적으로 만들어지는 음악 만들기를 설명하는 것은 언어를 기본으로 하는 정신역동적인 이론을 차용하지 않고 음악치료의 합법적인 임상적 가치를 확립하기 위한 다른 경로가 있다는 것을 제시한다.

전통적인 정신역동적인 체계 안에서 몇몇 치료사는 음악 중심적인 사고로 촉진된 사상이 클라이언트에게 위협적이며 아마도 심지어 비윤리적이라고 생각한다. 이러한 관점에서 음악치료가 본질적으로 비해석적인 임상이 될 수 있다고 옹호하는 것은 클라이언트의 복지에 해를 주는 가장 두드러진 임상의 요소를 무시하는 것이다. 실제로 이러한 옹호는 그 자체로 금기된 무의식의 내용에 저항하여 방어적인 자세에서 나온 것으로 보일 수 있다. Ansdell의 관점은 합리적인 대안이라기보다는 오히려 증상적 대안이라고 여겨진다.

그러나 가장 좋은 혜택을 가져오는 음악치료의 요소와 과정을 결정하는 데 있어서 클라이언트의 경험이 가장 큰 가치를 가져야 한다고 주장하는 것이 문제가 되어서는 안 된다. 클라이언트는 과정에서 가장 중요한 이해당사자이며 그들은 어떤 특정한 임상적 체계 안에서 기득권을 가지지 않는다. 아마도 음악을 중심으로 하는 임상가들은 무의식을 위협하는 측면과 관련이 없는 이론을 만들기 위한 자신들만의 방어적인 매커니즘에 의해 자극을 받는다. 그리고 아마도 정신역동적인 임상가들은 치료사의 통찰력 있는 해석이 치료과정을 효과적으로 만드는 핵심 요소가 되는 이론을 만들기 위한 그들의 역할에 대해서 불안해함으로써 자극을 받는다. 두 가지 영향력은 분명 가능할 수 있으며 이 영향력이 맞는가를 결정하기 위해서는 클라이언트 경험의 본질을 실험적으로 연구하는 것이 필요하다. 물론, 이러한 형태의 판단을 따르는 것은 과정에서 클라이언트의 경험을 심각하게 받아들이는 것이 필요하며 치료사의 역할이 권위 있는 인물보다 오히려 동등한 역할을 하는 모델 안에서 더욱 쉽게 이루어질 것이다.

Pavlicevic(1997)은 이러한 이슈를 고려하였는데 현대사회의 특징인 언어의 위기에 초점을 맞추었다. 음악치료사가 단어의 중요성에 도전하고 말하기에 의해 현실적으로 중재되지 않는 직접적인 경험으로 돌아오도록 돕는 독보적 위치에 있다는 것을 관찰한 한편, 그녀는 음악치료사를 반대 방향으로 밀어내는 여러 가지 고려사항을 지적한다.

> 우리는 우리가 음악 경험에 대해 말하지 않는다면 ① 비언어적 경험이 불
> 완전하고, ② 동료 전문가가 우리가 하고 있는 것을 우리가 알지 못한다고 생
> 각할 수도 있으며, ③ 우리 작업에서 임상적인 이해가 의문시될 것이라고 느
> 낄 수도 있다. 우리는 '단지 음악'을 하는 것으로 보일 수 있다.
>
> (Pavlicevic, 1997, p. 11)

Pavlicevic 사고의 특징은 음악치료에서 단어와 음악의 사용이 서로를 풍요롭게 한다는 것을 인정하는 것이다. 이는 음악중심 임상가들에게는 문제가 되지 않는 것으로 보인다. 왜냐하면 그들이 원하는 것은 해석을 할 필요가 없이 임상에서 자유로울 것이며 그들의 작업을 비윤리적이며 피상적인 것이라고 고려하지 않는 것이다. 그러나 이는 몇몇 정신역동 임상가에게는 문제인 것으로 보인다.

Pavlicevic은 음악치료사들을 정신역동 체계를 옹호하는 이들과 그렇지 않은 이들로 구분한다. 그녀에 따르면 각 그룹 안에서 단지 음악만을 사용하는 치료사들과 음악 및 언어를 사용하는 치료사들이 있을 수 있으며, 이들 사이를 구별하는 것은 단어의 사용이 아니다. 대신에 그것은 구분선을 만드는 정신역동이론에 집착하는 것이다. 음악을 사용하는 임상가들은 음악을 단지 그들의 작업에서 사용하거나 혹은 단어를 사용하지만 단어가 직접적으로 정신역동적인 의미를 창조하는 것은 아닐 수 있다.

Pavlicevic(1997)은 음악치료에서 발생하는 해석에 대해 두 가지 방향을 확인한다. 첫 번째는 해석이 "치료사와 클라이언트를 위해 그들이 함께하는 측면에 대해 표현되지 않는 의미, 혹은 밝혀지지 않은 것을 분명하게 하기 위한 이해 혹은 통찰에 대한 정보를 클라이언트에게 제공하기 위해 치료사가 중재하는 것이다"(p. 160). Pavlicevic은 치료사가 음악의 임상적인 의미를 해석하기 위해 특별한 방법으로 클라이언트의 음악을 듣고 반응한다는 생각을 또한 지지한다. 이러한 형태의 해석은 클라이언트에게 언어적으로 제공되는 것이 아니며 치료사의 음악적 중재에 영향을 미치는 것이다.

Pavlicevic은 단어가 음악치료에서 언제 그리고 어떻게 필요한가를 결정하기 위해서 맥락적인 모델을 주장한다. 그녀는 클라이언트가 단어로 경험을 표현하지 않으면 그 경험이 완전하게 클라이언트의 의식에 통합되지 않는다는 개념에 의문을 가졌다. 실제로 클라이언트에게 경험 혹은 사건을 언어적으로 말하게 하는 것은 심지어 그 영향력을 감소시킬 수 있다. 치료적인 관계의 맥락에서 음악을 연주하는 것은 그 자체로 완성될 수 있는 다른 사람과 함께 있는 방법이며 어떤 형태의 언어적인 해석을 요구하지 않는다.

음악 경험이 그 자체로 임상적 사건이 될 수 있다는 생각은 음악중심 체계의 중심 특징이다. 그리고 이러한 신념은 클라이언트의 장애와 연결된 것은 아니다. 단지 클라이언트가 언어적인 영역에서 장애가 있기 때문에 단어를 생략하는 것은 아니다. 대신 음악은 기본적인 것, 즉 그 자체로 비언어적인 가치가 있는 것으로 고려된다.

정신역동적인 임상가들에게 음악의 내용은 언어화되어야 한다. 왜냐하면 음악 안에서 발생하는 정서적인 긴장을 방출하는 카타르시스는 일시적으로 이익을 줄 수 있지만 의식적인 통찰로 언어화가 되지 않으면 문제가 되는 긴장감은 다시 나타난다. 그러나 음악중심 이론가들은 음악치료 안에서 음악의 일차적인 기능이 정서를 방출하는 것이라고 믿지 않는다. 대신, 음악은 "집단적이고 미적이고 또는 문화적인 현상처럼 더욱 전형적인 것, 즉 본질적으로 임상적인 가치를 창조하는 것으로 고려된다"(Aigen, 2005a, p. 119). 따라서 언어화의 모든 이슈는 정신역동 체계, 그리고 음악이 무엇이며 사람들에게 무엇을 제공하는가에 대한 각 사람의 개념과 분리되지 않는다.

음악의 미적인 차원은 정신분석적인 접근에서는 부분적으로 적절하지 않으며 음악치료에서 자발적인 즉흥성은 전통적인 정신분석에서 언어적인 자유연상과 유사한 것으로 고려된다. 음악에서 미적인 질을 만들어 내는 음악중심 모델은 정신역동적인 접근과 구별된다. 후자는 음악이 이미 존재하는 어떤 것을 반영하며, 즉 무의식적인 내용이 표현되고 있다. 반대로, 음악중심 모델에서는 음악이 어떤 새로운 것, 이전에 존재하지 않은 어떤 것을 창조하는 데 관여된다. "이것은 이미 존재하는 어떤 것을 나타내는 것보다 근원적인 진술이 된다."(Garred, 2006, p. 166)

음악중심 접근에서 창조된 음악은 심리적인 증상을 설명하는 것 이상의 의미를 가진다. 이것은 "공유될 수 있는 어떤 의미"를 전달하기 위한 개인성을 넘어선다(Garred, 2006, p. 167). 미적인 창조로서 접근될 때 사람들은 개인적인 한계를 초월하기 위해 음악을 적절하게 사용할 수 있다. 음악중심 음악치료에서 음악은 개인적인 의미 이상으로 집단적인 의미에 더욱 초점을 맞춘다. 이러한 접근은 자신과 다른 사람, 음악, 그리고 세계의 경험을 위해 분석적 통찰로 나아간다.

Rudy Garred(2006)는 통합적 접근의 몇 가지 방법을 논의하였다. 그는 Nordoff-Robbins 음악치료에서 전이와 역전이에 대한 Alan Turry(1998)의 논의를 인용하였는데, Turry가 이러한 현상을 위해 노력했지만 이것은 자신의 권리 안에서 통찰과 가치의 항목보다는 더욱 강한 음악 상호작용을 위한 기초를 준비하려는 의도를 가지고 있다고 제안하고 있다. 그것들은 "창조성으로 나아가는 도구들"로 고려될 수 있다(Garred, 2006, p. 176).

대조적으로, Elaine Streeter(1999)는 특정 정신역동적인 임상은 선택적인 것이 아니며 윤리적이며 효과적인 임상적 실행을 위해 요구된다고 주장하였다. 그녀는 음악이 가장 효과적으로 사용되기 위해 모니터링이 필요한 음악치료 안에서 상호적인 관계가 있다고 강조한다. 이러한 관계는 다양한 의사소통을 포함한다. 이러한 의사소통은 "의식적으로나 무의식적으로 느낀 정서적 표현, 구두로 표현된 말, 경험된 음악활동"이라 할 수 있다(p. 6). Streeter가 '심리적인 사고'로 묘사한 것은 적절한 경계가 확립되고 유지되기 위해 관계에 대한 치료사의 인식에 적용되어야 하며 그래야 클라이언트의 안전이 보장된다. "단지 음악"(p. 6)으로부터 유도된 이론은 비록 Streeter가 의미하는 것이 분명하지 않을지라도 이것을 성취하기에 적절하지 않다.

심리적인 사고는 음악 경험의 과정에서 필수적이다. 그렇지 않으면 음악치료는 그 의미의 반영 없이 경험의 단계로만 남겨질 것이다. Streeter는 Colin Lee(1996)를 비평하였는데 왜냐하면 즉흥적인 접근에서 음악은 자유연상과 유사하기 때문이다. Streeter의 정신분석적인 체계 안에서 자유연상은 언어적 해석을 통해 그 당시에 의식적으로도 동화될 수 있는 무의식의 내용을 보여 준다. Lee는 클라이언트가 무의식적으로 치료사에게 투사하는 것을 반영하는 "전이적 관계"를 고려하지 않은 것에 대해 또한 비평받았다(Streeter, 1999, p. 9). Streeter의 기초적인 반대는 "순수하게 경험적"인 것을 넘어서 치료적이어야 한다는 것이다.

Streeter(1999)는 Nordoff-Robbins 음악치료(NRMT) 같은 접근에서 심리적인 사고의 부재에 대한 방어수단으로서 음악으로 유도된 이론의 발달을 설명하였다. 이러한 방어적인 자세를 취함으로써 그녀는 합법성을 약화시키려는 시도를 하였다. 음악을 기본으로 하는 이론을 포함하는 것은 기저의 불안정성과 부적절성을 반영하는 것으로 설명되었다. NRMT의 사례에서, 그녀는 아동과의 작업에서 Paul Nordoff와 Clive Robbins가 개발한 비해석적인 접근이 적절한 심리적인 이론의 균형과 치료사의 안내 없이 "정확하게 언어를 사용하는 클라이언트에게 적용되는 것은 부적절하다."(p. 11)라고 말하였다.

Streeter(1999)는 음악 안에서의 사고와 심리적 사고와 함께 하는 음악 경험이 나란히 존재한다는 개념을 인정하지 않았다. 다시 말하면, 만약 생각이 음악치료 안에서 발생하는 것이라면 그것은 심리학적인 이론 안에서 이루어져야 한다는 것이다. 그러나 Streeter는 "클라이언트는 그들의 치료사가 창조한 음악에 대해, 그리고 그것의 의미에 대해 창조적으로 생각할 수 있는 기회를 기대해야 한다고"(p. 12) 말할 때 정신분석적인 사고에 의한 경계를 보여 주지 않는 것 같다. 물론 어떤 음악치료사들은 그렇지 않다고 주장한다는 것도 분명하지 않다. 그녀는 음악 중심적인 입장을 약화시키기 위한 시도에 있어서 경험에 대해 창조적으로 생각할 수 있는 존재와 심리학적인 사고를 동일시한다. 다시 말하면, 음악중심 임상가들은 이러한 방법으로 그들의 클라이언트와 음악치료 경험에 대한 반영의 사고를 포함할 수도 있지만 심리학적인 사고의 형태처럼 이것이 반드시 필요한 것은 아니다. 반영은 특정 심리학적인 이론으로부터 도출된 개념의 형태를 갖는 것이 반드시 필요한 것은 아니다.

만약 어떤 사람이 반영이 필요하거나 혹은 도움이 된다고 인정하면, 일반적으로 심리학적인 사고나 정신역동적인 사고에서는 적합하지 않지만 분명히 경험을 반영하기 위한 여러 가지 방법이 있다. 이것은 Streeter가 고려한 선택은 아니다.

Streeter(1999)는 정신역동적인 사고는 단지 많은 심리학적인 사고 시스템 중 하나라고 말하지만, 그녀의 모든 논쟁은 음악치료 현상을 정신역동적인 현상의 예로 고려한다. 즉, 항상 전이관계가 있으며, 자유 즉흥연주는 자유연상의 예이고, 음악치료 즉흥연주는 "활동하고 있는 전이관계의 예"다(p. 13).

더욱이 임상은 "이론을 병리와 일치"하는 능력에 의해 정의되어야 한다(Streeter, 1999, p. 13). 다시 말하면, 클라이언트의 진단은 중재에 대한 안내를 제공하는 이론 안에서 반영되어야 한다는 것이다. 이러한 일들은 진단이 특정한 체계 안에서 구성된다는 관점을 무시하고 반드시 혹은 절대적으로 객관적인 판단이 필요하다는 것은 아니다. 이와 반대되는 관점은 인간의 삶에서 음악이 이익을 주는 보편적인 방법으로 고려되는 것이다.

　　Streeter는 많은 음악치료 이론이 심각한 장애를 가진 사람들과의 작업을 통해 발달되었다는 것을 관찰하였다. 그녀는 음악치료가 심각한 장애를 가지지 않거나, 그리고 인지적 · 언어적 문제가 없는 사람들을 위해서는 정신역동적인 이론을 적용하는 것이 적절하다는 합리적인 가정을 만들었다. Streeter는 또한 단어와 음악이 상호작용하는 몇 가지 방식을 상세하게 설명하였다. 말하는 것이 음악 경험에 더욱 깊은 영향을 줄 수 있으며, 클라이언트가 그들의 정서에 방어하기 위해 음악을 사용할 때 정서에 대한 직접적 연결을 제공할 수 있다는 것이다. Streeter가 단어와 음악이 감정을 표현하는 선택적인 방법이며 치료사는 클라이언트의 필요를 만족하는 입장이 되기 위해 두 가지 영역에서 편안하게 작업할 수 있어야 함을 주장하였으며, 이러한 그녀의 주장은 훌륭하고 논쟁의 여지가 없다.

　　반대로, 음악 중심의 입장은 임상적으로 적용할 때 단어 사용에 대해 포괄적이다. 단지 단어가 항상 필요한 것이 아니며 단어의 사용이 정신분석이론에 의해 제한되어서는 안 된다고 말한다. 때로는 음악을 통한 자신, 타인, 그리고 세상의 경험은 언어적인 통찰을 요구하지 않는 그 자체로 충분한 치료적 경험이 될 수 있다.

　　Streeter의 주장은 어떤 사람이 음악치료에서 발생할 수 있는 초월적, 집단적, 혹은 최적의 경험을 포함하려고 시도할 때 한계에 부딪힌다. 정신분석 사고 내에서의 예술은 일차적으로 부족한 기능을 수행한다. 다시 말하면, 직접적으로 표현되거나 경험될 수 없는 어떤 것을 보상하는 것이다. 그렇기 때문에 음악 경험에서 초월성은 항상 정신역동이론에서는 부적절하게 표현되고 혹은 왜곡될 수 있을 것이다. 개인 정체성의 경계가 확장된 곳에서 절정의 경험은 고전적인 정신분석 사고에서는 퇴행의 사례로 여겨진다.

　　반대로, 음악중심 사고에서는 음악 경험이 자연적인 방법에 순응하고―각 개인이 비임상적인 음악 만들기에 참여할 때 발생할 수 있다는 의미에서 '자연적'이라고 한다―그것들이 임상 사건에서 매우 중요할 수 있음을 인정한다. 그리고 초월적 음악 경험이 이질적인 개념 시스템으로부터의 개념화되는 것을 강요하기보다는, 음악중심 사고에서는 그것들을 기본으로 하는 음악치료 이론을 결정하기 위한 시도와 자체 개념으로 접근한다. 음악중심 음악치료 이론을 옹호하는 것은 "음악치료 임상으로부터 일차적으로 유도된 고유의 모델, 메커니즘, 그리고 구조를 창조하는 것을 의미한다. 이것은 필요할 때 언어적인 교환을 회피하는 것을 의미하지는 않는다."(Aigen, 1999, p. 80)

말하기가 음악치료 임상에서 필수적인 부분이 된다는 관점에 대해서 진술되지 않은 한 가지 가정은 음악이 "그 자체보다는 다른 어떤 것"이라는 것이다(Lee, 2003, p. 56). 이러한 개념에 대조적으로, Lee의 미학적 음악치료 모델은 언어적 해석을 불러일으키기 위해 음악을 창조하기보다는 클라이언트의 요구에 즉각적으로 맞추기 위해 음악을 창조하는 것에 초점을 맞춘다. Lee는 음악적으로 표현된 것은 무의식의 수준에 남아 있으며 단어에 의해 합리적으로 부과된 의식은 임상과정이 완전하게 수행되기 위해 필요하다는 개념에 도전한다. 대신 그는 심지어 말할 수 있는 성인 클라이언트도 임상 경험에서 침묵하는 것을 흔히 발견하였으며, 따라서 그는 클라이언트에게 말하도록 하는 것이 치료사로서 그의 책임은 아님을 실질적으로 결정해 왔다.

Lee(2003)는 클라이언트의 이해를 얻는 것은 도움이 되지만 이것이 음악과정을 통해 순수하게 가능하다는 것을 믿는다. 그리고 이를 위해 자격은 중요한데, 왜냐하면 Lee에 의해 촉진된 입장이 "음악심리치료는 순수하게 음악적 표현을 포용할 수 있어야 하며 미학적 음악치료는 적절할 때 언어적인 과정을 포함할 필요가 있다."(p. 57)는 것이기 때문이다. 다시 말하면, 개인적인 상황에서 말하기를 사용하는 것은 선험적으로 이론적인 신념에 의해 결정되는 것이 아니라 특정 상황에서 개인 클라이언트의 필요에 의해 사용되어야 한다.

HIV/AIDS 클라이언트와 함께한 연구에서 Lee(1996)는 거의 모든 클라이언트의 음악 경험이 비록 아무것도 정신분석적인 사고, 예를 들면 클라이언트와 치료사의 역동성, 클라이언트가 겪은 어린 시절의 정서적인 사건, 또는 클라이언트의 부모 혹은 그의 삶에서 다른 사람과의 관계와 관련된 경험을 해석하지 않더라도 주관적으로 표현되었다는 것을 보고하였다. 이것 때문에 Streeter는 Lee와 그의 클라이언트의 사이에서의 토의를 합법적인 음악 경험으로 고려하지 않았으며 그의 임상의 경계가 비윤리적이라고 제시하였다. 나의 관점으로는 그에게 있어 기본적인 결함은 클라이언트의 강한 음악적 경험을 그의 삶 속에 동화되도록 도움을 주어야 한다는 치료사의 의무에 대한 논쟁에 있는 것은 아니다. 어떤 책임감 있는 치료사라도 클라이언트가 필요하다면 이렇게 할 수 있도록 도와주어야 한다. 대신 Streeter의 실수는 그의 개인적인 이론적 신념을 정신분석적인 사고로 특권화하였으며 그것을 윤리적인 사건으로 높였다는 것이다. 사고의 다양성을 가치 있게 생각하는 전문 영역에서 어떤 특정 이론의 선호를 윤리적인 필요로 격상시키는 것은 파괴적인 것이다.

정신분석 사고 밖에서의 말하기

정신분석보다 더 넓은 이론적 체계를 가진 음악치료에서 말하기에 대한 몇 가지 접근이 있다. 예를 들어, Paul Nolan(2005)은 '처리(processing)'라는 단어를 일반적인 말하기가 음악적 탐구를 위한 이슈를 확인하는 것에 대해서 사용하는 것이 아니라, 음악에 대한 반응으로써 수행되는 말하기라는 한정된 의미로 사용한다. 그에게 말하기 과정은 "음악을 듣거나 혹은 음악을 만드는 것에 대한 반응과 그것이 진행되는 동안 치료적 과정을 촉진시키기 위해 말하는 것과 관련되어 있다"(p. 18). 또한 그것은 두 개의 중요한 목적을 가진다. 첫째, 음악과 대인관계에서 외부 사건뿐만 아니라 내면적인 사고와 감정에 대한 인식을 증가시키는 것이다. 이는 경험에 대한 언어적인 영역과 비언어적인 영역의 연결에서 필수적인 것이다. 두 번째는 과정이 다른 방법으로 수집된 정보와 반대되거나 혹은 그 정보를 확인할 수 있도록 클라이언트에 대한 중요한 정보를 치료사에게 제공할 수도 있다는 것이다. 음악에 대한 이러한 토의의 결과로 치료사와 클라이언트는 더 강한 통찰을 가진 음악 경험과 더욱 강한 치료적인 동맹에 착수할 수 있다.

말하기 과정은 전통적으로 생각하는 것처럼 항상 토의의 형태로 존재하는 것이 아니다. 그것은 자발적인 노래 부르기를 또한 포함한다. Nolan(2005)은 말하기는 보편적으로 적용될 수 있거나 필요한 것이 아니라는 것을 관찰하고 그는 종종 음악적 경험은 "클라이언트에 의해 합리화된 상투적인 언어로 설명될 수 있으며 따라서 클라이언트를 자발적이고 정서적인 상태로부터 멀어지게 한다."라고 언급하였다(p. 19). 그는 또한 몇몇 음악치료사는 음악과정에 대한 방어기제로서 말하기를 사용하는 것에 끌려갈 수 있으며 이는 더욱 모호하여 이해하기 어려울 수도 있다고 Austin과 Dvorkin(1993)의 주장을 인용하였다.

두 명의 연구자가 이 일반적인 이슈에 대해 강조하였다. 첫 번째는 Dorit Amir(1999)가 음악치료에서 음악과 언어의 역할에 대해 세 가지 중요한 관점을 확인한 것이다. 첫째, 음악이 일차적이고 세션 동안 말하기는 심리치료 기법의 중재로 고려되지 않는 접근, 둘째, 음악이 일차적으로 변화의 요인이며 말하기는 생각, 사상, 해석을 공유하기 위해 사용되는 접근, 셋째는 음악과 언어적 중재가 동등하게 적용되는 접근이다.

Amir의 연구는 음악치료에서 언어적 중재의 일곱 가지 기능을 확인하였다. 그 중 세 가지는 음악적 경험보다 언어가 더욱 분명하고 논리적이며 합리적이라는 생각을 기초로 한다. 이러한 기능은 다음과 같다. ① 클라이언트의 이성, 지적인 마음 안에서 이해, 인식, 명료성을 위한 공간을 열어 준다. ② 내용, 설명, 분석을 다루기 위한 이슈를 확인한다. ③ 해석을 한다. 추가적인 기능은 음악 경험은 경험의 비일상적인 영역을 표현하고, 단어는 이러한 경험으로부터 전환에 영향을 주기 위해 사용된다는 생각을 기본으로 한다. ④ (단어로) 의사소통하는 알려진, 자연스럽고 친숙한 방법에 도달한다. ⑤ 다른 관점으로부터 경험을 살펴볼 수 있도록 한다. ⑥ 클라이언트를 무의식에서 의식으로, 상상의 세계에서 현실로, 변형된 의식의 상태에서 일상적인 의식으로 돌아오도록 한다. 마지막 기능은 음악 경험은 순간적이며 그것에 대해 말하는 것은 그 기억에서 더욱 깊은 인상을 주는 데 도움을 준다는 생각을 기반으로 하는데, ⑦ 종종 말하지 않는 것은 일어나지 않았다는 것을 제안하기 때문에 경험에 대한 의미를 제공하고 인정을 한다는 것이다. 정신분석적 사고와 직접적으로 관련이 있다는 Amir의 단 두 가지 기능(③과 ④)은 강한 정신분석을 기본으로 하지 않는 임상에서 말하기를 위한 역할이 있다는 것을 제안한다.

다른 저자들은 음악중심 접근에서 말하기의 역할을 탐구해 왔다. Fraser Simpson(2000)의 NRMT에 대한 탐구는 클라이언트와 치료사의 관계는 일차적으로 음악에서 상호작용해야 한다는 생각으로부터 진행되었다. Simpson은 Nordoff와 Robbins가 그들의 방법을 개발할 때 함께한 많은 초기의 클라이언트는 언어적 기술에 장애를 가졌다는 조건에서 이것이 합당하다고 하였다. 그러나 다음 세대의 임상가들은 그들의 작업을 언어적 장애가 없는 클라이언트 영역으로 확대하였다. 음악을 통한 관련성을 강조하는 것이 여전히 타당한지 아닌지를 탐구하는 것은 자연스러운 것이다.

그의 연구에서 Simpson은 치료사에게 클라이언트와 언어적인 교류를 시작하는 가설적인 시나리오를 제시하고 치료사에게 어떻게 반응하는지 질문하였다. 그리고 그들의 반응을 음악 이전, 음악을 하는 동안, 음악 이후로 범주화하였다. 각 영역에서 그는 음악치료 과정을 촉진하고 그들이 과정을 방해하는 방법에서 단어들을 확인하였다.

6명의 모든 치료사가 NRMT 임상가였지만 정신역동적인 사고를 자신의 접근에 통합하는 정도는 달랐다. 정신역동적 사고를 고수하는 정도가 단어 사용에 대한 더 많은 선호를 나타내지 않는다는 발견은 매우 놀라운 것이며 NRMT가 반언어적이라는 개념에 반대하여 무게를 갖는 것처럼 보였다. 실제로 관련이 있는 것은 경력 기간이었는데, 경력이 많은 치료사들일수록 더 편안하고 기꺼이 그들의 세션에 말하기를 포함하는 것을 보여 주었다. 기술에서 차이를 느끼는 임상가들은 음악치료 교육에서 말하기 기술을 더욱 강조하는 것이 더 많은 말하기를 유도하는 것이 아니라 더욱 효과적으로 말하기를 유도하는 것이라고 믿었다.

연구 결과에 두 가지 대조적인 입장이 나타났는데 모두 전체성과 관련이 있다. 그러나 서로 반대의 것을 강조한다. 한 그룹의 참가자들의 경우 인간은 전체성의 어떤 한 측면을 통해 전체가 이해될 수 있는 다중적인 측면을 가진 존재로 생각한다. 이는 마치 전체성이 각 부분을 포함하는 홀로그램처럼 보인다.

따라서 인간의 전체성은 만약 어떤 사람의 감상하는 방법을 알 수 있다면 음악을 통해 이해될 수 있을 것이다. 이와 반대는 말하기가 인간의 자연스러운 활동이기 때문에 클라이언트가 말하기를 좋아할 때 인간의 전체성을 다루기 위해서 클라이언트와 언어적으로 교류하는 것이 필요하다는 개념이다. 양측 모두 클라이언트의 전체성과 관련이 있다는 개념에 가치를 가지고 있으며 그들은 인간의 본성에 대한 그들의 입장을 기본으로 말하기의 필요성에서 서로 다른 입장으로 다가갔다.

아마도 이는 음악치료에서 말하기의 역할에 대한 서로 다른 입장이 진정으로 서로 비교될 수 없는 이유다. 그들은 음악의 본질, 인간의 경험, 인간의 가치에 대한 매우 다른 신념으로부터 시작되었다.

더욱 전통적인 입장에서는 클라이언트가 치료에서 단어를 통해 그들이 필요한 모든 것을 표현할 수 없기 때문에 음악 경험이 존재한다고 한다. 처음에는 단어 대신에 음악이 있지만 결국 인간의 변화가 발생하기 위해서 단어는 이러한 경험의 특징을 굳어지게 하기 위해 음악 경험으로 대체되어야 하며 의식을 확인하고 인간 개인성의 모든 층으로 통합되어 완전히 인정될 수 있어야 한다.

다른 참가자들은 음악이 인간의 삶을 풍요롭게 하는 모든 사고, 가치, 방법

을 가지고 자신만의 방법에서 인간의 경험을 위한 독특한 매개체를 제공한다
는 것이다. 음악 경험(치료 밖에서든 안에서든)이 그들을 이러한 입장으로 유도
하는 사람들의 경우 단어는 치료의 엔진을 부드럽게 할 수 있는 지지적인 매
개물을 제공하며 단지 변형의 힘을 촉진하는 것은 아니다. 아마도 Rachel
Verney가 제시한 입장보다 더 분명한 것은 없을 것이다.

> 그리고 나는 우리가 음악치료에서 사람들에게 제공하는 것에 대한 차이
> 는 갈등을 통해 새로운 가능성으로 인도하는 것이라고 생각한다. 클라이언
> 트는 그들 자신에 대한 서로 다른 수준을 신뢰하는 것과 단어로는 존재하지
> 않는 인간의 관계 차원과 전체 깊이를 가치 있게 하는 것을 배운다.
>
> (Verney & Ansdell, 2010, p. 59)

이러한 관점에서 음악은 언어적인 교류를 통해 도달할 수 없고 그것을 통해
설명될 수도 없는 인간의 경험을 위한 선택적인 방법이다. 단어를 지지적으로
사용할 수 있지만 음악적 경험의 독특성과 단어로 비교할 수 없기 때문에 관
찰된 것으로부터 우리를 모호하게 하는 실용적인 필요를 혼란시키면 안 된다.
아무리 많은 말하기도 완전하게 이해할 수 없고 단어를 통해 발생하는 어떤
교류도 음악의 전환적인 능력을 증가할 필요는 없다.

음악치료에서 언어의 한계에 대한 가장 초기의 반영 중 한 가지는 Carolyn
Kenny(2006)[3]가 제시하였는데 이 장에 제시된 인용문에 그녀의 생각이 나타
나 있다. Kenny는 흔히 음악치료에서 음악경험은 단어를 사용하여 일상생활
로 돌아가는 다리를 놓기 위한 반사작용과 갈등한다고 인정하였다. 그녀는 음
악에 대한 의미를 단어로 설명할 수 있도록 클라이언트에게 계속 재촉하였다.
이러한 문제가 계속되고 효과가 없었으며 클라이언트는 "선생님, 그가 말을
할 수 있다면 그는 노래하지 않을 거예요."(p. 31)라고 부르짖었다.

Kenny(2006)는 이 사건을 마음에 새기고 음악은 그 지체로 충분히며 단어로

는 할 수 없는 것을 넘어선다는 진실을 믿게 되었다. "이것은 명료함과 의사소통의 표현이다. 그룹의 모든 사람이 감동받았다. 나도 그랬다. 그는 더욱 기분이 좋아졌다고 말했다. 축하를 위해 침묵보다 더 좋은 것은 무엇인가?"(p. 31) Kenny는 음악치료사는 흔히 음악을 해석하거나, 혹은 단어를 통해 음악 밖의 (혹은 치료 밖) 세계와 연결하는 것에 부담을 가진다는 사실에 주목했다.

여기에서 잠재된 이슈는 일반화에 대한 이슈, 즉 치료적 이슈에 대한 논쟁이다. 전통적인 사고는 음악치료 세션에서 변화가 없다면 세션 밖에서도 변화가 없고 따라서 효과는 일반화되지 않으며 그것의 가치는 감소되거나 혹은 모두 사라진다고 주장한다.

음악치료에서 일반화에 대한 두 가지 도전이 있다(Aigen, 2005a). 음악치료에서 진리는 장애를 가진 클라이언트가 음악에 참여할 때는 더 높은 인지적 · 운동적 · 정서적 · 영역에 있다는 것이다. 음악치료사는 음악에서의 변화가 비음악적 기능으로 전이되어야 하며 세션(음악적이든 그렇지 않든)에서의 변화는 세션 밖의 클라이언트의 삶에서 일반화된다는 것을 보여 주어야 한다.

이러한 두 가지 도전은 언어치료와 물리치료 같은 훈련에서는 나타나지 않는다. 왜냐하면 변화를 위한 목표 영역(언어 혹은 운동 기능)이 또한 치료의 매체이기 때문이다. 그들은 세션에서의 변화가 일상생활에서 어떻게 보이는지에 대해 걱정을 하지만 두 가지 감각에서 해석하는 것에는 부담을 갖지 않는다. 음악이 단지 다른 영역에서 변화를 발생시키기 위한 수단인가에 대한 음악치료의 전통적인 견해는 음악치료사에게 도전이 된다. 이것은 또한 Kenny가 스스로의 일에서 발견한 것을 할 수 있도록 하였다. 단어가 보장되지 않을 때 치료적 경험을 위해 클라이언트로 하여금 강제로 단어를 발견하도록 하는 것이다. 음악치료에서 말하기를 사용하고자 하는 추진력은 음악치료에서 음악이 단지 비음악적 목적 혹은 대체적인 수단이며 합법적인 경험의 매체라는 것에 대한 논쟁으로부터 분리될 수 없다.

음악중심 관점에서 논쟁은 일반화와 말하기가 필요하다는 두 가지 모두에 대한 도전이다. 음악이 독특하고 필수적인 방법으로 인간의 삶에 의미를 제공할 수 있는 본질적인 음악 활동으로 이해될 때 이것에 접근하는 것은 임상적인 초점으로 다가가며, 따라서 기능이 비음악적 영역으로 전이되는 것에 대한 필요성은 감소된다. 게다가 음악치료사가 다른 영역에서 할 수 있는 것보다 그 이상으로 클라이언트에게 더 높은 기능을 불러일으킬 수 있을 때, 이것이 음악치료의 한계로 고려되는가에 대한 이유는 결코 아니다. 음악치료사가 더 높은 수준의 기능에서 다른 영역으로 전이를 보장할 수 없다는 것을 비평하는 대신 이러한 질문을 되돌아보고 다른 영역과 치료의 영역이 동일한 잠재력을 불러일으킬 수 없는 이유에 대해 탐구하는 것이 가능하다. 일반화에 대한 이러한 두 가지 관점 중 한 가지를 인정하는 방향으로 움직이는 것은 음악 경험이 그 자체로 완전하다고 느낄 때 음악치료에서 경험을 말하는 것에 대한 필요성을 감소시킨다.

Notes

1. 처음에 관계라는 말은 치료사와 클라이언트의 치료적 관계를 말한다. 더욱 보완적인 형태에서 이 용어는 클라이언트, 클라이언트와 음악, 클라이언트와 사회문화적 맥락 사이의 관계를 포함할 수 있다.

2. AMT에 대한 현재 문헌은 말하기의 역할에 대해 더욱 융통성을 가진다. 여기에서 Priestley의 생각은 이 주제에 대한 AMT에서 사고를 포괄적으로 설명하는 것을 의미하지는 않는다.

3. 2006년 출판에는 1982년 초판이 다시 인쇄되었다. 이것이 여기에서 인용되었다.

음악치료에서 치료사와 클라이언트의 관계

음악치료는 건강과 비즈니스 영역, 예를 들면 의사 혹은 변호사와의 관계처럼 전문가와의 관계의 맥락에서 발생한다. 심리치료 역시 전문가와의 관계 내에서 발생하지만 치료사와 클라이언트 관계의 질이 치료 효과에 통합된다는 점에서 클라이언트와 전문가 역할은 약간 독특하다. 이 상황은 유사 영역인 언어치료, 물리치료와도 구분되는데 여기서는 개방적, 신뢰적, 친밀한 관계가 치료 목적을 촉진시키지만 치료 효과를 위해서 필수적인 요소는 아니다.

임상에서 관계의 역할에 대해 논쟁을 하는 치료사들은 이 이슈에 대해 심리치료적인 입장을 가정하거나 혹은 반대의 입장을 갖는다. 많은 심리치료 학파가 있지만 치료사와 클라이언트의 역할에 대한 세 가지 중요한 입장이 있다. 그들은 이 주제에 대한 음악치료에서의 논쟁을 이해하기 위해 적절한 관점을 제시한다.

Freud 모델은 의사 모델, 즉 인간 정신의 딜레마를 해결하기 위해서 이성적인 마음의 힘을 사용하는 냉정한 과학자의 모델을 기초로 한다. 원래의 정신분석 형태에서 치료사는 클라이언트에게 인간으로서 실제 성격이 드러나지 않도록 중립적인 입장을 가진다. 이것이 나타나는 것이 전이적 관계다. 이 용어는 클라이언트의 투사를 기본으로 치료사에 대한 클라이언트의 지각을 말한다. 그것에 대한 조사가 정신분석의 중요한 초점의 하나를 제공하지만 그것이 진짜의 인간관계는 아니다.

이 스펙트럼의 반대 끝에는 Carl Rogers가 개발한 인간중심 모델이 있다. 이 접근에서 치료사는 클라이언트가 보여지는 것에 대한 무조건적 긍정, 진실성, 진심을 가정한다. 클라이언트는 판단 없이 완벽하게 수용되기 때문에 치료사에게 클라이언트를 변화시켜야 한다는 압력이 없다. 진심 어린 보호, 공감, 수용으로 구성된 실제 관계의 질이 약간 역설적이긴 하지만 클라이언트의 변화를 허락한다. 본질적인 요점은 진정한 클라이언트와 치료사의 관계는 변화를 위해 중요한 추진력이 된다는 것이다.

이러한 두 가지 입장 사이에 있는 심리치료 접근은 Albert Ellis의 합리적 정서적 행동치료(Rational Emotive-Behavior Therapy: REBT)다. 이 접근에서 치료사와 클라이언트의 따뜻하고 진정한 관계는 "그것이 흔히 바라는 것일지라도 효과적인 인격 변화를 위해 충분조건도 필요조건도 아니다."(Ellis, 1995, p. 162) 이 접근에는 다양한 비인간적인 임상적 중재가 있다. 예를 들면 "교훈적인 토의, 행동수정, 독서요법, 시청각의 보조, 과제 중심의 활동" 등이다(pp. 163-164). 그리고 효과적인 치료를 결정하는 것은 치료사와 클라이언트 관계의 어떤 특정한 측면이라기보다는 이러한 기술적인 기법이다.

물리치료, 작업치료, 언어치료 같은 기능적인 치료도 음악치료와 관련이 있을 수 있다. 개인적인 관계가 이러한 활동을 증가시킨다고 할지라도 관계를 가정하는 것은 합리적이지만 항상 필요한 것은 아니다. 결과적으로 비록 음악치료에서 운동 기술 혹은 인지 기술을 증가시키기 위해 일차적으로 추구한 이러한 관계가 클라이언트에게 동기부여를 증가시켜 효과를 촉진하는 것이 그럴듯해 보일 수 있지만 음악치료에서 친밀함, 인간적인 관계를 요구하지는 않을 수도 있다.

Pavlicevic(1997)에 의하면 모든 음악치료사가 치료사와 클라이언트의 관계의 중요성을 강조하지는 않는다고 한다. 전통적으로 정의된 치료와 진단에 초점을 맞춘 의료적인 모델에서 일하는 치료사들은 스펙트럼의 한 극단에 있다. 인지적이고 행동적인 전통에서 작업하는 치료사들에게 치료적 관계는 의료적인 영역에서보다 임상적인 결과를 더 많이(혹은 덜) 중요시하지 않는다. 이러한 관점이 의료적인 음악치료에서 일하는 치료사 혹은 기능적인 목적을 중시하는 치료사들에게만 제한된 것이 아니라는 것을 강조하는 것이 중요하다. 그것은 정신건강 분야에서 일하는 치료사들에게도 널리 퍼져 있을 수 있다.

그러나 클라이언트와 치료사의 관계가 중심이 되는 음악치료 형태가 있다. 몇 가지 관점은 이 주제에 대한 정신분석적인 사고를 포함하며 반면 이를 반대하는 관점도 있다. Pavlicevic(1997)은 치료적 관계를 중시하는 치료사들을 정신역동적인 체계 안에서 분류하였다. 의료나 음악중심 접근을 하는 치료사들은 실제로 다른 영역에서도 서로 다르지만 치료적 관계가 주가 되지 않는다는 개념은 공유한다. 의료 모델에서는 일차적인 치료 요소가 관계라기보다는 중재이며 음악중심 치료사들에게는 이 기능을 도와주기 위해 경험적인 매체로서 음악이 본질이 된다.

음악치료에서 치료사와 클라이언트의 관계에 대한 정신분석적이고 인본적인 관점

Florence Tyson[1](Tyson, 1981; McGuire, 2004)은 정신분석적인 사고를 음악치료 임상에 깊게 적용한 최초의 사상가 중 한 명이다. 그녀는 정신과에서 음악치료에 대한 중요한 글을 썼고, 질병에 대한 그녀의 관점은 1940~1960년대의 지배적인 정신분석적 사고에 강한 영향을 받았다. 이때는 정신분열 같은 질병에 대한 유기체적 설명이 등장하기 이전이다. 기관의 문제로 생각하기 이

전 그녀는 "기본적인 관계, 즉 어린 시절 어머니와 아이의 관계 구조 안에서 유사하게 대상과 관계를 확립하기 위해" 치료사가 어떻게 책임을 갖는가에 대해 자세히 설명하였다(Tyson, 2004, p. 9). 해석과 언어적인 능력—심각한 정신질환을 가진 사람들에서 결핍될 수 있는 기능들—에 덜 의존하면서, 그녀는 정신과에서 음악치료사는 마치 어머니가 아이의 정상적 발달을 허락하기 위해 적절한 관계를 제공하는 것처럼 개인적인 관계가 비언어적으로 발생할 수 있는 곳에서 '대상관계'를 제공한다고 권고하였다. 유아에게 건강한 정상 발달은 본질적으로 어머니와 함께 비언어적으로 발생하는 것처럼 음악의 도움으로 작업하는 음악치료사는 클라이언트의 치료적 회귀와 계속적인 발달을 촉진하는 선택, 즉 연령에 적절하며 비언어적인 매체를 가진다.

건강한 유아와 어머니의 관계가 발달하는 방법처럼 치료적인 관계의 초기 단계에서 치료사는 클라이언트가 도전 없이 즐겁고 표현적인 음악을 경험할 수 있는 존재가 될 수 있도록 해야 한다. 음악은 대체할 수 있는 어머니가 되며 악기는 아이의 발달에 대한 정신분석이론에서 아이들에게 동물인형의 기능, 즉 결합된 관계에서 자율성의 관계로 전환되는 상징이 된다. Tyson의 접근에서 임상적 가치를 설명하는 것은 상호적이며 비언어적인 음악의 성격이다.

Mary Priestley(1994)는 또한 "환자의 성장을 위한 중요한 요소로서" 치료적 관계를 강조하였다(p. 67). Tyson과 마찬가지로 그녀는 '머무르는' 것을 강조하고 이는 비요구적인 것이 되어야 한다고 한다. 그녀는 치료에서 가장 중요한 요인은 치료사의 방법이 아닌 관계라고 주장한 Viktor Frankl의 사상을 옹호하였다. 비록 치료적 관계의 본질에 대한 Priestley의 관점이 개별 클라이언트의 필요에 적용될지라도, 그녀는 치료사는 담는 것(container)이고 클라이언트는 담기는 것(contained)이라고 주장한 Wilfred Bion의 작업을 인용하였다. 치료사는 클라이언트가 투사한 어려운 감정을 취하고 이러한 감정들이 클라이언트에게 변화된 형태로 다시 돌아올 수 있을 때까지 유지한다.

Priestley(1994)는 치료사와 클라이언트가 만나는 데는 네 가지 수준이 있다는 견해를 설명하였다. 그것은 "작업동맹(working alliance), 전이적 관계 (transference relationship), 음악적 관계(musical relationship), 역할자유 인간관계(role free human relationship)"(pp. 72-73)다. 클라이언트의 단계를 사정하기 위해 서로 다른 수준이 사용될 수 있다. 작업동맹은 목적적인 치료가 발전되도록 하는 전문적인 관계다. 전이적 관계는 초기 관계에서 시작된 감정 반응을 불러일으키는 방식이기 때문에 한 사람에 의해 상대방에게 상호적으로 왜곡된 관계를 반영한다. 음악적 관계는 서로에게 유발된 감정이 대부분 분명하게 드러나도록 하는 상호적인 관계다. 이는 치료사와 클라이언트가 "무의식적으로 가장 깊은 수준에서 함께 가까이 다가가는 것"의 수준이다 (p. 74). 클라이언트가 최소한의 왜곡으로 역할자유 인간관계를 맺을 수 있을 때 치료의 종결이 암시된다. 따라서 그것은 과정이 성공적이며 그리고 종결이 되어야 한다는 신호로서 치료에서 일차적으로 중요하다.

Tyson과 Priestley는 음악치료에 있어서 그들만의 매우 독창적인 방법을 개발한 음악치료의 제1세대 선구자들이다. 그들의 사상 중 몇 가지는 음악치료에서 더욱 진보된 정신역동 사상을 보여 준 David John(1995)과 같은 저자들이 제시하는 것처럼 음악치료에서 전통적인 지혜의 한 부분이 되어 왔다. 그는 Melanie Klein이 정의하고 Bion과 D. W. Winnicott가 개발한 대상 관계의 정신역동이론 안에서 접근을 개념화하였다. John에게 치료사와 클라이언트의 관계는 효과적인 치료 변화에 있어서 핵심적인 요소다. 음악을 최대한 고려한다고 해도 그것은 이차적으로 중요한 것이며 단지 "치료에서 야기된 특정한 관계에 의한 부산물"의 형태를 보인다(John, 1995, p. 15). 음악은 이처럼 치료적 관계의 역동성을 반영하는 것으로 중요하게 여겨지지 않으며, 일차적인 임상과정에서 소리의 반영이다.

정신분열 같은 정신질환이 유기체적 기원을 갖고 있다고 보는 정신과의 합의에도 불구하고, John은 음악치료에서 관계에 대해 합리적으로 설명하기 위해 정신역동적인 설명을 보여 주었다. 그는 정상적인 유아의 발달은

"발달의 정신적 단계"의 통과의례라고 여기는 정신분석적인 설명을 불러일으킨다(John, 1995, p. 158).

　어머니는 이러한 단계에서 불안을 담아 주는 본질적인 역할을 하며 유아들에게 단계에서의 이동을 허락하고 정상적이며 건강한 발달을 성취하도록 한다. 이것이 논쟁을 불러일으키지만 John은 부적절한 초기 발달에 의해 신경증이 야기된다고 직접적으로 주장하지는 않았다. 대신 그는 어머니가 유아들이 신경증적 발달을 성공적으로 넘어서기 위해 돕는 것처럼 치료사는 정신과 질병으로 고생하는 성인을 돕는 방법에 대한 표본을 제공한다고 하였다.

　John에게는 음악에 대한 어떤 것도 임상적 가치를 제공하지 않는다. 대신에 클라이언트와 치료사가 상징적, 회복적, 재양육의 과정이 발생하는 초기 발달단계로 클라이언트가 돌아갈 수 있도록 지지하는 방법에서 서로 관계를 맺기 위한 장을 제공한다. 치료사는 클라이언트가 "그렇지 않으면 압도당하도록 위협하고 약하고 다치기 쉬운 자아를 불안하게 할 수 있는 원초적인 분노의 감정"을 투사할 수 있도록 용기를 제공한다(John, 1995, p. 160). 치료의 초기 단계에서 치료사의 음악은 클라이언트에게 결합되는 경험을 제공할 수 있도록 클라이언트의 음악과 더욱 유사할 수도 있다. 그러나 치료사의 임무는 클라이언트의 자아 발달을 촉진하기 위해 음악 안에서 클라이언트가 점차적으로 분리할 수 있도록 하는 것이다. John은 이것을 어머니의 가슴으로부터의 후퇴와 유사하게 설명하였다. 이것은 발달을 위해서 극복할 필요가 있는 좌절이다. John에게는 음악이 두 가지 기능을 한다. 첫째, 정서의 조절을 지원한다. 둘째, 클라이언트가 "치료사의 반응적이며 용기적인 기능"을 내면화하는 것을 통해 경험의 매개체를 제공한다(p. 166).

　요약하면 정신분석적인 사고에서 치료적 관계의 특징에는 약간 중요한 성격이 있다. 클라이언트와 치료사의 관계는 투명성, 진실성, 상호성을 기본으로 세워진 진짜의 것이 아니며, 치료의 성공을 위해 인위적으로 짜인 것이다. 관계는 언어적으로 작업을 하는 정신분석가들의 관계와 동일하다. 클라이언트와 치료사가 음악을 매개로 연결되었다는 사실과 관련된 특별한 고려가 없다. 음악 경험의 독특한 성격의 어떤 것도 치료의 과정을 진보시키기 위해 관계가 무엇이 되어야 하고 또한 어떻게 기능하는가를 결정하는 데 고려되지 않는다.

Carl Rogers 같은 정신분석가에 의한 인본주의 관점은 음악치료에서 치료사와 클라이언트의 관계에서 일치된 개념을 고려했다는 점에서 뛰어나다. Edith Boxill(1985)의 견해는 강한 치료사와 클라이언트의 관계가 효과적인 치료를 위해 필요하다는 관점을 대표하였다. 관계는 치료사가 클라이언트의 개인적 가치와 존엄을 존중하는 곳에서 강한 신뢰감으로 확립되어야 한다. 신뢰와 안정감이 확립될 때 음악을 공유하는 것이 특별하며 비위협적인 결합, 즉 '살아 있는 치료도구'로서 치료사의 개인적인 자질과 결합을 창조한다(Boxill, 1985, p. 89). 이러한 자질 가운데 중요한 것은 자기이해, 음악을 통해 스스로 투사할 수 있는 능력, 공감, 유연성, 자발성, 창조성, 직관 같은 특성이다.

따뜻한, 진정한, 지지적인, 그리고 개방된 관계는 치료의 중심 요소다. 이러한 자질은 클라이언트를 무조건적인 긍정적 관점으로 완전하게 인정하고 진정으로 대하는 치료사의 능력을 따라서 클라이언트의 성장과 발달의 기초가 된다. 이 과정에서 중심은 치료사가 단지 특정한 진단을 내리는 전달자로서가 아닌 전체적인 방식에서 클라이언트와 관계를 맺는 것이다.

실제 임상에서 상당수의 치료사가 정신역동적인 요소와 인본적인 사고를 통합한다. 그러나 더욱 순수한 인본주의 관점에서 치료적 관계는 치료를 위해 필수적이지만 클라이언트와 치료사에 의해 자세하게 조사될 필요는 없다. 그것은 치료를 위한 기초를 제공하고 아마도 치료에 있어 가장 핵심적인 요인이다. 음악치료에 인본주의 사고를 적용하는 좋은 이유가 몇 가지 있다. 가장 기본적인 것은 인본주의 사고는 한 사람의 개인과 가족 관계의 역사를 기초로 하기보다는 클라이언트의 지금-여기에 초점을 맞추는 것이다. 음악 개입은 사람들을 순간으로 이동하게 하며 인지적·정서적 이유로 완전하게 현재에 존재하는 것이 어려운 클라이언트를 위해 매우 효과적인 경험이 될 수 있다.

　더욱이 치료사가 인간으로서 완전하게 실제가 아닌(클라이언트의 전이나 투사를 더욱 촉진하기 위해) 전통적인 정신분석 모델과 대조되게, 인본주의 사고에서는 치료적인 만남에서 따뜻하고 개방적이며 진실한 사람이 되는 것이 본질이다. 음악치료 접근에서 치료사는 완전하게 음악을 만드는 사람으로 참여하는데 그들이 정신분석적인 사례에서보다 한 사람으로서 더 많은 것을 보이는 것은 자연스럽다. 치료사의 음악적 민감성, 표현성, 한계는 클라이언트와 생생한 음악을 만드는 것에서 나타난다. 두 진정한 개인 사이에 진실함을 기본으로 하는 인본주의 접근은 음악치료 세션에서 발생하는 것을 위해 자연스럽게 꼭 맞는다.

클라이언트와 치료사의 관계에 대한 사회적 그리고 음악 기반의 관점

　Brynjulf Stige(2002a)가 발전시킨 문화중심 음악치료 접근에서 관계의 토픽은 심리치료 모델을 기본으로 하는 접근에서보다 더 광범위한 체계를 가진다. 이러한 체계 안에서 임상적인 목적 중 하나는 모든 수준의 사회에서 클라이언트의 참여를 증가시킨다는 것이다. 따라서 전통적인 치료사와 클라이언트의 관계에 더하여 클라이언트와 음악, 클라이언트와 전체 사회 그룹, 클라이언트와 모든 수준의 사회조직의 관계를 포함하여 다른 형태의 관계들이 강조된다. 서로 다른 지역에서 참여하는 클라이언트는 "서로서로 관련된 참여의 이동, 특정 기관, 지역, 사회와 관련된 이동뿐만 아니라 개인적인 이동"을 확립한다(p. 215). 이러한 개별화된 경로는 다양한 사회적 맥락 안에서 제시되는 기대와 다양한 사회적 역할에 의해 부여된 새로운 자아정체성을 창조할 가능성을 만든다. 음악치료사가 촉진한 자아정체성 발달에 사회적 맥락이 강하게 영향을 미치기 때문에 치료는 가능한 한 많은 형태의 관계의 맥락 안에서 발생한다.

음악치료사가 클라이언트의 문화와의 관계를 중개하는 것을 돕는 데 중심 역할을 하기 때문에, 클라이언트와 치료사 관계의 새로운 개념이 강조되어야 한다. Stige는 평등주의자의 관계처럼 새로운 관계를 옹호한다. 때로 그 관계가 상담자적인 관계로 이해되기도 하고 때로는 음악치료사가 클라이언트 그룹이 특정 음악적 사건, 문화, 조직으로 통합되도록 하는 투사 조정자의 역할을 하기도 한다.

치료적 관계의 다른 개념은 Randi Rolvsjord(2010)가 말한 본질적으로 통합적인 관계다. 그녀의 자원 지향적(resource-oriented) 접근에서는 양측 모두가 "적극적으로 진단평가 과정, 치료를 위한 목적의 결정, 문제해결, 발달, 다른 목적에 대한 작업을 위한 방법을 발견하는 과정에 참여한다."(p. 214) 치료사의 기술은 정확한 중재를 선택하고 실행하는 것에 의해 구성되는 것이 아니고 치료에서 전체적인 동기부여와 클라이언트의 참여를 촉진하는 것으로 구성된다.

Rolvsjord는 임상적인 결과를 결정하는 데 있어서 다양한 관계 요소의 중요성을 강조하는 공통된 요인 체계의 연구를 인용하면서 강한 치료적 관계의 가치를 믿었다. Rolvsjord에게 치료적 관계는 단지 또 다른 중재가 아닌 치료사와 클라이언트 사이의 실제 인간관계다. 그녀는 Priestley의 '역할자유관계'의 개념을 인용하고 치료의 마침점이 되기보다, 이러한 관계는 치료의 시작으로부터 진행되는 조건이 되어야 한다고 하였다. 평등적인 관계의 중요성에 대한 논쟁은 음악치료사와 클라이언트들이―정신건강 문제와 학습장애를 가진 개인을 포함하여―이 세상의 많은 관계에 있어서 힘의 불균형의 덫이 된다는 믿음에서 기원한다. 상호성의 존재는 클라이언트의 장애에 부정적인 영향을 악화시키는 역동성을 약화시키면서 반복적으로 문제가 되는 것을 피하기 위해 절대적으로 중요하다.

Rolvsjord는 음악치료 관계는 독특한 것을 포함한다고 생각한다. 그것은 음악의 통합성이다. 이것은 클라이언트가 자원과 문제에 대해 말하는 것뿐만 아니라 자원과 문제를 직접적으로 탐구하도록 허락하는 활동을 말한다. 일반적으로 비언어적인 매체를 넘어서는 음악의 독특한 몇 가지 측면이 있다. '함께 하는 것'의 활동은 클라이언트와 치료사의 형식적인 역할이 감소되는 곳에서 상호성의 감각에 기인한다. 음악을 함께 만들면서 능력과 즐거움을 공유하는 것은 또한 불평등 밖에서, 즉 순수한 전문적 관계를 넘어선 감정을 확립하는 데 도움을 준다.

Nordoff-Robbins 음악치료(NRMT) 같은 음악중심 전통을 가진 자들은 음악 경험을 공유하는 정도가 치료적 관계에 영향을 미친다는 질문을 중시한다. 외부적·심리학적인 체계로부터 관계의 개념을 유도하는 대신, 이러한 관점들은 음악의 특징과 상호적인 음악 경험을 고려하고 직접적으로 치료를 위한 함축적 의미를 발달시킨다.

NRMT의 임상의 중심은 "음악적으로 만나는 것"이며 여기에서 두 연주자는 순수하게 음악적으로 사상, 감정, 의도를 공유한다(Ansdell, 1995, p. 67). Gary Ansdell은 "서로 상대방이 미묘하지만 다른 편을 변화시킨다."는 Martin Buber의 개념을 불러일으켰다(p. 67). Buber 학파들의 관념에서 사이(between)는 치료사와 클라이언트가 같은 소리로서 반응하는 것이 아닌 지성으로 서로 반응하는 음악적 만남의 근원이다. 음악적 사이의 특징은 클라이언트가 다른 매체에 직면하고 인간 경험 영역의 한계를 넘어서도록 하는 것이다. 음악에서 존재한다는 것은 다음과 같다.

물에서 존재하는 것과 땅에서 존재하는 것에 차이가 있는 것처럼 갑작스럽게 당신은 다르게 느낀다. 즉, 더 자유롭고 더 지지적으로 느낀다. 당신은 다르게 할 수 있다. (관계는) 당신이 음악적 접촉을 갖는 바로 그 처음의 즉흥연주에서 확립되며 그리고 음악 안에서 진정한 '만남'이 오는 시점에서 발달된다.

(Ansdell, 1995, p. 68)

음악치료는 클라이언트가 치료사의 음악과 클라이언트의 음악 사이의 관계를 경험할 때 음악적 만남이 시작된다. Ansdell(1995)은 클라이언트에 대해 "그는 스스로 만들어진 소리를 듣고 반응하는 자신의 존재에 반응한다."라고 말한다(p. 69). 이것이 발생할 때 양측은 그들이 "음악 경험의 한 가지 흐름을 공유하는" 것처럼 보완적인 방법에서 참여한다. 치료사의 반응을 통해 그 클라이언트는 자신의 음악을 인식한다. 두 사람은 "다른 누군가에 의해 인정되고 이해되는 감정과 경험"(p. 71)을 기본으로 하는 심오하게 만족스러운 인간관계를 구성하면서 서로 음악 안에서 반응한다. 음악적 교환은 "신체적·정서적·지적 경험을 포함한 사람 사이에서 의미의 흐름이다"(p. 71). 결과적으로 이것은 함께 있는 경험 이상이다. 이는 "함께 존재해 가는" 감각을 넘어서 움직인다(p. 73).

음악 안에 존재하는 방법이 음악치료의 특징이 되는가 아니면 일반적으로 음악적 상호작용의 특징이 되는가? Mercédès Pavlicevic(1997)은 음악치료사는 사람 사이와 음악 사이를 구별할 수 있어야 한다고 주장하면서 이러한 관점에서 음악치료의 독특성에 대해 주장하였다. 다시 말하면, 상호적인 의미를 갖고 음악을 만드는 것과 반대로 클라이언트와 '단지' 음악을 연주할 때를 아는 것은 중요하다. 상호적인 의미는 관계를 위한 함의를 갖는 음악적 상호작용을 위해 필요하며 다시 임상적으로 가치를 갖기 위해 필요하다.

다른 이론가들은 이러한 이분법적인 체계를 인정하지 않으며 개인과 음악사이의 차이가 존재한다는 것을 믿지 않는다. 인간은 정치적이라는 사상이 1960년대 정치이론에서 나온 것처럼 음악을 기본으로 하는 임상가에게 음악은 임상적이다. 예를 들어, NRMT에서 개인의 음악성과 기술의 측면은 음악치료사의 매우 높은 표상으로 여겨진다. 음악성은 기술적인 것도 비인간적인 것도 아니고 단지 세상 사람들의 음악적인 표현이다. Rachel Verney는 음악적-개인적 관계의 어떤 형태 아래 놓여 있는 잠재된 음악성의 수준을 확인하였다. 이 수준은 음악 만들기의 자연스러운 속성인 "동작과 에너지"의 기본적인 측면을 통합한다(Verney & Ansdell, 2010, p. 18). 각 개인이 선택한 빠르기의 속도처럼 음정과 다이내믹을 넘어서 존재하는 음악의 연주 양상은 클라이언트와 치료사 사이의 음악적인 상호관련성으로 정의되는 것이다.

치료에서 음악적 영역과 개인적 영역 사이에 이분법이 존재하지 않는 것이 NRMT의 중심이 된다. 클라이언트는 음악으로 초대되고 동시에 "음악 그 자체에 참여하고 음악 안에서 인간적인 관계를 동시에 갖는다."(Verney & Ansdell, 2010, p. 20) 클라이언트의 관계는 음악과 일차적이며 가장 중요한 것이지만 치료사가 클라이언트의 음악 경험을 만드는 방법은 개인적인 영역을 가진다는 것을 보장한다. 즉흥음악은 클라이언트의 동작, 분위기, 그리고 치료사의 음악성을 통해 전체적인 반응성의 질을 기초로 한다. 따라서 개인적인 측면과 대인적인 측면이 있지만 모든 것이 매체로서 음악의 본질적인 질을 통해 중재된다.

음악적 관계를 강조하는 것은 흔히 순수한 음악적 접근이 지시하는 것처럼 체계 밖으로부터 고려된다. 그러나 이러한 비평은 음악이 개인적인 것으로 고려되는 정도를 무시한다. Gary Ansdell은 그것을 다음과 같은 방식으로 설명하였다.

> 이러한 비평은 아이들이 노래의 프레이즈에 정확하게 비트를 맞추는 것 또는 이상한 박자가 안정화되는 것이 음악적 목적을 위해서만 효과가 있다는 것을 가정한다. 그러나 Paul Nordoff는 당신의 박자를 요구하는 것이 당신 존재를 요구하는 것이며 음악적 목적은 동시에 개인적인 목적이 된다고 말하였다.
>
> (Verney & Ansdell, 2010, p. 60)

치료사가 클라이언트의 내면의 것을 소리로 표현하는 역할을 하고 그래서 그 또는 그녀가 효과적으로 반응하는 것에 참여해야 하는 집중과 감상의 형태는 클라이언트가 독특한 방법으로 듣고 집중하는 것을 느끼게 하는 것으로부터 기인한다. 감상은 치료사의 존재와 클라이언트의 존재가 겹쳐지는 가운데 음악적인 것에 의해 창조된 음악 사이에 대한 공감을 넘어선다. 클라이언트의 아주 미묘한 소리를 자세하게 듣는 것은 치료사로 하여금 클라이언트가 실제로 듣는다고 느끼는 방식으로 반응하도록 도와주는데 상당 부분 이것은 클라이언트의 삶에 있어서 최초의 경험이다. 치료적인 변화는 각 사람이 음악에 기여하는 완전한 의식의 수준에 따라 달라지는 음악 안에서 함께 존재하는 수준의 강도로부터 발생한다.

> 만약 당신이 그들과 연주할 때 계속 클라이언트를 앞서 간다면, 혹은 당신이 계속 (의식적이지는 않아도) 그들을 이끌고 그들을 음악으로 민다면, …… 음악에서 이러한 작은 시간, 그리고 균형과 접촉이 어떻게 당신이 클라이언트와 관계를 맺고 있는가를 구성하기 때문에 이것은 중요하다. 실제로 이것은 당신이 관계를 맺고 있는 방법이며 당신이 음악적으로 함께하고 있는 것이다. …… 음악을 위한 이러한 열정은 단지 "순수하게 음악적"인 것이 아니며, 그것은 음악치료에서 두 사람 혹은 세 사람 사이에 정확하게 진행되고 있는 것이 무엇인가를 아는 것이다.
>
> (Verney & Ansdell, 2010, pp. 77-78)

정신역동적인 체계 안에서 이것은 클라이언트의 소리를 듣지 않으면서 음악을 과도하게 감상하는 것으로 여겨진다. 음악중심 체계 안에서 음악은 무의식의 내용 같은 기본적인 것 이상의 상징이 아니며 따라서 음악을 지각하는 것은 클라이언트를 지각하는 것이다.

Rachel Verney은 "'치료적 관계' 같은 또 다른 것이 있는가?"라는 질문을 하는 정도까지 이르렀다(Verney & Ansdell, 2010, p. 65). 그녀는 아이들과 함께 하는 NRMT에서 클라이언트는 일차적으로 치료사보다는 음악과 관계를 맺는 다고 하였다. 이것은 개인적으로 작업을 할 것인지 혹은 음악적인 관계로 작업을 할 것인지를 결정하기 위한 치료사의 태도다.

Ansdell은 음악심리치료에서 음악적 관계는 개인적 관계를 확립하는 길이며 음악은 단지 목적으로 가는 수단이라는 생각을 발전시켰다. NRMT에서 장애아동들이 음악 그 자체와 강하게 관계 맺는 것을 관찰하는 것은 임상과 이론 모두에서 이러한 강조를 유도한다. 음악치료가 효과적일 때 그것은 클라이언트와 치료사에 의해 공유된 음악에 대한 강한 헌신으로부터 그 힘을 이끌어 낸다. 이 상호적인 헌신은 클라이언트에게 힘을 갖게 하고 또한 음악에 참여하는 클라이언트의 의지가 단지 치료사에 대해 순응하는 것이 아님을 확신하게 한다.

Verney와 Ansdell에게는 음악과 음악적 관계를 창조하는 데 있어 공동의 관심은 언어적인 심리치료를 넘어서 작업을 하는 방향으로 움직이는 것이다. 비록 상호작용이 이차적인 결과일지라도 음악에서의 작용은 상호적인 관계를 확대하는 것에 모든 초점이 있는 것은 아니다. 음악을 상호관계를 위한 수단으로 생각하는 음악치료사들은 음악중심 치료사와 다르게 작업한다. 전자의 접근에서 치료사는 눈 맞춤과 더 많은 상호작용을 표현하기 위해 노력하고 있음을 볼 수 있다. NRMT에서는 치료사와 클라이언트 모두가 그들의 악기를 연주하는 데 초점이 있기 때문에 신체적인 동일한 수준을 다른 것과 동일하게 보지 않을 수 있다. 실제 접촉은 주의 깊게 듣는 방법에 의존하기 때문에 접촉은 공유된 음악 창조 안에서 확실하다. 접촉은 시각적 · 신체적으로보다 청각적으로 지각할 수 있다.

Verney와 Ansdell은 음악과 대인관계 차원을 이분법적으로 구분하는 것이 실수라고 믿는다. 다른 사람과 음악을 만드는 것은 상호적이 되는 다른 방법을 열어 주는데 그것은 음악으로 가는 독특한 방법이다. 사실 Verney는 구체화된 독립체로서 치료적 관계는 음악중심 접근을 음악치료로 이해하는 데 있어서 특별히 유용한 구조는 아니다. 관계를 확립하는 대신, 그녀는 클라이언트의 음악을 통한 "관계의 질"을 발달시키는 것에 초점을 맞추었다(2010, p. 69). 단지 매주 만남을 통해 확립되는 대인적인 관계가 있다. 또 다른 사람과 시간을 보내는 것은 신뢰를 형성하는 것이다. 그러나 관계의 이러한 측면은 실제 치료가 발생하는 곳에서 음악적 관계와는 다르다.

Verney에게는 음악치료의 중심에서 음악적 관계의 과정을 구체화하는 것은 단지 심리치료적인 사고의 영향 때문에 발생하는 것이다. 그러나 음악적 관련성이 음악과 특정 시간에 창조되는 방법에 의해 구성되기 때문에 관련성의 개념은 치료적 관계의 그것보다 더욱 융통성이 있으며 생생하다. 관련성의 과정과 그에 대한 방해는 음악중심 치료사가 작업하는 것이며 심리치료사 혹은 음악심리치료사가 함께 작업하는 클라이언트의 삶으로부터 모든 응어리와 함께하는 치료적 관계와는 대조적이다.

비록 음악 밖에서의 관련성이 이러한 질적인 것과 상관이 없을지라도 클라이언트는 치료사와 함께 생생하고 몰입하게 하며 상호적으로 즉흥연주에 참여할 수 있다. 비음악적 관계는 이러한 경험을 공유하는 것으로부터 긍정적인 영향을 받을 수 있지만, 음악적 관련성은 그것이 치료다. 그것은 음악이 영향을 미치는 음악 이외의 관련성을 조사하는 것은 아니다.

음악에서 발생하는 강한 관련성이 반드시 구체적인 삶의 사건, 기억, 혹은 사람과 관련될 필요가 없기 때문에 NRMT에서의 과정은 친밀하지만 필수적으로 개인적이지는 않는 것으로 여겨진다. 음악은 각 개인이 스스로 자유롭게 더욱 표현적이며 반응적인 방법으로 경험할 수 있는 매체를 제공한다. 음악 경험에 이러한 전환을 가능하게 해 주는 어떤 것을 첨부할 필요는 없다. 관계를 확립하는 것에 초점을 맞추기보다, Verney는 그 목적이 "'만남'의 상태에 있는 것"의 관련성을 확립하는 것에 초점을 맞추었다. "음악에서 당신은······ 확실한 만남의 상태에 있다."(Verney & Ansdell, 2010, p. 72) 음악치료에서 음악의 목적은 현재 순간에 있는 것이며 관계를 지속하는 질에 초점을 맞추는 것이고 한 사람이 그 순간에 있는 것은 아니다. "당신이 지금 여기 존재한다면 당신은 '관계'를 가지는 것이 아니고 지금 만나고 있는 것이다."(p. 72)

클라이언트의 관계에 대한 또 다른 관점은 양측이 협동 음악가가 되어 경험을 공유한다는 생각을 통해 확립되며 이 공유된 정체성은 클라이언트와 치료사의 서로 다른 역할에서 본질적인 차이를 넘어선 연결을 제공한다. 예를 들어, Aigen(2006c)은 음악 앙상블이나 밴드에서 치료사와 클라이언트의 관계가 어느 정도 동료 연주자라는 생각을 발전시켰다. 오랜 시간 동안 밴드에서 함께 있는 이러한 느낌은 그 자체로 전개할 수 있는 각 개인의 음악적 프로필을 발전시키는 안전한 밴드로서 몇 가지 중요한 임상적 기능을 가진다.

이 연구에서 3명의 밴드(치료사, 협동 치료사, 클라이언트)는 "탐구, 위험 감수, 자발성, 예측할 수 없는 감정적 영역으로 이동 중 하나가 되며 이것이 정체성의 모든 부분이 되었다."(Aigen, 2005c, p. 88) 클라이언트가 밴드를 동일시하는 정도에 따라 그는 새로움을 포용함으로써 전환을 지지하는 가치를 내면화한다. 사회적·심리적 기능의 확장은 클라이언트의 불안정성에 따른 제한에 직접적으로 도전할 수 있는 건강 촉진 활동 안에 포함된다. 그리고 클라이언트가 두려움과 저항을 극복할 수 있도록 도와주는 음악을 통해 집단적인 경험을 성취하는 것이 기본 욕망이다.

이러한 관점에서 치료의 과정은―자신의 자아이미지를 재건축하는 것을 포함하는 개인적인 변형을 수반하는―문화적인 통과의례로 여겨질 수 있다. 더욱 안전한 존재 상태에서 전환되는 과정이기 때문에 그것은 참여자가 공동체(communitas)의 느낌 안에서 경계를 경험하도록 한다(Turner, 1969). 공동체에서 사회적 차이는 감소되고 상호성, 평등성과 차이의 부재가 촉진된다. 이러한 특징은 중요한 치료적 도구로서 음악적 공동체를 창조하는 것을 강조하는 접근에서 치료사와 클라이언트 사이의 관계를 특징짓는다.

치료사가 클라이언트와 이러한 평등의 관계를 확립할 때 그리고 그들의 이론적인 체계가 사회적이고 인류학적인 개념을 포함하기 위한 정신역동적인 사고에 의해 제공된 것을 넘어설 때 치료적인 관계의 새로운 형태는 개인의 발달을 촉진하는 강한 사회적 힘의 촉발을 따라서 가능하게 된다. 그러나 치료사들은 그들이 클라이언트가 받는 것처럼 동일한 변형적인 힘을 갖는 과정 안에서 진실되고 편안하게 참여할 때만이 이것을 할 수 있다. 이것은 치료사들에게 치료 경험이 전문적 치료적 관계 안에서의 가능성 정도로 그들에게 의미 있는 것이 되도록 허락한다.

공동체의 느낌은 삶에 있어서 목적을 얻는 중심 요소이며 음악치료사가 이 초점을 그들의 작업에서 합법적인 부분이 되는 것으로 인식하면 그것은 치료에서 중요한 목적이 된다. 음악적 공동체를 함께 경험하는 각 개인은 그 경험이 공유되는 그 사람을 위해, 그리고 경험하는 두 사람을 위해 강한 친밀감을 발달시킬 수 있다. 이러한 경험이 음악치료에서 공유될 때 이것은 치료적 관련성의 중요한 요소가 된다.

이 전체적인 논의는 음악중심 사고에서 임상가들은 그들의 작업에 접근할 때 음악적으로 생각한다는 사실을 강조한다. 음악치료에서 클라이언트와 치료사의 만남은 두 음악가 사이의 만남으로 여겨진다. 이것은 현재 클라이언트가 가지고 있는 장벽을 넘어서 자폐아동, 학대 피해자, 편집증을 보이는 개인들같이 어려움을 보이는 자들과 관계를 확립할 수 있도록 도와준다. 두 음악가 사이의 만남은 치료적인 관계에서 음악성과 평등성을 지지하며 임상 목적의 성취를 촉진하는 요소들은 사회적이고 의사소통적인 기능을 발달시키는 것과 관련이 있다.

음악을 함께 창조하는 기회를 갖는 것을 기본으로 하는 관계에서 치료사로부터 클라이언트에 이르기까지 기본적인 메시지는 "나는 당신을 변화시키고 고치고 통제하고 혹은 치료하기 위해 있습니다."라기보다는 "나는 당신이 음악을 만드는 것을 돕기 위해 여기에 있습니다." (Aigen, 2005a, p. 120)라는 것이다. 클라이언트에게 부과된 요구와 도전은 권위자인 치료사로부터 발생하는 외부적인 것이라기보다는 음악 만들기를 위한 클라이언트 스스로의 기질에서 발생하는 내면적인 것이다. 음악중심 이론에서 음악은 행동적인 접근에서와 정신역동적인 접근에서 치료사에 의해 전형적으로 가정된 것보다 더욱 기능적이 된다.

음악의 내면의 역동성과 과정이 치료사에 의해 의식적으로 직접 인도될 때 결과는 "그렇지 않으면 더욱 문제가 되고 위협적이며 도전적이 될 수 있는 치료의 과정을 몰개성화하게 하는 것이다."(Aigen, 2005a, p. 112) 음악에서 음악치료의 더욱 어려운 요구들의 위치를 결정하는 것은 치료사와 클라이언트의 관계를 마치 음악 만들기에서 본질적인 도전에 직면하는 클라이언트에 의해 사용되기 위한 자원 혹은 안전한 사물처럼 치료사와 클라이언트의 관계를 유지한다. 음악적 기능의 확대된 수준에 의해 제공된 본능적인 만족감은 클라이언트가 음악치료 세션에서 현재 만나는 인지적 · 정서적 · 운동적인 도전을 극복하도록 동기부여한다.

성공으로 가는 길

정신역동적인 지향을 가진 치료사들은 음악중심 임상가들이 치료사와 클라이언트의 관계에서 본질적인 역동성을 탐구하는 것을 무시하는 것이 잘못이라고 한다. 이러한 탐구는 치료가 진행될 수 있는 곳에서 가장 풍성한 방법 중 하나가 된다. 음악중심 임상가들은 정신역동 작업에 존재하는 많은 역동성이 단지 그들의 접근에서는 활성화되지 않는 방법으로 음악을 사용한다. 그들이 나타나는 정도에 따라 더욱 풍성한 전략은 직접 그것과 관련되기보다는 이러한 이슈들을 피해 가는 예술적인 방법으로 음악을 사용하는 것이다. 이러한 입장이 화합될 수 있는가 혹은 최소한 이들 사이에 어느 정도 적응적으로 도달할 수 있을까?

단순한 대답은 양쪽의 관점에 지지자들이 있고, 그들은 서로 다른 치료 체계 안에 존재하고, 그들은 이러한 체계 안에서 이해하고, 그들 사이를 합의하기 위해 혹은 다른 것보다 한 가지를 더욱 이익이 되도록 하기 위한 어떤 압력도 존재하면 안 된다고 하는 것이다. 결국 클라이언트의 관심은 임상적인 목적의 다양성과 이러한 다양성을 지지하는 태도에 의해 최선으로 제공된다. 그러나 이러한 조절을 수행하기 위해서는 음악치료에서 현재 필수적인 것은 아니지만 많은 전문적인 조건이 요구된다.

① 어떤 한 가지의 이론적 전망의 요소들이 학문적 · 전문적인 기준에만 박혀있지 않아야 한다. 이것은 합법적인 임상에서 정신역동적 사고의 요소들이 본질적인 측면으로 고려되는 많은 나라의 경우에만 그런 것은 아니다. 예를 들면, 어떤 사람이 임상 슈퍼바이저로 기능하기 위해서 전이와 역전이 같은 구성개념에 대한 토의가 요구되거나, 혹은 자신의 치료에서 경험에 대한 치료사들의 관점을 요구한다. 이와 같은 표준이 영국과 같은 중요한 음악치료 문화에서 나타날 때, 대안적인 체계의 옹호자는 전문적인 불이익을 받게 된다.

② 어떤 사람에게 서로 다른 접근이―반대되는 실험적인 증거가 없는 한―다른 접근보다 기본적인 수준이 되거나 혹은 더욱 효과적이거나 더욱 진보적인 것으로 여겨져서는 안 된다. 다시 말하면, 여기에서의 중요한 이슈는 치료의 본질적인 요소로서 관계의 다이내믹이 고려되는 정신역동 접근에 있어서 특권이 있는 것으로 보인다. 이러한 형태의 작업이 무의식이 관계한다는 믿음 때문에 다른 형태의 작업보다 더욱 심오한 것처럼 촉진된다. 더 음악 중심적인 대안적 체계들이 더욱 피상적이며, 덜 진보적이고, 상급 수준보다는 입문 수준에 더 적합한 것으로 고려된다. 진정한 전문성이 존재하도록 인정하기 위해서는 정신역동 이론가들이 무의식 같은 존재와 모두는 아니지만 몇몇 이론적인 체계 안에서 존재하는

전이 같은 과정을 인정하는 것이 필요하다. 그들은 모든 임상가를 위해 존재할 필요는 없지만 음악치료 임상 수준과 윤리적 임상을 위한 지침을 결정하도록 부추기면 안 된다. 임상의 차이는 존재하지 않다고 말하지 않는다. 이러한 수준들이 단지 정신역동적 사고가 적용되는 정도에 따라 결정될 수는 없다고 한다.

③ 모든 관점을 존중하도록 강조하는 것이 클라이언트에게 이익이 된다. 기본적으로 음악 안에서 작업하는 것에 대한 스스로의 불안과 불완전함에 의해 결정되는 이론을 옹호하는 치료사들이 있을 수 있다. 그들 자신의 무의식적 두려움과 어려움에 직면할 수 없다는 것에 의해 결정되는 이론을 옹호하는 음악중심 음악치료사들도 있을 수 있다. 그러나 그 어떤 것도 이러한 위치를 지지 혹은 반대하지 않는다. 음악중심 작업이 단지 클라이언트에게 중요하고 기본적인 것이 될 수 있다는 정신역동 치료사들의 이해는 또한 클라이언트에게 이용할 수 있는 정신역동 접근을 위한 긍정적인 이유가 있다는 음악중심 치료사들에 의한 합의에 의해 균형을 맞추어야 한다.

음악치료에서 클라이언트-치료사의 관계에 대한 사람들의 관점은 이전 장에서 논의된 다른 이슈의 어떤 것들과 역시 연결이 된다. 음악치료는 심리치료의 한 형태인가? 음악치료사의 정체성은 치료적 목적을 위해 작업하는 음악가인가 혹은 음악을 사용하는 치료사인가? 음악치료는 기본적으로 건강 관련 영역인가 아니면 예술의 영역인가? 이러한 질문에 대한 답이 지역 음악치료 공동체에서 합의를 얻을 때까지 가장 좋은 과정은 치료관계의 모든 관점을 인정하고 윤리적 임상과 합법화를 위한 규정을 제정하기 위한 특별한 관점의 요소를 이용하지 않는 것이다.

Note

1. Tyson의 글들은 1959년에 기록되었으며 2004년에 편집되었다.

제4부

음악치료가 다른 치료와
어떻게 관련이 되는가

음악치료와 전통적인 음악치유

개 요

　서양에서 전문적인 임상 영역으로서의 음악치료는 미국에서 처음 출현하였고, 이후 북유럽, 남아메리카, 오스트리아, 그리고 아시아로 전파되었다. 이러한 임상이 가장 느리게 발달되어 왔고 음악치료의 개념 및 실행과 음악을 사용하여 오랫동안 존재해 온 그 지역의 치유의 개념 및 실행이 충돌한 곳이 바로 아프리카다. 제1장에서의 논의는 음악을 사용하면서 오랫동안 지속되어 온 치유 임상의 연속선상에 음악치료가 존재하는가 그렇지 않은가를 고려하였다. 시간적인 연속성에 대한 질문이 고려된 제1장부터의 역사적인 조사와는 달리, 이 장과 제10장은 문화·사회적인 관점을 더 많이 취하였는데, 현재 전문 영역과 비서양 문화에서 중요하게 존재하는 치유 임상 사이에서 지역적인 연속성을 조사하였다.

　두 가지 형태의 중요한 질문이 이 지역에서의 음악치료 문헌에 초점을 맞추었다. 첫 번째, 음악치료는 음악을 사용하는 주술적인 형태인가 혹은 근본적으로 이러한 임상과 차이가 있는가? 두 번째, 비서양 문화에서 음악치유 임상은 음악치료로 인정되어야 하는가? 비록 음악치료와 음악을 사용하는 주술 사이의 관계를 조사하는 데 있어서 근본적으로 다른 지향점을 사용하지만 이러한 두 가지 질문은 유사하다. 첫 번째 질문은 음악치료사가 일반적으로 주술사의 역할로 이해되는 것에 딱 맞는 사회적 역할을 수행하는지 아닌지를 고려하는 것이다. 두 번째 질문은 이 지향점과는 다르며 음악치유 의식에서 발생하는 것이 음악치료의 일반적인 기준에 적합한지 여부를 고려하는 것이다.

서양 문화에서는 다양한 개인과 시스템이 소리치유자 혹은 음악치유자로 종사하는데, 이 둘은 음악치료와는 매우 다른 새로운 세대의 임상을 대표한다. 공인된 대학에서 전문과정이 없으며 정부나 연구소에 의해 인정되거나 전문적으로 승인된 전문성도 없다. 그들의 임상은 동양의 영적인 영역으로부터 야기된 비밀스러운 근거를 따르는데, 그 근거는 물리학, 음양학, 생리학 같은 현시대의 과학적인 형태를 불러일으키는 건강 관련 작업을 하는 사람들보다 전통적인 치료사의 임상과 더욱 유사한 경향이 있다. Crowe와 Scovel(1996)은 이러한 임상에 대한 비판적이지 않은 개관을 제시하였다.

이 지역의 활동들은 음악치료와 전통적인 음악치유 사이에 중요한 연결을 제공하는 것으로 보인다. 그러나 실행의 이러한 영역은 Lisa Summer(1996)의 매우 뛰어난 연구에서 혼란과 잘못된 기초를 드러내었다. 음악치료와 음악을 사용하는 의식적인 치유 사이의 관계를 탐구하는 연구는 최근에 급증하고 있는 반면, Crowe와 Scovel의 출판물 이후 음악치료 문헌에서 서양 스타일의 음악을 사용하는 치유임상에 집중한 문헌은 거의 없다. 따라서 이 책에서는 이러한 두 영역 사이의 관계를 탐구하지 않을 것이다.

음악치료는 주술수행의 연속인가

    음악치료와 샤머니즘 사이의 관련성을 고려하기 위해, 전 세계를 통해 현재 음악치료 임상의 역사적이고 다문화적인 맥락에서 음악치료가 어떻게 발전되었는가를 고려하는 것이 필요하다. 많은 저자가 서양의 음악치료는 주술적인 음악임상의 현재 버전이라는 역사적인 연속성을 언급한다. Moreno(1988a)는 현대 음악치료의 전문성을 "여전히 전 세계적으로 존재하고 있는 3만 년 지속된 주술적인 음악과 치유의 연속선상에서 발달되면서 전문화된 최근의 것" 이상은 아니라고 하였다(p. 271). Winn, Crowe와 Moreno(1989) 또한 역사 이전의 음악치료의 기원에 대해 작업하였는데 음악치료의 기원이 "치료를 위해 주술사와 치유 노래를 부르면서 드럼비트를 사용했던 2만 년 전으로 거슬러 올라간다."라고 주장하였다.

    Winn 등은 또한 주술사와 음악치료사에 의해 중재된 활동에서 유사성을 언급하였는데, 특히 각 개인의 특정한 상황과 필요에 따라 원형적인 지혜를 전달하고 특정한 적용을 발달시키는 데 노래가 사용된다는 점에서 유사성이 있다. 음악치료의 역사적인 전신으로서의 샤머니즘을 확립하는 것이 타당하다. 왜냐하면 "많은 주술적인 유사성이 음악치료 임상의 표면 아래 존재하기" 때문이다(p. 70). 음악치료의 전신으로서 샤머니즘에 대한 인식의 증가는 음악치료사들이 "음악치료에서 의식적으로 샤먼적인 기법을 더 많이" 사용하도록 격려하여야 하는데(p. 70), 이렇게 하는 것이 현대 임상의 깊이와 폭을 확장할 수 있기 때문이다.

    Moreno(1988a)는 종족의 맥락에서 치료사와 클라이언트의 관계, 샤먼과 치료받는 사람의 관계, 비임상적인 상황에서 감상자와 음악가의 관계 사이에 강한 유사성이 존재한다고 하였다. 이러한 유사성은 현대 서양사회에서 창조적인 예술치료의 전문적인 구조─예술치료, 동작치료, 음악치료와 같이 훈련에 의해 엄격하게 구분되는—가 현대사회의 과도한 전문성을 반영한다고 주장하는 데 사용된다. Shaun McNiff(1988)는 창조적인 예술치료사는 다방면으로 아는 지식인이 되어야 한다고 믿는데, 이들은 어떤 예술적 매체도 샤먼적인 활동을 반영하고 다시 인간의 요구를 반영하기 때문에 예술적 매체 안에서 활동을 할 준비를 한다.

예술치료들을 샤머니즘의 형태로 보는 저자들은 또한 그들이 심리치료의 특징인 심리적인 요구에 추가하여 종교적 · 영적 요구를 만족한다고 주장한다. McNiff(1988)는 "샤머니즘, 치료, 예술, 종교 같은 개념"은 "행동, 리듬, 활동, 이미지" 같은 내용과 동일한 기원을 가지며(p. 285) 또한 현대의 개념은 인위적으로 그들 사이를 분리하기 위한 것뿐이라고 말한다. 이러한 선상에서 McNiff는 또한 창조적인 예술치료는 근본적인 예술성에 의해 인도되며 이 영역에서의 임상과 이론이 "20세기 동안 정신건강 시스템에 의해 안내되는 심리적인 이론에 의한 것보다 종교적이며 샤먼적 · 예술적인 것으로부터의 개념"에 의해 알려질 때 더 좋은 역할을 할 것으로 믿는다. 예술적인 임상과 샤먼적인 임상은 신성스러운 하나이며 "예술가는 무의식적으로 샤먼의 작업들을 전달한다." (p. 285) McNiff는 샤먼이라는 용어를 사용하는 것에 대해 주의를 하면서도, 창조적 예술치료사로서 그가 하는 모든 일에 적합하고 모든 것을 포함할 수 있기 때문에 이 용어를 사용한다. 이러한 활동들은 인간의 본능적인 종교적 충동의 근원이 되기 때문에 "전통적인 심리 구조"(p. 290)를 초월한다.

Winn 등이 제시한 한 가지 포인트는 샤머니즘에서 음악의 최면 같은 효과와 관련이 있다. 최면 상태를 만들기 위해 음악을 사용하면서 창조적이며 표현적인 양식 같은 음악의 본질적인 특징은 이용하지 않는다. 대신에 치유 이미지를 출현하도록 하기 위해 음악이 두뇌에 영향을 미치도록 하는 데 초점이 있다. 따라서 음악치료와 샤머니즘을 연속선상에 있는 유사한 것으로 보지 않는다고 주장하는 사람들에 의한 한 가지 도전은 음악치료의 중심인 클라이언트의 표현적·창조적·예술적인 충동의 활성화가 샤머니즘에서는 유사하게 보이지 않는다는 것이다.

음악치료를 샤머니즘의 형태로서 확립하기 위한 수많은 노력은 GIM과 관련이 있는데, 이것은 치유 이미지를 불러일으키기 위해 변형된 의식의 상태를 사용하기 때문에 그 자체로 유사하다. Kovach(1985)는 샤머니즘에서 도달하는 황홀경의 상태가 GIM 경험에서 만나는 변형된 의식의 상태와 유사하다고 생각한다. 이 두 가지 영역 사이에는 많은 유사점이 있다. 즉, 공유된 의식의 구조, 각 활동에서 이루어지는 네 가지 단계, 경험을 특징화하는 주제, 죽음과 재탄생, 보이지 않은 세계와 영역에서 상승과 하강, 그리고 GIM에서 의식의 상태로 구분되는 세 개의 영역과 샤머니즘에서 의식의 세계의 구분이다.

GIM과 샤머니즘에서의 한 가지 중요한 차이는 샤먼의 변형된 의식 상태는 자신을 위하는 입문의식이 제외되는 것이다. 주술사는 일반적으로 다른 사람의 이익을 위해 스스로 변형된 의식 상태로 들어간다. 치료를 받는 사람들은 일반적으로 주술사의 감각에서 여행을 하지 않는다. 이것이 GIM과의 차이인데, 변형된 의식 상태로 들어가는 치료를 받는 사람(클라이언트)은 치유의 수요자와 같다. 그러나 더 일반적인 관점에서 반대되는 논쟁을 보면, Winn, Crowe와 Moreno(1989)는 단지 여행을 하는 주술사뿐만 아니라 때때로 음악이 환자들의 여행을 위한 운반자가 된다고 한다. 예를 들면, "주술사의 찬트가 올바른 장소로 영혼을 안착시키고 돌아오게 하기 위해서 환자들이 여행하는 데 책임이 있을 수도 있는 더욱 심각한 영혼의 손실이 있는 경우"에서다 (p. 68). 그러나 이러한 관점은 오히려 일반적 규칙의 예외를 강조하는 사소한 것으로 보인다.

치료와 샤머니즘의 기본적인 차이는 두 영역에서의 질병의 원인에 대한 근본적인 차이에서 기인한다. 샤머니즘에서 질병은 영적인 세계에서의 문제에 기인하며 주술사는 이 세계와 서비스를 받는 수용자의 문제를 해결하거나 치료하는 데 영향을 미치는 일상세계 사이에서 중재를 한다고 믿는다. GIM에서 수용자는 변형된 상태를 경험한다. 치료는 내면적인 것으로 믿어지며 치유는 강점과 통찰의 내면의 근원으로 접근함을 통해 발생하는 자기 치유다.

모든 클라이언트는 변형된 상태에 도달할 수 있다는 것과 대조적으로, 주술사는 치료가 발생하는 영역으로 들어갈 수 있는 유일한 특권을 가진 사람이라고 여겨진다. 내적인 통찰력을 얻는 것이 두 가지 임상 모두와 관련되더라도 샤머니즘에서 변형된 의식 상태에 들어가는 사람은 치유자인 반면, 음악치료에서 이 경험을 갖는 사람은 클라이언트라는 사실은 음악치료가 샤머니즘의 한 형태라는 논쟁에 대항하여 근본적인 차이를 보여 주는 것이다.

이러한 점을 더욱 지지하는 것은 주술사라는 용어를 "신비적·종교적 전통과 맞춰 명명하며, 기본 사명은 인간과 초자연 사이를 선언하다."라고 한 Claire Schmais(1988)에 의해 조심스럽게 언급되었다. 반대로 창조적 예술치료사라는 용어는 "과학과 예술이 치료의 관점에서 연결된 세속적인 전통"에 맞추었다고 제안한다(p. 301). 많은 임상적·개념적·전문적 이유 때문에 Schmais는 창조적인 예술치료사를 현재의 주술사로 고려하는 것에 대해 회의적으로 표현하였다.

음악치료와 샤먼적인 치유 사이에 적절한 관련성을 강조하면서 그들 사이의 유사점과 차이점을 존중하는 것이 중요하다. 음악치료의 샤머니즘과의 유사성 탐구를 위한 첫 번째 노력은 "음악치료 안에서의 관심은 음악을 사용하는 다른 의식뿐만 아니라 치유의 샤머니즘적인 형태를 실현하는 것에서 시작되었다."(Aigen, 1991a, p. 85) 따라서 음악치료사들이 클라이언트가 스스로 전환되거나 혹은 음악을 통한 다른 사람과의 관계가 샤머니즘적인 치유 안에서 강하게 연결되도록 돕는 노력을 하는 것은 매우 자연스러운 것이다. 음악치료에서 초월적인 사상에 대한 관심은 이러한 역사적인 근원의 인식을 반영한다.

이러한 두 가지 영역 사이의 연결을 설명하는 모든 저자는 치료사와 주술사의 기능은 보이지 않는 세계로 들어가는 것이며 강점, 건강, 지혜의 근원에 접근하는 것이라고 말한다. 음악치료와 샤머니즘의 연결을 확립하는 한 가지 전략은 개인적이고 집단적인 무의식 같은 주술사의 보이지 않는 영역을 고려하면서 주술사가 하는 일을 현재의 심리적인 용어로 설명하는 것이다. 주술사는 인간을 달래 주는 협력자이며 숨겨진 정신을 명확하게 해 주는 사람으로 이해될 수 있다. "주술사는 클라이언트가 깊은 두려움과 싸우고 극복하도록 하고 진정한 자아로 대표되는 지혜의 원형적인 근원으로부터 배우는 것을 격려하며 그래서 다양한 정신 구조 사이의 건강한 관계를 촉진하도록 하면서 이러한 요소들의 구성적인 연결을 촉진한다."(Aigen, 1991a, p. 88)

　이러한 전략은 필연적으로 합리적이고 현대적인 세계관의 특권을 요구하지 않는다. 대신 그것은 동일한 과정을 설명하는 두 가지 양식의 이해 사이의 번역이 필요하다. 주술사가 "진정"으로 하는 것이 "외부세계와 접촉함을 가장하여 숨겨진 정신의 부분"을 분명하게 드러내는 것은 아니다(Aigen, 1991a, p. 88). 샤머니즘적 치유에 대한 역동적인 해석은 인식론적 세계관 사이의 번역이다. 초자아, 이드, 그림자, 아니마, 부모 자아상태, 내면아이 같은 본질을 구성하는 심리적인 구조의 현 시대적 분류에 대한 믿음은 현재 다양한 신 혹은 영적 존재에 대한 믿음보다 본질적으로 더욱 이성적인 것은 아니다. 심리학적인 분류는 현시대의 신화학으로서의 역할을 한다. 그들은 인간 마음에 숨겨진 영역에 대한 지배를 얻을 수 있고 개념화할 수 있는 수단을 제공한다. 그러나 복수심에 불타는 초자아의 영향을 받는 각 개인 행동 특성이 본질적으로 매우 노한 악마 혹은 영적인 힘에 대항하는 것에 영향을 받는 행동보다 더욱 이성적이라는 것은 분명하지 않다.

　결국, 샤먼적인 의식과 음악치료 사이의 연결성을 탐구하는 것에 있어 그 목적은 의미와 효율을 제공하는 문화적인 맥락으로부터 제거된 전자의 개념화(샤먼의 것)로 돌아가는 것이 아니다. 대신에 그 생각은 더욱 균형 있고 강한 전문적인 임상을 발달시키기 위해 현대 음악치료사의 기능을 주술사의 기능과 유사한 방법에서 이해하는가에 대한 것이다.

　주술사가 하는 작업의 효율은 샤머니즘이 발달된 문화적이고 인식론적인 맥락과 친밀하게 연결되어 있다. 이러한 맥락들이 현재 사회에서는 존재하지 않는다는 것은 고대의 역할을 유지하는 것과 반대되는 주장이다. 그러나 주술사의 역할을 본질적으로 이해하는 것이 가치가 없다는 의미는 아니다. 인간의 건강을 촉진하기 위한 신화, 의식, 창조적 활동을 믿는 음악치료사에게는 이미 주술적인 활동이 완성된 사회적이고 심리학적인 필요가 요구된다.

인격의 측면이 오랫동안 분리되어 재연결하는 클라이언트 치료는 단지 그들을 비평 없이 합치는 것이 아닌, 그들을 현재 자아와 통합하기를 권장한다. 유사한 맥락에서 음악치료사가 치유에서 음악을 사용하는 기타의 의식과 주술사에 대해 더 많이 아는 것에 따라서, 그리고 문화적이고 학문적인 조사를 확대하면서 가장 유익한 방침은 진보보다는 퇴보의 형태인 심리적인 관점에서 단순히 결합하기보다는 이러한 지식과 현대의 세계관을 반영하는 임상적 신념과 실행인 합리적 기반을 통합하는 것이다.

문화에 영향을 미친다는 생각은 음악치료에 만연되어 있지만 불충분하다고 Stige(2003)는 생각하였다. 문화의 영향을 인식하는 것은 음악치료를 위해서 전통적인 치유 임상의 적용을 고려하는 것이다. 이 생각은 치유의 의식을 현대의 임상으로 불러오는 것은 아니다. 대신에 Stige는 음악치료사가 음악에 통합된 전통적인 치유 의식을 더욱 자세하게 탐구함을 통해 얻어진 세 가지 영역이 있다고 한다. 첫째, 음악치료사에게 친숙하지 않은 것을 조사하는 것은 자신의 이론과 임상에 포함된 기본적인 가정을 더욱 잘 인식할 수 있도록 돕는다. 둘째, 치유 의식에 관한 학습은 현대 임상에 기대하지 않은 유사성을 발견할 수 있다. 이것은 다시 "음악 만들기와 음악치료를 위해 공유된 생물학적인 근원에 대한 통찰을 돕는다." (p. 404) 셋째, 서로 다른 분야로부터 음악치유 임상에 대해 아는 것은 임상가들이 문화의 영향에 대한 민감성을 더욱 발달시킬 수 있도록 도와주는데, 때때로 이것은 임상가들이 다문화적 맥락에서 더욱 영역을 확대하는 것이 된다.

음악치유는 음악치료의 원조인가

Horden(2000c)은 음악치료사들이 그들의 작업의 사회적 맥락을 무시하는 것에 대해 비평하였다. 그리고 "음악과 치유의 사회인류학"(p. 16)은 그들이 직면하는 개념적이며 평가적인 어려움을 다루는 음악치료를 지지할 수 있는 일련의 지식 체계를 나타낸다고 제안하였다. Horden은 영에 의해 야기되는 것으로 개념화된 그리고 음악, 춤, 이미지를 포함한 의식을 통해 강조된 아프리카 남부 사하라 문화에서의 괴로움을 설명하였다. 그는 또한 그가 명명한 '사회-신체화'(정신-신체화의 반대)라는 상태에 대해 설명하였는데, 그 원인은 사회적이며 "자본주의의 질병으로부터" 이 사회의 건강을 보호하는 수단으로 발달된 것이라고 설명하였다(Prins: Horden, 2000c, p. 17에서 인용).

Horden(2000c)은 음악치유사와 현재의 음악치료사의 접점으로서, 음악적인 치료가 개별화되고 즉흥적이며 "환자와 치유자 모두에게" 특별한 방법으로 발달된다는 점에서 유사하다고 하였다(p. 17). Horden은 음악치료사와 사회인류학자들이 각각 다른 사람의 노력을 무시하고 흔히 음악적으로 자세한 문헌이 발표되지 않고 있는 현재 상황에 대해 안타까워하였다.

음악치료의 형태로 비서양의 치유임상에 대해 기록했던 몇몇의 음악치료사가 있다. Moreno(1995a)는 음악치유 임상과 서양의 음악치료를 동일시한다. 그는 "치료로서 음악은 '음악치료라고 설명되지 않아도' 현재 많은 부족과 아시아, 아프리카, 오스트레일리아, 미국, 오세아니아, 유럽 지역의 기술이 발달되지 않는 다른 나라에서 번성하고 있다."라고 주장한다(Moreno, 1988a, p. 271). 그의 논문을 지지하기 위해 Moreno는 많은 나라에서 음악은 치유로서 기능한다는 사실을 언급하였다. 그는 또한 아프리카 사하라 사막 이남의 다성부적인 리듬 음악 연주를 참고하였으며 이러한 음악에서 "음악치료사와 클라이언트 사이에 그리고 주술사와 환자 사이에 존재할 수 있는" 공통 요소로서 리듬동조화(entrainment)를 발견하였다(p. 271).

Moreno는 아프리카계 브라질 지역의 칸돔블레(candomblé)[1]를 탐구하면서 종교적인 신념 체계와 임상이 치료와 얼마나 유사한가에 대해 강조하였다. 그는 치료와 이러한 형태의 종교적인 임상을 동일시하였는데, 왜냐하면 이들이 "삶의 문제에 대처하고 그룹의 지지를 제공하면서 그들의 지지자를 돕는 신념 체계를 제공하기" 때문이다(1995a, p. 218). 칸돔블레에서는 음악이 매우 중요하기 때문에 음악치료에 특히 흥미를 가지고 있다. 이것은 입문 의식이 진행되는 동안 끊임없이 제시되고 있으며 영적인 소유를 이끌어 내고 의식의 서로 다른 단계 사이에서의 전환에 영향을 미친다.

Moreno는 두 영역 사이에 존재하는 많은 유사점을 확립한다. 첫째, 종교 집단의 리더는 초심자의 개성, 필요, 어려움 영역에 익숙하기 위한 새로운 시작 시기가 있고 다음에 그들이 해야 하는 적합한 영적인 것을 결정한다. 이것은 정신과에서의 진단과정과 유사하다. 둘째, 영성은 초심자의 개성에 맞게 선택된다. 이것이 치료의 초기에 발생하는 타당성과 유사하며 이는 자긍심을 확립하고 과정에서 신뢰를 형성하는 데 중요하다. 셋째, 시작과정에서 음악은 다양하게 기능한다. 이것은 두 개의 중요한 변형된 의식 상태를 유지하는 데 드럼 연주와 노래를 통해 적절한 영성을 소유한 사람을 자극한다. 그리고 그것을 소유한 사람에게서 끌어내고 춤을 추며, 사회적인 현실로부터 두려움을 감소시키기 위해 전환 상태를 불러일으킨다. 넷째, 칸돔블레는 사회적으로 인정된 형태로 정서를 방출하고 표현하게 해 준다. 각 사람의 영성의 표현은 서양적 관점에서는 일상적으로는 억압되는 각 사람의 정서적 방출로 보일 수 있다.

Moreno는 이러한 문화에서 서양의 개별 음악치료 실행을 지지하지 않는다. 왜냐하면 그들은 이미 그들에게 문화적으로 친숙한 형태로 적절한 '치료'가 있기 때문이다. 그는 대조되는 세계관을 기본으로 하는 서양의 음악치료로부터의 이익이 없다고 주장한다. 서양인을 위한 치료는 종교를 통해 만족된다고 주장하기 어렵다. 이것은 치료로서의 종교다.

아프리카 지역은 현대 음악치료가 가장 적게 보급된 것으로 보이기 때문에 의식적인 음악임상이 음악치료의 형태로 고려되어야 하는지 여부에 대해 조사하기에 적절한 맥락을 제공한다. 이러한 점을 주장하는 몇몇의 저자는 아프리카 음악은 공공연한 치유임상은 아니며 본질적으로 치료적이라고 한다.

예를 들어, A-E. Mereni(1996)는 치유가 음악의 자연적인 기능이라고 생각하며 아프리카의 맥락에서 음악치료는 유사한 것일 수 있다고 설명하였다. 음악의 기본적인 철학은 음악의 힘이 치유 혹은 정화를 얻는 데 사용되는 것이다. 음악치료에 어떤 접근은 특정 아프리카 문화 내에서 효과적인 치료로서 고려되기 위해 전통적인 음악 기법에 통합되어야 한다. 어떤 음악은 영성과 교감할 수 있을 만큼 매우 특별하다. 어떤 신성화된 악기는 신과 연결되도록 도와주며 어떤 악기들은 신의 목소리 같은 소리들을 만들어 낸다. 그러나 신의 메시지가 모두 이해될 수 있는 것은 아니다. 그것은 특별한 사람에 의해 해석되어야 하고, 이 신념은 "아프리카에서 전통적인 음악치료적인 임상을 이해하기 위한 기본이다."(p. 20)

Mereni는 다양한 신/영적인 존재에게 목소리가 있다고 하며 서양적인 관점에서 말하는 정신의 요소와 연결하였다. 아프리카 사람들이 토착임상에서 음악을 치유에 사용할 만큼 그들은 이미 서양의 틀 안에서 음악치료로 여겨지는 것을 적용하였다. 더욱이 장애의 원인이 개인성보다는 영적 행위에 기인한다고 하지만 서양의 맥락에서 신경증이나 정신과적 문제로 여겨지는 일반적인 장애들을 위해 중요한 치료로서 음악이 사용된다.

아프리카에서 치료의 본질을 이해하기에 적절한 음악 사용의 중요성은 서로 다른 세 가지 경우에 발생한다. 그것은 입문 의식, 퇴마 의식, 장례식이다. Moreni(1997)는 일차적으로 그들의 두려움, 불안, 고통 같은 감정을 경감하기 위해 음악치료 세션에서 음악을 사용하는 것처럼 합법적으로 사용할 수 있다고 주장한다.

참여자들은 음악의 치유적인 움직임을 개별적으로 받으며 음악의 진동으로부터 얻기도 하고 혹은 음악에 적극적으로 참여하며 음악을 창조하기 위해 사용하는 신체 진동으로부터 이익을 얻기도 한다. 각 사례에서 활동은 수용적 혹은 적극적 음악치료의 사례로 여겨진다. 치료는 이종요법 혹은 동종요법이 될 수 있다. 적절한 치료가 참여자의 전문성에 의해 개별적으로 결정되기 때문에 어려움도 법칙도 없다. 이러한 임상과 서양의 접근 사이의 비교를 보면 기본적인 체계는 의료적이기보다는 더욱 심리치료적인 것으로 보인다.

케냐인의 맥락에서 서술하면서, Bernhard Kigunda(2003)는 용어에 대한 복잡한 이슈를 강조하였다. 그는 전통적인 관점에서 음악 그 자체는 일반적으로 치유에 사용되며 따라서 음악치료라는 용어를 사용할 필요에 대한 의문이 있다고 하였다. 이것은 불필요한 것으로 보일 수 있다. 서양에서 음악치료라는 것은 단지 케냐에서는 음악으로 불릴 수 있다.

Kigunda(2003)가 논의하는 또 다른 이슈는 음악치료가 되기 위한 어떤 것을 위해 전문음악치료사의 출현이 요구되는 서양의 개념에서의 필요성이다. 케냐에서 Kigunda는 "훈련된 치료사 없이 치료를 위해 음악을 사용하는 곳"이 있다고 주장한다(Kigunda, 2003, "관련된 문헌", 다섯 번째 문단). 심지어 이러한 역할에 대한 완화된 개념이 Kigunda에게는 너무 지나치다. 그는 아프리카 맥락에서 일반적인 설명을 위해 Carolyn Kenny(1989)의 정의를 인용했지만 이는 궁극적으로 치료사의 역할의 개념에 대한 언급이기 때문에 부적절해 보인다.

음악치료는 전체적으로 개인과 사회의 발달과 건강의 필요를 위한 인간의 이슈와 음악의 치유 측면을 결합한 형태이며 과정이다. 음악치료사는 클라이언트가 건강과 웰빙으로 나아갈 수 있도록 음악적 경험을 제공하면서 안내자로서의 역할을 한다.

(Kenny, 1989, p. 9)

Kigunda는 클라이언트에 대한 음악치료의 영향과 의식 참가자들에 대한 음악의 영향이 유사하다는 사실이 치료사가 이러한 경험들을 발생시키기 위해 필요하지 않을 수도 있을 뿐 아니라 두 영역 사이에 강한 연결이 있다는 것을 제시한다. 그러나 Kigunda는 치료사의 의도 혹은 초점과 일차적으로 일치할 수도 있는 클라이언트 경험의 측면이 치유의 의식에서 발생하는 것과 가장 유사한 것이 된다는 것을 언급하였다. 임상음악치료 문헌에서 의식의 변형, 무의식에의 접근, 신화적·영적인 경험 등의 중요성이 감소되는 현상은 Kigunda가 음악에서의 치유 의식에서 발생하는 것과 유사하다고 확인한 바로 그것이다. 그는 클라이언트에게 미치는 영향의 유사성을 관찰하면서 치료사의 의도가 치료와 의식의 차이를 강조하는 것일 수 있다고 하였다.

Kigunda는 음악치료라는 용어가 훈련된 치료사에 의해 실행되지는 않지만 전통적으로 음악을 사용하는 것으로 적용되기를 원하는 반면, 그는 또한 음악치료의 전문화가 케냐에서 실행될 수 있는 중요한 단계라고 믿는다. 그는 음악이 치유의 의도를 가지고 사용된다면 이것이 단순히 특정 활동이 음악치료라고 고려되는가를 결정하는 기준이 되어야 한다고 주장하였다. 그는 "현대 음악치료 의미에 있어서 더 폭넓은 영역의 제안"은 인정하였지만 그는 이것이 "현대 음악치료에서 전문성의 성장"을 방해하는 것은 아니라고 믿었다 (Kigunda, 2003, "토의", 네 번째 문단).

Kigunda(2003)는 케냐에서 음악치료가 발전할 수 있도록 전통적인 치유가 음악치료의 형태로 인정되기를 원한다. 그러나 그는 또한 아프리카 학계에서 이러한 입장을 가진 사람들이 그들이 어떤 방향으로 움직여야 하는가에 대해 혼란스러워한다고 하였다. 전통적인 치유의 방법은 친숙하지만 체계적이지 않고 효과의 적용이 합리적으로 설명되지 않는다. 현대 음악치료는 합리적이며 체계적인 근거를 가지고 있지만 그 임상과 근거는 대부분 알려져 있지 않다. 이러한 딜레마는 "음악치료가 케냐에서 여전히 이름이 없거나/익명으로 남아 있는" 이유라고 설명하였다(2003, "토의", 다섯 번째 문단).

음악치료처럼 전문성을 정의하는 것이 일차적으로 중요한 이유는 임상 서비스를 받는 수용자를 보호하기 위한 것이다. 전문 음악치료사 없이 음악치료가 발생할 수 있다고 동의하는 것은 전문성을 규정하기 위한 기본 가정에 대항하는 것이다. 이것은 서양의 체계에 의하면 처음부터 재고할 가치가 없는 것처럼 보인다. 누워 있는 사람이 의료 행위 없이 자신의 이익을 위해 약초를 먹을 수 있는 것처럼, 사람들이 치료적인 목적을 위해 음악을 적용하는 많은 방법이 치료를 수행하는 것을 암시해서는 안 된다.

아프리카에서 치료로서 설명되는 모든 의식이 이러한 유형의 주장에 의존하는 것은 아니다. John Janzen(2000)은 치료의 형태로 ngoma(축제)를 탐구하면서 아프리카에서 서양의 음악치료가 이런 토착의 전통에서 무시되는 것을 비평하였다. 그는 ngoma를 '치료적 입문에서의 상담과 지지'라고 설명함으로써 서양의 관점에서 치료와 강하게 연결된다고 주장한다(p. 46). ngoma라는 단어가 영어로 해석될 때 다양한 의미를 갖지만 Janzen은 치료적 과정을 특징짓는 활동과 동일한 순서를 설명하는 데 본질이 된다고 믿었다. 음악치료에 대한 그것의 적절성은 이것이 "음악이 중심이 된 고대의 전통적인 아프리카 의식의 치료적인 과정"(p. 46)이라는 것이다.

더욱이 ngoma에서 필수적인 음악의 개념은 산물로서의 음악보다 치료에서의 음악과 더욱 일치한다. Janzen(2000)은 전통적으로 서양에서 음악은 "음악이 참여자들 사이에 활력을 주기보다는 청중 앞에서 연주하는 것"으로 제한된다고 주장한다(p. 47). 후자에 언급한 ngoma의 특징인 음악의 참여성은 대부분의 음악치료사가 또한 지지하는 개념이다.

ngoma의 실행자는 치유의 힘 때문에 그것이 종교보다는 의료 형태라고 한다. Janzen(2000)은 노래, 춤, 카타르시스를 불러일으키는 결합이 ngoma를 서양의 음악치료에 대한 기술적인 접근보다 덜 치료적인 것은 아니라고 주장한다. 그는 이러한 형식을 음악치료의 형태로 자격을 부여하는 치유에 초점을 맞춘 Kigunda와 유사한 입장을 채택하였고, 더 나아가 음악치료사들이 "아프리카의 음악적인 치료"를 무시하는 것을 비판하였다(p. 47). 마찬가지로 그는 그들의 연구에서 음악과 의학 혹은 음악과 치료를 언급하지 않는 민족음악학자들을 비판하였다. 그에게는 전통적인 임상의 주변화가 이러한 방향으로부터 나온 것이다.

Janzen(2000)은 Mercédès Pavlicevic(1997, Janzen은 1998로 잘못 확인하였음)의 글을 고려하였는데, 그는 실제 임상에서 잠재적인 ngoma의 잠재력을 무시하지만 또한 "음악치료로서 ngoma와 양립하여 나타나는 관점"을 강조하였다(p. 60). Janzen이 ngoma를 치료로서 고려하기에 적합하다고 믿는 것이 pavlicevic의 이론에서는 사회적이고 맥락적인 요소를 강조하는 것이 되었다. 그러나 음악의 사회적 형태처럼 ngoma의 편만성은 임상보다 다른 목적으로 치료로서 음악을 고려하는 Pavlicevic의 생각에 불리하게 되었다.

아프리카의 치유 의식에 참여한 그녀의 개인적인 경험은 Pavlicevic(2001)을 음악치료가 그것으로부터 얻어지는 어떤 것인가에 대한 질문으로 이끌었다. 그러나 그녀는 일반적으로 음악을 만드는 것에 대한 접근과 아프리카 사람들의 세계관이 음악치료의 많은 것을 제공한다고 확신하였다. 그녀는 음악 치유 임상의 초자연적이고 종교적인 맥락이 음악치료와 메울 수 없는 큰 차이를 만든다고 생각한다. 그러나 그녀는 아프리카 음악에서 기본적인 음악성과 표현, 교류의 형식이 서양의 음악치료 임상에 의미 있게 적합하다고 생각한다.

Janzen은 ngoma의 모든 치료적인 효율성은 음악, 춤, 의식, 약초, 가족, 지역, 개시, 치유자 같은 모든 요소의 통합에 기인한다고 생각한다. 그러나 학자들과 정부조직이 이러한 전체성에 대해 발표할 때 ngoma의 특성은 잘못 설명될 수 있다. 이것은 현대 서양의 전문화된 접근과 비교할 때 더욱 원초적인 것으로 고려된다. 따라서 Janzen(2000)은 ngoma를 음악치료로 생각하는 것은 단지 한 영역만을 이해하는 것이며 사실 ngoma를 치료라고 부르는 것은 아마도 이미 왜곡된 것이라고 믿었다.

이와 대조적인 측면에서 Janzen의 관점은 비서양 지역에서 음악을 사용하는 치유를 음악치료로 고려하는 데 있어서 양면성을 반영한다. 한편으로, 그는 ngoma가 효과성, 건강 지향, 임상가에 의한 가치 부여, 음악을 통한 감정 강조라는 점에서 음악치료로 고려되기를 원한다. 그는 용어를 이해하고 사용하는 것을 개인적으로 어려워하여 치료로 고려하지 않는 서양의 음악치료사를 비평한다. 다른 한편으로, 그는 또한 ngoma가 서양의 음악치료 개념보다 더욱 광범위한 것이며 분리해서 단지 부분만을 조사하는 실수를 범할 수도 있다고 생각한다.

음악치료는 훈련과 적용에서 전문성이 있는 서양의 세계관에서의 개념이다. 음악치료는 무용치료, 미술치료, 드라마치료, 표현예술치료와 구분되며 또한 음악교육, 음악 연주와도 구분된다. 이러한 형태들이 현재 서양의 세계관이다. 따라서 만약 ngoma가 음악치료보다 광범위한 특징을 가진다면 이는 ngoma를 음악치료라고 명명하는 것과 이후 음악치료사들이 그들의 개념과 임상을 ngoma에 적용하지 않는 것을 비평하는 것은 역설적이며 불공정한 것으로 보인다. 왜 ngoma와 음악치료가 매우 다른 영역에서 공존하도록 하면 안 되는가?

음악치료라고 명명하는 것의 한 가지 가능한 목적은 토착적인 치유 의식에는 부과되지 않는 특권과 권위를 부여하기 위함이다. ngoma를 음악치료로 묘사하려는 노력은 그것에 대한 자부심을 얻기 위한 노력으로 보일 수 있다. 그러나 Janzen이 무심코 강조한 논의에서처럼 의식을 치료로 여기는 것이 진정 활동의 양쪽 면에 불평등한 것은 아니다. 어떤 사람은 ngoma를 전체 임상을 존중하지 않는 좀 더 좁은 개념으로 만든다. 다른 한편에서는 음악치료사들은 건강에 대한 현대 접근법에 있어서 ngoma를 적용하지 않는 것을 비판한다. 왜냐하면 ngoma는 전체적이며 비특이성이 있기 때문이다. ngoma와 음악치료의 통합은 기본적으로 비서양적인 치유음악 의식을 서양의 훈련 영역으로 강제로 개념화하지 않는 것이 더욱 도움이 된다.

음악치료가 순수하게 서양의 맥락과 평가 기준으로 구성되는 것인지 아니면 비서양적인 맥락으로의 적용을 고려해야 하는 것인지에 대한 기본적인 질문이 있다. 여기에서 음악치료는 무엇인가에 대한 질문은 음악이 무엇인가에 대한 질문과 유사하다. 후자의 질문에 대해 총체적인 해답을 얻는 한 가지 관점은 비서양적인 관점에서 음악을 고려하는 것과 관련된다. 일반적으로 서양의 관점으로 음악을 분류하지만 그러나 음악은 서양적 개념은 아니다. ngoma는 음악을 통합하지만 그 이상을 넘어서며 동작과 영적인 개혁을 포함한다. 배타적인 적용, 즉 음악을 정의하는 데 이러한 요소들을 고려하는 다문화적인 입장이 수용성에 대한 정의를 희석시킬 것이다.

우리가 ngoma의 개념을 음악치료로 통합하는 것을 원치 않을 수도 있지만 우리는 일반적으로 음악으로 인정될 수 있는 ngoma의 요소들을 충분히 광범위하게 통합하기를 원할 수도 있다. 비서양적 관점의 음악과 서양의 관점에서 음악이 무엇인가에 대한 차별적인 통합이 가능하다. 전자의 전략은 개념을 확장하고 적용 범위를 넓히는 것이다. 후자의 전략은 그것이 가치를 잃는 지점까지 개념을 희석화하는 것을 유도할 수 있다.

전자의 전략은 음악치료와 음악을 사용하는 토착의 치유 사이의 관계를 고려하는 것이 유용하다. 음악치료사는 ngoma가 조사를 통해 음악치료의 한 형태가 되는 것을 고려할 필요는 없다. 아마도 대중성은 공동체 음악치료와 유사하며 ngoma를 이해하는 것은 음악치료에서 공연에 잠재된 메커니즘에 대한 통찰을 제공할 수도 있다. 단지 ngoma가 임상가의 세계관과 가치 시스템 안에서 이해되어야 하는 문화적 실행에 놓여 있는 것처럼 음악치료 역시 유사하게 그 안에서 제한된다. 음악치료 개념을 ngoma로 정의된 임상에 적용하는가에 대한 질문은 음악치료라고 정의된 임상과정에 ngoma를 포함시켜야 하는가에 대한 질문 이상은 아니다.

이것은 융통성이 없는 방법으로, 반역사적인 이슈 안에서 음악치료가 정의되어야 한다는 말은 아니며 Stige(2002a)가 통찰과 민감성을 가지고 탐구한 이

슈다. 그러나 음악치료가 지역적 영향력에 적응하기 위해 부분적으로 변화되
도록 허락되어야 한다는 말은 어떤 지역적 영향이 이렇게 진화되어야 한다는
것은 아니다. Stige는 음악치료의 현재 상황과 "서양의 가치와 분야에서 정의
를 분리하는 정도로 서양의 가치가 임상, 이론, 연구에 들어온" 심리학의 역
사 사이에 유사점을 이끌어 냈다(p. 244). 질문은 문화적인 제국주의 형태가
문제가 되는가에 대한 것이다. 철학으로부터 심리학의 영역(심리치료 포함)이
구별된 것처럼 종교는 서양의 창조물이다. 기본적인 정의와 개념화가 서양 중
심이라는 사실은 놀라운 일이 아니며 그 자체로 문제가 되지 않는다. 같은 고
려가 음악치료에도 적용된다.

　문제가 될 수 있는 것은 이러한 전문적인 정의의 사회적 · 정치적인 사용에
대한 것이다. Stige(2002a)는 문화적인 비평의 여지가 없다면 "몇몇 클라이언
트는 차별화될 것이며 몇몇 나라와 지역이 음악치료의 노출에서 소외될 것이
다."라고 주장하였다(p. 247). 실제의 도전은 음악치료의 본질적인 내적인 발
달과 새로운 문화와 음악 임상 적용에 너그러운 음악치료사의 권리 사이에 균
형을 맞추는 것이다. 음악치료사는 끊임없이 우리가 살고 있는 세계에 관해서
배워야 하며 음악치료 임상이 새로운 문화적 맥락에서 변형되고 수행되는 방
법을 결정할 의무가 있다. 그러나 문화적 민감성을 위한 의무가 음악치료사들
이 너무 유연해서 그 핵심과의 연결을 잃어버리는 의무를 계속한다는 것은 아
니다.

　Stige(2008b)는 '의학 민족음악학(medical ethnomusicology)'의 훈련 영역을
위한 Gregory Barz(2006)의 제안을 검토하는 맥락에서 건강에 대한 서양의 관
점과 전통적인 아프리카의 접근 사이의 만남에 대한 사회적이고 정치적인 함
의를 논의하였다. 현대 의학과 전통적인 치유 사이의 타협에 있어서 Stige가
주장한 두 관점 사이에 힘의 불균형의 영향을 조사하는 것이 중요하다. 동시
대 건강 관련 임상가들은 민속의 치유자에게는 없는 기관의 지지를 받기 때문
에 문제를 정의하고 자원을 할당받을 수 있는 힘을 얻는다.

Stige는 의학 민속음악학의 개념을 확립하면서 "음악적 수행의 더 많은 치료적인 이해"의 가치를 위한 Barz의 주장을 보고한다(p. 162). 그리고 아직 Barz는 설명할 수 없는 음악치료에 대해 언급하지 않았으며, Barz가 현대 의학적 임상과 전통적 치유를 분리한 것을 비판한다는 것은 종종 아이러니하게 보인다. Barz는 그가 확인한 바로 그 분열에 기여하였다.

Stige는 이러한 이슈의 함의를 매우 넓은 범위에서 보았다. 그는 음악치료사들이 음악과 건강에 관심을 갖고 일하는 유일한 사람들이 아니며 심지어 유일한 건강 전문가들도 아니라는 것을 인정한다. 그 목록은 사회복지사, 임상심리사, 일반 음악가도 포함한다. 그리고 비서양 세계에서 서양의 음악 스타일을 적용하는 것에 대한 이슈는 더 큰 이슈들을 반영한다. 북미와 유럽의 음악 치료사들은 매일 일상에서의 음악 사용에 대한 치료의 잠재성을 인정하지 않는 경향이 있다(Stige, 2008b, p. 167). 음악치료사들이 토착의 음악을 사용할 수도 있고 그렇지 않을 수도 있으며 건강임상은 이러한 더 큰 이슈의 매우 지역적인 버전일 뿐이다. 이러한 관점에서 임상가들이 직면하는 임상적인 이슈는 제10장에서 언급될 것이다.

Note

1. 역자 주: 아프리카 신앙과 풍습을 따른 브라질의 종교 의식, 혹은 그 의식이 이루어지는 장소

음악치료와 전통적인 음악치유: 임상 적용

10
CHAPTER

이 장은 현재 서양의 음악치료와 음악을 사용하는 전통적인 치유 사이의 관계를 다룬다는 점에서 제9장의 논의와 유사하다. 그 초점은 임상적인 적용과 다음 네 가지 질문에 맞춰진다. 첫째, 음악을 사용하는 토착적 치유임상을 가진 비서양 문화에 속한 개인과 임상 시 음악치료를 적용하는 것이 필요한가? 둘째, 전통적인 의학의 체계 안에서 음악치유 의식에 대한 지식과 음악치료 지식이 합성될 수 있는가? 셋째, 음악치료는 신화와 의식에서 영속적인 경험을 반영하고 예를 들어 설명할 수 있는가? 넷째, 음악치료가 효과가 있는가를 이해하는 데 역치성과 코뮤니타스[1]의 인류학적인 개념이 어떻게 관련되는가?

비서양 문화에 속한 개인을 위한 음악치료 적용

서양의 음악치료사가 모국에 살거나 이민을 오거나 혹은 정치적인 망명으로 서양에 살면서 비서양 문화에 속한 클라이언트와 작업을 할 수 있다. 따라서 이 절의 초점은 두 가지 질문으로 구분된다. 음악치료가 음악치유를 사용하는 비서양 문화에 적용될 필요가 있는가? 서양에 살면서 비서양 문화를 가진 개인에게 음악치료를 사용할 때 적용이 필요한가?

비서양 문화에서 비서양 문화를 가진 개인을 위한 음악치료

자신의 모국에서 비서양 문화 맥락을 가진 개인과의 음악치료에 대한 문제가 가장 광범위하게 논의되는 곳은 아프리카다. 비록 이 주제에 대한 문헌이 부족하지만 서아프리카, 나이지리아, 케냐와 관련되어 몇 가지가 논의되어 왔다. 이 지역에서 간행물은 비록 적지만 단지 최소한의 적용을 한 표준적인 음악치료 개입을 실행하는 것을 옹호하는 주장에서부터 서양 문화에서 실행된 것으로서 음악치료는 아프리카에는 적절하지 않다고 주장하는 관점에 이르기까지 다양하다.

전자의 관점의 예로, Helen Henderson(1991)은 매우 높은 수준의 스트레스와 불안을 가진 남아프리카 여자 청소년과의 작업을 전통적인 심리학적 용어를 사용하여 설명하였다. 그녀는 음악치료 접근은 서양적이고, 치료의 합의된 모델이며, 음악치료, 놀이치료, 심리치료의 요소들을 포함하였다. 이 작업은 클라이언트 중심적이고 비지시적이며 음악, 미술, 인형 치료를 포함한 다양한 양식을 통해 가장 안전하고 자유로운 표현 형태를 성취하는 데 초점을 맞추었다. 음악치료에 오기 전에 클라이언트는 그녀의 현재 문제를 치료하기에 부적절한 전통적 치유자에게 보내졌다. 그녀는 기독교인이며 호사족 신념과 관습을 혼합적으로 가지고 있었고 Henderson은 이러한 문화적 요인의 중요성을 인정했다.

치료는 클라이언트의 시작 노래와 이야기로 시작되었는데 이 이야기는 클라이언트가 경험한 트라우마 사건을 반영하고 죽은 자들과 의사소통하기 위해 음악을 사용한다는 신념을 반영하는 내용을 치료사가 해석하여 음악으로 반주하면서 구성되었다. Henderson은 소녀의 문화적인 신념과 음악심리치료의 관습 사이에 긴장이 없었다고 보고하였다. 이러한 내용은 다음과 같다.

> 치료실에는 Patricia에게 죽은 자들과 의사소통하고 악령을 물리치기 위해 호사족의 신성한 자가 사용하는 도구로 아프리카 드럼 실로폰, 글로켄슈필, 목관악기가 제공되었다. 그녀는 또한 전통적인 호사족 기독교인에게 예배 형태의 음악을 사용할 수 있었다.
>
> (Henderson, 191, p. 216)

작업의 효과를 위한 Henderson의 설명은 심리치료 이론을 기본으로 하였는데, 정서를 방출하고, 이러한 감정을 인형, 악기 같은 중간 대상을 통해 상징적으로 표현하며, 고통스러운 개인의 경험을 캐릭터를 배치하면서 다시 이야기를 하였다.

반대의 관점에서 Kigunda(2003)는 음악치료의 서양적인 관점이 아프리카 문화에서 직접 적용될 수 있다는 것에 대해 회의적이었다. 음악치료 용어를 사용하는 것이 불필요하다는 이슈와 함께 케냐의 학자들은 음악이 또한 치료적인 가치를 가졌다는 개념에 대해서도 회의적일 수 있다는 문제가 있다. 음악치료를 둘러싼 이러한 복잡한 이슈에 대해 Kigunda는 아프리카에서 서양적인 음악치료의 개념을 확립하는 것이 어려울 수 있다고 제안하게 되었다.

음악치료와 의식(ritual) 사이의 관계를 고려하면서 Kigunda(2004)는 두 가지 보완적인 입장을 보였다. 첫 번째, 그는 중심에 문화적인 의식을 두고 서양의 음악치료로부터 시작하기보다는 확장될 수 있고 적용될 수 있는 방법에 대해 조사하였다. 목표 질문은 다음과 같다. 음악치료가 전통적인 의식과 건강 실행에 제공해야 하는 것은 무엇인가? 음악치료를 단지 지협적인 문화에서 적절한 측면이 무엇인가를 보는 것이 아닌 서양적인 세계관에서 이해되기를 유지하기에 노력할 필요는 없다.

두 번째, Kigunda는 또한 본질적인 음악치료를 성공적으로 발달시키기 위한 전략이 무엇인가에 대해 고민하였다. 중요한 한 가지는 아프리카 문화에서 유래된 음악치료 요소(예를 들면, 음악 스타일, 음악적인 사회적 상호작용의 형식, 음악적 가치 등)를 사용하는 것이다. 그는 서양 스타일의 음악과 전통적인 의식 사이에서 서로 이익이 되는 관계를 기대하였다.

신비적인 의식을 가진 음악과 연결이 되기 때문에 케냐에서는 서양 문화에서보다 전형적인 음악치료를 인정하는 것이 더욱 어려울 수도 있다. 그럼에도 불구하고 Kigunda는 음악치료가 중요한 건강 관련 자원을 제시하기 때문에 그들의 세계관에서 전통적인 의식을 수행하는 임상가들에게 음악치료의 개념을 재포장하는 것이 여전히 중요하다고 설명하였다. 이러한 관점에서 음악치료사들은 의식을 진행하는 자들에게 더욱 효과적으로 임상을 수행하기 위해 사용할 수 있는 현재의 정보를 제공해야 할 윤리적인 의무가 있다.

역사적으로 음악과 춤 모두를 치료에 사용하였던 나이지리아에서도 상황은 유사하지만 현대 전문적인 음악치료의 개념이 현저하게 나타나지 않았다. 비록 몇몇 저자는 나이지리아가 이러한 지역에서 더욱 현대적인 입장이 되기를 바라기도 하였지만 음악을 사용하는 건강 관련 임상은 치유자들의 영역이다 (Aluede & Iyeh, 2008). 음악치료가 논의될 때마다 음악치료는 소멸된 혹은 전통적인 치유자의 영역이 되어야 한다는 것이 일반적인 생각이다. 치유자는 현재 나이지리아에서 건강 관련 목적으로 음악을 사용하는 유일한 사람이다.

Mercédès Pavlicevic(2001, 2004)의 연구는 비서양적인 문화, 특별히 그녀가 살면서 임상을 하고 있는 남아프리카에서 서양의 음악치료를 적용하면서 더욱 깊은 통찰력과 관점을 제공하였다. 그녀가 남아프리카에서 방문 보호사로 일했던 프로젝트에서 Pavlicevic(2004)은 이러한 문화에서 음악치료사로 일하는 것과 관련된 많은 이슈를 탐구하였다. 더욱이 그녀는 친숙하지 않은 문화에서 일했던 음악치료사로서 배운 것을 적용하는 데 한계를 두지 않았다. 대신에 그녀는 배운 모든 것이 문화적 배경과 상관없이 모든 음악치료 맥락에서 관련이 있다고 주장하였다.

반공공적인 세팅(semi public)에서 여성 건강복지사로 많은 그룹과 일하면서 음악치료에 무엇이 포함되어야 하는가와 관련해 Pavlicevic은 많은 도전을 받았다. 이러한 조건에는 그룹의 크기(32명), 음악 만들기를 위해 시작하거나 혹은 안내가 필요하지 않는 클라이언트의 자연적인 선호도, 강한 종교적인 정체성을 가진 전통적인 유사 종교음악에 대한 여성들의 선택, 표현 없이 노래를 반복적으로 부르는 것, 일상생활에서 여성들이 자발적으로 음악을 시작하고 끝내는 자연적이며 본능적인 방법 등이 포함된다.

일반적인 음악치료에서 정의되는 공간적 · 시간적 · 사회적 경계는 단순히 이러한 세팅에서는 나타나지 않는다. 괴로워하는 개인들은 치료 세션에서 공식적으로 만나는 것 이외의 일상생활에서도 지지와 공감을 받는다는 것을 발견하였다. 그래서 이러한 관점에서 치료사들의 전형적인 역할이 필요하지 않다. 치료사들은 개인적인 정보를 밝히도록 요청받는다. 그룹의 만남은 창이 열린 건물에서 이루어지기 때문에 도움을 원하는 누구라도 보고 듣고 이용할 수 있었다. 그리고 음악 만드는 것이 모든 일상 활동에서 넘쳐 난다.

공식적인 경계가 없다는 것이 역할이 없다는 것을 의미하지는 않는다. 대신에 한 사람의 역할이 다른 사람에게 자연스럽게 흘러가는데, 이는 일반적인 전문가에 의해서가 아니라 순간의 필요에 의해서다. 음악 때문에 그리고 음악치료의 가능성이 자발적으로 다른 활동에서 발생하기 때문에 Pavlicevic은 치료에서 통제감을 포기했다. 그러나 이러한 어려운 상황에서 그녀의 음악치료 민감성은, 일차적으로 그녀가 음악을 듣고 그룹 안에서 느끼는 방식과 그룹원들이 표현하는 방식에서 그것의 유용성이 유지되었다. 그녀는 음악치료가 시행되는 일반적인 이론과 임상만큼 맥락이 중요하다고 결론 내렸다. 추가적으로 Pavlicevic은 자기반영과 각자의 기본적인 선입견에 대해 다시 생각하는 개방성을 모든 음악치료가 가지고 있어야 한다고 말한다.

서양 문화에서 비서양 문화를 가진 개인을 위한 음악치료

아마도 미국은 문화적 다양성 때문에 다문화적인 음악치료에 대한 많은 문헌이 발표되어 왔다. 비록 다문화적인 음악치료가 많은 문헌을 통해 실제 임상 상황을 다루고 있지만 서양의 음악치료사가 비서양 문화로부터 온 개인과 작업을 하거나 혹은 더욱 좁은 지역의 클라이언트와 자국의 음악치료사가 작업을 하기 위해서 다문화적인 음악치료가 반드시 필요한 것은 아니다.

이 지역에서 나온 가장 최근 출판물 중에서 Moreno(1988b)는 미국에서 다양한 인종 출현으로 인해 음악치료사들은 가능한 한 많은 스타일의 음악과 친숙해져야 하는 방법에 대해 논의하였다. 이것은 "다양한 인종 배경을 가진 클라이언트와 음악적이고 대인적인 의사소통을 효과적으로 확립"하는 데 도움이 된다(p. 19). Moreno는 한 가지 경고를 한다. "많은 비서양 문화에서 음악은 종교적인 사용과 기능"을 갖기 때문에 이러한 음악을 사용하는 것이 "일반적인 음악보다 더욱 비음악적인 관계를 이끌어 낼 수도 있다. 그 음악은 공유된 세계관과 가치와 문화의 가장 깊은 수준까지 클라이언트를 도달하게 할 수도 있다"(p. 27). 비록 문화적으로 특정한 음악을 사용하는 것이 나중에 이익을 제공할지라도 이것을 사용하는 음악치료사들은 완전하게 자원과 맥락을 이해하여야 한다.

음악치료사들에게 다문화를 인식하는 것은 클라이언트 문화에서의 음악을 배우는 것을 넘어서야 한다고 일반적으로 인정하여 왔다. 왜냐하면 치료의 다양한 사상이 어떤 문화적 배경을 가진 클라이언트에게는 낯설게 느껴질 수 있기 때문이다. Toppozada(1995)가 관찰한 것처럼 치료는 서양의 개념이기 때문에 "소수문화의 클라이언트를 위해 적절한 과정을 만드는 것"이 치료사의 의무다(p. 72). 더욱이 무엇이 인정될 만한 행동인지 아는 것은 임상적인 목적을 결정하고 그리고 이러한 개념은 문화에 따라 다양하다. 치료사들은 그들의 클라이언트의 세계관 내에서 최선의 돌봄을 제공하기 위하여 클라이언트와 자신의 문화 모두에 대한 인식이 필요하다.

미국에서 연구들은 음악치료가 일반적으로 다문화 이슈에 개입하고 활용하는 데 있어서 다른 건강 전문가들과 차이가 있다는 것을 보여 주어 왔다 (Darrow & Malloy, 1998). 음악치료사는 흔히 다문화와 관련된 이슈에 적극적으로 개입하는 데 스스로 학문적 훈련으로 준비가 되지 않았다고 느낀다. 언어적인 심리치료는 어떤 문화의 클라이언트에게는 금기처럼 보이고, 음악은 클라이언트와 전문가 사이에 언어적인 차이가 있어도 대안적인 의사소통 경로를 마련해 주기 때문에, Chase(2003)가 음악치료를 다문화 세팅에 특별히 권장할 만한 치료라고 강조한 것은 아이러니하게 보인다. Chase는 그것이 예술치료와 음악교육을 포함하여 관련된 영역에서 광범위하게 활용되고 있지만 다문화 이슈에 대한 출판물은 여전히 상대적으로 거의 없다고 주장한다.

임상 전문가가 심리적인 어려움을 치료할 때 음악치료사는 관련된 치료 개념이 없는 문화에서 그룹과 표준적인 음악치료 접근을 활용하여 왔다. 예를 들어, Wexler(1989)는 미국에서 인디언과 함께 송라이팅 같은 일반적인 음악치료 개입을 통해 많은 슬픔 관련 신체화 증상을 다루는 것을 설명하였다. 사용된 치료적 접근은 "인디언이 아닌 그룹원들과 슬픔에 관한 음악치료를 하는 것과 매우 유사"하다고 설명되었다(p. 66). 음악에서의 실제적인 기술은 공감과 결합되었는데, 즉 "더 깊은 마음의 소리를 듣고", 표현되지 않은 감정을 반영하고 클라이언트에 대해 생각하게 하였다. 노래 가사는 클라이언트 그룹을 구성하는 하얀산 부족에게 친숙한 이미지를 사용하여 작곡하였다. 노래 가사는 "해결되지 않은 슬픔을 표현하도록 촉진"하기 위해 선택하였고 더 깊은 감정과 생각으로 접근하도록 하였는데, 이것은 "충분히 스트레스를 덜어 주며 신체화 증상을 감소시킬 수 있었다"(p. 66). 비록 몇 가지 요소는 문화적인 것을 고려하여 선택하였지만 치료의 표준적인 과정은 클라이언트 그룹에 적합하게 변화되지 않았다. 치료사는 클라이언트에게 문화적 차이와 상관없이 클라이언트가 선호하는 음악 혹은 가사를 사용하였다.

Oksana Zharinova-Sanderson(2004)은 정치적인 위협과 고문으로 인해 망명한 독일인과의 작업을 통해 강한 정치적인 영역을 가진 다문화적 성격의 임상 작업을 설명할 수 있었다. Wexler와 대조적으로, Zharinova-Sanderson은 독특한 도전과 개발한 적용들을 설명하였다. 치료사는 클라이언트에게 세션에서 제3의 사람, 즉 의사소통을 촉진할 통역가가 필요함을 인정하였고 그의 존재는 터키 문화에서는 금기로 여겨지는 젊은 여자와 함께 있는 것에 대한 클라이언트의 불편함을 경감시킬 수 있었다. 치료사는 이러한 필요를 인정했고 통역가가 없을 때는 음악이 편안함을 위해 필요한 제3의 존재가 되었기 때문에 결국 클라이언트는 세션에 머물기를 동의할 수 있었다.

음악, 문화, 개인 정체성 사이의 관련성은 이러한 작업에서 중요한 고려사항이다. 새로운 문화에 동화하는 것은 힘든 과정일 수 있으며 음악은 일반적으로 집단에 참여하게 한다. 음악 만들기를 위한 욕구를 활성화시키는 데 있어 음악치료는 "환자가 코뮤니타스의 창조적인 부분이 되기 위한 그들의 능력과 다시 연결하기 위해 그들의 고국 문화로부터 이미 준비된 집단 표현의 레퍼토리를 사용하도록" 도울 수 있다(Zharinova-Sanderson, 2004, p. 242).

Zharinova-Sanderson은 그녀의 임상적 역할이 문화적인 고려로 변화되었다고 느꼈다. 클라이언트들에게 그들 자신의 문화에 맞는 음악을 제공할 때, 그녀는 음악적으로 적절하게 반주할 수는 없었다. 그녀는 반주를 멋지게 하면서 음악 만들기에 적극적으로 참여하는 것보다는 깊이 있게 참여하는 감상자로서 그녀의 존재를 제시하는 것이 더 중요하다고 인식하였다.

수단에서 망명한 청소년들과 오스트리아에서 함께한 음악치료 프로젝트에서(Jones, Baker, & Day, 2004), 많은 임상가는 그들이 실제로 효과적인 음악치료 임상의 일반적인 원칙을 반영할 때 임상의 많은 측면에서 다문화를 고려하였음을 보여 주었다. 이 임상 프로그램은 "학생들이 음악을 들으면서, 악기를 연주하면서, 노래를 하면서, 노래를 만들면서, 그리고 가사를 이야기하면서 그들의 감정을 표현하고 탐구하도록" 격려하였다(p. 89). 이러한 클라이언트의 필요는 고국에서의 트라우마 사건, 강제 이민의 어려움, 그리고 새로운 나라의 언어와 관습에서 강한 차이를 보이는 문화에 동화하는 의미 있는 도전을 반영하였다. 인종차별의 이슈는 또한 성인기로 전환하면서 나타나는 청소년기의 일반적인 어려움으로 제시되었다.

게다가 클라이언트와 치료사들은 건강에 관해 서로 다른 생각을 가진 문화를 소유하였다. 오스트리아에서는 건강이 "과학적, 메커니즘적, 개별화" 관점으로 광범위하게 고려된다(Johns, Baker, & Day, 2004, p. 91). 반대로 수단에서는 더욱 전체적이며 영적이다. "질병은 정상적인 삶에서 벗어난 것이라고 생각되며 원인은 마음, 영, 관계와 초자연적인" 것에 기인한다(p. 91). 수단에서는 건강을 보장하는 것이 지역사회의 의무이며 음악은 치유 의식에 사용되고 일차적으로 문제를 진단하고 치료하기 위해 신과 의사소통하는 수단이 된다. 음악은 그 자체가 치료는 아니며 순수하게 진단적으로만 기능한다.

이 프로젝트를 통한 임상적인 발견은 문화교차적인 관점에서 표현되지만, 그것들은 실제로 단지 문화교차적인 상황에서만이 아니라 항상 고려되어야 하는 임상적인 사항을 반영한다. 예를 들어, 참여하는 데 어려움이 있는 클라이언트에게 치료사는 음악을 강하게 정박으로 연주하고 리듬을 일치시키고 2박 혹은 4박의 비트를 강조한다. 클라이언트의 본능적인 음악 측면은 또한 아프리카의 뿌리를 가진 서양의 대중음악, 예를 들면 로큰롤, 블루스, 솔, 힙합, 민속음악 등의 성격을 가지고 있다. 그러나 경험이 많은 음악치료사는 이러한 요소를 단지 아프리카에서 온 청소년뿐만 아니라 다른 청소년들과도 사용할 것이다. 음악적으로 표현적이며 매우 뛰어난 청각을 가졌으나 그의 음악은 "자기지시적이며 음악치료사의 음악과 모두 관련이 없어 보이는" 한 클라이언트에 대해 논의하였다(Jones, Baker, & Day, 2004, p. 94). 그때 "음악치료사가 더 많은 아프리카인의 감정을 그녀의 연주에 통합하면서 음악 만들기는 더욱 의사소통적이 되었다."라고 언급하였다(p. 94). 그러나 만약 클라이언트의 연주가 당김음, 박, 백비트를 강조할 것을 요구하였다면 경험이 많은 즉흥연주 음악치료사는 이러한 필요를 인식할 수 있으며 클라이언트의 문화적인 근원을 반영하면서 음악적으로 그것을 제공할 것이다.

또 다른 사례는 "모방과 동조가 도움이 되기보다는 과정에 해가 되었던" 사용을 보여 주었다(Jones, Baker, & Day, 2004, p. 94). 저자는 부가 리듬이 수단 음악의 특징이며 치료사는 클라이언트와 더욱 잘 접촉할 수 있었고 전체적인 음악과 조화를 이룰 때 그들의 표현을 촉진할 수 있었다는 것을 관찰하였다. 그러나 다시 치료사의 음악 만들기의 보완적인 입장이 분석적 음악치료나 혹은 매우 다른 Nordoff-Robbins 음악치료 같은 음악중심 접근에서는 효과적이었음을 설명하였다. 본 저자는 음악치료를 위한 재즈 사용에 대한 적용을 논의하면서 이 점을 말하였다.

> 반응성은 보완적인 연주에 의해 나타나며 완전히 반영적이기보다는 음악적이고 개인적인 요구를 반영하는 어떤 것이다. 치료사에게 도전은 클라이언트에게 여전히 반응적인 방법으로 치료사 개인의 민감성을 반영하는 자율적인 음악적 진술을 만드는 것이다. 음악치료사들은 모방이 유기체인 인간의 의사소통과 관계의 특징이 아니기 때문에 모방을 드물게 사용하여야 한다. 살아 있는 음악 만들기는 신중한 반영을 요구한다.
>
> (Aigen, 2013, p. 11)

이러한 관찰은 문화적 고려가 모든 임상적인 상호작용에서 보이며 단지 이것은 클라이언트와 치료사가 동일한 문화를 공유하는 곳에서만 이루어지는 것은 아니라고 말한 Stige와 Pavlicevic의 주장을 입증한다. Jones 등이 논의한 사례 역시 임상적인 작업은 단지 클라이언트의 문화음악에 합당한 음악을 사용하는 것이 아니라 문화적인 고려에도 불구하고 치료사가 그것을 보완하는 방법으로 클라이언트의 음악과 연주의 질을 식별할 수 있을 때 가장 촉진된다는 것을 보여 주었다.

Jones 등의 마지막 사례는 5명의 청소년기 이전의 소년과의 작업과 관련이 있다. 그들은 모두 파괴적이며 공격적인 행동을 보였다. 치료사가 랩이나 테크노처럼 그들의 나이에 적절한 음악을 사용할 때 진보가 시작되었다. 그들은 랩 음악이 효과적이라고 결론 내렸는데 단지 클라이언트가 선호하기 때문이 아니라 "수단 사회에서 갈등을 해결하기 위해 전통적인 노래를 사용하는 것"과 일치하였기 때문이며(Jones, Baker, & Day, 2004, p. 96) 이것은 소년들이 자연스럽게 소리 즉흥연주에 참여할 수 있도록 유도하였다. 더 나이 든 아동 그리고 청소년들과의 관계에서는 절대적으로 그들이 선호하는 대중음악 사용이 요구된다. 문화를 학습하는 것은 치료사들에게 그들이 어떤 방법이든 선택해야 할 때 영향력을 미치는 것으로 보인다.

그들의 결론의 한 측면은 몇 가지 논의를 포함한다. 그들은 "랩 음악은 통찰을 촉진시키기 위해 사용되고 치유를 위한 언어적 과정과 새로운 사회적 가치의 내면화 모두를 위한 수단이 된다."라고 제안하였다(Jones, Baker, & Day, 2004, p. 99). 이러한 권고는 랩 음악(또는 힙합)의 본질과 그 음악을 들으면서 그것을 작곡하고 녹음하며 감상하는 데 있어 청소년 참여의 본질 사이에 갈등이 있는 것으로 보인다. 첫째, 작곡, 녹음, 힙합 음악의 연주가 청소년과 함께하는 임상의 수단으로서 사용될 때 통찰을 발달시키고 감정을 처리하는 것은 일반적으로 덜 적절해 보이는 정신역동 접근의 한 측면이 된다. 이러한 방법에서 그들 내면의 예술가는 더욱 분명하게 그들이 살고 있는 현실과 미적으로 의사소통하는 것을 허락하면서 발달될 수 있다. 둘째, 그들이 좋아하는 청소년의 음악을 사용하는 것은 사회적 가치와 현재의 상황에 도전으로 보인다. 새로운 사회적 가치에 대한 순응을 발달시키기 위해 음악을 소개하는 것은 기본적으로 결국 청소년들이 왜 그렇게 그것에 빠져드는가에 대한 이유인 음악의 사회적 기능을 잘못 이해하는 것으로 보인다.

토착의 음악치유와 의료 모델

이 절의 초점은 음악치료를 의료수행으로 생각하는 것과 음악치유로부터의 개념들을 음악치료의 사고로 통합하는 방법에 대해 조사하는 것이다. 전통적인 치유와 음악치료의 의료 모델 사이의 관계에 대한 독특한 관점은 Moreno(1995b)가 제시하였다. 그는 치유 의식에서 음악 사용을 이해하는 것이 현재 음악치료의 개념에 기여할 수 있다고 하였다. 그는 음악치료와 음악치유 의식 사이에 많은 유사점이 있음을 언급하였는데, 특히 중요한 것은 치료사와 치유자의 특별한 상태다. 이것은 음악의 능력 때문이며 치료에서 음악은 참여자의 치유 이미지와 함께 변형된 의식 상태를 이끌어 내는데, 그는 이것을 '샤머니즘과 신내림에서 전환된 상태'와 유사한 것으로 보았다(p. 331).

Moreno는 음악치료사들이 잠재적인 치료 이익을 완전하게 이해하기 위해서는 문화에 상관없이 음악을 치유적으로 사용하여야 한다고 주장하였다. 모든 문화에 걸쳐 적용될 수 있는 체계를 만들기 위해서 과학적인 사고를 가지고 의식에 통합될 수 있는 보편적이고 일반적인 음악치료 방법이 창조될 수 있다고 믿었다.

Moreno의 사고는 두 가지 방법에서 독특하다. 첫째, 그는 토착의 치유를 연구하는 것이 음악치료의 가치를 정치-사회적으로 풍성하게 하기 위한 것뿐만 아니라 생의학적 모델 수준에서 적절한 것이라고 제안하였다. 그는 '인류음악치료(ethnomusic therapy)'라는 새로운 개념을 만들었는데 그 정의는 다음과 같다.

토착의 음악과 환자 중심의 치유임상을 가진 다학제 간 연구다. 인류음악학, 음악치료학, 의료인류학과 의학의 통합이며 인류음악치료는 병인이 알려진 심리생리학적 문제를 가진 환자-참여자의 진보를 측정하는 의식 행위에서 음악의 영향력을 고려하는 것이다.

(Moreno, 1995b, p. 336)

둘째, 그는 또한 음악치유 수행을 옹호하였다. Stige(2002a)와 같은 저자들이 주장한 지역적 조건에서 임상을 적용하는 능력과 문화적 민감성을 발전시키는 것이 아니고 더 일반적이고 모든 문화에 맞는 이론적인 체계를 창조하도록 치유에 대한 지식을 통합하는 것이다. 이러한 관점은 "문화에 영향을 받지 않는…… 서양의 생의학적 문화에서 작업하는 임상가뿐만 아니라 전통적인 치유자에 의해 어떤 편향된 것 없이 모든 문화에서 모든 사람에게 동등하게 적용할 수 있는 것이다"(Moreno, 1995b, pp. 331-332).

전통적인 치유에서 사용되는 식물의 가치에 대한 과학적인 연구가 있는 것처럼, Moreno는 전통적인 음악 사용이 치유력 있는 음악 중재의 잠재적 가치를 발견하기 위해 발굴될 수 있다고 주장하였다. 그는 전통적인 과학, 즉 음악이 임상의 조건에서 특정한 영향력을 미치는 것을 양적인 측면에서 알아보기 위해 생리적인 관점을 사용하였다. 그는 어떤 음악 실행은 서로 다른 문화에서 적용되기에는 지나치게 문화적일 수 있다는 것을 인정하면서 치유에서 사용되는 음악, 즉 조성, "리듬 패턴, 템포, 다이내믹, 음역 같은 변수"들을 분석하는 것이(Moreno, 1995b, p. 332) 질병의 진행과정에서 어떤 특정 순간이 질병과 특정 질환을 치료하기 적절한 것과 관련이 있음을 보여 주는 것일 수 있다고 제안하였다. 이러한 형태의 지식은 "현대 의료와 치료의 주류에 통합"되어야 하고 또한 통합될 수 있다(p. 332).

Moreno는 대체로 치유 의식이 어떤 문화에서 적절할 수도 있고 또한 다른 문화에 전달되어도 동일한 결과를 기대할 수도 있다는 생각에 대해 반대한다. 대신 그는 문화를 초월하여 효과를 발휘할 수 있는 음악의 어떤 모수들이 문화적으로 제한된 음악 의식으로부터 추출되고 새로운 문화로 이전될 수 있다고 한다.

Moreno의 주장에 대한 기본 가정은 추출된 음악 요소는 치료적인 요인이 되며 음악이 포함되었던 문화의 맥락에서 제거되었을 때도 효과적으로 남아 있다고 주장한다. 이러한 접근은 본질주의에 대한 반대이며 음악에서 동시대의 생각과 갈등을 일으키는 환원주의다. 그러나 그것은 더 보편적이고 일반적인 음악치료 접근을 창조하는 한 가지 방법이다. Moreno는 음악 의식의 이전이 규정될 수 있는 일반적인 지침을 제공하고 문화 특징적 요인을 제거하는 것이 음악의 치료적 요인을 분리하는 것이라고 주장하였다.

> 치유적 노래 혹은 찬트의 적용은 영적인 것 혹은 더 큰 힘을 가진 다른 독립체 혹은 적용된 문화에서 동등하게 여겨지는 힘에 대해 직접적으로 조직적인 참조를 변화하거나 혹은 세속화될 수 있을 수도 있다. 친숙하지 않은 멜로디 윤곽은 조성, 즉 음색, 박자, 정서적 성격 같은 원 노래의 기본적인 요소가 남아 있으면서 적용되는 문화에 맞는 스타일로 변경될 수 있다. 이런 종류의 접근에서 목적은 치유과정에서 본질적인 음악 요소를 엄격하게 분리하는 것이다.
>
> (Moreno, 1995b, p. 333)

Moreno의 프로그램을 규정하는 데 있어서 잠재적인 어려움은 보편성이 보장되지 않을 수도 있다는 것이다. 즉, 그가 설명한 대로 어떤 사람이 음악 요소를 추출한다고 해도, 이것은 그 본질이 효과를 결정하는 음악의 문화-특화적 차원과 교류하는 특별한 방법일 수 있다. 그것은 사람과 중요한 문화 간의 상호작용일 수 있으며 본질을 제거하고 다른 사람과의 다른 문화로 그것들을 수입하는 것은 이러한 본질들이 원래 문화에서처럼 동일한 형태의 개입을 할 충분한 여유가 있을 것이라는 것을 보장하지는 않는다. 더욱이 추출된 음악 요소는 다른 의미를 가지고 다른 형태의 음악에서 다른 의미로 사용될 수도 있을 것이다. Moreno의 접근은 모든 문화에서 동일한 방법으로 관련이 있을 수 있는 음악적 조직화의 보편적 수준에 따라 달라진다. 이 가정을 위한 증거는 보이지 않지만 그것에 반대하는 훌륭한 주장이 있다.

Moreno는 그가 시도하고 있는 것이 문화적 질문에 실험 연구의 틀을 적용하는 것이라고 인정하였다. 그는 혼돈 요인에서 음악을 독립변인으로 분리하기를 원한다. 그는 치유자에게서 카리스마를 분리하여 의식에서의 음악의 영향력을 연구하는 것과 음악의 역할을 더 잘 이해하기 위해 개인치료사에게서 인간적인 자질의 영향력을 제거하여 연구하는 것이 동일하다고 주장하였다.

그는 그의 접근이 음악의 효과가 특정한 설명과 맥락을 초월한다고 가정한다는 것을 인정하였다. 현존하는 연구들은 이러한 가정을 지지하지 않지만, Moreno는 음악의 심리적이고 생리적인 영향이 문화를 초월하여 영향을 미칠 것으로 예상될 수 있다고 하였는데 왜냐하면 심리적 방해의 기원에 관한 서양의 세계관과 비서양의 세계관이 동일하기 때문이다. 그는 무의식에 대한 서양의 개념이 영적 세계의 개념보다 더욱 이성적인 것으로 보이지는 않는다고 하였다.

> 현대 서양 문화의 구성원들은 단순히 그들의 무의식에 대한 순수한 투사와 반영으로 다른 전통적인 문화와 종족의 영적 세계에 대한 신념을 설명하기 쉽다. 그러나 이러한 문화를 가진 사람들이 무의식에 대해 조사할 기회를 갖는다면 그들은 또한 믿을 수 없을 만큼 순수하다는 것을 믿으며 무의식에 대한 우리의 사고를 단순히 영적 세계의 반영으로 볼 것이다.
>
> (Moreno, 1995b, p. 335)

Moreno의 제안은 그 이후 수년 동안 의미 있는 영향을 미치지 않았다는 사실에도 불구하고 여전히 반영적이며 비평을 받을 만하다. 많은 저자의 다양한 관점이 음악치료에서 일반적인 이론이 바람직함을 다루었지만 Moreno는 치유 의식이 심리적인 영향을 위해 연구되어야 한다는 독특한 주장을 하였다.

그러나 이러한 프로그램이 쉽게 유지될 수 없는 그럴 만한 이유가 있다. 음악의 요소들이 그들의 사회적·문화적인 맥락이 변화되면 한 문화에서 다른 문화로 이전될 때 거의 동일하거나 유사할 수 있다고 추측하기 위한 확실한 이유는 없다. 또한 Moreno의 논문에서의 가정은 치료에서 음악이 효과적이 되는 것은 자율적인 객체로서 질적인 것을 포함하는 것이다. 음악의 맥락(문화적인 환경, 치료적인 관계, 치료사 개인적인 자질 등)이 단지 그 존재가 통제될 수 있는 요소들의 배경이 된다는 생각에 대한 어떠한 지지도 없다. 사실 심리치료에서 의미 있는 연구들은 치료사의 개인적인 자질이 효과에 있어서 본질이라고 보여 주고 있다. 그러나 Moreno의 목적, 즉 그의 가정에 강한 근거를 제시하는 맥락에서 중심 역할을 강조하는 실험 연구와 음악 치료에서 현재 이론은 수행하기에 실질적이지 않을 수 있다.

신화, 의식 그리고 음악치료

이 절과 다음 절은 사회-문화적인 요소가 설명적 틀 안에서 중요한 역할을 하는 음악치료의 광범위한 개념을 다룬다. 그들은 어떻게 의식(ritual)으로부터 연구된 사상이 순수한 의료 체계를 넘어서 음악치료의 넓은 개념 안에서 적용될 수 있는가를 다루었다. Moreno의 프로그램이 생산적이지 않을 수도 있지만 여기에는 음악에 대한 사상이 있고 두 가지 경험 방식으로 음악치료 안에서 일어나는 것이 존중되고 통합될 수 있다. 그 전략은 단순히 치료를 치유로서 확인하는 것이 아니라 각자의 체계 안에서 활동에 대한 통찰을 얻기 위해 통합될 수 있는 유사성의 영역을 탐구하는 것이다.

음악치료가 의식을 통해 개인적으로 전환된 신화의 규정이 될 수 있다는 생각은 Carolyn Kenny로부터 시작되었다(1982, 1987, 1989, 2006)[2]. 그녀의 초점은 "현대 음악치료 임상과 원시의 치유 사이에 다리를 만드는 방법"에 대한 것이다(2006, p. 166). "음악과 신화는 많은 목적을 공유한다."라는 생각으로부터 시작하여(2006, p. 5), Kenny는 음악이 신화적 의식의 메시지와 과정에 접근함으로써 인간의 웰빙에 기여한다고 주장하기 위해 음악학과 의식 연구처럼 다양한 영역으로부터 개념을 적용하였다. 전환에 대한 개념은 모든 의식에서 중심이며 이것은 Kenny가 확립한 "음악에서 치유의 대리로서 죽음/재탄생의 신화"를 기본으로 한다(p. 6).

치료의 목적은 클라이언트가 이 세계에서 더욱 적응적으로 기능할 수 있도록 돕는 것이다. 이 과정에서 어려움 중 한 가지는 사람들은 일반적으로 변화를 두려워하고 저항한다는 것이다. Kenny는 자신의 자아정체성을 놓아 주는 것이 이전 자아에 대한 일종의 죽음의 형태라고 지적하였다. 죽음과 재탄생의 과정을 촉진하기 위한 목적을 가진 의식은 치료의 중심에서 전환을 가능하게 한다.

Kenny는 죽음과 재탄생의 신화를 가진 음악에서 긴장-해결의 역동성을 확인하였다. 죽음과 재탄생은 치료에 있어서 전환을 위한 본질적인 과정이다. 그녀는 Chopin의 〈Prelude E 단조〉를 예로 들었다. 이 곡의 어떤 시점에서 코드는 이전 15마디에 누적된 긴장을 해결하기 위해 나타난다. 죽음과 재탄생은 동시에 나타난다.

> 음악과 신화 모두는 역설을 인정하고 수용한다. 쇼팽의 〈E 단조〉에서 전환의 순간(17마디 멜로디에서 연주되는 G음)은 동일한 코드, 순간, 공간에서 죽음과 재탄생 모두를 나타낸다. 죽음과 재탄생은 함께 존재하고 서로가 된다. 재탄생의 순간을 위해 또 다른 죽음은 시작된다.
>
> (Kenny, 2006, p. 33)

Kenny에 의하면 음악은 신화의 동맥인데 그것이 "삶의 연속성에 초점을 맞추는 표현"이기 때문이다(2006, p. 30). 음악치료에서 클라이언트는 비록 치료사에 의해 의식적으로 혹은 그렇지 않게 다루어지더라도 음악의 이러한 측면에 접근한다. 모든 음악치료 맥락에서 이론화와 묘사의 수준이 필요하다. 각 개인을 공동체로 연결하고 과거, 현재, 미래의 연결과 안정성을 제공하는 전통적인 신화의 기능은 각 개인에게 변화되는 정체성의 손실과 동등하지 않다고 안심시키는 그들의 문화에 연결되어야 하는 치료 맥락과 매우 관련이 있다. 후자의 과업은 "연속성과 적응성의 균형"을 통해 신화에서 다루어졌다(p. 31). 신화의 핵심은 전환의 과정이며 "전환으로 죽음과 재탄생은 항상 은연중에 암시된다"(p. 31). 치료에서 사용되는 음악은 자연과 인간의 존재에서 계속되는 흐름에 연결될 수 있도록 돕는다.

음악치료사를 의식의 진행자로 고려하면서 Kenny는 주술가의 역할과 강하게 연결됨을 강조하였다. 그러나 그들을 함께 묶어 주는 것은 서로의 사회적인 맥락 안에서 공유된 역할이다. 이러한 관점에서 보면 "아프리카의 부족 구성원이든 북미의 주주든 관계없이 환자들이 지역사회에서 건강을 보장받기 위해 신체적인 자원뿐만 아니라 심리적이고 영적인 자원을 움직이도록 돕는 것이 두 사람의 의무다"(Kenny, 2006, p. 53). 이것은 치료적인 영역일 수도 있고 예방적인 영역에서도 고려될 수 있다.

나는 이전에 신화와 의식의 힘이 현대 세계관에 얼마나 많이 전달되는가에 대한 글을 썼다(Aigen, 1991). 심리치료는 이전에는 힘, 지혜, 통합의 내면적 자원에 접근하기 위해 그 사회에서 신화의 의식을 통해 만나게 되었던 보편적 인간의 요구를 만족시키기 위해 창조된 것이다. 심리치료는 각 사람의 삶을 이해하기 위해 더욱 보편적인 용어로 구조를 제공하고 어떻게 이것이 나아가게 하는가에 대한 안내를 제공하는 개인적인 신화의 창조를 고려한다.

음악치료에서 각 개인은 자신의 내면세계로 접근할 수 있는 관계와 외부적인 음악으로 표현할 수 있는 기회를 갖는다. 그들은 개별적으로 발전되기 때문에 이러한 형태는 각 개인의 독특한 삶의 경험을 반영하는 전환을 위한 강한 매개체가 된다. 반대로 그들은 "사회적인 의식에 의해 운반된 공동의 에너지와 추진이 결핍" 될 수 있다(Aigen, 1991a, p. 87). 다음에 "각 개인의 심리적인 실제를 가진 의식의 형태의 유질동상(Tso-morphism) 사이에 전환적인 효율성 내에서 교환이 존재하며 그리고 초월적인 힘으로부터 유도된 능력은 그룹에서 일어난다." (p. 87)

음악치료와 샤머니즘은 성장과 통찰의 숨겨진 자원을 사람과 연결하도록 작업한다. 후자의 영역에서 주술사는 자애로운 존재이기도 하고 파괴에 대항하는 악한 영적 존재, 예를 들면 치유와 안내의 영적인 수호자다. 심리적인 구조에 대한 용어를 사용하는 정신역동 음악치료의 체계 안에서 이러한 독립체들은 대신에 초자아, 이드, 아니마, 부모 자아상태, 내면아이 같은 내면적인 존재로 개념화된다.

이전에 논의한 것처럼 음악치료는 모델로서 샤머니즘으로 되돌아오면 안된다. 이는 특별한 문화 요소이며 샤머니즘이 소유하고 있는 효과가 무엇이든 상관없이 결정되는 인식론적인 체계이기 때문이다. 비서양 문화에서 개인과 깊이 있는 심리치료를 수행하는 것만큼 적합하다. 대신 창조적 활동과 의식의 의미와 중요성을 반영하는 방법으로 작업하는 음악치료사가 이미 "주술사의 활동이 완성된 사회적이고 심리적인 필요를 만족" 한다는 것을 고려하는 것이 더욱 생산적이다(Aigen, 1991, p. 95).

Stige(2002a)는 음악치료 안에서 종교 의식과 합리적인 임상 사이의 차이가 구성되는 방법에 대해 논의하였다. 그래서 "삶에서 문제를 가진 사람을 돕기 위해서 개발되는 사회에서 인정되는 종교 의식으로서" 음악치료를 공부하는 것이 가능하다(p. 219). 이것은 단지 현대 건강 전문 영역에서 보장되는 의식 임상의 효과뿐만 아니라 "이 분야에서 다른 영향력 있는 논리적 근거"와 결합되는 정도다(p. 219). Stige는 음악치료와 치유 의식의 비교에서 물러남에도 불구하고—즉, 한 사람이 친숙하지 않은 의식을 조사하면서 결국 맥락에서 벗어날 수 있는데—여전히 이러한 비교에 관여하는 것은 가치가 있다.

Stige(2002a)는 의식이 고대의 패턴이 아닌 곳, 그러나 "전통성은 진화되는 문화에서 형성되고 재형성되는" 곳에서의 통과의례에 대한 Arnold Van Gennep의 개념을 활용하였다(p. 218). Stige는 이러한 개념이 의식으로서 음악치료에 적절하다고 믿었다. 비록 Stige는 이러한 연결을 명백하게 하지 못했지만 Van Gennep이 "한 장소에서 다른 장소로, 한 시대에서 다른 시대로, 한 사회적 위치에서 다른 사회적 위치"로 전환을 중개하는 개인적이고 사회적인 의식에 매우 관심이 있는 것처럼(p. 220) 음악치료를 의식으로 탐구하기 위한 그의 개념은 음악이 자연스럽게 강조될 수 있는 전환적인 능력이 있음을 의미한다.

역치성,[3] 코뮤니타스, 음악, 그리고 음악치료

음악 즉흥연주는 참여자들이 단지 "한 장소에서 다른 장소로 이동하는 것이 아닌 한 상태에서 다른 상태로 이동하는" 전환적인 의식으로 여겨질 수 있다(Ruud, 1995, p. 93). 이러한 형태의 전환에서는 "다른 사람, 현상, 상황과의 관계에서 변화가 있으며 아마도 자신과의 관계"에서의 변화도 있을 수 있다(p. 93). 역치성 혹은 한계 상태에서 전환 시기에 대한 Victor Turner의 개념은 음악적 전환 경험을 설명한 Ruud를 자극하였다. Ruud는 또한 역치성의 상태를 공유하는 사람들에 의한 강한 집단 경험으로서 코뮤니타스라는 용어를 참고로 하였다. Ruud의 기본 이론은 음악치료에서 즉흥연주는 참여자들 사이에 코뮤니타스가 확립된 곳에서 전환적 의식의 예가 된다는 것이다.

한 사람의 자아를 재구성하는 데 관여되는 치료에서 심오한 변화는 두 상태 사이에서의 통과의례라고 생각될 수 있다. 자아의 변형에 관여되기 때문에 "치료의 과정은 역치가 될 수 있으며 분명한 것은 가장 강한 경험이라는 것이다."(Rudd, 1995, p. 94) 역치성은 전환, 코뮤니타스, 동등성, 이전의 위치에서 상징과 실행이 유기된 곳에서의 상태의 부재 같은 특징을 갖는다. 또 다른 특징으로는 무한성, 모호성, 경계의 초월, 위험 감지, 몰입의 경험 등도 있다.

Aigen(2005c)에서 나는 이러한 역치성, 특히 그루브를 기본으로 하는 대중음악을 사용하여 임상적-음악적 상호작용이 가장 분명하게 나타난 음악치료 사례를 설명하였다. 전환적인 음악에서는 전통적인 치료사와 클라이언트의 역할은 더욱 동등하며 상호적으로 변형되고, 클라이언트의 한계를 초월하고, 음악에서 몰입이 증가하며, 자발성이 증가하고, 심지어 클라이언트에게 보이는 증가된 기능 수준이 자아에 대한 감각을 위협하는 것 같은 위험성이 증가한다. 또한 코뮤니타스에 포함된 치료팀과 클라이언트 사이에 확립된 음악적인 동지애가 있다.

Turner가 명명한 '상태 시스템'의 치료과정에서 중요한 요소가 있는데 상태 시스템은 직접적으로 코뮤니타스와 대조되고 필요한 방법에서 이를 보충한다. 상태 시스템 요소는 구조, 상태, 기술적인 지식을 포함한다. 이러한 구조의 요소들은 확실한 의사결정을 하는 것, 방해를 극복하고 도전하는 것, "그리고 그 순간 다른 개인적인 욕망과 충동을 삼가는 것"을 포함한다(Aigen, 2005, p. 97). 적용된 기술적인 지식과 굳건한 음악 기술에서 작업하는 것은 이러한 보완적인 방법에서 나타나는 음악 상호작용 안에서 강조되었다.

음악치료 안에서 음악으로 인간의 발달을 설명하면서, Barbara Hesser(2001)는 "음악치료 그룹은 작은 사회다." "그 사회에서 치유와 치료를 위한 음악사용은 특정 집단의 그룹원에 의해 감각적으로 발견될 수 있을 것이다."라고 하였다(p. 56). 음악치료 그룹이 두 가지 존재 상태 사이에서 생산적으로 이동할 수 있는 수단이 될 뿐 아니라 역치성과 구조의 경험을 위한 방법을 창조할 수 있을 것이라는 것은 자연스럽다. 두 가지 존재 방식 모두가 포함된 사회적 구조를 확인할 때 클라이언트는 그들의 자아를 내면화하고 더욱 완성된 자아를 단단하게 할 수 있다.

음악치료에서 접근 가능하게 하고 역치성과 코뮤니타스를 확립하고 신화와 의식의 힘을 인정하는 것은 음악을 더욱 원형적으로 사용하는 것과 관련이 있으며 이것은 샤머니즘처럼 현대의 세계관을 버리는 것을 요구하는 것은 아니다. 이것은 치료사가 클라이언트와 의사소통하는 것을 의식적으로 인도하고 통제하는 것이 아닌 초월적인 음악 만들기에 의해 유도된 상호적인 경험에 참여하기를 요구하는 독특한 장소다. 이는 Pavlicevic이 주장한 경계의 확장과 유사하다. 음악치료에서 클라이언트의 중요한 변화를 설명하기 위해 음악치료에서 역치성의 경험처럼 가장 강력한 음악적 경험 몇 가지를 고려하는 것에서 얻어진 것은 "이러한 강력한 변화를 지지하기 위한 자연스러운 문화적인 힘"으로 접근하고 있는 것이다(Aigen, 1991a, p. 98).

비록 그들이 이 영역에서 다른 사람들처럼 동일한 요구를 가질지라도 장애를 가진 개인은 대부분의 사람이 하나의 발달단계에서 다른 발달단계로 전환을 조절하기 위한 의식과 사회구조에 참여할 때 많은 어려움에 직면한다. 음악치료를 설명하기 위해 의식이론을 사용하는 것은 음악치료에서 클라이언트와 다른 사람 사이에 동등성을 확립한다. 이것은 "음악치료가 일반적인 사회화 과정과 다른 기본적인 교류의 방법 혹은 전문화된 서비스가 아니며 모든 사람에 의해 추구되는 개인의 발달을 위한 본질적인 기회를 제공하는 매체가 된다."라는 것이다(Aigen, 2005, p. 98). 즉흥적인 음악치료가 각 개인별로 맞추어진 통과의례가 될 수 있다는 논쟁은 장애를 가진 개인도 모든 사람이 음악을 사용하는 것과 동일한 것을 보여 준다는 것을 기초로 하는 임상이론을 넘어선 가치를 보여 준다.

음악치료에서 증가된 상호성을 토의하면서 사회관계가 의식에 포함된다는 Stige(2002a)의 생각은 중요하고 신중한 관점을 제공한다. 의식은 이를 인정하는 더 큰 사회를 대변하기 때문에 치료사는 이 사회를 대변하는 클라이언트보다 더욱 강한 존재일 것이다. 따라서 치료적 "상호작용은 아마도 참여를 인도하고 의사소통을 중재하는 모든 요소를 거의 잃게 되는 것은 아니다"(p. 224). 그리고 비록 Stige가 이 점은 말하지는 않았지만 아마도 이러한 생각은 장애를 가진 클라이언트가 항상 치료과정에서 결정하는 위치에 있는 것은 아니라는 사실 때문인 것으로 보인다. 그러나 Stige가 관찰한 것처럼 코뮤니타스의 경험은 종종 의식의 리더와 참여자들 사이보다는 참여자들 가운데서 발달된다. 이것은 음악치료에서 클라이언트와 치료사의 코뮤니타스 확립을 못하게 하는 것이 아니고 또한 치료에서 강력한 힘으로서 클라이언트들 사이의 관계의 질이 중요하며 특히 Stige가 제시한 문화적이고 문화 중심 접근에서 더욱 중요함을 지적한다.

음악치료의 가치를 위한 설명으로 코뮤니타스의 중요성은 점점 더 유행되고 있으며 특히 즉흥연주, 공연, 공동체 음악치료의 적용에서 더욱 그렇다 (Aigen, 2005c; Wood, Verney, & Atkins, 2004; Ansdell, 2004). Ansdell(2004)은 코뮤니타스가 공동체 음악치료의 포괄적인 이론 발달에 중요한 연결이 된다고 주장하였으며 공동체 음악치료 관점에서 저자들의 글 사이에 이것이 만연하였음을 인용하였다. "공간 혹은 이상적인 심지어 지속되는 유대로서 공동체의 사고"보다, 오히려 Ansdell의 개념은 "위대한 사회·문화적인 맥락에서 상호적인 경험이 발생하도록 준비된 경험"을 제공하는 맥락에서 공동해(p. 86). 이러한 방법에서 의식이론은 음악치료에서 적용될 수 있으며 비평하지 않고 융통성이 없는 방법이 아니라 음악치료의 훈련 영역과 음악이 발생하는 사회·문화적인 맥락에 의해 제공된 이해의 넓은 맥락을 반영하는 방법에서다. 이러한 공동체 음악치료를 둘러싼 새로운 발달과 다양한 이슈들이 제11장과 제12장의 초점이 되었다.

Notes

1. 역자 주: 평등한 개인으로 구성된 미조직적이고 미분화된 중간 집단 양식
2. 이 부분에서 Kenny의 출판은 1982년으로 거슬러 올라가며 중요한 이슈는 1987, 1989년 출판물에 포함되었으며 저널 논평과 책의 장들은 지난 30년에 걸

쳐 쓰였다. 두 개의 원본이 절판되었으며 현재 이 장에서 그녀의 저작으로부터
의 모든 인용은 다른 출판물과 절판된 작업을 포함하는 2006년에 출판된 선집
에서 인용되었다.

3. 역자 주: 신성하고 종교적인 순간

11 CHAPTER

공동체 음악치료: 기원과 정의에 대한 이슈

역사적인 맥락

현대 음악치료를 탄생시킨 중요한 힘은 즐거움을 목적으로 병원에서 제공된 음악에 대한 사람들의 반응이었다. 이러한 많은 활동이 제2차 세계대전 직후 혹은 제2차 세계대전 동안 미국에 있는 군사병원에서 발생했다. 따라서 음악치료는 건강 관련 분야 밖에서 발생한 것과 유사하게 자연스러운 음악의 개입을 통해 발달하였다.

결과적으로 초기 음악치료사들이 음악을 사용하는 방법은 비임상적 환경에서의 사용과 유사하였다. 주로 노래, 연주, 작곡, 녹음된 곡 혹은 생음악을 듣고 난 후 경험 토의, 치료적 악기 연주 혹은 성악 레슨 등에 참여하였다. 음악치료는 보조적이며 레크리에이션 치료로 여겨졌으며 일차적인 치료 양식은 아니었다. 음악치료사들은 고용된 기관에서 음악을 제공하였고 클라이언트, 환자, 학생들은 지역사회에서 발생하는 활동에 참여하였다.

1950년대 후반, 이러한 상황은 변화되기 시작하였다. 1960년대에서 1970년대 소수의 음악치료 모델이 비임상적인 음악 만들기 맥락과 제한적으로 연결되면서 토착적인 음악 활동에서 개발되었다. 이 중 4개는 클라이언트가 적극적인 음악 활동에 참여하면서 일차적으로 즉흥연주를 사용하였는데 그것은 Nordoff-Robbins 음악치료(Paul Nordoff & Clive Robbins), 자유 즉흥연주(Juliette Alvin), Benenzon 음악치료(Rolando Benenzon), 분석적 음악치료(Mary Priestley)다. 다섯 번째 접근인 유도된 심상과 음악(Helen Bonny)은 클라이언트가 변형된 의식 상태에서 고전음악으로 구성된 특별한 프로그램을 듣는 수용적인 방법이다. 정신과 음악치료 접근(Florence Tyson)은 일차적으로 음악과 교류하는 기존의 방법을 사용하였다.

음악치료가 자연스럽게 전문적인 임상 수행을 통해 개발됨으로써 음악 이해, 음악교육, 연주 같은 다른 음악적인 참여 형태와는 그 자체로 구별되기 시작하였기에 그 정체성은 새로운 임상들과 연결되기 시작하였다. 더욱이 음악치료사는 다양한 임상의 조건에서 일차적인 치료로서 그들의 작업의 잠재성과 효과를 주장하였다. 전문적인 방법의 출현으로 음악치료는 보조적이라기보다는 일차적인 치료라고 주장하게 되었다.

음악치료가 클라이언트의 건강과 복지를 위하여 임상에서 발전을 위해 최선의 것을 사용하는 심도 깊은 방법으로 수행되기 위해서는 유사한 임상 모델과 동일한 과정이 요구된다. 즉, 그것은 사적이고 비밀스럽게 제공된 공간에서의 정기적인 만남, 특정한 요구를 맞추기 위해 개별 혹은 소그룹 작업의 자유, 악기의 질과 오디오 장치 같은 핵심 도구 등이다. 기관에서 흔히 갖추어져야 하는 이러한 모든 요소는 재정과 자원이 필요하다.

따라서 수준 높은 보호를 제공하기 위해서는 자원이 필요하고 음악치료사가 개발한 높은 수준의 임상 가능성과 진보를 보여 주는 것에 따라 자원의 할당이 달라진다. 심리치료를 수행할 때는 음악치료사가 그들의 직업을 위해 요구되는 자원과 유사하게 필요하기 때문에 음악치료에서 발전된 임상은(몇몇의 경우 음악치료 그 자체가) 음악심리치료와 동일시되며 몇 가지 특징을 가진다. 그 특징은 생각, 행동, 정서 같은 내면의 정신세계에 초점을 맞추고, 음악 산물이 아닌 치료과정을 강조하며, 일차적으로 치료사와 클라이언트의 관계를 고려하는 것이다. 음악치료에서 전문성의 발달은 대중적으로 음악에 참여하는 것으로부터 전문적으로 음악과 만나는 사적인 공간에서 참여하는 것으로 이동할 필요성을 가지게 되었다.

이러한 일반적인 추세에도 불구하고 심지어 앞서 언급한 발전된 음악치료 모델에서조차 몇 가지 예외가 있다. 예를 들어, Nordoff-Robbins 음악치료에서 그룹 작업은 처음에는 공연을 통해 치료를 할 수 있는 작곡학습을 포함하였다. Florence Tyson이 심층적으로 발전시킨 재조직적 음악치료(reconstructive music therapy)에는 창조적 예술재활센터(Creative Arts Rehabilitation Center: CARC)에서 재즈 혹은 록 음악을 연주하기를 희망하는 개인들을 위한 주별 그룹과 클라이언트가 다른 클라이언트, 치료사, 초대 손님을 위해 공연할 수 있도록 2년마다 음악극 같은 연주 관련 작업이 포함되었다. 그래서 음악 레슨과 공연 같은 활동을 감소시키려는 압력에도 불구하고 음악과 관련된 이러한 자연스러운 방법은 진보된 수준의 임상에서뿐만 아니라 일반화된 임상의 입문 수준에까지 유지되었다.

1960년대와 1970년대에 현재의 논의와 관련된 세 가지 사회적인 현상이 발생하고 있었다.

첫 번째는 정신적인 문제로 혹은 발달적인 지체로 대부분 지역사회와 분리되어 주에서 운영하는 기관에 입원한 개인들이 그룹홈과 지역사회에 통합되면서 탈시설화가 이루어졌다. 분리되는 것보다 지역사회 내에서 보호의 질이 더욱 좋은 방향으로 수행될 수 있다는 것들이 계속 보여지고 있다.

Florence Tyson이 CARC를 창설한 이면의 힘에도 이러한 추세가 반영되었다. 병원에서 일하면서 Tyson은 당시 지역사회로 방출됐지만 급성으로 수개월 만에 다시 돌아온 클라이언트와의 음악치료에서 심오한 것들을 얻었다고 하였다. 그녀는 환자들을 지역사회에 머무르도록 하기 위해 증상을 완화시키 거나 혹은 증상을 막기 위해 외래환자를 대상으로 지역사회에서의 음악치료 를 수행한다면 음악치료가 더욱 효과적일 것이고 그로 인해 재입원으로 발생 하는 비용을 방지할 수 있을 것이라고 하였다.

두 번째, 심리치료 분야는 원래부터 개인내적(intrapersonal)에 초점을 맞추 고 정치적 편향 가능성이 없다고 인정되는 사회과학이다. 한 사람이 비정치적 이라는 것은 그 자체로 정치적이라는 것을 확신하는 것과 같다. 1960년대 다 양한 지향점을 가진 심리치료사들은 사회적으로 활동할 수 있는 체계 안에서 행동하였다. 이를 반영하여 음악치료에서 1988년 '평화를 위한 음악치료사' 그룹이 설립되었다.

이는 음악치료의 진화의 맥락 안에 있었으며 공동체 음악치료가 출현한 심 리치료의 정치적 성격이었다. 여기에서 클라이언트의 개념은 "지역, 환경, 생 태적 맥락, 혹은 생태적인 문제가 있는 개인"으로 확대되었다(Bruscia, 1998a, p. 229). 기본적인 가정은 지역의 건강과 이러한 지역을 구성하는 개인의 건강 은 분리될 수 없으며 따라서 치료적인 노력은 한 개인 혹은 한 지역이 아닌 자 연적으로 모두에게 영향을 미쳐야 한다는 것이다. 더욱이 각 개인과 지역 사 회로 관계가 확대되는 것은 두 사람 모두에게 서로 이익이 된다.

> 공동체 음악치료에서 치료사는 그룹 혹은 개인과 음악치료 세팅에서 일 하지만 또한 지역사회와도 일을 한다. 그 목적은 두 가지 측면이 있다. 클라 이언트가 지역사회에서 기능적으로 참여하고 지역사회에서 가치 있는 그룹 원이 되도록 준비시키기 위한 것, 그리고 클라이언트들과 교류하고 그룹원 들을 이해하도록 도움으로써 클라이언트가 지역사회에 포함되고 인정되도 록 준비시키기 위한 것이다.
>
> (Bruscia, 1998a, p. 237)

세 번째, 음악학에서 발달이 음악치료에 영향을 주기 시작하였으며 Ansdell (2004)은 이러한 발달이 계속되면서 공동체 음악치료가 출현하게 되었다고 주장한다. 그는 민족음악학 개념이 음악치료에 적절하며 또한 음악을 하는 다른 사회적인 맥락뿐만 아니라 음악치료에도 적용되어야 한다고 강조하였다. 공동체 음악치료에 적절한 새로운 음악학의 중요한 측면은 음악이 자율적이기보다는 사회적으로 포함된 활동이라는 개념이다. 이 의미는 그 안에 잠재된 것에 의해서가 아닌 사용자에 의해 구성된다는 것이다. 음악은 비물질적인 마음 못지않게 물질적인 신체를 통한 산물이다. 음악은 단지 표현하는 것 이상의 감정을 반응하게 하고 구성한다. 그리고 음악은 본질적으로 사회적인 활동이다(pp. 68-69). 더욱이 음악성은 "관계에 참여하도록 불러일으키는 인간의 핵심적인 능력"이다(pp. 68-69).

공동체 음악치료에 대한 첫 번째 저자는 공동체 수행이 1970~2000년 동안 진행되어 왔지만 이론적인 기반은 없었다고 인정한다. Ansdell(2002)은 이론적인 체계를 강조한 첫 번째 출판물에서 이에 자극을 주는 조건을 설명하였다.

- 치료의 개념이 없는 다양한 문화의 클라이언트(예를 들면, 호주와 서아프리카 원주민)와 일하는 치료사들
- 공동체와 연결되는 것이 가장 중심적인 필요인 클라이언트와 일하는 치료사
- 가족원이나 직원과 같이 이전에는 클라이언트로 확인되지 않았던 개인의 필요를 다루는 환경(예를 들면, 호스피스)에서 일하는 치료사
- 치료적인 이슈가 사회적이고 정치적인 차원을 갖는 곳에서 난민 같은 트라우마를 경험한 사람들과 일하는 치료사
- 클라이언트와 녹음을 하거나 공연을 통합하는 임상에서 일하는 치료사

공동체 음악치료의 발달에서 아이러니한 것은 "음악치료사들은 개별, 소그룹, 혹은 폐쇄된 환경에서 치료를 옹호해 왔지만 클라이언트에게 선호하는 음악을 사용하는 자연적인 방법은 반대 방향으로 유도하여 왔다."라는 것이다 (Aigen, 2012, p. 140). 공동체 음악치료의 문구 아래 임상에서 몇몇 저자는 전문성의 성숙이 나타나야 한다는 정신역동 접근과 갈등을 일으켰다. 심지어 공동체 음악치료에 공감하는 몇몇 치료사조차도 이 분야에서 다시 회귀하는 것으로 나타날 수 있다고 위험성에 대해 경고를 하였다. 결과적으로 이것은 전문적인 문헌에서 상당히 경쟁적인 영역이 되어 있다.

공동체 음악치료의 비판은, 이미 몇몇 임상가는 음악치료라는 이름으로 일반적으로 일하여 왔기 때문에 공동체 음악치료라고 명명할 필요가 없다는 주장부터 윤리적으로 의문시되는 임상—클라이언트와 함께하는 대중적인 공연 같은 활동—이 관여되기 때문에 발달상 그것이 더욱 초기 단계로 퇴행하는 것이라는 주장까지 다양하다. 이 모델에 대한 지지자들도 새로운 패러다임이 음악치료를 대체하고 있다고 주장하는 사람부터 기존의 임상을 보완하기 위해 그것이 필요하다고 생각하는 사람까지 다양하다.

공동체 음악치료의 출현을 야기한 Ansdell의 다섯 가지 조건 개념을 생각해 보면 대부분 치료의 문헌에서 나타났고 또한 가장 논쟁이 되고 있는 녹음과 연주에 초점을 맞춰 왔다. 결과적으로 이 장은 공동체 음악치료를 둘러싼 일반적인 이슈들을 다룰 것이며 더 특별한 이슈인 녹음과 연주는 제12장에서 다룰 것이다.

공동체 음악치료의 경쟁적인 개념들

Stige(2002c)는 공동체 음악치료라는 용어의 다양한 의미와 개념을 자세하게 탐구하였는데 독일, 노르웨이, 북미의 문화에서 용어에 대한 역사적인 관점을 포괄적으로 제공하였다. 내가 말한 것처럼 1998~2002년에서 기원을 찾기보다는, Stige(2004)는 비록 그것이 잠시 동안 활동을 중단하고 다시 재기되었지만 최소 이때보다 30년 전으로 거슬러 올라가 용어의 사용과 기원을 논의하였다.

공동체 음악치료는 음악치료로부터의 많은 사상 그리고 실행과 함께 물결쳤고 전 세계의 많은 영역과 관련되어 있었다. Stige(2004)는 독일의 Schwabe와 Seidel, 노르웨이의 Ruud와 Aasgaard, 북미의 Tyson과 Kenny, 그리고 전 세계적으로 영향을 미친 Alvin, Nordoff와 Robbins, Priestley 같은 다양한 음악치료의 개척자에게서 그 기원을 확인하였다. 또한 호주와 캐나다에서 공동체 지향적인 전통이 있고, Stige는 아프리카와 아시아를 통해 발달된 동시대의 것들이 또한 적절하다고 믿었다(Stige, 2004, "공동체 음악치료의 역사", 두 번째 문단). Stige는 Bruscia(1998a)가 이 용어를 사용한 첫 번째 간행물을 언급하면서 이것이 오래전부터 계속 사용된 것이며 "그(Bruscia) 자신만의 창조적인 혁신이 아니며 매우 오래된 기원을 가진 음악치료의 하위 전통이다."라고 보았다(Stige, 2004, 부록, 네 번째 문단). Stige의 설명이 그럴듯하지만, Bruscia의 개념화는 단순히 역사적 기능의 총합이 아닌 새로운 개념의 시작으로 보인다. 이것은 클라이언트를 공동체로 포함한 것이며 그 당시는 새로운 사상이었다.

더욱이 Stige는 이 용어가 더 먼저 출현하였고 입원환자 혹은 거주자에게 제공되는 서비스보다는 비거주자, 즉 외래환자에게 의뢰되어 제공되는 전통적인 개별, 그룹 음악치료에서 시행되는 것이라고 하였다. 어떤 새로운 이론적인 기능을 요구하지도 않고 발생시키지도 않는다는 사실을 증거로 보여 주면서 초기 임상가들은 그것이 전통적인 음악치료와 기본적으로 다르다고 생각하지 않았다. Ansdell(2002)과 Stige(2002a)가 제시한 새로운 토대는 이전에 진행되었던 것과 근본적으로 다른 어떤 새로운 것이 음악치료 안에서 발생했다는 사실을 증명하였다.

Stige는 현재 공동체 음악치료에서 몇몇 개별적인 요소는 1960년에서부터

1990년대 후반에 출현하였다고 하였다. 질문은 고립되어 존재하는 각 개별적인 가닥의 출현 정도가 전체적인 관점의 존재라고 특징지을 수 있는 정도, 그리고 용어의 초기 출현이 현재 무슨 의미인가를 알려 주는 정도에 대한 것이다. 이것은 공동체 음악치료의 의미를 명확하게 정의하였다는 것을 말하는 것은 아니며 어떤 특정 성격에 대해서는 합의가 있을 수도 있다는 것이다.

Ansdell(2002)의 초기 설명은 공동체 음악치료가 새로운 임상을 포함하며, 단지 시설에서 더 넓은 공동체로 기존의 임상을 도입하는 것이 아니며 따라서 예전 접근과는 다른 새로운 접근임을 강조한다.

> 공동체 음악치료는 맥락에서 사람들과 음악적으로 작업하는 접근법이다. 건강, 질병, 관계, 음악의 사회·문화적 요소를 인정하는 것이다. 공동체 음악치료는 음악치료사들이 클라이언트가 다양한 음악적 상황에 접근하도록 그리고 '치료'와 더 넓은 음악하기의 사회적 맥락으로 움직이도록 돕기를 격려한다. 이처럼 공동체 음악치료는 음악치료사들의 역할, 목적, 일하는 지역의 확대를 포함하며 단지 전통적인 음악치료의 접근이 지역사회 환경으로 이동하는 것은 아니다.
>
> (Ansdell, 2002, "공동체 음악치료의 정의", 세 번째 문단)

Stige(2002a)는 공동체 음악치료 접근의 몇 가지 특징을 언급하였다.

① 공동체는 "단지 일을 위한 맥락이 아닌 사회적이고 문화적인 흐름과 관계되는 함께 일하는 맥락이다." (p. 113)

② 사회적이고 문화적인 고립은 "잠재적으로 건강을 위협"하는 것이며 건강을 증진하는 접근은 "주된 목적으로 개인의 삶의 질에 대한 경험과 사회적인 네트워크 발달에 초점을 맞추는 것으로 고려된다." (p. 113)

③ 음악치료의 과정은 "정치인, 가정에서 클라이언트를 보호하는 간호사와

사회복지사, 합창단과 지역 밴드의 음악가, 공동체 음악학교 선생님" 같
은 사람을 포함하는 치료실 밖으로 이동된다(p. 113).

④ 공연은 치료과정에 포함된다.

⑤ 전체적으로 이 접근은 "전통적인 음악치료보다 더욱 대중적이며 정치적
으로 일하는 새로운 방법"을 포함한다(p. 113).

Ansdell(2003)은 곧 그의 초기 개념이 지나치게 설명적이며 맥락 민감성에
있어서 불충분하다고 비평하였다. 그는 더욱 간결하고 새로운 내용을 소개하
였다. "공동체 음악치료는 치료사가 어떤 곳에서든 딱 맞는 한 가지 방법을 사
용하는 것을 거부하고 대신 클라이언트의 필요, 맥락, 음악의 유도가 필요를
따르도록 격려하는 것이다."(p. 4) 이 새로운 관점에서 공동체 음악치료는 특
정한 이론이나 임상에 의해 정의된 어떤 것이 아니라 인간이 음악에 참여하는
과정이며 음악 개입을 통해 성장으로 나아갈 수 있도록 하는 것이다.

공동체 음악치료에 대한 Ruud(2004)의 개념에서 연주는 중심적 역할을 하
며 본질적인 가치다. 그는 "문화와 맥락이 모든 음악치료 형태에서 결정적인
측면"("연주 중심의 음악치료", 첫 번째 문단)인 것처럼 공동체 음악치료의 어떤
측면도 독특한 것이 아니라고 믿었다. 그리고 모델이 적합하지 않다는
Ansdell의 합의된 모델에 반대되는 개념을 제안하면서 모든 음악치료 접근이
본질적으로 심리치료적인 것은 아니라고 믿었다.

이러한 요소들이 제거될 때 남는 것은 공연의 측면이다. 현재 많은 음악치
료 접근이 즉흥연주와 감상이 중심 활동으로 남아 있기 때문에 공연과 산물의
중요성은 최소화된다. 그러나 Ruud(2004)는 공동체 음악치료를 공연 중심 접
근으로 더욱 신뢰할 만한 것으로 만들어 냈다고 하였다. 심지어 "공연이 없기
때문에" 필요한 것이 되며, 공동체와의 교환이 없을 것이다("연주 중심 음악치
료", 두 번째 문단).

Bruscia(1998a)는 공동체 음악치료를 단지 생태학적인 실행의 한 가지로 확

인했지만 Ruud는 공동체 음악치료의 생태학적인 특징은 독특하며 지지이론 같은 사고 체계를 요구한다고 하였다. 현재 연주와 시스템적인 사고로 Ruud(2004)는 공동체 음악치료를 "체계적인 관점에서 연주 중심 음악치료의 융통적인 사용"이라고 정의하였다("정의", 첫 번째 문단).

Stige(2004)의 공동체 음악치료의 정의를 포괄적으로 검토하면서 Ruud의 정의에서 문제점과 강점을 언급하였다. 그는 시스템 이론에 초점을 맞추고 본질이 융통성이라는 것에는 동의하지만 연주에 초점을 맞추는 것은 문제가 있다고 믿었다. 특히 그는 연주가 없으면 공동체도 없다는 Ruud의 개념에 이의를 제기하였다. Stige는 연주가 본질은 아니며 대신 클라이언트와 음악치료사의 역할(서로의 관계에서 그리고 크게는 사회의 관계에서)이 공동체 음악치료 개념에서 중심이 되어야 하는 새로운 맥락과 새로운 방법에서 협상이 되는 새로운 윤리적이며 실용적인 경계를 만들었다(Stige, 2004, "Ruud의 개념에 대한 몇 가지 생각", 일곱 번째 문단).

더욱이 Stige는 원칙과 어떤 형태의 활동, 예를 들면 연주, 감상, 즉흥연주 등이 특정 임상 영역에서 특별하게 설계되어야 한다는 사실에 반대한다. 그는 연주보다 다른 활동들이 집단성의 느낌을 확립할 수 있다는 것을 관찰하고 공동체 음악치료에서 이용하였다. 게다가 특별한 클라이언트와 연주를 사용하는 것에 모순이 있으며 따라서 Stige는 공동체 음악치료가 이러한 개인에게 부적절하다고 말하는 것을 원하지 않는다.

Stige(2004)는 비록 연주를 "연주는 일상의 맥락에서 자아를 보여 주는 것"으로 연결하는 더욱 일반적이고 사회적인 말로 생각하는 것이 유익하지만, 그럼에도 공동체 음악치료는 연구의 가치를 전경으로 가져왔다는 것이 중요하다고 믿었다(Stige, 2004, "Ruud의 개념에 대한 몇 가지 생각", 열 번째 문단). 비록 이러한 주장이 중요성을 더 좁은 개념으로 축소하는 것은 아닐지라도 공동체 음악치료의 더 많은 이론을 제공하는 것은 더 넓은 연구의 개념이다.

반대로, 공동체 음악치료에 대한 Ansdell의 개념과 대조적으로 Stige(2003)

는 특별한 신념과 가치를 인정하였다. 이것은 클라이언트의 자원에 초점을 맞추는 것이며 비임상적이고 공동체의 대중적인 세팅에서 프로젝트를 통해 건강을 증진할 수 있는 종합적인 접근이다. 새로운 형태의 역할, 즉 치료사가 여러 가지 방식으로 역할을 하는 것이 전통적인 음악치료사와 개념은 다르지만 단지 건강을 증진하는 것뿐만 아니라 새로운 윤리적인 지침이 필요하다는 것을 제안한다. 이러한 접근을 이해하기 위해 가능한 체계는 의식(ritual)이다. 전통적인 치료는 이미 설명된 역할을 가진 지정된 개인과 함께하는 폐쇄된 의식과 유사하다. 공동체 음악치료는 더욱 개방적이고 참여자가 누구이고 그들의 참여를 구성하는 것이 무엇인가의 관점에서 융통성이 있는 포괄적인 의식이다. 지역에 대한 융통성과 함께, 필요한 때와 필요한 장소에서 의식이 발생하는 시간에 대한 융통성이 있으며 전통적인 치료에서처럼 미리 계획된 것을 따라 할 필요는 없다.

공동체 음악치료의 구조는 필연적인가

구조로서 공동체 음악치료에 대한 비판은 공감의 변화 정도에 따라 세 가지 입장을 취해 왔다. 첫 번째, 몇몇 저자는 관점을 구성하는 규정과 실행이 이미 책임감 있는 음악치료 실행에서 공통적인 부분이기 때문에 심지어 명명할 필요도 없다는 것을 제안하였다. 두 번째, 몇몇 저자는 명명할 필요는 있지만 접근은 응용에 제한이 있어야 하고 현재를 보충하여야 한다고 주장한다. 세 번째, 몇몇 저자는 공동체 음악치료의 핵심에서 실행은 치료가 아니면 윤리적인 갈등을 보여 준다고 주장한다.

초기에 공동체 음악치료를 상세하게 설명하면서, Ansdell(2002)는 음악치료가 매우 발전된 많은 영역에서 이미 확립된 '일치 모델'을 설명하는 것에 반대하면서 공동체 음악치료 개념의 필요성을 확립하였다. 따라서 공동체 음악치료의 필요를 찬성하고 반대하는 다양한 논쟁을 탐구하는 것은 이러한 모델과 관련된 것을 고려하기 위해 필요하다.

Ansdell은 상당한 수의 음악치료사들이 음악치료가 전통적으로 정의되는 것에 동의하지 않는 것으로 보인다고 인식하면서 자극을 받았다.

> 음악치료사는 음악치료가 무엇인가에 대해 그들이 아는지 모르는지에 대해 더 이상 확신하지 않는다. 오히려 그들은 스스로 참여하는 임상과 이론의 다양성이 더 이상 '음악치료'라는 영역에서 편안하게 해 줄 수 있는가에 대해 생각한다. 우리는 우리의 동료들과 학생들이 "그러나 나는 이것이 음악 치료인지 확신하지 않아."라는 말로 새로운 측면에 대해 말하는 것을 많이 들어 왔다. 이 의미는 스스로 자신의 일에서 발견하는 것이 '음악치료는 무엇인가'라고 설명되는 현재의 이론적 모델에 맞는지 그렇지 않은지에 대한 것으로 보인다. 그들은 종종 작업이 전문적으로 부적절한지 혹은 윤리적으로 문제가 있는지 생각한다.
>
> (Ansdell, 2002, "음악치료는 어떤 깃발을 달고 항해하는가", 세 번째 문단)

Ansdell은 음악치료에 관한 새로운 사고방식으로서 그의 공동체 음악치료의 개념화가 불필요하게 비판받을 것이라고 예상하였다. 그의 방어는 음악치료의 일치 모델은 전문적인 정체성과 치료사들이 참여하는 임상에서의 충돌에 초점을 맞춘다는 것이다. 왜냐하면 이 모델은 클라이언트에 의해 설계되고 클라이언트에게 혜택을 주기 때문이다. 따라서 지지적인 이론의 체계를 가지고 새롭게 명명하는 것이 필요했다. Ansdell은 공동체 음악치료가 일치 모델과 비교할 수 없는 다른 네 가지 영역에 대해 설명했다.[1]

기본 목적

전통적인 음악치료에서 각 개인 클라이언트는 내면의 정서적인 삶을 탐구하도록 지지받으며 음악은 사회문화적인 현상이라기보다는 심리학적인 현상으로 여겨진다. 공동체 음악치료는 음악하기가 사람을 내면과 외면으로 인도한다고 인정한다. 내면의 탐구가 음악치료사의 유일한 관심은 아니다. 음악을 통해 다른 사람과 나아가는 것은 자기표현과 자기지식으로 이끌어 가는 만큼 중요하다. 따라서 공동체 음악치료사는 모든 방향에서 클라이언트의 욕구를 지지한다.

중재방법

전통적인 개념에서 음악치료는 수단뿐만 아니라 목적에서도 다른 음악 영역(예를 들면, 교육, 연주, 음악감상과 같은)과 구별된다. 악기 배우기, 작곡 혹은 연주 같은 활동의 중요성은 최소화된다. 공동체 음악치료에서 임상적 · 비임상적 음악하기는 유사한 것으로 생각되며 음악치료는 음악치료 밖에서와 유사한 음악 만들기 형태로 관여될 수 있다. 음악과 관련된 이러한 자연적인 방법이 격려된다.

전문가의 정체성과 역할

음악치료사의 전통적인 역할은 음악교육가, 음악연주자와 분명하게 구별된다. 좁게는 심리치료사와 역할이 비슷한데 심리치료사는 클라이언트에 대해 통찰이 있고 상징적인 의미를 해석할 수 있다. 공동체 음악치료에서 음악치료사의 전문성은 일차적으로 건강 관련 혹은 심리치료적인 존재보다는 음악적 존재다. 목적은 방해를 제거하여 환경에서 개인을 위한 음악 만들기와 음악을 촉진하는 것이다.

치료과정의 위치와 경계

전통적인 접근에서 음악치료는 비밀보장을 위해 폐쇄된 개인 공간에서 발생한다. 이 작업은 기본적으로 개인내적이며 중요한 맥락은 클라이언트와 치료사 사이 혹은 클라이언트 사이의 치료적인 관계다. 세션 밖에서 발생하는 활동은 일반적으로 다루지 않는다. 공동체 음악치료에서 음악치료사는 필요한 곳이 어디든지 음악가 정신을 취한다. 이것은 개인 공간일 수도 있고 혹은 공유된 레크리에이션 공간, 대기실, 복도 같은 대중적인 공간일 수도 있다. 전통적인 접근과는 대조적으로, 치료적인 체계는 더욱 유동적이며 쉽게 접근할 수 있다. 치료사는 지역의 음악정신을 향상시키고 각 개인의 삶의 질을 향상시키면서 클라이언트 삶의 전체적인 맥락에서 작업을 한다.

공동체 음악치료의 실행은 Pavlicevic과 Ansdell(2004b)이 확인한 음악의 '파급효과'를 기본으로 한다. 그 생각은 연못에 돌을 던진 것처럼 음악이 퍼져 나간다는 것이다. 음악이 물리적인 위치에서 공간적으로 퍼지고 인간의 과거와 미래 사이의 연결을 확립하면서 시간적으로 퍼진다. 공간적인 감각에서, 이것은 "다른 사람을 부르고 모으고 함께 연결한다. 이것은 공동체를 창조한다"(p. 16). 외부로 퍼져 나가는 데 있어서 음악은 만드는 사람을 더 큰 공동체로 이끄는 동시에 공동체를 음악하기의 근원으로 이끈다. 음악의 자연적인 성격으로부터 나타난 자아와 집단에 함께 가져오는 것은 공동체 음악치료가 강한 사회문화적인 수행이 되는 이유이며 또한 이것이 음악이 중심으로 고려되는 이유다.

공동체 음악치료 개념의 기초와 이론은 음악치료사가 만들었지만 음악치료사로서 적절한 책임의 영역을 넘어서는 합법적인 임상을 위해 개발되었다.

이것은 음악치료사가 고용된 지역 내의 보호 기관 밖의 사회와 더 큰 기관에 참여할 뿐만 아니라 클라이언트와 연주하고 녹음하는 것을 포함한다. 공동체 음악치료는 이러한 임상을 포함할 수 있고 새로운 것을 개발할 수 있는 음악 치료에 대한 비전을 제공한다. 그러나 핵심에서 그것은 융통적이며 맥락 기반 접근이지만 좁고 엄격한 방법에서 정의되는 것은 아니다. 이는 그것의 본질이 계속적으로 논의되고 토의된다는 것을 의미한다.

Pavlicevic과 Ansdell(2004b)은 또한 공동체 음악치료가 음악치료에서 발달된 새로운 것인지 혹은 단지 유럽을 중심으로 기존의 임상에서 다시 만들어진 것인지 아니면 몇 가지 잘못 알려진 것들이 변화된 것인지에 대한 이슈들을 생각하였다. 비록 그들은 1960년대로 거슬러 올라가서 이러한 흐름이 존재하였다는 것은 인정하지만 이러한 작업이 제시되었다는 증거, 즉 이론화, 연구 등이 거의 없었기 때문에 2002년이 되어서 겨우 외부적으로 논의가 시작되면서 부분적인 전통이 되어 왔다. 그들이 2000년에 명명한 그들만의 독자적인 설명에 집중하는 동안 그들은 다른 사람들도 독자적으로 설명을 갖게 되었음을 인식하게 되었다. 서로 다른 문화의 사람들에 의해 설명된 명명이 필요하다는 것은 새로운 개념화가 필요하다는 증거가 된다.

공동체 음악치료는 클라이언트의 요구가 첫 번째이며 개념과 윤리적인 지침이 효과적인 임상을 반영하기 위해 발전되어야 한다는 생각을 기본으로 한다. Pavlicevic과 Ansdell(2004b)은 또한 약간 급진적으로 보이는 제안을 하였다. 공동체 음악치료의 참여자는 "적절할 때 바람이 부는 쪽으로 관심을 던져야 하며 사람과 환경의 필요를 따라야 하며 '무엇이 음악치료인가' '음악치료사가 무엇인가'에 대해 질문하지 말고 '내가 지금 여기에서 해야 할 필요가 있는 것은 무엇인가'에 대해 질문해야 한다. 그들은 사람과 음악이 이끄는 곳으로 대담하게 따라야 한다."(p. 30)

그가 윤리적인 지침에서 이러한 급진적인 변화를 강조하지 않는 반면 Srige(2002d)는 문화와 사회 맥락에 대한 민감성이 공동체 음악치료의 특징이 된다는 것에 동의한다. 그는 또한 공동체 음악치료와 일치 모델이 Ansdell이 제시한 것처럼 대조적이고 상호 배타적인지 아니면 보충적이고 함께 존재할 수 있는지에 대한 질문에 대답하였다. 그는 분명하게 이전의 개념으로부터 출발하였다.

> 전통적인 음악치료와 공동체 음악치료는 상호적으로 지지하며 서로 도전이 될 수 있다. 다시 말하면, 그들은 훈련과 전문 영역에서 확립된 적절성에 대해 서로 상기시키며 지지할 수 있었다. 그리고 오래된 방법을 구체화하기 위한 시도 혹은 엄격한 도그마에 대한 도전을 할 수 있다. 이것은 전통적인 음악치료를 대체해야 하는 어떤 것 혹은 어떻게 전통적인 음악치료가 이해되는가에 대한 영향 없이 분리된 임상으로써 공동체 음악치료의 비전보다 더욱 다르다는 것을 보여 줄 것이다.
>
> (Stige, 2003, p. 86)

Jane Edwards(2002a)는 음악치료를 위한 새로운 용어가 필요하다는 것에 회의적이었으며 특히 공동체 음악치료를 사용할 때 더욱 그러했다. 그녀는 두 가지 측면에서 반대하였다. 첫째, 그녀는 음악치료사로서 이미 공동체 음악치료에서 설명되는 더 넓은 사회적 · 문화적 맥락에서 클라이언트를 생각한다고 말한다. 둘째, 그녀는 공동체 음악에서 음악치료사로 일하는 것을 차별화하기 위해 노력하고 새롭게 명명하는 것이 더 혼란을 가져올 것이라고 믿었다.

Edwards(2002b)는 또한 음악치료사의 전문적인 의무는 지역의 음악가의 의무와 유사한 역할을 못하게 한다고 주장하였다. 이러한 작업을 설명하기 위해 공동체라는 단어를 음악치료에 더하는 것은 부적절한 것이다. 왜냐하면 공동체 음악치료와 음악치료는 기본적으로 차이가 있기 때문이다. 음악치료와 대조적으로, 공동체 음악은 현재 지정된 임상가 없이 발생할 수 있고 어떤 반복적인 특징을 가지지 않을 수도 있다. Edwards에 의하면 공동체 음악가가 취한 색다른 접근은 자연적인 부분이며 이 기본적인 사실이 음악치료 임상과 어떤 연결을 하지 못하게 한다. 그녀는 이러한 기본적인 차이가 음악치료와 공동체 음악치료가 양립할 수 없도록 하며 심지어 공동체 음악치료와 같은 임상의 혼합된 영역에서 그렇다고 믿는다.

Ansdell(2003)은 분리된 임상으로서 공동체 음악치료가 단지 영국에서만 구성된 것인지 혹은 세계적으로 적절한지에 대한 질문을 다루었다. 영국에서 지배적인 음악치료—즉, 일치 모델—는 임상음악치료로 설명되는 것이 더욱 좋을 수 있지만, 그는 공동체 음악치료라고 불리는 것이 단지 전 세계를 통해 수행되는 일반 음악치료가 되는 가능성을 생각하였다.

영국/아일랜드 문화에서 이러한 특별한 상황은 공동체 음악과 관련된 학문적 영역이 단 하나라는 사실 때문인 것으로 보인다. Stige(2002c)는 Edwards의 요점이 단지 이러한 맥락에서만 적절하고 그래서 국제적인 지침으로는 유효하지 않기 때문에 Ansdell의 요약이 필요하지 않다고 주장하였다. 단지 하나의 문화에서만 발생한다는 문제 때문에 국제적인 용어를 사용하지 못하게 한다는 것이 문제라고 제시하였다. 더욱이 Stige는 Edwards의 비평처럼 음악치료가 공동체 음악치료로 대치되는 방법은 어디에도 없다고 하였다. 그는 단지 기존의 다른 실행 영역과 구별되는 것을 본질적으로 정확하게 요약하는 방식에서 실행의 영역을 설명하고 묘사하는 것을 주장하고 있었다.

공동체 음악치료에 대한 많은 문헌이 공동체 음악치료가 정의될 수 있는지, 정의는 무엇인지, 어떻게 정의되는지에 대해 그리고 음악치료의 다른 형태와 구별되는 것에 초점을 맞추었지만, O'Grady와 McFerran(2007)은 그것의 공동체 음악과의 차이를 조사함으로써 스펙트럼의 다른 한 측면을 생각하였다. 그들은 공동체의 음악가와 공동체를 지향하는 음악치료사를 인터뷰하였다. 두 임상가 사이에 나타난 기본적인 차이는 그들의 작업의 노력에 대한 이론과 초점을 반영하였다.

O'Grady와 McFerran(2007)에 의하면 공동체 음악가들은 작업의 특징을 미

적인 가치 혹은 사회적 변화에 초점을 맞추는 대신 음악치료사들은 자기표현을 위한 각 개별 참여자들의 요구를 우선시한다. 음악치료사들은 기존의 윤리적 지침을 더 많이 따르는 반면, 공동체 음악가들은 무엇이 적절한가에 대한 내면적인 감각에 더 많이 의존한다. 또한 음악치료사들은 "전체적으로 건강을 돌보는 연속선상에서 일하지만 공동체 음악가들은 재활 혹은 급성의 위험/질병과 재활에서는 작업을 하지 않는다."(p. 21) 저자들은 "공동체 음악치료(CoMT)에서 '좋은' 음악이 각 개인을 위한 도구로서" 지나치게 단순화되는 위험이 있지만 "공동체 음악에서 개인은 때때로 '좋은' 음악 그 자체를 위한 혹은 사회적 변화를 위한 도구"라고 말한다(p. 21). 이것은 공동체 음악가들이 개인을 무시한다는 것이 아니고 자아 이상의 더 큰 어떤 부분의 감정으로부터의 작업으로 이익을 얻으며, 반드시 음악이 중심이 된 감정으로부터의 작업이 필요한 것은 아니다.

이 결론에서는 두 가지 가정이 타당하지 않을 수 있다. 첫 번째, 공동체 음악치료사를 위해 공동체 그 자체는 클라이언트가 될 수 있다. 다시 말하면, 사회적인 변화가 초점이 되고 있고 클라이언트의 필요는 무시되는 것이 아니고 단지 공동체로서의 클라이언트가 개인으로서의 클라이언트보다 중요하다는 것이다. 이러한 관점에서 한 가지 이슈는 이러한 결과들이 이 연구의 특정 표집만을 반영할 수도 있다는 것이다. 저자들은 두 영역 간 일반적인 차이의 어떤 것도 말할 수 없다. 두 번째, 미적인 가치와 자기표현 사이의 이분법을 유지하는 데 기반을 두는 O'Grady와 McFerran의 결론에 가정이 있다. 여기서 미적인 가치는 치료적 흥미, 본질적인 임상과는 다른 것으로 토의된다. 이러한 설명은 또한 자신을 위한 음악이 인간의 발달을 위한 음악이고 이것이 인간의 발달과 건강을 위한 강한 역할을 한다는 Aigen(2005)의 논쟁에서는 타당하지 않다.

음악이 일반적으로 자아의 발달을 위한 것이라는 생각은 음악중심 음악치료에서 초점이 된다. 또한 이러한 접근의 열쇠는 음악치료 안에서 음악에 참여하는 개인은 계속적으로 비임상적인 맥락에서도 관련이 된다는 것이다. 이 것은 따라서 연주와 음악 산물을 포함하는 것처럼 치료에서 음악과 자연스럽 게 관련되는 것을 지지한다. Stige(2004)는 공동체 음악치료는 음악 중심이 며 공동체 음악치료를 정의하는 데 있어서 Ansdell(2003)의 전략은 분명하게 음악중심 임상 형태에 위치한다고 생각하였다. 이것은 음악과 음악가가 공동 체를 위해 제공할 수 있는 것이 무엇인가라는 질문에 대한 대답이며 이로부터 시작된다.

　이러한 다양한 정의로부터 나에게 다가온 중심 질문은 이것이다. 공동체 음악치료 모델들이 최선의 능력을 갖춘 음악가가 하는 것 사이에 더욱 유익 한 일치를 야기하도록 도와줄 수 있는가, 그리고 앞으로 다가올 세대에서 그 들을 위해 사회에서 필요한 것은 무엇인가?

(Ansdell, 2003, p. 4)

　공동체 음악치료에서 이론적인 차이는 연주라는 입장에도 불구하고 연주는 중요한 역할을 한다고 모두 인정하였다. 게다가 공동체 음악치료를 비판하는 저자들에게 연주는 일치모델에서 충돌할 수 있는 많은 요소—음악 산물 중심, 자율성의 손실, 정확한 경계의 부재, 치료사와 클라이언트 사이에 다양한 역할 등—를 포함하는 가장 논쟁적인 요소다. 공동체 음악치료의 중심 개념과 가치 의 적절성에 대한 견해 차이는 모두 계속되는 논쟁이 되며 많은 것이 제12장에 서 다루어진다.

Note

1. 이 부분은 Aigen(2012)에서 요약된 것이다.

12
CHAPTER

공동체 음악치료에서
연주에 대한 다양한 관점

음악치료에서 연주에 대한 일반적인 생각

　음악치료사들은 전문가로서 시작 이후 클라이언트와 연주에 참여하여 왔
다. 그들은 음악치료의 한 과정이나 결과로, 혹은 임상가로서는 관련이 없는
일에서도 다양하게 공연을 고려하여 왔다. Alan Turry(1999)는 음악치료 초기
에 치료적인 것보다는 다른 이유로 수행된 연주와 관련된 몇 가지를 강조하
였다. 몇몇 음악치료사는 자연스럽게 연주를 레크리에이션 혹은 교육을 위한
것으로 생각했다. 몇몇 행정가는 음악치료사들에게 음악치료 프로그램의 가
시성을 위해 압력을 가했다. 그룹 연주가 단지 그들 작업의 중심이 되는 유일
한 선택인 작업을 위해 대그룹이 치료사에게 정해졌다. 그리고 적용된 행동
주의 체계에서 강화의 형태로 음악을 사용하는 것을 많은 치료사가 지지하였
다. 이것들 중 어느 것도 클라이언트에게 이익이 없는 것은 아니지만 연주는
클라이언트와 치료사를 위한 선택을 증가시키기보다는 오히려 감소시키기

위해 사용되었다.

연주 활동은 특히 클라이언트의 복지가 이차적인 관심일 때 수행되는 경향이 있다. 연주를 위한 주제가 치료사 혹은 행정가로부터 시작될 때 "연주를 위해 완성된 음악 산물을 창조하는 것에 초점을 맞추는 것은 클라이언트의 문제를 악화시킬 수 있다."(Turry, 1999, p. 2) 클라이언트 연주의 질이 치료의 효율을 반영하는 것으로 고려될 때 이것은 특히 치명적이다.

음악치료사들은 연주를 통해 표현하고자 하는 요구를 가진 음악가들이다. 이러한 요구에 대해 자기인식이 충분하지 않은 숙련되지 않은 음악치료사들이 연주에 참여할 때 클라이언트의 안녕은 위협받을 수 있다. Turry는 이러한 형태의 광범위한 문제를 자세하게 설명하였다. 즉, 연주를 전문성의 발전과 인식을 위해 사용하는 치료사들을 포함하여 클라이언트를 위한 구세주처럼 행동하기 위한 수단으로 혹은 자신만의 음악을 듣고 인식하는 방법으로 혹은 연주를 둘러싼 자신만의 이슈를 작업하기 위해 사용하는 것이다. 이러한 위험에도 불구하고 연주는 의식적으로, 윤리적으로, 전문적으로 클라이언트를 위해 의미 있는 혜택을 갖고 있는데 왜냐하면 그것은 "희망을 창조하고 스스로를 대중에게 드러냄으로써 자신감과 지배력을 얻으며 클라이언트의 자긍심을 증가시킬 수 있기" 때문이다(Turry, 1999, pp. 2-3). 지지감, 동지애, 공동체의식이 연주를 통해 클라이언트의 자기가치를 증가시키면서 발생될 수 있다.

음악치료사로서 진보된 임상 수준과 음악심리치료 개념을 발달시킴에 따라 클라이언트의 연주는 입문 수준의 지지적인 작업과 관련이 되었다. 음악심리치료의 수행은 진실한 자기표현을 요구한다. 음악심리치료에서 자기표현을 위해 음악을 사용할 때 클라이언트는 청중이 음악을 미적으로 판단하는 것에 대해 걱정하지 않는 것이 중요하다. 진보된 작업에서 음악치료사들은 클라이언트의 진실성, 자기반영, 그리고 내면의 탐구를 통해 자기가치와 의미를 발견하는 능력을 발달시키는 데 초점을 맞추며 이 모든 것이 그들을 연주로부터 멀어지게 하였다.

이러한 주제에 대한 Turry의 생각은 부분적으로는 유익하다. 그는 진보된 음악심리치료 수준에서 작업을 하는 동안 녹음을 하고 연주를 통해 음악 산물에 초점을 맞추는 방법에 대해 논의하였다. 그는 심리적이고 복잡한 방법에서 잠재적인 이슈를 다룰 때 음악 산물이 심리치료의 중심이 되는 것을 생각하였다. 이것은 클라이언트와 치료사의 관계에 초점을 맞춘 연주의 효과를 완벽하게 조사하는 것이다. Turry는 연주와 음악 녹음이 자기가치와 성취감을 발생시키면서 클라이언트에게 도움이 될 수 있다고 강조하였다. 그러나 이러한 장점을 인정하더라도 치료사들은 "성공적인 연주 혹은 산물이 성공적인 치료는 아니다."라는 사실을 분명하게 인식한다(1999, p. 10). 왜냐하면 클라이언트는 더 깊은 치료 목적으로 나가기 위해 완전히 탐구되어야 하는 다양하고 많은 반응을 갖고 있을 수 있기 때문이다.

역할을 수행한다는 점에서 연주는 진실성에 가치를 부여하는 치료의 원리리와 상반되지만 연주에 대한 다른 개념은 이러한 교리와 더욱 일치한다. Ansdell(1995)은 비록 "음악을 통해 자신의 예술적 자아를 자기표현적으로 투사하는" 낭만적인 개념이 치료와는 대조되지만 16세기 이후 연주의 개념, 즉 연주의 역동성과 음악이 "잠재성, 비예측성, 무한성, 영성이 무엇인가에 대한 통로로서 자신을 내보내는 곳"이 되는 치료의 목적과는 일치성이 있다고 하였다(p. 217).

이러한 관점에서 "연주는 음악을 만들고 음악적 표현을 위한 자연스러운 맥락이 된다."(Ansdell, 1995, p. 218) 연주는 치료적인 초점과는 갈등하지 않는데, "좋은 연주는 결국 청중에게 보여 주는 것이 아니라 연주자의 능력과 영감을 증가시키는 상태에서의 어떤 것"이기 때문이다(p. 219). Ansdell은 창조적인 음악치료가 증상의 치료보다는 예술적인 추구라고 생각하였다. 이것은 순순한 정서적 표현 안에서의 예술성이 아니라 음악적 표현이 장애로 인한 한계를 넘어서 자신을 표현하는 기회를 제공한다는 넓은 의미에서의 예술성이다.

거짓된 자아가 되기보다 연주는 사람들을 더욱 진실한 자신의 자아와 접촉하도록 도와줄 수 있다. Ansdell(2005)은 공동체 음악치료의 맥락 안에서 임상적인 도구로서의 가치와 직접적으로 관련이 있는 연주에 대한 다양한 역설을 탐구하였다. "연주는 당신을 '다른 어떤 존재'를 통해 스스로가 될 수 있도록 할 수 있고, 당신이 할 수 없는 것을 할 수 있게 하며, 자연적으로 자연적이지 않을 수 있고, 비현실을 통해 현실을 반영하도록 할 수 있으며, 대중적이 아닌 개인적인 것이 될 수 있고, 공유되지만 사람들마다 서로 다를 수 있다."(2005, "개요", 일곱 번째 문단)

Ansdell은 치료의 목적과 연주가 서로 대조가 된다는 신념에 대해 네 가지 반대 의견을 주장하였다. 첫 번째, 연주의 일반적인 개념은 역할을 수행하는 실제의 존재가 아니라는 생각과 연결된다. 이것은 치료사가 지지하기보다는 다루기를 원하는 바로 그것이다. 두 번째, 신체적, 사회적, 혹은 정치적 이유로 악화된 상태에서 개인을 위한 공연은 그들의 취약성 때문에 금기되고 윤리적으로 의심스럽다고 주장한다. 세 번째, 치료의 초점은 과정 중심적이 되어야 하며 어떤 특정 산물이 되어서는 안 된다. 네 번째, 치료는 분명한 시간과 공간 안에서 경계를 가지고 사적이고 개인적인 비밀을 요구한다.

이와 반대로, Ansdell의 공동체 음악치료의 개념은 연주가 음악치료에 적절한 이유에 대해 여러 가지 측면에서 이론적 근거를 제공한다. 첫 번째, 연주는 거짓 자아를 인위적으로 짜맞추어 참여하는 것이 아니고 대신에 일상생활에서 심리적이고 사회적으로 건강하게 기능할 수 있도록 통합하는 것이다. 두 번째, 과정과 산물은 이분법적인 것으로 될 필요가 없으며 음악치료 과정은 두 가지 형태를 통합한다. 세 번째, 연주는 건강한 개인, 기관, 집단을 위해 필요한 관계 형태를 확립하기 위해 통합된다. 네 번째, 종종 클라이언트의 웰빙은 융통성 있는 윤리적 지침과 넘나들 수 있는 경계가 필요하다.

Ansdell은 치료 목적과 일치하는 많은 연주의 개념을 검토하였다. 그들 중 두 가지는 현재 논의에 적절하다. 첫 번째는 자아의 연주가 일차적으로 치료의 목적이 된다는 사회학적 토대다. 치료를 내면의 자아를 발견하는 과정으로 생각하기보다, 클라이언트는 대신 새로운 자기감각을 창조한다. 그들은 존재하는 새로운 방법을 활성화하기 위해 기존의 한계를 넘어서 스스로 연주하는 방법을 배운다.

두 번째, 음악 연주는 참여자들 사이에 상호 존중하는 관계를 구축한다. 많은 음악치료 클라이언트는 상호존중을 확립하기 어려운 권위와 자원의 불균형이 특징인 치료사와의 관계 안에 존재한다. 각 파트가 서로 동일하게 기여한다는 점에서 연주는 협조적인 관계를 존중한다. 이것은 클라이언트의 권위와 자기존중을 증가시키는 이점이 있다.

Ansdell에 따르면 연주는 두 가지 얼굴을 가지고 있고 음악치료에서 연주의 양면적인 상태를 설명하는 것은 긴장감이 있다. "압력으로서 연주"가 있는데(Ansdell, 2005, "결론: 역설로 돌아가자", 세 번째 문단), 이것은 연주의 상황이 기대, 경쟁, 판단을 반영하기 때문이다. 또한 "공헌으로서의 연주"가 있는데, 이것은 절정의 경험, 희망, 정체성의 확립, 음악적 코뮤니타스라는 연주의 성격을 반영하기 때문이다. Ansdell은 공동체 음악치료 임상가들이 사용하는 연주는 이러한 반대의 힘을 서로 화합시키는 역할을 한다고 생각한다.

Jampel(2006)은 치료에 결정적인 진실성의 가치와 연주 사이에는 긴장이 없다는 생각을 더욱 지지하였다. 정신질환을 가진 성인을 대상으로 록밴드의 장점을 연구한 그의 작업에서, 그는 "더 깊은 동조를 경험하기 위해서 연주자는 진정한 자신의 자아와 더욱 근접하게 연결된다고 느낄 필요가 있다."라고 말하였다(p. 196). 이것을 성취하기 위해서는 연주자-클라이언트가 단지 그들이 선택한 음악에만 연결되는 것이 아니고 연주를 위해 특정 곡을 선택한 이유에 대해서도 이해를 할 필요가 있다고 하였다. Jampel은 연주가 치료로 사용될 때 숙련의 정도보다 진정한 표현이라는 점이 예술가의 노력과 구분되는 것이라고 하였다.

연주에 대한 대중적인 정의는 청중을 위한 오락을 의미하지만 음악치료에서 연주의 기능은 오락의 개념과는 관련이 없다. 연주를 일상생활에서 동떨어진 것이 아닌 일상생활과 연결된 것으로 보는 것이다. David Ramsey는 "무대 위에서든 혹은 복도에서든 상관없이 우리 자아를 대중에게 보여 주는 것은 인간 존재의 중요한 부분이다."라고 믿었다(Aigen, 2004, p. 189). Ramsey는 신체와 의사소통에 장애를 가진 사람들에게 실시간 연주 기회를 제공하였는데 예술적인 연주의 장점은 그들이 동료에게 줄 수 있는 어떤 가치 있는 것을 갖고 있음을 증명하기 위하여 연주의 인위성이 필요한 개인에게 본질적인 경험을 제공한다. 그들이 연주할 때, 직원들은 심한 신체장애로 인해 함께할 수 없는 사람들을 자긍심을 갖고 보게 되었다. 왜냐하면 공연은 문화적으로 매우 이상화되어 있기 때문이다. 그들의 능력 심지어 다른 방법으로는 인간성조차 보여 줄 수 없는 개인을 위해 타인을 위한 연주 능력은 기관에서든 혹은 기관 밖에서든 이것을 성취하도록 도와줄 수 있다.

기관 안에서의 연주는 그 안에 있는 기본적인 사회적 관계를 변형시킬 목적을 가질 수 있다. Ramsey의 '행복한 시간'에 의료직원과 행정가들은 알코올 환자를 도우며 지위가 낮은 피고용자들과 연주할 기회를 가질 수 있다. 이것이 연주의 체계이기 때문에 어떤 역할은 중지되고 어떤 역할은 공동체, 특별히 환자가 인식하고 있는 방법에서 변경된다. 환자가 이러한 맥락에서 연주할 때 그들은 스스로 성공을 경험하고 "다른 사람들을 사로잡고 관계를 맺고 그리고 사람들을 그들에게로 끌어당기는 방식으로 스스로를 표현한다."(Aigen, 2004, p. 194)

연주와 정신역동적인 사고

음악치료에서 연주에 대한 많은 비평은 Elaine Streeter(2006)의 그것과 같은 정신역동적인 관점에서 나온다. 그녀는 "음악 만들기와 음악에 대한 청중의 반응은 모두 미적으로 경험되지만 그것이 치료적인 목적은 아니다."(세 번째 문단)라고 주장하였다. 청중에 대한 반응은 예측할 수 없으며 연주자 스스로 도움이 된다고 판단하는 것에 한정되지 않는다. 청중은 연주에 스트레스를 받기 때문에 "연주홀에서 벗어나려고 한다."(Stravinsky의 〈The Pite of Spring〉의 첫 연주에서 발생한 것처럼)

Streeter(2006)는 Stravinsky의 청중과 음악치료에서 "그들 안에 함께하는 것을 다루기 어려울 때 치료의 경계에서 벗어날 필요가 있을 수도 있는 클라이언트 사이에 유사점을 이끌어 냈다."(네 번째 문단) 한 사람의 음악을 대중의 영역으로 이끌어 오고자 하는 바람은 치료과정에서 자연적이고 성장을 촉진하는 측면이며 치료과정에서 고통스러운 측면 혹은 어려움을 인식하는 것에 저항하는 표현으로서 보이지 않는다. 치료사는 '함께 도망가기'의 환상에 참여함으로써 클라이언트가 회피하는 것에 결탁해서는 안 되며 대신에 현재 경계 안에서 심리치료적인 입장을 적절하게 유지하여야 한다.

Streeter의 관점이 표준적인 정신역동적 사고를 정확하게 반영할 수 있지만 이것이 클라이언트와 녹음을 하고 연주하는 것에 반대하는 논쟁을 제공하지는 않는다. 타당하지 않을 수도 있는 많은 가정이 Streeter의 논쟁에 잠재되어 있다. 첫 번째, 그녀는 청중의 반응은 단지 연주를 하는 이유이며 오직 치료 문제와 관련된 연주의 부분이라고 가정한다. 이것은 예술가로서 많은 음악가가 대중의 인정 없이도 자신의 기술을 추구한다는 사실을 무시하는 것이다. 대신에 공연은 어떤 환호에도 불구하도 자신에게 보상이 될 수 있다. 마찬가지로 개인적이고 폐쇄된 세션실에서 대중의 영역으로 음악 만들기를 원하는 클라이언트를 위해서는 어떤 특정한 청중의 반응보다 더욱 의미 있는 대중의 영역으로 움직이게 할 수 있다.

대중으로 나아가고자 하는 욕구가 단지 회피의 한 형태인가에 대한 이유는 분명하지 않다. 어떤 클라이언트에게 그럴 수도 있지만 대중의 영역으로 움직이고자 하는 다른 많은 사람에게는 모든 종류의 정서적이고 신체적인 한계를 극복하며 더욱 의미 있게 성장하는 것이 될 수 있다. 이것은 중요한 성취가 될 수 있으며 치료의 목적에 매우 적절할 수 있다. Streeter의 분석은 연주의 이러한 측면을 고려하지 않았다.

Streeter의 관점은 심리치료 표준임상을 모든 형태의 음악치료에 투사하는 것에 따라 달라진다. 그녀는 음악심리치료의 요구와 기회가 언어심리치료의 요구와 다른 표준, 윤리적인 지침을 보장한다고 생각하지는 않았다. 왜냐하면 창조적인 음악 개입의 역할은 전자의 영역에서의 특징이기 때문이다. 또한 본질적으로 심리치료라고 할 수 없는 많은 음악치료 임상이 존재하며 심리치료 임상에서 이러한 영역으로 기준을 적용하는 것은 말도 안 되는 일이다.

더욱이 음악심리치료의 체계 안에서 작업을 하면서 연주를 포함하는 Turry(2005)와 Maratos(2004) 같은 정신역동적인 사고를 가진 치료사가 있다. 그러나 Streeter는 "이것은 단지 연주를 보상 혹은 승화로 이해하는 것을 회피하기 위해 정신역동적으로 지향되어 있는 음악심리치료사에게 필수적이다. 연주를 하고자 하는 바람은 자연적이고 건강한 힘에 의해 유도된다("클라이언트와 연주하는 전략", 세 번째 문단)."라는 Turry(2005)의 논쟁을 취하지 않는다. 연주를 하고자 하는 바람과 이러한 움직임이 클라이언트의 성장을 포함한다는 사실은 연주의 비평에서 다루어지지 않았다.

Turry(2005)의 수많은 경고와 세세한 반박은 이러한 활동성이 시작됨을 인식한다는 것을 보여 준다. 그는 대중적 공연에 참여한 클라이언트와의 음악치료 과정을 설명하였다. 클라이언트는 암 환자인 Maria Logis로서 자발적으로 노래창작 활동에 참여하였으며 결국 다양한 무대에서 공개적으로 노래하는 구조에 참여하였다. Turry는 공동체 음악치료와 음악심리치료를 지향하는 치료사들은 그의 작업을 비판할 수 있음을 경고하였는데, 전자는 연주에 대한 정신역동적인 초점 때문이며 후자는 연주를 사용하기 때문이었다. 그러나 치료의 과정에서 실용적이고 실험적인 방법이 발전되었고, 음악 만들기에 의해 안내된 것은 음악이 유도하는 것을 따르는 공동체 음악치료의 개념에 완벽하게 일치한다.

나는 치료에 특정 모델이나 이론을 적용하려는 생각을 가지고 치료를 시작하지 않았다. 반대로 나는 클라이언트와 내가 함께 만드는 각 단계별로 존재하는 독특한 방법을 발견하려고 하고 있었다. 우리는 알려지지 않은 영역으로 방향을 바꾸게 되고 우리가 가는 통로는 어떤 방법으로도 사전에 결정되지 않았다. 나는 사상을 비교하기 위한 시도를 하면서 이론적 고려사항을 탐구하였고 적절한 시점에 음악치료 세션실 안과 밖에서 작업하는 것과 관련된 모델을 통합하는 것을 단지 나중에 알게 되었다.

(Turry, 2005, 네 번째 문단)

우리가 작업하는 방법은 Pavlicevic과 Ansdell이 설명한 파급효과의 사례로 발전되었다. 폐쇄된 음악치료실에서 시작되어 가까운 친구, 가족의 영역으로 확대되고, 작은 임상적인 출현에서 전문적인 원으로 확대된 다음 더 큰 전문성의 콘퍼런스로 확대되며, 결국 일반 대중에게 개방되고 치료에서 시작된 노래는 전문 음악가가 녹음하는 것으로 확대되었다. 음악을 녹음하는 과정은 삶의 연주의 확대였다. Logis를 다른 사람(음악가)에게 소개하고 가족, 그녀의 삶에 함께 관여하는 암 환자 동료에게 소개하였다. 또한 그녀의 이야기가 그녀의 삶에 참여하는 다른 사람들에게로 확대되었다. CD를 녹음하는 동안, Logis는 "그녀 자신의 내면의 비평에 직면하는 것과 결정하는 데 있어서 자신을 신뢰하는 것은 쉬운 일이 아니다."라는 것을 발견하였다(Turry, 2005, "신뢰와 자신감을 발달시키는 방법으로 음악산물의 창조", 첫 번째 문단).

Turry(2005)는 그의 작업에서 심리치료에 초점을 맞춘 입장에서 연주를 생각하는 방법이 있다고 제안하였다. 자연스러운 부분으로 "진정한 자기표현"을 인정함으로써 "치료사는 클라이언트가 부끄러움을 느끼고 혹은 이전에 저항했던 개인성의 측면을 인정하도록 도울 수 있다." ("음악심리치료와 공동체 음악치료: 음악치료 임상에서 두 가지 흐름의 연결", 두 번째 문단) 클라이언트의 자기표현과 발달의 과정을 공연 혹은 녹음을 할 필요가 있을 때, 음악치료사는 음악심리치료의 체계 안에서 작업을 하면서 이러한 역할을 완수하도록 돕는다. 단지 임상적인 중재 혹은 전략이 아닌 클라이언트와 연주에 참여하거나 녹음을 하는 것을 선택하는 것은 위험이 있기 때문에 조심스럽게 착수해야 한다. Turry는 위험이 발생할 수 있고 클라이언트 개인성으로 인해 연주를 반대하는 이러한 활동을 반박하였다.

Diane Austin(2006)은 Turry와 마찬가지로 클라이언트와 연주에 참여하면서 이슈를 분석하기 위해 정신역동 관점을 사용하였다. 그녀는 윤리적으로 실행할 때 클라이언트의 진정한 요구와 만나는 것은 이익이 될 수 있다고 인정하였다. 그러나 치료사는 클라이언트가 표현한 요구의 가치를 액면 그대로 취할 수 없다. 그 예로 친밀한 이슈를 다루기 위해 클라이언트가 치료사와 성적인 관계를 요구한다고 말하는 경우를 들 수 있다. 클라이언트와 연주를 하는 것이 윤리적 문제인지—예를 들면 그것이 윤리강령에 설명된 이중관계를 확립하는가 그렇지 않은가—에 대해 고려될 수 있지만 클라이언트와 성적인 관계에 관여한다는 것은 그 자체로 비윤리적이며 클라이언트와 연주하는 것은 이것과는 다르다. 음악치료가 개인 발달 서비스 안에서 창조적인 자원을 가볍게 두드리는 방법에서 자연스럽게 성장하는 것으로 해석할 수 있는 것이 음악치료사와 성적인 관계를 갖는 것은 아니다. 단지 클라이언트가 이중관계를 원하기 때문에 클라이언트와 연주하는 것 자체를 비난해서는 안 된다.

Austin이 제기한 중요한 이슈는 비밀성과 익명성이다. 치료에서 클라이언트는 치료에서 일어나는 것은 비밀이라는 것을 알 권리가 있으며 만일 공개적으로 드러날 경우 대중에게 익명으로 유지될 것이며 임상적인 자원과 연결이 되지 않을 것이라는 허락을 받아야 한다. 그러나 Austin이 말한 것처럼 세션에서 녹음된 것이 대중 앞에서 연주될 때 클라이언트의 노래하는 목소리가 청중에게 알려질 수 있기 때문에 익명성은 보장될 수 없다. Austin은 그녀도 클라이언트도 녹음이 대중에게 연주되는 것에서 클라이언트 무의식의 양면성을 인식할 수 없으며 그들 중 어느 누구도 표면적으로 드러나는 후회의 감정을 상상할 수 없다고 기록하였다.

그러나 Austin의 사례에서 궁극적으로 클라이언트를 불편하게 했던 것은 개인적인 자원을 드러낸 것이 아니다(비밀성의 손실). 대신에 그것은 문제가 되고 있는 개인에게 자원이 첨부되었던 것인데(익명성의 손실), 이는 기대되지 않았다. 이것이 공연하는 현장에서이기 때문에 음악치료사와 클라이언트의 녹음된 자원을 방출하거나 혹은 연주하는 것은 익명성을 저버리게 된다. 더 큰 보호와 준비를 확실하게 착수하는 것이 클라이언트를 위한 의미 있는 발걸음이 될 수 있지만 다시 Austin의 사례는 반박으로서 적절해 보이지 않는다.

연주에 참여하는 많은 클라이언트에게는 비밀유지보다는 익명성이 결정적이다. Turry의 사례에서 암과 투병하면서 반영된 감정, 그리고 오랜 시간 정서적으로 위축된 감정과 투쟁을 반영하는 노래를 연주하였다. 이러한 자원은 분명 개인적이다. 그러나 음악치료의 다른 연주의 맥락에서는 개인적인 자원이 포함되지 않을 수도 있다. 예를 들면, 정신질환을 가진 개인이 밴드에서 리메이크된 노래를 부르는 것이다. 이와 유사한 사례에서 결정적인 변인이 되는 것은 정신질환자로서 개인이 갖는 자기정체성이며 따라서 익명성이 비밀유지보다 일반적인 이슈가 되는가를 보여 주고 있다.

Austin(2006)은 또한 클라이언트는 흔히 치료사에게 특별함을 느끼고 싶고, 그들이 좋아하는 클라이언트가 되고 싶고, "치료적인 체계를 넘어서 관계를 확대"할 필요가 있다고 주장하였다(여섯 번째 문단). 그들은 치료사의 관심에 맞추려고 하거나 특별한 존재가 되기 위해 개인적인 관심이 없는 행동에도 참여할 수 있다. Austin에 따르면 클라이언트와 연주하는 것은 독특한 도전을 불러오는데, "클라이언트는 논문, 발표, 기금 모집과 같은 형태로 치료사의 경력에 기여하기에 진실로 특별하기" 때문이다(여섯 번째 문단). Austin은 치료적인 관계의 역동성을 더욱 깊이 조사하는 희생을 치르더라도 연주하는 관계를 지지하기 위해 두 사람이 공모함으로써 이러한 유익들이 치료사의 최선의 판단과 절충하여 타협할 수도 있다고 주장하였다.

그러나 다시 이러한 이슈의 어떤 것도 클라이언트와 녹음하거나 혹은 연구하는 데만 독특한 것은 아니다. 책, 콘퍼런스 발표, 혹은 연구에서 임상의 자원을 공유하는 것에 대한 클라이언트의 허락을 항상 받아야 한다. 그리고 이러한 활동은 치료사가 시작하지만 연주와 녹음은 일반적으로 클라이언트가 시작한다. 후자를 인정하는 것은 클라이언트와 연주하고 녹음하는 것이 전문적인 포럼을 통해 임상적 과정을 공유하는 것만큼 최소한 윤리적일 수 있다고 제안한다.

중요한 논의의 주제는 치료가 연주 지향적인 음악치료에 놓여 있을 때다. 연주에 앞서거나 연주를 따라가는 것이 과정, 연주의 질, 연주의 과정에 결합된 모든 것에서 관련이 있는가?

Maratos(2004, 2005)는 흥미 있는 관점을 제공하였는데 그는 정신과 입원환자와의 작업에서 드라마에 연주를 적용하였다. 정신역동적인 체계는 연주와 충돌하는 것으로 보이지만 그녀는 두 가지 통합에 영향을 미쳤다. Ansdell과 대조적으로, Maratos는 연주 지향적인 작업이 정신역동적인 사고와 대조되는 것이 아니며 음악 중심적인 관점을 요구하지도 않는다고 한다. 공동체 음악치료에서 이런 영역은 다른 임상적인 체계의 다양성 안에서 수행될 수 있으며 "분석적으로 아는 임상으로부터 멀어질 필요"는 없다(Maratos, 2005, "공동체 음악치료 모델을 지지하는 이론은 무엇인가?", 네 번째 문단).

그러나 Ansdell은 Maratos의 주장을 인정하지 않는다. 왜냐하면 Maratos는 리허설이 치료적이며 이것은 정신분석적인 체계가 치료로서 연주가 적용되는 힘을 보여 준다고 주장하기 때문이다.

리허설이 연주만큼 중요하기 때문에 부분적으로는 '치료'가 된다는 그녀의 관점을 나는 이해할 수 없다. 이러한 논리하에 내가 함께 노래하는 합창단은 은밀한 치료를 하고 있었다! 진정으로 나는 여기에서 '치료'라는 개념을 보존하기 위해 약간 필사적인 노력을 감지하였다.

(Ansdell, 2005, "목욕물에서 (분석적인) 아이를 건져라", 두 번째 문단)

Ansdell은 Maratos의 이론적 근거가 정신분석적인 사고의 핵심 측면을 희생하더라도 정신분석이라고 명명되어야 한다고 주장하였다. 그는 두 가지 접근이 양립할 수 없다고 믿었다. 왜냐하면 Maratos의 정신분석적 사고는 클라이언트를 위한 연주의 가치에 대한 생각과 충돌함을 입증하기 때문이다.

나의 생각은 음악치료에 대해서 정신분석이 무엇인가를 실행하거나 혹은 믿는 것이 아닌 중요한 환경에서 어떻게 모델을 사용하는 것이다. 즉, 인정 혹은 좌절하는 행위의 가능성이다. 이 모델(Maratos)은 장소, 역할, 경계, 태도에 대한 정상적인 '법칙'의 관점에서 많은 치료사에게 한계인 것처럼 보인다. 그들을 위한 그녀의 변명과 이것들을 둘러싼 작업은 나로 하여금 당신의 메시지가 이론과 단지 이름이 유지되기 전에 기본적인 가정에서 얼마나 멀어지게 했는가에 대해 질문하게 하였다.

(Ansdell, 2005, "목욕물에서 (분석적인) 아이를 건져라", 세 번째 문단)

연주는 정신분석적인 사고와 일치한다는 Maratos의 논쟁에 대한 Ansdell의 비평은 일반적으로 연주를 위한 준비의 가치를 비평하는 것까지 확장되지는 않는다. 사실, 공동체 음악치료에서 연주의 합법성을 위해 논쟁을 하는 동안 Ansdell은 중요한 것은 고립된 현상으로 연주가 아닌 오히려 가장 분명하게 드러나는 연주 이전과 후에 무엇이 일어났는가와 관련된 이라고 추가적으로 말하였다. 그의 연구는 다음과 같다.

정체성(그리고 영향)은 그룹의 연주와 비연주 사이의 관련성 안에 있다. 치료사는 또한 지역 공동체의 둘러싸인 구조와 맥락을 가진 개인, 그룹과 능숙하게 일을 한다. 그룹을 구별하는 것은 이러한 다양한 상호작용의 네트워크다.

(Ansdell, 2005, "단지 연주를 추가하라?", 두 번째 문단)

Jampel은 유사한 관점을 제시하였는데 "연주는 통로이며 종착점이 아니다."라고 하였다(p. 217). 그는 연구에서 의미 있는 부분, 대인관계, 역할, 공연을 위한 준비에서 발생하는 것을 시간 순으로 자세하게 설명하였다. 역할을 결정하는 방법과 어떻게 관계가 그룹원의 문제가족의 역동을 요약할 수 있는가를 고려하면서, Jampel은 전통적인 그룹치료 이론이 연주에 적용되는 방법을 보여 주었다. 연주를 준비하는 과정은 전형적인 음악치료 과정이 발생하고 나타나는 환경과 맥락에서였다.

게다가 준비과정은 그 자체로 연주과정이 된다. Jampel은 연주의 중요한 이익이 될 수 있는 다섯 가지 형태의 연결을 말하였다. 그것은 자아로의 연결, 다른 연주자와의 연결, 청중과의 연결, 청중을 넘어선 세계와의 연결, 영적인 것으로의 연결이다. 청중과의 관계는 상호적인데, 음악가는 스스로에게 즐거움을 주고 청중을 사로잡는 반면, 청중은 연주를 더욱 의미 있게 만드는 방식으로 연주자를 지지하고 관심을 보낸다.

음악 산물을 창조하는 데 초점을 맞추는 것은 (녹음이든 연주든 상관없이) 몇몇의 임상가의 경우 본질적으로 치료의 과정과 정반대의 것이라고 생각한다. 음악치료에서 연주에 대한 실제 사례에 비추어 이러한 반대는 도전이 될 수 있는 두 가지 가정 안에 박혀 있다.

① 치료에서 음악 산물을 만드는 것에 초점을 맞추는 것은 클라이언트의 필요와 정반대가 된다. 왜냐하면 이것은 외부의 미적 혹은 상업적인 목적에 따라 초점이 클라이언트로부터 이동되기 때문이다. 이 가정이 항상 타당한 것은 아니다. 왜냐하면 ⓐ 때때로 클라이언트의 건강 관련 요구

가 음악 산물을 만들면서 최상으로 만날 수 있고, ⓑ 치료에서 음악 산물을 만드는 것에 대한 기준은 상업적 혹은 미적인 것과 다를 수 있기 때문이다. Maria Logis가 창조한 연주와 녹음이 동료 암 환자를 위해 공연을 하고 혹은 Maratos가 설명한 연주방법이 공연을 위한 사회적이고 정치적인 비판의 역할을 하였음을 생각하여 보라.

② 음악치료는 본질적으로 과정 지향적이며 연주 혹은 녹음에 대한 초점을 치료 목적에 반대되는 산물 중심적인 수행으로 변화시킬 필요는 없다. 심지어 음악치료가 단지 과정 중심이 되어야 한다는 가정을 고려하면 산물의 통합이 과정을 못하게 하거나 금기하는 것을 따를 필요는 없다. 산물을 만드는 과정은 임상적으로 매우 가치 있는 것이 될 수 있다. 이러한 인식은 아동과 일하는 Nordoff-Robbins 그룹과 Jampel이 제시하는 것처럼 록재즈 밴드에서 정신질환자 성인과 일하는 그룹처럼 표면적으로 다르게 보이는 수행에서 분명하게 보인다.

산물 지향적인 작업에서도 전통적인 치료과정처럼 클라이언트가 서로 교류하고 스스로 치료이론을 학습하는 치료과정이 있다. 그러나 창조적 산물, 즉 실제 작업이 임상적 가치의 중요한 부분이 되는 또 다른 형태의 과정이 있다. 다시 말하면, 대중이 공유하기 위해 산물을 창조하는 것이 그 자체로 임상적인 이익을 가지는 독특한 과정이다. 이것은 치료가 되든 그렇지 않든 작곡을 배우는 것이 초점인 Nordoff-Robbins 그룹에서는 본질적인 것이다. 심지어 산물이 중심이 된 치료에서 여전히 두 가지 과정이 존재한다. 한 가지는 개인적 이슈와 그룹의 역동을 작업에 포함하는 정통적인 치료이며 다른 하나는 창조적인 산물을 집단으로 창조하는 독특한 과정이다.

과정-산물 이슈는 Maratos(2004)가 만성적인 정신질환을 가진 성인을 위한 드라마 프로젝트를 설명하는 맥락에서 직접적으로 시작되었다. '에드워드 가르치기'라고 불리는 오페라타의 만들기, 리허설, 연주를 포함하는데, 이는

"환자를 위해 연주를 하는 일반적인 음악가의 역할을 넘어서 정신병원에서 환자들을 설득하여 진행했던 영국의 작곡가 Edward Elgar의 음악치료의 '발견'이다"(Maratos, 2004, p. 136). 이 이야기에서 Elgar는 음악을 만드는 데는 흥미가 없었지만 그가 우연히 환자들과 자발적으로 작곡을 시작하였을 때 그들의 심리적인 어려움은 착각이었으며 그들은 자신감 있고 열정적으로 참여하였다. 드라마는 외부의 청중을 위해 그리고 기관에서 연주되었다. 이러한 작업에서 중요한 영향은 직원과 환자 사이에 관계를 생산적으로 재탐구하는 원인이 되는 방법과 어떤 힘이 자선단체가 아닌 공식적인 그룹에서 사용될 수 있는가다.

음악치료의 원칙은 프로젝트를 위한 준비를 통해 활성화되었다. 준비를 하는 동안 발생했던 사건은 마치 그들이 치료 그룹에서 발생해 왔던 것처럼 토의되었고 프로젝트 준비와 실행에 참여하는 과정은 연주 그 자체만큼 중요했다. 더욱이 드라마적인 프로젝트의 창조는 엄격하게 범위를 정하지 않았다. 즉, 전조 혹은 결과 없이 그 자체로 충분한 과정이 되었다. 비록 변형된 형태에서 프로젝트 그 자체는 클라이언트의 관계로부터 야기되어 오랫동안 그리고 계속 연구해 왔던 치료사에게로 야기되었다. 따라서 산물 그 자체는 오랜 과정을 통한 하나의 단계였을 뿐이다.

클라이언트 역량을 위한 연주의 필요성: 치료에서 종결을 위한 연주

연주를 포함하는가에 대한 여부는 치료에서 음악을 어떻게 보는가에 따라 달라진다. Garred(2006)는 음악은 미적 표현이 될 수도 있고, "정신적인 내용을 상징적으로 투사하는" 것이 될 수도 있다고 한다(p. 283). 그는 미적 표현으로 공동체 참여를 주장하였다. 왜냐하면 미적인 표현은 이미 우리 사회에 뿌리 깊이 박혀 있기 때문이다. 반대로 내면의 갈등을 상징적으로 투사할 때는 개인적이 되어야 하며 클라이언트를 보호하는 윤리적인 지침의 선상에서 비밀이 보장되어야 한다.

공동체 음악치료뿐만 아니라 현재 음악치료에서 다른 체계, 즉 여성주의 음악치료, 음악중심 음악치료, 자원 지향적 음악치료는 음악의 공식적인 개념을 기본으로 한다. 음악을 심리적인 상징 혹은 임상의 도구보다 미적인 도구로 보는 것은 음악치료에 연주를 포함하기 위한 중요한 힘이 된다. 치료사가 클라이언트를 활성화시키고 지지하는 과정은 완성을 위한 연주를 요구한다. 이론에서의 변화는 연주를 통한 미적인 완성 행위를 음악치료의 전문적인 활동 밖에서보다는 안에서의 것으로 본다.

연주의 선택적 개념이 공식적인 음악과 일치하는 관점을 탐구하면서, Ansdell(2010)은 음악치료에서 역할을 조사하기 위해 중요한 요소인 연주라는 단어의 근원을 생각하였다. 그는 근원에 대해 Victor Turner의 관점을 기반으로 하였는데 '확실한 형태의 구조주의자의 영향'이 아닌 오히려 '완성' 그리고 '성취를 가져오는 과정'으로 언급하였다(Turner: Ansdell, 2010, p. 178에서 인용). Ansdell은 "완성으로서 연주는 완성을 위해 필요한 어떤 것이라고 가정한다. 문화적인 형태에서 모두는 연주의 수단이며 그러나 아마도 연주에 참여하는 사람의 개인적이고 사회적인 삶에서 필요한 것이다"라고 이유를 말하였다(pp. 178-179). 이것은 Maria Logis가 공동체의 대화, 워크숍, 연주에 참여하는 것에서의 의미다.

또한 Elizabeth York(2006)의 연구(아래에서 논의됨)와도 관련이 있는데 가정폭력 피해자가 치료의 정점으로서 공동체 연주에 참여했던 것이다. 치료과정의 진보와 완성은 명백한 증거를 요구한다. 공연은 개별적으로 완성되고 건강 관련 과정은 음악치료에서 시작되었다. Ansdell(2010)의 말처럼 음악치료에서 클라이언트가 공연에 참여할 때 그들은 단지 음악적인 작곡 형태와 의사소통하는 것이 아니다. 대신에 그들은 "연주의 과정에서 노래와 그들 자신을"

완성하고 있는 것이다(p. 184).

청중의 존재는 치료에서 연주의 역할을 이해하는 데 결정적인 요인이다. 일차적인 중요성은 청중이 사회적이고 개인적인 결과에서 음악 경험을 강화하도록 돕는 방법이다. 이것은 새롭고 클라이언트가 자아개념을 확장하면서 음악에 참여하는 강한 수준을 이끌어 낸다. 더욱이 청중과의 접촉은 클라이언트의 사회적인 연결성의 확장을 나타낼 수 있다. 이것은 두 가지 방식의 상호적인 과정에서 발생하는 "자아의 변화를 통해 동반된 증가된 관계 능력"(p. 287)을 나타내는 것으로서 음악치료 접근에 대한 Garred(2006)의 대화에서 중요하게 고려되었다.

York(2006)의 연구에서는 "음악치료에 대한 여성주의 접근의 효과와 가정폭력 피해 여성의 권한과 자긍심에 대한 창조적이며 예술적인 중재"를 조사하였다(p. 251). 클라이언트는 그들의 치료 세션에서 나타난 자원을 기본으로 창조적인 연주에 대한 생각을 시작하였다. York는 연구 결과가 조직화되고 제시되는 것을 통해 '민족지적인 연주 악보'로 알려진 연구 구조를 사용하였다. 연주 악보의 이러한 형태는 클라이언트가 치료에서 다른 사람들과 그들의 경험을 공유하는 방법이다. York은 돌파구로 그들의 바람을 고려하였는데 "프로젝트의 시작에서 기대하지 않았던 주인정신, 신뢰, 권한의 수준이" 나타났기 때문이다(p. 256).

가정 상황에 따른 그들의 신체적인 어려움을 고려하면 익명성의 이슈는 참여자들을 위해 매우 중요하다. 이를 다루기 위한 많은 방법이 있다. 그것은 몇몇 여성은 개방적으로 참여함, 다른 이들은 연주 프로그램에서 가면, 복장, 가명을 사용하여 숨어서 참석함, 몇몇은 단지 관리자 혹은 무대 디자이너처럼 스태프를 도우면서 참여함, 다른 이들은 그들의 자원을 사용하기는 허락하지만 연주에 개인적으로 참여하기를 허락하지는 않음, 몇몇은 프로젝트를 떠나기로 선택하고 연주에는 참여하지 않음이다. 선택은 각 참여자들이 하고 프로그램의 구조는 이러한 다양한 참여와 익명의 수준에 따라 구성되었다.

Turry와 Logis가 함께한 상황과 유사하게 연주는 치료과정을 보고하는 것이 아닌 치료과정의 연속이다. "희생자에서 옹호자로, 클라이언트에서 가수, 댄서, 창조적 예술가로 전환하여"(York, 2006, p. 258) 치료과정의 목적은 연주가 여성의 경험을 대중에게 말할 가능성을 만들어 주었다는 것이다. 연주는 안전한 환경인 기관에서 시작되고 치료의 시작과 작업은 점점 공동체 밖으로 이동되었다. 생생한 연주에 참여할 수 있는 개인을 넘어서 청중과 공유되는 풍성한 작업을 가능하게 하는 모든 연주과정을 녹음하였다. 1천 개의 CD 복사본이 음악치료 서비스를 위해 그리고 기관에서 기금 모금을 위해 사용되었다. 마지막 이슈는 클라이언트가 만든 자원이 음악치료사를 위한 기금에 사용될 때 몇몇 사람은 이해의 갈등을 볼 수 있기 때문에 논쟁을 위해 개방된 것으로 보인다.

음악치료 연주에서 클라이언트는 사회적인 논평의 의도를 담고 있는 원곡이 아닌 곡을 연주할 수 있으며(Maratos, 2004), 혹은 매우 개인적인 관심을 다룬 치료과정을 다룬 곡을 연주할 수도 있다(Logis & Turry, 1999; O'Brien, 2006; Turry, 2010, 2011).

마지막 형태의 작업의 예로 Day, Baker와 Darlington(2009)은 아동기에 방임을 당했고 그 결과로 결혼생활에서 양육과 관계의 어려움을 경험한 여성과의 음악치료를 설명하였다. 처음 임상의 프로젝트는 개인적인 자원, 즉 고통스럽고 트라우마의 감정, 기억을 구체적으로 다룬 노래를 만들고 녹음하는 것이었다. 비록 임상적인 프로그램에서 처음에는 노래를 녹음하고 작곡하는 것처럼 숨겼지만 참여자는 "아동기 학대의 지속적인 영향력에 대해 다른 사람들을 교육하기 위한" 공연 기회를 요청받았다(p. 20). 공연은 참여자가 그들의 경험과 관련된 목소리를 내는 본질적인 방법이다. 공연을 통해 목소리를 내는 것은 특히 임상적인 초점이 "아동기 방임의 경험에 대해 침묵과 비밀이 요구될 때" 적절하다(p. 20).

그 자체로 본질적인 이익—음악치료에서 연주를 논의하는 거의 모든 저자가 언급한 것—에 더하여 연주는 치료적인 과정을 Turry와 Logis의 작업 같은 더 넓은 영역으로 확대하도록 하였다. 과정의 비밀유지와 사적인 본질이 강조되는 아동기 방임의 경험을 가진 성인의 치료에서 사용되는 정신분석적인 접근과 대조적으로, 이 프로젝트는 클라이언트가 바라는 것이고 클라이언트에 의해 시작될 때 창조적 예술을 통한 경험을 대중적으로 인정하는 반대 전략의 가치를 보여 주었다.

Felicity Baker(2013)의 연구는 치료과정의 결론으로 연주를 통한 완성의 중요성을 보여 주었다. 치료에서 노래를 작곡하는 것은 중요한 과정의 시작이지만 이익은 제한된다. 이러한 이익을 각 개인의 삶에 전달하기 위해 공연이 요구되기 때문이다. 노래를 공연하는 것은 창조적인 임상과정의 완성을 보여 줄 수 있으며 클라이언트는 다시 치료과정에서 다른 관심으로 이동할 수 있다.

Baker의 작업은 음악치료에서 연주의 주제를 실험적으로 조사하였는데 혜택을 보여 주고 다음의 조건에서는 금기되어야 함을 논의하였다. 첫째, 클라이언트는 판단을 받은 오랜 경험을 가지고 있다. 둘째, 클라이언트는 연주의 맥락을 다루기 위해 내면적으로 자원이 충분하지 않다. 셋째, 클라이언트는 맥락(청중의 지지 정도는 실제가 아니고 알려지지 않음)에서 잘 지지받지 못했다. 넷째, 공연이 클라이언트에게 안락함을 주지 못한다.

Baker(2013)는 또한 클라이언트의 가장 큰 필요가 공동체 지향적이고 대중적인 공연을 통해 만날 수 있는가에 대해 논의하였다. 클라이언트의 삶의 경험이 청중의 경험과 동조화될 때, 그들은 "청중을 위해 의미와 영향력을 분명하게" 가지는 방식으로 그들의 감정적 실제를 전달하고자 하는 능력과 함께 자기가치감을 경험한다(p. 24). 클라이언트는 이러한 연주를 통해 "그들의 장애나 불이익을 초월한 지적 · 창조적 · 음악적 능력"(p. 24)을 보여 줄 수 있고, 그들의 필요 영역에 의해 정의되지 않고 전인으로서 고려된다. 정체성은 그 개인 안에서 단독으로 나타나는 것이 아니다. 대신 그것은 사회적 관계에서 창조되며 건강을 창조하고 연주가 제공할 수 있는 사회적 관계가 요구되는 자아를 완성한다.

치료사가 클라이언트와 치료 세션 밖에서 연주를 하는 것이 적절한가에 대한 질문은 비서양적인 맥락에서 적절하지 않은 것으로 보일 수 있다. 예를 들어, 터키에서 온 콘르드족 클라이언트와 Zharinova-Sanderson(2004)은 "음악 연주가 과제가 아니고"(p. 234) 오히려 각 개인의 치료실에서 발생하는 음악적 탐구의 자연스러운 결과가 된다고 토의하였다. 이러한 클라이언트의 문화에서 음악은 다른 사람과 연결되기 위한 목적이며 대중과 분리된 것이 아닌 공유된 것이다. 폐쇄된 공간에서 개인 세션은 클라이언트의 음악 문화적인 자원을 이용하지 않는다. 이 사례에서 정치적 망명으로 트라우마가 발생한 사람에게 공연은 트라우마를 없애고 이로 인해 잃어버린 클라이언트의 자기가치를 재확립하는 데 중요하다. 연주를 치료의 초점으로 제공하지 않는 것은 클라이언트의 본질적인 자원을 부인하는 것이다.

제5부

음악치료에서 정신생물학적 관점이 어떻게 다루어지는가

13 CHAPTER 조기 상호작용이론과 음악치료

이 장과 제14, 제15장에서는 전문 서적에서 언제나 연관성이 있지는 않은 세 가지 고민거리, 즉 어머니-유아 상호작용의 음악적 측면과 음악치료 분야에서의 유사제(analogs), 음악치료 분야에서 뇌과학의 적절한 역할, 음악 특성에 관한 진화론적 관점과 음악치료에 대한 영향들을 다룬다. 처음 두 가지 주제는 음악치료사의 고유한 권리에 관한 것이지만, 음악의 적응적 가치 및 음악치료 이론을 위한 진화이론의 영향에 대한 논의에서도 그런 주제들을 상기하게 된다.

진화론에 관한 문헌에서 두 가지 보편적 관점이 존재한다. 하나의 관점은 음악을 생존적 가치이자 자연선택으로부터 등장한 것으로 고려하는 것이며, 이와 반대되는 관점은 음악이 생존적 가치를 지니지 않으며 다른 목적을 위해 발달한 인간의 역량들의 조합을 통해 등장했다는 것이다. 음악이 진화론적 가치를 지니고 있다고 주장하는 이론가들이 보기에는, 두 가지 일차적 형식의 증거가 존재한다. 첫 번째 증거는 조기 상호작용의 음악성과 연관이 있다. 어머니와 유아 간의 유대성 확립은 명백히 생존적 가치를 지닌다. 만일 그러한 연결을 확립하는 과정이 ① 음악적 성격을 지니며, ② 이후의 실질적인 음악의 발달에 대한 전조라는 것이 입증되면, 두 가지를 파악하게 된다. 즉, 음악은 생존적 가치를 지녔고 자연선택 과정의 대상이란 점이 입증되며, 생물학에 뿌리를 둔 음악치료에 대한 확고한 근거가 제시된다. 음악의 진화론적 가치를 뒷받침하는 논의들을 위한 두 번째 형식의 증거는 뇌과학과 연관이 있다. 만일 음악 전용 신경망들(dedicated neurological networks)이 존재한다는 점을 입증할 수 있다면, 음악이 자연선택의 대상이었고 따라서 필연적으로 생존적 가치를 지닌다는 개념이 뒷받침된다. 이러한 추론 노선은 음악치료 분야의 설명적 이론을 창안하는 과정에서 신경학적 현상의 중요성을 뒷받침하기 위해 이용할 수 있다. 이런 형식의 증거 중 첫 번째 증거는 이 장에서 다룬다. 두 번째 증거는 제14장에서 고찰할 것이다.

이 장은 음악치료 분야에서 어머니-유아 상호작용(이후부터는 보다 보편적 용어로서 조기 상호작용이라 부른다)의 음악적 차원 및 음악치료 이론에 대한 그것의 영향에 관한 사유를 검토하면서 시작된다. 이러한 소재 중 일부는 일차적으로, 임상적 즉흥연주의 효과의 기초가 되는 이론들을 이해하는 데 적합하며, 또 다른 일부 역시 음악이 진화론적 기원을 지니는지의 여부에 관한 논의에서 활용할 것이다.

Clowyn Trevarthen과 Stephen Malloch(2000)는 조기 상호작용의 음악적 특성을 토대로 어머니-유아 유대에 관한 포괄적 이론을 구성해 왔다. 그들의 이론을 논의한 후, 음악치료에 대한 적용에 착수할 것이다. 음악치료 이론가들인 Mercédès Pavlicevic과 Henk Smeijsters는 조기 상호작용이론을 매우 상세히 고찰했으며, 그것을 음악치료에 대한 포괄적 접근법의 필수적인 부분으로 활용해 왔다. 그들의 사유에 관한 면밀한 분석을 통해, 조기 상호작용이론을 음악치료에 효과적으로 적용하기 위해 해결해야 하는 기본적인 개념적 문제들 중 몇 가지가 드러날 것이다.

Trevarthen과 Malloch의 의사소통적 음악성

　의사소통적 음악성(communicative musicality)에 대한 그들의 개념 안에서 Trevarthen과 Malloch(2000)는 조기 상호작용의 음악성에 관한 관찰 결과들을 확장하여, 그러한 원형음악(protomusical)의 역량을 중심으로 하는 인간관계 구축(human relationship-building)이라는 개념을 창안한다. 그들은 조기 상호작용의 음악적 차원들을 통해, 모든 인간관계의 기초가 되는 비교적 순수한 형식의 역량과 변수들이 드러난다고 주장한다. 결과적으로, 조기 상호작용을 특징짓는 의사소통적 음악성은 관계 구축이 가장 중요하게 적용되는 음악의 치료적 효능을 설명해 줄 수 있다.

　Trevarthen과 Malloch(2000)는 서로 다른 "정서적 문화"에 속한 사람들이라도 음악 안에서 "인간의 행위와 경험의 근간이 되는 게 무엇인지 감지"(p. 4)할 수 있다는 취지에서 John Blacking의 말을 인용한다. 서로 다른 음악적 관습과 함께 다른 음악적 문화에 속했다 하더라도 이런 현상이 발생한다. 어떤 이들은 이 주장이 놀라우며, 그 주제에 관한 상식에 위배된다고 생각하겠지만, 이러한 능력은 몸과 목소리 각각의 리듬적이고 멜로디적인 움직임이 모든 인간이 공감할 수 있는 표현과 연관되어 있다는 사실에서 비롯된다.

　　유아들이 부모의 음성놀이에서 직관적인 음악 자극에 어떻게 주의를 기울이고 그들이 어떻게 미묘하게 조합된 표현들을 모방하고 반응할 수 있는지를 알아보는 연구는, 우리가 이런 식으로 태어나며, 유아의 공감이 정서적 표현의 조율과 몸의 움직임이 지닌 타고난 리듬의 일관성으로부터 발생한다는 점을 강력히 시사한다. 우리는 후천적으로 획득된 음악 운동 기술과 계발된 음악적 형식에 대한 지각이 본질적인 '음악성(musicality)'의 근간이라고 믿는다.

　　　　　　　　　　　　　　　　　　　(Trevarthen & Malloch, 2000, p. 4)

Trevarthen과 Malloch는 음악에 필요한 모든 능력은 출생 시에 존재하며 특별한 음악적 상호작용이 주어진다고 믿는다. 누군가 이러한 조기 음악성을 원형음악의 한 형식으로 고찰하고자 하는지의 여부는, 그것의 기능에 관한 관점에 따라 좌우된다. 음악성이 의사소통의 언어적 수단들을 이용하게 되기 전에, 유아와 성인 간의 건강한 상호작용을 촉진하기 위해 존재한다는 믿음은, 음악성이 언어 이전의 것이며(비록 음악은 그렇지 않더라도), 음악성이 일부 이론가가 부정하는 생존적 가치를 지닐 수 있었다는 점을 시사한다. 우리가 알고 있듯이, 음악은 유아의 음악성이 예술적 영역으로 확장된 것이다.

그들의 이론이 제기하는 핵심적 의문점은 어떤 기능이 본질적이고 어떤 기능이 부차적인가 하는 점이다. 다시 말해, 음악성은 일차적으로 음악의 연이은 발달을 뒷받침하고, 그래서 독특한 방식으로 인간의 삶을 윤택하게 하기 위해 존재하는가? 아니면 음악은 음악성의 부차적인 파생물로 존재하며, 우리가 현재 음악이라 부르는 것이 존재하기 전에 본질적인 발달적 기능을 지녔는가? 전자의 경우, 그와 같은 음악은 진화론적 의미에서 독특하거나 독창적 기능을 지니지 못한다. 그것은 인간의 발달과 안녕(well-being)에 독특한 영향을 미치지 못한 음악성의 우연한 결과에 가깝다. 후자의 경우, 음악은 독특한 진화론적 가치를 지니며 시사점은 음악치료 분야의 이론이 음악의 현상만큼 그것에 앞선 음악성의 과정에도 초점을 맞춰야 한다는 것이다.

Trevarthen과 Malloch(2000)는 음악을 매우 존중하며, 조기 상호작용과 임상적 음악치료 모두를 이해하려면 음악을 음악적 측면에서 봐야지 그저 언어적 상호작용과 대조해서는 안 된다고 주장한다. 조기 상호작용의 경우처럼, 저자들은 음악치료사들이 언급하는 음악성에 대한 반응성이 음악 기술에 대한 학습에 의존하지 않는다고 말한다. 결과적으로, 그들은 음악이 "독특한 인간의 동기이며, 우리의 심리생물학적 유산의 일부"(p. 4)로 여김에 따라 내적인 역량이라고 믿는다.

또한 그들은 언어 외부에 있는 인간 소통의 변수들이 단지 부족한 것과 관런해서가 아니라, 그것들의 긍정적 기능 면에서 정의될 것을 정당화한다. 이러한 이유로 '비언어적' 이라는 용어로는 그것들을 정당하게 표현하지 못한다. 대화 분석에서 발견되는 목소리와 몸의 동시성(synchrony)은 모든 인간관계의 근간이 되며, 그것들은 이러한 양태들(modality)을 통해 성취된다. '신체 및 음성적 표현은 인간관계 관리 면에서 매우 강력한 힘을 발휘하기' 때문에 '의사소통적 음악성' 이란 명칭을 쓰는 게 옳다. 하지만 '음악' 이란 용어를 쓸 경우, "모든 시간적 예술에 함께 적용되는"(Trevarthen & Malloch, 2000, p. 5) 더욱 오래된 기원에 귀를 기울이게 되는데, 그들이 제안하는 것은 우리가 현대적 감각으로 이해하는 특별한 음악이 아니다.

　의사소통적 음악성은 건강한 정서적 및 인지적 발달에 중요하며, 그것의 원리는 나이와 무관한 치료 방식에 대한 근거를 제공한다. 왜냐하면 "단지 유아뿐만 아니라 모든 연령층의 인간은 조화된 동조의 충동을 지녀야 하기 때문이다. 그들은 그런 충동들을 이해하는 데 도움을 받기 위해 경험을 공유해야 한다."(Trevarthen & Malloch, 2000, p. 7) 이와 동일한 기능과 음악에 근간이 되는 역량 또한 자아의 발달과 건강한 관계의 구축 및 삶에서 목적의식의 획득을 지지한다.

　Trevarthen과 Malloch는 조기 일차적 상호작용을 교창(antiphonal)의 측면에서 발성, 시간적 반응성을 시험, 모방, 시간적 정보 조각에서 일어나는 수식과 관련된다고 여긴다. 그들은 "음악에서 전통적으로 표현되는 요소들이 자발적인 인간 소통의 고유의 부분으로 나타나서"(2000, p. 11), 언어 소통이 손상되거나 불가능한 사람들에게 음악적 상호작용이 접촉을 위한 비언어적 수단을 제공한다는 결론을 내린다.

　그것은 정신분석학적 전통에 근거를 두고 있지만, 그들의 근거는 모든 문제를 일으키는 아동기 외상에 관한 고전적인 정신분석학적 사유와 성인들이 외상을 치유하기 위해 초기 언어 이전의 초기 발달단계로 퇴보해야 할 필요성에 의존하지 않는다. 그들은 인간들이 인생의 모든 단계에서 어떻게 건강한 관계를 필요로 하게 되는지 묘사한다. 아이로서 잘 적응한 사람은 인생의 말년에 문제들을 경험할 수 있다. 새로운 발달단계에서 도전 과제에 맞서기 어려운 상황이 약물중독, 청소년기 말년이나 초기 성인기에 시작된 심리적 질병, 의학적 문제, 사고, 진행성/퇴행성 질병들과 같은 것들에 의한 문제로부터 나타날 수 있다. 이 모든 것은 의사소통 과정에서 문제를 일으키며, 따라서 이 모든 것은 음악치료에 의해 효과적으로 치료되기 용이하다. 이런 적용 중 어느 것도 정신분석학적 메타이론에 의존하는 이론적 근거를 요구하지는 않는다.

하지만 Trevarthen과 Malloch는 음악적 상호작용에서 모방을 강조한 탓에 비판받을 수 있다. 엄격한 모방은 음악적이지 않으며, 음악적 상호작용의 패러디에 해당한다. 모방을 과도하게 활용하는 음악치료의 방식은 그저 한 개인에게 장애나 병리의 음악적 표명을 기계적으로 반추하게 하는 것과 같다. 그러한 음악치료 개념에서 빠진 점은, 진정한 역동적 의사소통에 필요한 타인과의 관계 형성을 할 동기에 대한 기여다. 이런 관점은 Garred(2006)가 Martin Buber의 철학을 음악치료는 물론 Nordoff-Robbins 음악치료 원리에 적용할 때 단언된다(Ansdell, 1995; Aigen, 1998). 요컨대 이러한 근거를 토대로 한 음악치료 실습의 한 가지 결함은 모방에 과다 의존하는 것이며, 아마도 그로 인해 가장 유력한 음악치료 상호작용을 뒷받침하는 음악적 창작이라는 예술 영역에서 의사소통적 음악성의 측면이 비정상적으로 확대된 듯하다.

Trevarthen과 Malloch를 공정하게 다루기 위해서 우리는 그들이 언급한 의사소통의 유형이 모방을 초월하여 의사소통에 해설 및 개인적 의견(input)을 포함시켜야 한다는 점을 지적한다. 비록 그들이 언급한 조기 상호작용 과정에서는 모방을 초월한 다른 상호작용 역동을 유의미하게 이용하지 않았지만 말이다.

타인을 모방한다는 것은 우리가 타인의 행동에 주의를 기울인다는 의미다. 그러한 움직임으로부터 의사소통의 동기를 추론하고, 변화되었지만 아직 정서적으로 적절한 형식으로 개시자(initiator)에게 (내가 모방했던 것을) 다시 전달해 준다는 것은, 우리가 단순히 모방하고 있는 게 아니라, 타인이 우리에게 제공한 것에 대한 평가 혹은 어떤 자세를 마련한다는 의미다. 이에 반응하여 자신의 내면에 있는 정서적 삶 중 일부가 관계에 가미된다.

(Trevarthen & Malloch, 2000, p. 12)

그들은 정서 조율이라는 Stern의 개념도 이용하며 그것들이 '초양식적 현상(transmodal phenomenon)'이라는 데 동의했다. 그 현상은 "음성과 혹은 신체적 제스처의 정서가 다른 것에 의해 조율되고, 원래와 다른 양식으로 표현되는 것이다"(Trevarthen & Malloch, 2000, p. 12). Stern이 보기에 다른 양식으로의 전이는 표현의 질에 맞춰 생각, 감정을 조정해 온 전달의 필수적 측면인데, 아마도 그 이유는 그것이 단지 기계적인 모방 그 이상의 것과 필연적인 연관이 있기 때문인 듯하다.

하지만 이 이론을 음악치료에 적용할 때 한 가지 명확한 문제는 내담자와 치료사 모두 음악에 반응한다는 것이다. 그들은 Stern의 이론의 필수적 특징으로 보이는 양상을 반대하지는 않는다. 실제로, 조기상호작용이론을 임상적 과정에 적용하고자 하는 어떠한 음악치료사에게든 이는 심각한 혼동의 문제다. 이 분야에 속한 대다수의 저자는 자신들이 이런 문제를 인식했다고 말하지 않지만, 가장 눈에 띄는 예외는 Henk Smeijsters인데 그는 이 장의 뒷부분에서 논의할 그 문제에 대한 자신만의 해법을 시도한다. 그럼에도 Trevarthen과 Malloch(2000)는 음악이 독특하고 필수적이란 개념과 음악치료가 "인간의 평생 다른 사람과 함께 표현적 시간을 짜 나가는 동료애를 자아내는 특징에 기반을 두고 있다."는 개념을 뒷받침함으로써 음악치료에 대한 확고한 기반을 제공하려 한다(p. 14).

Pavlicevic의 역동적 형식의 개념

음악치료 분야에서 임상적 즉흥성의 효율성과 과정을 설명하기 위해, Mercédès Pavlicevic은 역동적 형식(dynamic form)이란 개념을 개발했다. 이는 지난 20년간 가공하고 다듬어 온 구성체다. 비교적 짧은 논문(Pavlicevic, 1990)은 어머니-유아 상호작용에 관한 연구를 즉흥적 음악치료에 적용하기 위한 근거에 대한 가장 초기의 가장 세부적이고 개념적으로 일관된 해설들 중 하나다. 이 논문에서 Pavlicevic은 임상적 즉흥성이 조기 상호작용에서 비롯된 개념들을 이용함으로써 가장 잘 설명된다고 주장한다.

그녀는 정서 조율(Stern)과 상호주관성(Trevarthen)의 과정을 통해 어머니와 유아 간에 확립된 공감적 연결을 묘사할 때 일차적으로 Daniel Stern과 Colwyn Trevarthen의 개념으로부터 추론한다. 이러한 상호작용은 얼굴 표정과 몸의 움직임을 통해 (비언어적이지만) 음성적으로 발생한다. 이처럼 다양한 표현들은 음악이 표현되는 형식을 일깨우는 방식으로 형성된다.

> 이런 관계가 상호 주관적일 때, 유아와 어머니는 매우 유연하고 친숙한 춤을 시작하면서 서로를 보완하고 반응하며, 그런 과정에서 그들의 내적 상태는 서로의 역동적 형식에 대한 이해를 통해 서로 공명한다. 이러한 '춤'은 음악적으로 즉흥적인 듀엣의 복잡성과 미묘함을 지니며, 템포(예: 아첼레란도, 루바토, 리타르단도, 알라르간도, 리테누토), 역학(예: 스포르찬도, 크레셴도), 음색(예: 음성 질의 변화), 음조(멜로디의 윤곽과 하모니의 색)의 표현적 특징들을 포함한다.
>
> (Pavlicevic, 1990, p. 6)

이러한 역동적 형식들이 어머니와 유아 간의 소통을 특징짓는 이유는 그것들이 우리의 정서적 삶의 형식이기 때문이며, 이런 주장은 음악 안에서 그런 형식이 만연한 점도 설명해 준다. 이러한 표현 형식을 특징짓는 역동적 변화들은 Stern에 의해 '활력(vitality) 정서'라 불리며, 다양한 표현 양식에 공통된 형식들은 "강도, 모양, 시간, 윤곽, 동작, 숫자"다(Pavlicevic, 1990, p. 6).

이러한 추상적 형식들은 특정 지각이나 경험의 양식과 결합되지 않은 정신적 구성체이며, 그것들의 존재는 우리의 지각세계를 통일시키는 데 도움을 준다. 양식적 특성으로 여겨지는 그것들은, 감각들 중 어떤 것을 통해 인식된다. Pavlicevic은 "에너지가 폭발하는, 성질이 폭발하며…… 눈물을 쏟아 내는 아이의 예"를 이용한다(Pavlicevic, 1990, p. 6). 이런 모든 예에서, "폭발(bursting)은 긍정적 정서든 부정적 정서든 혹은 어떤 감정적 요소가 있든 없든 상관없이 행위와 감정의 역동적 형식"이다(p. 6). "어머니와 유아가 서로를 친근하게 알 수 있게 하는 것은 단순히 행위 자체가 아니라 행위들의 역학형식"(p. 6)이라고 말할 때, Pavlicevic은 표현의 형식이 그 내용, 즉 이 경우에는 어머니와 유아 간에 전달될 수 있는 특정 정서보다 훨씬 더 중요하다는 점을 주장하는 듯하다.

Susanne Langer의 미학이론으로부터 '감정의 형태'라는 개념이 기인한다. Langer의 사유의 일차적 문제점들 중 하나는 그것의 파생물을 이용하는 누군가에 의해 유래된 것이다. Langer가 비판을 받은 이유는 그녀의 접근법으로는 특정 정서와 감정이 구별되고 음악을 통해 전달되는 방식을 설명할 수 없기 때문이며, 그 이유는 여러 대립하는 감정이 동일한 역동적 형식들을 공유할 수 있기 때문이다.

Pavlicevic은 가장 문제가 되는(중요한) 것은 연관성이 있는 즉흥적 음악의 정서적 내용이 아니라 역동적 형식 내에서 공유되는 놀이와 상호작용이라고 말함으로써 이런 문제를 에둘러 가는 듯하다. 이런 대답은 하나의 문제에 대한 답은 되지만 다른 문제에 대한 답은 못 된다. 만일 (이 경우) 어머니가 특정 정서의 내용에 맞춰 조정하지 못하고 그저 그것이 실현된 형식(전혀 다른 내용들이 공유하는 형식)과 연결된다면, 만일 이것이 진실한 조정(조율)인지 아닌지 명확하지 않다. 또 다른 사람이 우리의 감정들의 표현의 형식이나 강도가 아닌 내용에 맞춰 조율할 때 보다 강한 공감적 연계성을 느낀다고 주장하는 게 더 합리적인 것으로 보인다.

내담자와 치료사가 치료를 함께 즉흥적으로 할 때 무슨 일이 발생하는지 고찰하던 Pavlicevic은 그 상황을 어머니와 유아가 그들의 관계 안에서 즉흥연주를 할 때 발생하는 상황에 비유한다.

내담자와 함께 음악을 창작할 때, 치료사들은 내담자들의 음악의 역동적 형식들을 지각하고, "그들과 상호 주관적 음악/정서 관계를 지향하는 움직임"(Pavlicevic, 1990, p. 6)의 의도에 음악적으로 반응한다. 그 음악은 내담자의 정서적 상태를 상징화하지 않으며, 혹시 상징화한다면 임상적 관점에서 그것은 현저한 요소가 아니다. 그 대신, 즉흥적 음악은 내담자가 지원적 관계의 맥락 안에서 다양한 역동적 형태를 제시하고 실험하도록 하는 양식이다.

이런 유형의 소통 및 그 소통으로부터 이뤄지는 관계 구축은 두 당사자의 적극적 의도에 따라 좌우된다. 그것의 임상적 가치는 조기 상호작용의 측면들을 재현하는 방식에 있다.

> 음악치료사와 내담자가 서로 공유하는 음악적 공간을 창안할 수 있고, 그 공간 안에서 두 연주자가 자신들을 표현할 수 있는 경우, 매우 친숙하고 역동적인 상호 주관적 관계가 가능해진다. 이런 일이 일어나려면 치료사는 환자가 음악을 통해 자신을 표현할 수 있도록 해야 한다. 치료사는 환자의 역동적 표현 형태를 이해하고, 환자 스스로 이해하는 방법을 역동적으로 반응함으로써 그 의미를 부여할 필요가 있다. 즉, 다시 말해서 두 명의 연주자는 의도의 상호성을 공유할 필요가 있다.
>
> (Pavlicevic, 1990, p. 7)

Pavlicevic의 제안을 통해, 몇 가지 문제가 해결되고 다른 문제들이 생긴다. 그녀는 음악치료 분야에서 무의식적 감정에 대한 표현이나 상징이라는 음악에 대한 전통적인 정신분석학적 관점과 다른 관점을 명확히 다듬는다. 이런 점은 그녀가 음악의 내용보다 형식에 초점을 맞춘 점에서 알 수 있다. 누군가 음악의 다양한 역동적 형식들이 그 내용이라고 지정하고 싶지 않는 한 말이다. 어떤 경우든 음악은 단순히 비음악적 정서를 전달하는 매개체 그 이상의 것이며, Pavlicevic은 음악의 특정 정서적 내용이 특히 존재한다고 해도 특별히 연관성이 있는 것은 아니라고 단언한다.

조기 상호작용에서 비롯된 개념들이 정신분석학적 사유에서 기인하긴 하지만, Pavlicevic은 정신분석학적 접근법보다 임상적 즉흥성에 대한 음악 중심의 접근법에 대한 확고한 사례를 마련한다. 그녀는 자신의 발언들을 후자의 프레임워크 내에서 명시적으로 개념화하지 않지만, Nordoff-Robbins 음악치료(NRMT)에서 부각시킨 개념들에 의존할 때 간접적으로 개념화한다. 그녀의 생각들은 정신분석학을 지향하는 음악치료에서 일차적 접근법들 중 어떤 것에 의해 부각되는 이론들과 모순될 것이다.

Pavlicevic이 임상적 즉흥연주(즉흥화)에서 내담자의 음악의 중요한 측면으로서, 음악의 정서적 특질을 지나치게 삭제하는 이유는 역동적 형식들의 역할을 집중 조명하려고 해서다. NRMT의 경우에도 중요한 것은 내담자 음악의 단순한 형식이나 강도 그 이상의 것이다. 그것의 특징은 임상적 음악 중재를 판단할 경우에도 연관이 있다.

내담자 음악의 역동적 형식이 연관이 있으며 치료사가 그런 형태를 통해 작업하는 것은 틀림없다. 하지만 템포와 역학의 기본적으로 포괄적인 특징들 내에서 치료사는 스타일, 음계, 멜로디, 하모니라고 하는 보다 구체적이고 독특한 음악적 도구들을 이용할 수 있다. 음악의 이러한 구체적 요소들은 감정의 양식적 형태들 내 직접적인 대응물을 지니지 않을 수 있다. 또한 치료사의 음악이 언제나 내담자의 정서를 표현하는 것은 아니지만 일반적으로 어떤 면에서 그것을 고려한다. 가령 이따금 그것을 표현하고 논평하며 그것의 변형된 버전을 전달하거나 상반된 표현을 제시하기도 한다. 다시 말해, 치료사는 음악으로 표현된 내담자의 정서가 일차적 고려사항이 아닌 전통적인 정신분석학적 접근을 따르지 않기 때문에 이것이 곧 내담자의 정서적 내용이 연관이 없다는 의미는 아니다. 이런 점을 완벽히 간과하는 것이 바로 조율 부재의 한 예일 것이다. 이제 불분명한 점은 음악 형성과정에서 내담자의 정서가 하는 역할이다. NRMT의 경우, 내담자의 정서의 맥락 내에서 치료사의 음악이 단지 그런 정서의 표명이나 반성을 위한 전달체가 되지 않고도 기여할 수 있게 된다.

Pavlicevic은 조기 표현에 뒤따르는 역동적 형태에 관한 자신의 생각들을 계속 전개시켰다. 그녀는 여전히 인간관계를 형성하는 능력이 그 특성상 음악적인 유아가 소유한 타고난 자질에 기반을 둔다는 관찰 결과를 강조하지만, 전체 이론에 약간의 비일관성을 초래하는 이런 과정에서의 정서적 표현이 하는 역할에 변화가 나타났다. 그녀는 개인의 표현에 대한 강력한 역할을 제시하기 위해 역동적 형태와 관련이 있는 유아의 타고난 자질들을 근거로 삼는다.

> 유아들은 신경학적으로 음악적 패턴을 식별하고 반응하기 쉬우며, 움직임; 제스처, 발성의 윤곽과 리듬, 목소리 음색의 미묘한 변동, 어머니의 제스처, 목소리와 표정의 템포와 크기의 변화에 극히 민감하고 반응적이다. 다시 말해, 유아들은 음악이나 시간적 사건보다는 인간관계 형성의 토대가 되는, 개인적으로 표현적이고 소통적인 어머니의 움직임, 제스처, 행위들을 받아들이고 유발하며 반응한다.
>
> (Pavlicevic, 2000, p. 274)

여기에서 Pavlicevic은 '다시 말해' 라는 문구를 씀으로써, 실제로 상호교환이 불가능한 두 가지 서로 다른 단언들을 동일시해 버린다. 그녀는 자신이 묘사한 유형에 대해 유아들이 지각적 민감성을 지니고 있기 때문에, 이런 사실은 그 자체로 유아들이 (개인적으로 표현된) 이런 지각들을 어떻게 해석하는지를 시사한다고 주장하고 있는 듯 보인다. 첫째, 만일 그렇다면 이는 공유되는 의사소통의 개인적 표현 내용을 특별히 강조하지 않던 그녀의 이론의 초기 설명 중 일부와 모순되어 보인다. 둘째, 필연적으로 움직임, 제스처, 발성의 형태에 대한 민감성을 통해서 그런 표현들이 개인적 표현으로 지각된다고 볼 수 있는지 완전히 명백하진 않다.

이 얘기는 그것이 어느 정도 개인적 표현이란 사실이라기보다 관계를 형성하는 것은 단지 함께하는 음악 연주 활동이란 말로 쉽게 이해할 수 있다. 이는 상황을 바라보는 대안적 방식일 것이며 특히 음악치료의 영역으로 이동 중인 경우, 누군가는 임상적으로 가장 귀중한 것이 공유되는 음악의 내용보다는 함께 음악하는 행위라고 주장하고 싶어질 것이다. Pavlicevic은 이런 활동들(어머니-유아 상호작용, 임상적 음악치료 즉흥연주)에서 그 활동 내 정서의 역할에 관한 모순된 개념들을 제안한다. 한편으로는 음악이 개인적으로 표현될 필요가 없다고 말하면서도, 다른 한편으로는 정서적 표현이 일차적이며 임상적 음악치료 즉흥연주의 음악적 질이 연관이 없다고 말한다.

> 어머니 및 유아와 마찬가지로, 치료사와 내담자는 음악치료 즉흥연주 중에 자발적 소리 형태로 자신들을 표현하며, 템포, 역동적 수준, 억양, 어법, 멜로디의 지속적인 변화는 서로 간의 관계 안에서 지속적으로, 비언어적으로 이뤄지는 그 자신들의 협상을 시사한다. 이러한 즉흥연주이 음악으로 들릴 수 있지만, 사실은 미학적으로 즐거움을 주고 음악적으로 참여하게 하는 것이며, 일차적 어젠다는 치료사가 이 세상에 대한 내담자의 정서적 경험을 유도하고 직접 경험하는 것이다.
>
> (Pavlicevic, 2000, p. 275)

Pavlicevic은 임상적·비임상적 음악 상호작용이 기본적으로 다른데, 일차적인 원인은 전자가 상호작용하지 않는 음악적 사유에 의해 인도되는 반면, 후자는 오직 관계적·상호작용적 사유에 의해 인도되기 때문이라는 생각에 몰두한다. 조기 상호작용에 관한 역학적 형태의 임상이론을 토대로, Pavlicevic은 임상적 음악치료 즉흥연주와 동일한 상호작용 변수들을 포함한 이러한 관계 맺기의 발달적 형태를 묘사해야 한다. 두 가지 유형의 음악하기 간의 차이를 보존해야 하는 이러한 필요성 때문에, 개인적 표현을 이론적으로 두 가지 서로 다른 상호 배타적 방식으로 해석해야 하는 상황이 벌어지는 듯하다.

Pavlicevic은 자신의 접근법을 통해, 음악이 임상적 적용 영역 밖에서 흔히 이해되는 음악이 아닌, 관계를 구축하는 수단이 되는 음악치료 분야 안에서 음악의 음악적 가치가 감소한다는 점을 인정한다. 그녀는 음악치료사들에게 그들이 내담자에게 제안하는 것의 현저한 측면은 음악이 아닐 수 있고, 임상적 즉흥연주의 기본 과정을 설명해 주는 음악에 특정되지 않은 양식적 변수들일 뿐이란 점을 받아들이도록 권유한다.

> 음악치료 즉흥연주처럼 프리 재즈 즉흥연주라는 점에서 어머니-유아 상호작용이 '음악적' 사건은 아니다. 오히려 그것은 음악적 토대를 지닌 의사소통적 사건이다. 우리는 어머니-유아의 소통이 음악 이전의 것 혹은 준음악적인 것이란 입장이며, 이는 그 행위의 토대가 바로 음악의 형성되지 않고 합성되지 않은 성분들, 즉 템포, 리듬, 음성의 윤곽, 제스처와 행위, 볼륨과 음색이란 요소들이란 점에서 그렇다. 이 말은 곧 음악치료 즉흥연주 역시 그것의 정서적·상호작용적 강조점에 의해 음악 이전의 것 혹은 준음악적이란 의미일까? (그리고 음악치료사들은 이런 생각에 대처할 수 있을까?)
>
> (Pavlicevic, 2000, p. 277)

Bunt와 Pavlicevic(2001)이 조기 상호작용의 음악과 같은 측면들을 생존적 가치를 지닌 것으로 주장해 온 이유는 그런 측면들을 통해 유아가 자신의 욕구를 전달하기 때문으로, 그런 욕구 중 일부에는 배고픔과 같은 생물학적 욕구와 고통 및 좌절과 같은 심리적 욕구가 있다. 이것이 시사하는 바는 언어와 음악성이 생물학적 유의미성을 지니기 이전에 이처럼 음악과 비슷한 소통을 이용할 수 있다는 것이다. 이러한 표현은 내면 상태를 표현한 것이다. 그것들은 엄격히 기능적으로 소통적이며, 욕구의 소통과 소통의 이해, 표현에 대한 반응이 관계의 토대를 형성할 수 있도록 허용한다. 소통이 음악과 같은 표현을 통해 이뤄진다는 사실은 특히 이 소통을 유아가 이용할 수 있다는 점을 제외하고는 특별히 연관이 없다. 이것이 시사하는 바는, 만일 언어를 이용할 수 있다면 이러한 (음악적) 소통이 언어적 소통보다 나을 게 없다는 점이다.

심리적 고찰에서 비롯된 욕구의 의사소통은 조기 상호작용 중의 음악, 뇌과학, 진화이론에 관한 문헌에서 흔히 지속적으로 나오는 주제다. 온갖 유형의 여러 이론가는 음악이 생물학적 생존을 지원하기 위해 어떤 기능을 할 수 있는지 명확히 설명해야 할 의무가 있다. 제15장에서 더욱 깊이 전개될 주제를 예측하기 위한 상반된 관점은, 음악이 가치 있는 일차적 이유는 생물학적 생존에 필요해서가 아니란 것이다. 이런 관점에서 심리학적 욕구 충족이 조기 상호작용에서 발생한 일을 해석하는 유일한 방법이 아니라는 주장이 가능하다. 그것을 살펴볼 또 다른 방법은 일종의 공동 음악 창작이라는 상호작용을 고려하는 것인데, 그 창작과정에서 유대감이 생기는 이유는 표현 및 창작 활동을 공유하기 때문이다. 요컨대 관계 구축과정에서 가장 눈에 띄는 것은 욕구의 충족과 의사소통이 아니다. 그보다 관계를 형성하는 것은 상호작용하는 공동의 창의적 음악 활동이다. 이것은 어머니-유아 상호작용을 정신분석학 이론에서 한정하는 내적 상태의 상징만이 아니라, 하나의 창작, 미학, 유동적 양식으로써 음악에 적합한 음악치료 즉흥연주을 이해하기 위한 토대로 이용하는 방법 중 하나다.

개인적으로 표현된 소통을 개인관계의 유일한 토대로 해석할 경우, 필수적인 인간 및 생명 활동으로써 비어젠다(non-agenda) 기반의 소리와 제스처를 즐겁게 공유하는 역할이 차단된다. 가장 당혹스러운 점은 조기 상호작용 중에, 그리고 몇몇 음악치료 맥락에서 발생한 일에 대한 이러한 후자의 해석이 실제로 Pavalicevic의 이론의 조기 발표 내용과 가장 일치하는 듯하다는 점이다. 아마로 조기 상호작용과 음악치료 상호작용의 음악성에 관한 이러한 모호성은 "음악치료 중 치료적 사건의 음악적 기반을 부정하거나 축소하지"(Bunt & Pavlicevic, 2001, p. 194) 말라는 주장에서 볼 수 있을 것이다. 하지만 이러한 생각은 즉흥적 음악치료에 대한 해석에서 음악의 기능 안에 고유의 본질적이며 독특한 음악적인 게 없다고 하는, 그들이 제시하는 주장들과 상반되는 것으로 보인다.

임상적 즉흥연주를 이해하는 과정에서, 발달 중인 유아에 관한 문헌에 의존하는 Pavlicevic의 접근법은 음악을 의사소통으로 보는 개념화에 기반을 두고 있다. 하지만 의사소통이 음악에서 발생할 수 있지만, 그렇다고 음악이 기본적으로 의사소통이라거나, 음악의 참가자들 간의 의사소통이 일차적 초점, 기능, 혹은 음악이 무엇인지 이해할 최상의 방법이란 의미는 아니다. 음악을 의사소통의 한 형태로 보는 것은 음악치료의 공통된 관점이다. 예를 들어, Tønsberg와 Hauge(2003)은 인간 상호작용의 음악적 특성을 논의할 때, 의사소통이론이 보다 음악적 기반으로 이동하는 현상을 이용한다.

현대의 발달심리학에 관한 문헌에는 1970년대에 시작된 아이들의 의사소통 발달에 관한 이론 내 패러다임의 변화를 지향하는 과정이 나와 있다. 이런 변화에는 주의력의 변화가 있으며, Nadel과 Camaioni(1993)가 설명했듯, 이론들은 의사소통의 '방출하는/받는/대답하는' 전송 기사 모델로부터 발달되어 오케스트라 메타포 모델로 나아간다. 두 번째 모델은 화성, 즉흥, 공동 활동, 그리고 눈에 띄는 특징으로서 공동 조절에 초점을 맞춘다. 오케스트라 메타포는 변조, 공유되는 비트, 음악적 즉흥연주과 함께 리듬, 화성,

테마와 같은 음악 용어의 활용을 환영하며 우리를 비언어적 인간 상호작용
에 따른 공동 창작 내 어떤 특징에 주의를 기울이게 한다.

(Tønsberg & Hauge, 2003, "서론", 네 번째 문단)

저자들은 의사소통에 초점을 맞춘 반면, 임상적 관점에서 이는 가장 눈에
띌 만한 게 아니거나 모든 임상적 관점에서 가장 눈에 띌 만한 게 아니다. 의
사소통이론에서 이용하는 메타포의 변화들이 좀 더 음악적인 것을 지향하지
만, 다시 음악 메타포의 의미들이 완벽히 전달되지 않는다는 건 흥미로운 일
이다. 공동의 상품이나 과정을 창안할 때 공동의 협력이 가장 중요하며 상호
작용을 요하는 것이다. 상호작용을 실제로 인도하는 게 무엇인지, 음악을 함
께 창작할 필요성이 어떻게 특정 종류의 상호작용을 요하는지 이해하지 못한
채 그것을 상호작용으로 볼 경우 음악치료의 가장 중요한 역학 중 하나를 놓
치게 된다.

서로 음악을 연주하는 사람들은 특별한 방식으로 뭔가를 창작할 수 있게 된
다. 의사소통은 협력적 인간 활동이 그렇듯이 공동의 창작을 촉진하지만 그렇
다고 그런 활동의 특성을 의사소통의 한 형태로 이해하는 게 가장 좋다는 말
은 아니다. 본론으로 들어가 보면 소통이 음악 안에서 발생하기 때문에 일부
이론가는 음악을 의사소통으로 본다. 음악치료의 어젠다를 음악 만들기 및 그
에 수반되는 모든 유익함으로 보는 이론가들에게는 그 안에서 발생하는 의사
소통이 단지 일차적 초점에 대한 도구가 된다. 요컨대 의사소통에 초점을 맞
출 경우 사람들이 음악을 하는 일차적 목표를 놓치게 된다. 이런 목표는 그들
이 독특한 인간의 경험인 음악을 할 때 자신, 타인, 외부세계에 관해 느끼는
방식이다.

보다 최근에 나온 출간물에서 Pavlicevic은 심리생물학적 접근법을 음악에
대한 문화 비평의 견지에서 재구성해야 할 수 있다는 점을 인정한다. 다만 재
구성하는 것이 음악을 의사소통으로 보는 근본적인 은유적 이해와 별 관련이

없고 더욱 문화에 기반을 둔 사유들로 발달적 구성체들을 보완하는 것과 더 연관이 있긴 하다.

> 나 자신을 포함해 여러 음악치료사는 음악이 어떻게 의사소통으로 작용하는지, 그리고 물론 의사소통이 어떻게 음악으로 작용하는지를 이해하는 데 근간이 되는 인간의 의사소통과 그것의 음악적 뿌리에 대한 심리생물학적 설명들을 계속해서 찾고 있다. 이러한 실증적 기반의 개념들은 내가 1980년 대 말에 음악치료에서 즉흥연주를 이해하기 위해 역동적 형태를 개념화하는 데 도움이 되었다(Pavlicevic, 1990, 1997, 2000). 21세기에는 담론과 실천의 이동, 그리고 사회적 세계의 변화로 인해 이런 작업에 대한 재검토와 가능하다면 재구성이 필요해졌다.
>
> (Pavlicevic, 2006, p. 88)

맥락과 문화의 본질적 역할에 대한 의식을 통해 Pavlicevic과 Ansdell은 심리생물학의 요소들만으로 성취할 수 있는 것보다 더 완벽한 이론을 만드는 데 쓰인 이런 요소들을 설명하게 되었다.

협력적 음악하기

Trevarthen과 Malloch가 개발한 의사소통적 음악성의 이론은 Pavlicevic과 Ansdell(2009)이 조기 상호작용에 대한 심리생물학적 담론을 가장 성숙하고 정교하게 만든 것이라 여긴 것이다. 저자들은 이러한 전반적인 담론이 "음악 치료 이론, 훈련, 연구 및 실습에 풍부한 영향을 미쳐 왔다."(p. 358)고 단언하는 동시에, 그것이 음악치료에 미친 영향이 분명한 영향을 미치기보다 혼합된 영향을 미쳤다고 주장한다. 왜냐하면 그것이 문화와 맥락에 영향을 미칠 만큼 충분치 않았기 때문이다.

그들이 명확히 진술하진 않았지만 문화의 영향 중 일부는 임상적·비임상적 환경에서 상호작용의 과정과 형태로서 음악의 정체성에 기인한다. 요컨대 심리생물학적 개념들을 음악치료 분야에서 고찰할 수 있는 맥락을 확대하려면, 필연적으로 음악으로서의 음악[2]이 임상적 음악치료의 목표를 어떻게 촉진하는지 설명해야 한다. 이 과제는 음악을 단지 의사소통적 매개체가 아니라 예술적 매개체로도 생각할 것을 요구한다. 예술적 측면과 문화적 상황 안에서의 의미를 고려치 않은 음악치료 이론은 결코 완벽해지지 않을 것이다.

조기 상호작용에서 비롯된 개념들을 보완하기 위해, Pavlicevic과 Ansdell (2009)은 '협력적 음악하기(collaborative musicing)'이란 개념을 제안한다. 공동체 음악치료와 같은 사회적 기반의 접근법에 대한 근거로서, 그들은 "의사소통적 음악성이 충분치는 않지만 필요한 이론적 플랫폼을 제공한다."고 말한다(p. 358). Trevarthen과 Stern의 연구가 음악치료에 기여한 바를 찬양하면서도, Pavlicevic과 Ansdell은 문제점 또한 언급한다. 그들은 음악치료를, 제2장에서 경합하는 것으로 설명된 개념인 심리치료로 보는 관점을 촉진하기 위해이 이론을 어떻게 이용했는지, 그리고 그 이론이 치료과정 중 현저한 요소로서 양자적 관계를 지나치게 강조했다는 점을 논의한다. 또한 그들은 의사소통적 음악성의 시각에서 음악치료 안의 음악을 살펴볼 경우, 음악적 상호작용에 결정적이지 않을 수 있는 특정 상호작용 요소들을 과하게 강조하게 된다는 점을 간접적으로 지적한다.

여러 음악치료사가 Stern과 Trevarthen의 연구를 초기에 이용함으로써 음악치료 중의 음악을 '단지' 언어 이전의 원형음악으로 환원하는 경향이 있었다. 이는 음악치료를 심리치료의 형태로 재설명하려는 프로젝트와 연관이 있는데, 이 경우 치료사와 클라이언트 간의 순수한 심리적 관계가 특별히 우선시된다. 음악적 의사소통은 그저 이러한 심리치료 관계를 구축하는

수단으로 보였을 뿐이며, 이런 관계는 핵심적인 치료약으로 보였다. 조기상
호작용이론을 이렇게 이용하면 음악치료 양자관계의 특성을 강조하면서 음
악치료 내 집단 및 공동의 사건에는 주의를 기울이지 않게 된다.

(Pavlicevic & Ansdell, 2009, p. 359)

의사소통적 음악성을 음악치료의 기반으로 이용해 온 음악치료사들이 비
판을 받는 이유는 "그들이 진정한 음악 안에서 원형음악의 성숙을 고찰하기
보다는 음악치료에서의 음악이 원형음악이 아니라고 보았기 때문이다."
Pavlicevic과 Ansdell(2009)은 사람들이 지닌 다양한 유형의 음악적 역량을 이
해하기 위한 개념적 프레임워크를 제공한다. 그들의 계층은 역피라미드형으
로 표현되는데, '음악성(musicality)'은 역량과 관련해 최하위에 있고 '음악의
재능(musicianship)'은 바로 그 위의 역량을 가리키며 '음악하기(musicing)'는
최상에서 하나의 활동성을 나타낸다. 하위 속성들은 상위 속성들을 위해 필수
적이지만, 영향력이 양방향으로 흐르는 이유는 "음악하기가 음악적 재능을
늘리고, 이것이 음악성을 자극하기" 때문이다(p. 362).

그들은 음악치료 분야에서 음악의 기능에 대한 간략한 설명으로서 순수하
게 양자적인 의사소통에서, 혹은(심지어 의사소통의 모든) 비롯된 개념들을 초
월할 필요성을 파악하기도 한다. 단지 의사소통 이상의 협력은, 사람들이 일
반적으로 음악 안에서 상호작용하는 방식을 특징짓는다. 의사소통적 음악성
이란 개념을 보완하기 위해, Pavlicevic과 Ansdell(2009)은 "음악적 공동체의
외향적이며 알아보기 쉬운 기호"로 고려되는 협력적 음악하기란 개념을 제안
한다. 이 새로운 구성체는, 공동체 상황에 처한 음악치료 실행들이 단순히 양
자적 의사소통의 누적으로 설명할 수 없는 상호작용의 양식들로 구성된다는
사실을 기반으로 한다. 이러한 공동의 활동은 그들만의 이론적 구성체를 보
장할 만큼 충분히 독특하다.

협력적 음악하기는 비임상적 음악 참여와 동일하지 않지만 매우 비슷한 음

악치료 맥락 내에서 음악에 관여하는 자연스러운 양식을 기반으로 삼는다. 이는 Pavlicevic의 초기 이론과 명백히 대조를 이루는데, 그 초기 이론에서는 두 가지 음악하기의 영역 간의 불연속성이 강조되었다. Pavlicevic의 생각이 이런 식으로 변해 왔는지, 공동체 음악치료 실행에 필수적인 것으로 제안된 음악에 대한 보다 자연스러운 관여가 그것에 특정된 건지, 아니면 역동적 형태에 대한 그녀의 초기 개념을 위한 적용 영역을 제공하는 비공동체 관련 실천들에 적용 가능한지는 불분명하다.

음악치료에서 Smeijsters의 느낌 및 유추의 형태

조기상호작용이론을 음악치료에 적용한 모든 문헌에서는 음악치료 즉흥연주의 메커니즘을 조기 상호작용에서 존재하는 타고난 역량 안에 두고 있다. 이렇게 하는 동기의 일부는, 음악의 미학적·문화적 가치 이외의 무언가 안에서 음악의 현저한 임상적 특징을 식별하는 것이다. 조기상호작용이론을 채택한 이론가들인 Pavlicevic과 Smeijsters는 음악치료 중 하게 되는 음악적 경험이 비임상적 환경에서 하는 음악적 경험과 근본적으로 다르다고 믿는다. 결과적으로, 그들은 문화, 사회, 예술, 미학적 대상 혹은 과정으로서 음악의 정체성 영역 밖에서 그 효능에 대한 인과적 메커니즘을 식별해야 한다. 조기 상호작용 연구들의 가치를 옹호하는 주장은, 음악치료 내 음악 및 음악적 경험의 특성에 관한 광범위한 우려와 연계되어 있다. 이런 이유로, 임상적 활용에 적합한 음악의 문화-예술적 가치를 옹호하는 이론가들이 발달적 그리고 (확장하여) 비교행동학적 주장들을 비판하는 것이다.

Henk Smeijsters(2003)는 특히 심리치료 적용 중 음악치료의 적합성과 가치를 확립하는 데 있어 Stern의 활력 정서란 개념을 채택한다. 그는 Stern의 이론들을 통해 "개인 내면의 사람과 음악을 통한 표현 간의"(p. 72) 연계성이 확립될 수 있다고 믿는다. Smeijsters는 Stern 이론의 양식적 특징들이 "음악적 표현과 개인내적 및 대인관계적 과정들 간의 연계성을 설명해 줄 수 있다."고 주장한다(p. 72).

Smeijsters의 말에 따르면, 어머니-유아 상호작용에 관한 연구를 통해, Stern은 유아들이 다양한 감각 간에 동일한 특징의 전달이 가능하도록 감각적 경험이 특징들을 표현할 수단을 지니고 있다는 결론을 내린다.

> 유아들은 말과 기호 없이도 촉각적·시각적·청각적 형태를 나타낼 수 있다. 하나의 양식에서 다른 양식으로의 치환이 가능한 이유는 아기가 신체적 형태, 강도, 시간 형태의 추상적인 양식적 표상을 지니고 있고, 그것이 양식 간의 중개적 다리의 역할을 하기 때문이다.
>
> (Smeijsters, 2003, p. 73)

앞서 언급했듯이, 그것은 인간관계의 토대가 되는 동일한 양식으로 나타나지 않는다. 오히려 그것은 인간관계를 위해 필요한 반응의 유형을 달성하는 여러 양식에 걸친 표현의 인식을 전달하는 능력이다.

> 한 아이가 기쁨(감정의 형태)을 경험할 때, 그는 그 기쁨을 얼굴에 지은 미소(시각적 양식)로 표현할 것이다. 그러면 어머니도 미소(동일한 양식)로 응답할 수 있다. Stern이 발견한 것은 어머니들이 다양한 양식에 응답하는 데 익숙하다는 점이다. 예를 들어, 그들은 미소를 짓는 동안 소리(청각적 양식)를 내며, 아기의 입술과 뺨의 위치에 따라 소리를 높이거나 낮춘다. 아기는 어머니의 소리가 자신의 미소와 기쁨에 대한 공감 반응이란 점을 이해한다. Stern은 우리에게 아기에게 공감한다는 점을 전하는 것은 동일한 양식 내 모방이 아니라 2감각 통합(cross-modality)이라고 말한다. …… 유아는 어머니의 행동이 표시하는 의미를 알지 못해도 그것을 공감으로 체험한다.

아기는 어머니의 행동을 해석하지 않는다.

(Smeijsters, 2003, p. 73)

Stern 이론에 전념한 Smeijsters는 행복, 슬픔, 분노와 같은 범주적 정서와는 구별되어야 하는 '밀려듦' '사라짐' '덧없음' '폭발적' '점점 세게' '점점 여리게' '폭발' '길게 끌다' 같은 역동적이고 운동역학적 느낌(p. 74)인 생명력 있는 정서들의 상호 공유에서 인간관계의 연결 조직을 찾아내야 한다. 다시 말해, Pavlicevic의 이론에 대한 논의에서 강조되었듯, 그것은 공유되고 반추되며 눈에 띄는 정서의 특징이 아니라, 감정이 나타날 때 드러내는 형태로서 관련이 있고 공유되는 것이다. 덧붙여 말하면, 이런 형태들은 단지 인간이 지닌 정서의 측면들 및 음악 및 춤과 같은 예술 형태가 아니라 자연계의 특징들이기도 하다.

중요한 것은 범주적 느낌을 나타내는 기호나 상징에 주목하는 것이 아니라, 시간과 강도에서의 패턴에 대해서 '느끼는 방식'이다. 게다가 시간과 강도의 이러한 패턴들은 어디든 있다. 그것들은 심리적일 뿐만 아니라 비심리적이다. 따라서 다양한 유형의 과정 및 다양한 양식의 표현에서 시간과 강도의 패턴들의 동일성을 파악할 수 있다. 예를 들어, 당신은 날씨 상태의 다이내믹에 따른 느낌의 형태를 경험할 수 있다. 한 개인은 다양한 과정과 양식의 표현들 안에서 이런 패턴들을 지각할 수 있기 때문에, 음악의 패턴들 안에서 개인내적 및 대인관계적 형태의 느낌를 표현하고 지각할 수 있다.

(Smeijsters, 2003, p. 74)

Smeijsters의 이론에는 여러 논점이 존재한다. 그는 특정 정서나 질보다 오히려 인간관계 확립과정에서 공유되는 정서들의 형태라는 개념에 집중한다. 아마도 이것은 범주적 정서라 불리는 특정 정서가 스타일이나 문화 수준에서 일어나고, Smeijsters의 치료적 효능을 음악의 이러한 수준 덕분으로 돌리지 않고, 음악치료에 있는 효능처럼 음악의 비스타일적 요소를 발견하려고 하였기 때문일 것이다.

Smeijsters가 이런 요점에 집중하는 이유는 Stern의 생각을 채택하는 과정에서, 그는 한 아이가 정서를 몸으로 표현하고 어머니가 청각적 차원에서 반응하는 경우처럼 조율, 연결, 공감을 생성하는 것이 2감각 통합적 전이(cross-modal transfer)라고 주장할 의무감을 느끼기 때문이다. 하지만 음악치료에서 치료사와 내담자는 음악을 통해 동일한 양식에 반응한다. 이로 인해 Stern의 생각이 음악치료로 전달되지 못하는 듯하다. 다른 음악치료사들과 달리 Stern의 사유를 받아들였지만 이러한 근본적 모순을 간과한 Smeijsters는 그답게 그런 모순을 뚜렷이 의식하며 그러한 도전 과제에 대응하려 한다.

Smeijsters(2003)의 주장은 내담자와 치료사가 "단지 음악을 연주하는 것이 아니다."(p. 75)라는 기본 전제를 지닌다. 이와 같은 미학적 고민은 음악치료와 관련이 있으며, 단지 중요한 심리적 형태일 뿐이다.

> 음악치료에서 중요한 것은 그것이 심리학적 일이란 점이다. 상호 매개적 음악 공간 안에서, 음악과정은 정신 표현으로 경험되고 해석된다. …… 음악치료에서 내담자는 음악 속에서 자신의 자아를 듣는다. 그것이 어떻게 행동하고 느끼고 갈등을 표현하는지 …… 그 소리가 예술적 형태를 지녔는지는 중요하지 않다. 중요한 점은 그 음악 소리가 내담자의 정신과 같다는 것이다.
>
> (Smeijsters, 2003, p. 75)

Smeijsters는 정신형태로부터 음악형태로의 2감각 통합적 전이(cross-modal transfer)가 존재한다고 주장하고 있다. 그는 음악의 현저한 특징이 그 형태라고 주장하는데, 그 이유는 Stern 이론의 측면을 보존하기 위해서 2감각 통합적 전이를 정해야 할 필요가 있기 때문이다. 그렇다고 해서 Smeijsters가 그 현상을 보존하기 위해 인과적(post hoc) 방식으로 행동한다고 말하긴 어렵다. 그는 음악치료에서 음악이 활력적 정서, 감정의 형태, 또는 내담자의 정신 구조를 반추하는 정도만큼만 관련이 있다고 분명히 믿는다.

Pavlicevic과 유사하게, Smeijsters는 Stern과 Langer에게서 보이는 토대로부터 다른 문제들을 이어받는데 Langer가 사용한 '감정의 형태'라는 단어를 Stern의 '활력적 정서'와 혼용해서 사용한다. 여러 다양한 특정 정서가 동일한 형태의 감정을 공유하기 때문에 Langer의 개념들은 음악의 특정 요소들과 그것들의 정서적 내용 간의 연관성에 관해 아무것도 말해 주지 않는다. 또한 Langer의 관점들은 사람들이 음악을 대상으로 행하는 심오한 정서적 관여가 아니라 음악에 대한 지적인 이해를 설명할 수 있을 뿐이다. 결과적으로, 그런 관점들은 현대적인 음악철학자들이 하는 음악 가치에 대한 설명으로 특별히 진지하게 받아들여지지 않는다. 음악이론에서 이러한 두 가지 요소는 비임상적 영역에서보다 더 중요하진 않아도 적어도 그만큼 중요하며, 따라서 음악치료에 Langer의 개념들을 적용하는 것은 매우 큰 문제가 된다.

이해하기 어려운 또 다른 점은 이런 무형적 변수들이 실제로 무엇인지, 그것들이 흔히 상징적 표상으로 이해되는 것과 어떻게 다른지 하는 점이다. Stern과 Smeijsters에게 중요한 점은 유아들이 비언어 혹은 감각에 기반을 두지 않은, 감각적 · 정서적 경험을 부호화하고 인식할 수 있다는 점이다. 촉각, 시각, 청각 형태들이 말이나 기호 없이 유아의 내면세계에서 표현될 수 있는 이유는 "물리적 형태에 대한 추상적 무형의 표상이" 존재하기 때문이다(Smeijsters, 2003, p. 73). 하지만 '추상적 표상'이 상징의 한 유형이 아니라면 정확히 무엇일까? Stern과 Smeijsters의 이론의 이런 점은 모순되어 보인다.

Langer에 대한 흔한 비평은 대조를 이루는 정서들의 음악적 표현이 동일한 형태를 공유할 수 있어서, 형태를 살핀다고 해서 실제로 우리가 음악에서 표현되는 특정 정서에 관해 의미 있는 뭔가를 알 수는 없다는 점이다. Smeijsters

의 접근법도 이런 문제를 안고 있다. 내담자가 음악을 듣고 반응하는 느낌을 설명해 주고 치료사가 반응하는 내담자의 정서가 특정한 내용이 아니라고 강력히 주장을 하긴 어렵다.

마지막으로, 기호의 표상과정을 포함해 복잡한 인지적 과정에 의해 매개되지 않는 여러 양식에 걸친 직접적 지각을 주장하는 Stern의 이론의 그 측면과 Smeijsters의 그것의 활용을 의심할 만한 이유가 존재한다. 미소를 짓는 아이와 그 미소를 짓는 동안의 얼굴 표정의 형태를 반영하여 음조가 높아지거나 낮아지는 음성을 통해 응답하는 어머니의 예를 떠올려 보자. 이러한 예는 2차 감각적 지각과 반응의 예로서 제시된다. 하지만 어머니의 발성의 음색 변화는 은유적 감각 면에서 수직적일 뿐이다.[1] 음색에는 물리적 공간 내에서 위아래로 이동하는 대상이 없다. 그러므로 만일 유아가 음색 표현의 수직성을 지각한다면 은유적 인지과정이 존재해야만 한다. 이는 유아가 상승하는 음색과 입꼬리가 올라가는 미소 간의 연관성을 어떻게 추론할 수 있는지 설명할 유일한 방법이다. 하지만 이는 인지적 은유과정들이 2감각 통합적 전이를 조정하며, 따라서 대인 간 유대과정을 조정한다는 개념을 필요로 하는데, 이는 Stern과 Smeijsters가 반박했던 내용이다.

음악치료에 대한 조기 상호작용이론의 가치

이 장에서 반복되는 주제는 음악치료의 토대로서 조기 상호작용을 채택한 이론들이 미학적–문화적 인공물로서의 정체성이 아닌 음악의 가치를 설명해 주어야 한다는 것이다. 지금까지 제안된 이론 중 어떤 것도 그런 설명을 해 주지 못했다. 하지만 그렇다고 그것들이 무가치하다는 말은 아니다.

조기 상호작용에 대한 연구는 어떤 유형에 대한 치료와 관련이 있는 게 틀림없다. 음악치료가 관계의 확립과 관련이 있는 만큼(일차적인 임상적 목표로서든 아니면 다른 유형의 목표에 대한 매개체로서든), 초기 관계가 어떻게 형성되는 가에 대한 이해는 매우 중요하다. 음악치료사들의 여러 내담자는 가족 구성 원, 친구, 직장 동료, 혹은 공동체 내 다른 구성원과 만족스러운 인간관계를 맺는 경험을 한 적이 없는 것이다. 조기 상호작용에 대한 연구를 통해 인간관 계 확립에 중요한 과정이 드러난다. 이미 논의했던 여러 저자가 언급했듯, 이 는 특히 조기 상호작용을 특징짓는 시간 및 청각 역학 중 일부를 명시적으로 채택하는 음악치료의 경우에 그렇다.

음악치료 문헌에서 많은 관심을 받고 있는 조기 상호작용의 중요한 역학 중 하나는 조율 역학이다. 그것은 다른 누구보다도 Pavlicevic(1997), Aigen(1998), Garred(2006), Pelletteri(2009), Ruud(2010)가 기여한, 이 장에서 논의한 여러 저자들이 언급한 현상이다. 나는 "정상적인 발달 및 상호작용 과정의 일차적 메커니즘이 어머니와 유아의 서로 간의 지각, 반응, 긴장 수준과 관련된 조율 과 충돌의 리듬으로 구성된다."(Aigen, 1998, p. 181)라고 말한 Judith Kestenberg(1975)의 연구를 통해 1981년에 그 개념을 직접 접했다. 신뢰와 공 감을 구축하는 일은 각 당사자가 이처럼 변화되는 긴장 수준을 지각하고 그에 적응하는 능력에 따라 좌우된다. Kestenberg는 진동하고 공명하는 요소를 지 닌 악기에 대한 유추를 이용하여 유아-어머니의 양자관계를 설명했다.

때때로 공명체(resonator)와 진동기(vibrator)는 탈조(out of phase)하며 상반된 작용을 한다. 공명체는 진공기의 노예가 되길 거부하고 간섭을 일으 킬 수 있다. 어머니-유아의 상호작용의 언어에서 우리는 그들 간의 충돌에 관해 이야기한다. 하지만 충돌은 일부이며 상호작용의 부분으로, 어머니는 아기에게 요구하고 아기는 어머니에게 요구한다. 예를 들어, 어머니가 긴장 감을 낮추는 반면 유아는 높은 상태에 있을 경우 충돌이 발생한다. 만일 어 머니가 긴장을 점차 낮춘다면 아기가 (낮추는 것을) 따르는 지점이 생기고 그들의 긴장의 특성 간에 조화가 재확립될 수 있다. 동질성의 느낌이 재창안

되는데 이는 공감의 고유의 측면이다. 충돌에 뒤이어 재조정이 일어나지 않으면 어머니와 유아 간에 투쟁이 벌어진다.

(Kestenberg, 1975, p. 141)

모든 유형의 즉흥연주적 접근법을 이용하는 음악치료사들은 내담자에게 어떻게 맞춰 줄지, 그리고 내담자의 존재의 측면들과 관련된 음악을 어떻게 창작할지 배운다. 이런 일은 내담자의 정서적 삶의 긴장 수준이나 다른 측면들에 맞춰 조율함으로써 이뤄질 수 있다. 그것은 (음성이나 악기를 통해) 내담자의 표현의 음색, 내담자가 택한 리듬, 템포, 역학(역동성), 내담자의 음악이 지닌 스타일과 태도의 특징, 혹은 내담자가 생성한 멜로디나 다른 음색 현상과 연관 지음으로써 성취될 수도 있다. 하지만 치료사가 하는 일은 단지 내담자에게 맞춰 조율하고 내담자가 하는 일에 부합하는 게 아니라, 뭔가 보다 나은 것으로 보완하고 제안하는 것이다. 내담자가 하는 것을 반추만 하는 치료사는 내담자에게 그가 지닌 한계점들만을 제시할 뿐이다. 치료의 발달은 조율의 과정에 기반을 둘 뿐만 아니라, 조기 상호작용을 특징짓는 충돌의 유형도 필요로 한다.

또한 Even Ruud(1997) 및 본 저자(2005c)와 같은 음악치료사들은 Charles Keil과 Steven Feld가 작성한 민족음악성 문헌에서 제시된 참여적 차이(불일치)란 개념도 이용해 왔다. 이 개념은 매우 다양한 문화와 장르에 속하는 질 좋은 음악이 동시적인 타이밍과 조율로부터 이뤄진 미묘한 출발에 의해 어떻게 만들어질 수 있는가를 묘사한다. 이러한 '불완전성들(imperfections)'은 실제로 음악을 살아 있게 만드는 음악 내 인간적 요소다. 그것들은 임상적 · 비임상적 음악 안에 존재하며, Kestenberg가 논의한 방식대로 충돌의 미묘한 형태로 이해할 수 있다.

이러한 관찰을 하는 와중에, 조율과 충돌의 역학이 · 임상적 음악치료 즉흥연주에서 일어나는 일을 설명해 준다고 말하는 것은 지나치게 단순화한 말일 것이다. 임상적 과정과 발달과정을 연관 지어 보면, 음악치료가 인간관계의 발달에 관한 특정 이론과 조화를 이룬다는 점이 드러난다. 이는 보다 세부적인 이론 및 임상적 중재의 두 영역 간의 유추를 얼마나 정당하게 확대할 수 있는가의 여부에 따라 그 두 가지의 방향을 제시할 수도 있다. 정체성 창안, 한계의 초월, 미학적 경험을 가능케 하기, 공동체 창설, 인간의 삶 안에서 의미의 전반적 확립과 관련한 온갖 유형의 행동유도성(affordance)과 함께 문화적 상황 속 현상이 있다. 조기상호작용이론 및 진화론을 채택하는 과정에서 그랬듯 음악을 설명하기 위해 창안된 게 아닌 어떤 이론으로 음악의 가치를 설명할 경우, 음악으로서의 음악을 정의하고 특징지으며 그와 관련된 인간 활동의 영역과 구분 지어 주는 것들을 놓칠 것이다.

이는 이 장과 제14장, 제15장에서 생물학적 이론과 과정에서 정도가 지나친 탓에 일어난 문제임이 틀림없다. 여러 이론에서는 음악치료를 효과적으로 만드는 일의 기본을 설명하려고 한다. 첫째, 임상적 음악치료 과정들을 비임상적 발달과정으로 어떻게 설명할 수 있는지 보여 주기. 둘째, 뇌 안에서 무슨 일이 일어나는지 설명하기. 셋째, 음악성이 생물학적 생존에 어떻게 기여하는지 보여 주기. 이 모든 것은 음악치료 과정을 우리가 음악에 대해 인정했던, 예술적-문화적 인공물로 인식할 수 없는 뭔가로 환원하는 공통된 잘못을 저질렀다. 이런 극단적 입장을 통해 음악이 생물학적 기반의 이론만으로 수용될 수 없는 그 이상의 것이란 점이 드러났다. 이것이 동등하게 유감인 이유는 인간 지식의 어떠한 형태가 그것이 할 수 있는 기여들의 측면에서 적절히 맥락화되고 범위가 정해지는 점은 말할 것도 없고, 잠재적으로는 음악치료 이론 및 임상적 과정에서 발생하는 일에 대한 우리의 이해 덕분에 잠재적으로 큰 이점을 얻을 수 있기 때문이다.

어떤 의미에서 음악치료 중 음악으로서의 음악의 작용, 유익함, 행동유도성을 설명해 주는 전체론적·다원적 이론을 찾고 있는 음악치료 이론가가 겪는 도전 과제는 먼저 생물학적 기반의 이론들이 이 분야의 보편적 이론의 토대로서 부적절하다는 점을 기술하지만 그다음에는 무엇이 진정한 이득인지 입증하기 위해 이러한 비평을 받아들인다. 비평에 시간과 지적 에너지를 쓰는 것은 불행한 일이지만, 그런 요청에 반응하여 수행하기 위해 이는 중요한 활동이다. 그리고 그렇게 하는 과정에서 생물학적 기본의 이론의 적절한 역할을 분명히 설명해 줄 보다 생산적인 연구 이후 더욱 분명하게 될 수 있다.

Notes

1. Lakoff와 Johnson의 쉐마(shema) 이론에 기반한 음악치료에서의 음악 지각의 은유적 측면의 논의를 위해서 Aigen(2000)을 참고하면 된다.
2. 역자 주: 본연의 음악

14
CHAPTER

신경과학과 음악치료

초기 관점

음악, 미학, 뇌 발달 및 음악의 생존적 가치에 관한 글을 쓴 최초의 음악치료사 중 하나는 E. T. Gaston(1964, 1968)이다. Gaston이 음악치료 전문가로 초기 발달에 중요했던 만큼 현대적 관점들을 통해 그의 이론적 글들 사이의 모순점을 밝히는 것도 중요하며, 현재의 논의 영역도 예외는 아니다. Gaston은 인간의 삶에 미학적 고취를 일으키는 데 있어 음악의 역할을 이해하고 지지하면서 음악치료의 일차적 가치 중 하나가 그런 점에 있다고 보았던 반면, 심리적 현상의 완화에 도움이 되는 것으로서 생물학적 측면에서 이뤄지는 설명에 대한 과학적 · 의학적 접근법의 우수성을 지지하기도 했다. 이런 점은 신경학적 고민들과 관련된 그의 초기 발표에서 확인할 수 있다. "슬개 반사를 유도하든 아름다운 일몰을 감상하든 심포니를 듣든 장미의 향기를 맡든 신경 메커니즘은 동일하게 작동한다. 정신 작용에 관한 최종 분석에서 우리는 그저

생화학과 물리학만 이용한다."(Gaston, 1964, p. 4)

Gaston이 말한 요점은 음악치료 분야에서 생물학 기반의 설명의 탁월함이 입증되긴 했지만 그 요점은 정반대로도 볼 수 있다. 인간의 경험과 행동의 모든 차이가 신경 활동을 기반으로 삼고 있다는 관찰로부터 "만일 그런 다양한 정신적 경험이 공통의 메커니즘을 공유하고 있다면, 경험에 대한 이해과정에서 메커니즘에 관한 연구가 제한적으로 이용될 것이라는 결론을 내릴 수 있다."(Aigen, 1991b, p. 158) 다시 말해, 두뇌의 상태가 심리적 상태와 동형(isomorphic)이 아니기 때문에 "심리학적 조직의 법칙이 생물학 혹은 신경학적 법칙들과 독립적으로 기능할 것이라는" 결론을 내리는 게 합당하다(Aigen, pp. 158-159).

Gaston은 이 세상에 대한 미학적 이해가 인간 본성의 본질적 측면이며, 그런 이해에 대한 욕구가 심리적 욕구라고 믿었다. 하지만 인간은 생물학적 제약을 받으며 기능하는 생물학적 독립체이기 때문에 미학적 기능의 경험에 대한 어떠한 설명도 생물학적 근거를 지녀야 한다. 그는 생물학적 설명은 필연적으로 진화론적 설명을 포괄해야 한다고 주장함으로써 자신의 초점의 범위를 더욱 좁혔다. 말하자면, 인간의 어떠한 행동이 나타나든 그것이 어떻게, 왜 진화했는지, 그리고 그것이 나타남으로써 향상된 생존적 가치가 어떻게 부여됐는지를 통해 그 행동이 설명되어야 한다. Gaston은 "미학적 노력이나 경험은 인간이 환경에 적응하기 위해 발견한 최상의 장치들 중 하나로 봐도 무방하다."라고 생각했다(1964, p. 5). 그가 볼 때, 감각적 경험과 그런 경험이 촉진하는 신경의 발달은 음악의 전조(precursor)들이다. 따라서 음악치료 과정에서 미학적 음악을 경험하는 가치는 그러한 기원의 측면에서 설명되어야 한다.

Gaston은 음악과 음악이 생성하는 미학적 경험을 높이 평가하면서 "모든 인류가 미학적 표현과 경험에 대한 욕구를 지니고 있다."라고 말한다(1968, p. 21). 이러한 욕구는 매우 본질적이어서 음악치료에 관한 임상 이론의 토대를 형성할 수 있다. 즉, "아름다움에 대한 민감도와 아름다움을 만드는 일은 인간의 가장 독특한 특징 중 하나를 구성한다(Dobzhansky, 1962, p. 214). 아름다움이 없다면 인간은 호모사피엔스에도 미치지 못한다. 아름다움이 없다면 인간은 아프거나 장애를 갖게 된다.”(Gaston, 1968, p. 22) 하지만 Gaston은 행동과학으로서, 음악치료에 관한 모든 설명이 궁극적으로 생물학의 소리의 원리에 의존해야 한다는 생각을 강력히 주장한다. Gaston은 미학에 대한 탐구가 필수적인 동시에 행동 및 생물학적 구성체에 부과하는 외부의 제약에 의해 금지되는(혹은 적어도 극단적으로 제한되는) 음악치료에 대한 역설의 유물을 창안했다.

인간이 지닌 신경계의 유연성과 잠재성을 통해 기능적 · 진화적 이점을 부여하는 것에 의존하지 않는 미학적 경험에 관한 관점을 뒷받침하는 것으로써, “삶에 대한 적응에 필요한 것 너머의 여분의 것(margin)”이 허용된다(Gaston, 1964, p. 5). Gaston은 “미학적 노력이나 경험은 인간이 환경에 적응하기 위해 발견한 최상의 장치들 중 하나로 봐도 무방하다.”라고 생각하기도 했다(p. 5). Gaston은 미학적 경험이 가치 있는 이유는 생존에 필요한 것을 넘어선 활동에 동기부여를 하기 때문이란 점을 지적하며, 미학적 경험의 잠재적인 적응적 가치에 주목함으로써 이러한 입장[1]을 반박하기도 했다.

음악이 가치 있는 이유는 생물학적 필요의 차원을 초월하기 때문이라거나 아니면 음악이 생물학적 유익함을 제공하기 때문이라는 두 가지 상호 배타적인 주장들을 뒷받침하는 과정에서 Gaston은 자신의 전문적인 글들 중 많은 것들에 동기부여가 된 두 가지 모순된 과제를 공개한다. 첫 번째는 인간이란 무엇을 의미하는가 하는 개념에 음악이 필수적이라는 점을 인정하여 음악의 독특한 역할을 개척하는 것인데, 이는 음악이 생물학적 필요의 차원을 초월한다는 의미다. 두 번째는 생물학적 고려사항 안에 음악의 기원과 근본적 이유가 확고히 자리 잡게 하는 것이다.

인간이 생물학적 생존을 위해 음악을 필요로 하지 않는다는 점은 논란의 여지가 없어 보인다. 이를 음악의 한계로 보기보다는 음악이 어째서 사람들에게 높이 평가되는지를 설명하는 데 도움을 주기 위해 이용할 수 있다. 음악은 우리가 단지 생물학적 욕구 충족 수준을 넘어 우리 자신을 단지 생존 그 이상의 것과 관련된 존재로 체험하도록 도움을 주는 활동이다. 하지만 음악의 가치에 대한 생물학적 설명은 상반된 관점을 만들어 낸다. 즉, 음악이 존재하는 이유는 향상된 생존적 가치로 전환되는 몇몇 유형의 생물학적 가치를 부여하기 때문이란 관점 말이다. Gaston의 독창적 출판물에 담겨 있는 이런 모순들은 음악치료 분야에서의 비교행동학적 주장의 많은 부분을 특징지어 주는데, 그에 대해서는 제15장의 진화론적 관점과 음악치료에 대한 논의의 말미에서 다시 살펴볼 것이다.

음악치료 분야에서 뇌과학의 탁월함에 대한 지지

음악치료가 작용하는 메커니즘을 이해하려는 과정에서, Gaston의 모순의 역사적 유물 중 하나는 음악치료의 효과의 흔적에 관해 지속되어 온 견해의 차이다. 이론가들은 단지 과학 이론의 내용만이 아니라, 그런 이론들이 다뤄야 하는 유기체 수준에 관한 근본적인 의문에도 견해를 달리한다. 이런 상황은 20세기 전반에 걸쳐, 관찰 불가능한 정신적 과정에 초점을 맞춘 인지심리학자와 관찰 가능한 행동의 작용에 초점을 맞춘 행동심리학자 간에 이견 대립이 일어난 심리학자와 상황과 다르지 않다. 음악치료 분야에서, 우리는 일차적으로, 탐구의 기본 영역이 심리적(일차적으로 신경적) 차원이 되어야 할지 아니면 인간 전체라는 차원이 되어야 할지에 대한 의견 차이를 목격하게 된다.

Dale Taylor(1997)와 Michael Thaut(2008) 같은 이론가들은 뇌가 음악 치료 중재의 기본적인 초점의 대상이며, 음악치료의 모든 중재가 두뇌의 기능에 긍정적인 영향을 미치는 능력에 의해 설명되어야 한다고 주장한다. Taylor(1997)

는 그의 생물의학적 음악치료(bio-medical music therapy) 접근법을 어떤 욕구나 욕망의 유형을 지닌 사람들에게 적용할 수 있는 이유는 모든 장애의 영역은 뇌 기능의 측면에서 개념화할 수 있기 때문이라고 주장한다. 이러한 뇌가 음악치료사가 노력하는 핵심적 초점이 되는 이유는 수리를 음악으로 듣기 전에 뇌로 해석해야 하기 때문이다. 또한 음악의 유익한 효과에 대한 생물학적 설명을 고안하는 과정에서, Taylor는 "음악의 치료적 영향력을 더 이상 마법, 신비함, 설명 불가능한 것이라고 말할 필요는 없다."라고 말한다(p. 19). 그는 음악치료 설명을 뇌과학으로 환원한다는 것은 그것을 사리에 맞는 이성적 근거를 토대로 이야기하는 유일한 방법이라고 단언하는데, 이 말은 심리학, 사회학, 음악학적 근거를 토대로 하는 설명의 합리성을 일축하는 듯 보인다.

> 음악/뇌 관계에 대한 탐구는 모든 음악치료의 응용에 적용되는 하나의 기본 영역인 단일한 이론적 관점을 객관적으로 설명해 주는 용어로, 음악의 치료적 영향력을 기술하기 위한 수단을 제공한다. …… Matthew Lee는……(음악치료사들에게) '이러한 모든 심리학적 내용은 잊어버리고 음악을 의학과 일치시키라고' 조언한다. …… 음악치료사들은 음악적 중재의 의학적 근거를 찾아야 한다.
>
> (Taylor, 1997, p. 18)

Taylor의 관점에서 보면, 신경학적 기반의 이론은 심리사회학적 이론을 보완하는 게 아니라 대체한다. 그는 "음악치료사들이 하는 모든 작업들 자체는 일차적으로 그리고 궁극적으로 인간의 몸의 특정 생물학적 구조 기능의 변화를 목표로 한다."는 믿음으로부터 이런 입장을 채택한다(Taylor, 1997, p. 18). (이런 입장에서는) 음악치료의 개념을 심리치료, 공동체 건설, 정체성 생성, 일반 건강과 건강 관리에 기여하는 요인이나 삶의 풍족함을 위한 수단의 한 형태로 볼 여지는 없다. 음악치료에 대한 이런 모든 개념화 방법은 음악치료를 엄격히 의학적인 개념에 맞춰 규정한 것이다.

Thaut(2008) 역시 사회과학과 해석학적 모델들을 대체하기 위해 개발된 음악치료 내 새로운 패러다임으로서 신경학적 음악치료 접근법을 제시한다. 이러한 제시는 "음악에 대한 인식과 음악의 제작이 어떻게 뇌가 비음악적 치료 학습과 훈련으로 의미 있게 전환되고 일반화될 수 있는 방식에 관여하는지"를 보여 줌으로써 이뤄진다(pp. 61-62). Thaut의 관점에서 볼 때, "뇌는 음악에 관여하며, 그런 관여를 통해 뇌가 변화한다"(p. 62). 따라서 인간 전체에 대한 논의가 이뤄지지 않고 개인의 목적, 의미, 역사, 두려움, 자원, 혹은 임상적 중재를 결정하고 음악의 가치를 설명하는 과정에서 인간 전체 수준에서 비롯되는 그 밖의 속성은 고려할 필요가 없게 된다. Thaut는 이러한 미학적 차원에서 혹은 문화적 대상으로서 고려되는 음악은 "처음에 어떠한 직접적이고 명백한 치료적 속성은 지니고 있지 않다."라고 단언한다(p. 116). Taylor와 Thaut는 음악을 구성하는 음파가 뇌 안에서 처리되기 때문에, 그리고 이런 처리가 음악에 대한 어떠한 심리적·사회적 관여에 선행하기 때문에, 음악치료 분야에서 심리적 차원의 설명은 정당한 근거가 없다고 주장한다.

Thaut(2008)의 말에 따르면, 뇌 안에서 음악이 처리되는 방식을 연구하면 일반화된 뇌 기능이 밝혀지는데, 그 내용은 다음과 같다.

> 청각과 자극에 대한 인식, 시간, 리듬 처리, 두 가지 청각적 의사소통 체계로서 음악과 언어의 서로 다른 처리, 예술 분야에서 타고난 재능에 비해 학습의 생물학적 기질(substrate), 시간 및 감정과 관련된 고차원적 인지 기능의 처리와 관련해 많은 것이 밝혀지게 된다.
>
> (Thaut, 2008, p. viii)

음악은 "생물학적으로 뿌리 깊이 박힌 인간 뇌의 한 기능"이며 음악이 "음악 전용 신경 회로"를 지니고 있다고 말할 때(p. viii), Thaut는 진화생물학자들이 주장하는 입장이 음악이 자연선택의 힘에 의해 등장했다는 생각과 일치한다는 점을 명확히 밝힌다.

하지만 Thaut는 이런 입장의 일반적 의미를 믿지 않는 듯하다. 그가 보기에 "인간의 뇌는 단순히 자극-반응 상호작용을 토대로 작동하는 시스템이 아닌 각성을 추구하는 시스템"이며, 그는 이런 입장이 "문화, 과학, 기술의 발달"에서 나타나듯이 인간이 "진화론적 제약을 넘어선 발전"을 보여 줄 수 있는 이유를 설명해 줄 유일한 방법이라고 믿는다(2008, p. 23). 인류의 위대한 업적들 중 일부를 이렇게 특징짓는 방식은, 인간이 인문주의적 · 초개인적 심리학과 일치하는 단순한 생존 동기를 넘어선 동기를 지니고 있다는 점을 시사한다.

Thaut는 진화론적 압박으로는 음악의 존재를 설명할 수 없으며 오히려 음악을 설명해 주는 것은 뇌의 몇몇 측면―생존을 촉진하는 과정에서 그런 각성의 가치에 독립적인, 특정 형태의 각성을 욕망하는 측면―이라고 말하는 듯하다. 일부 이론가는 이런 시각이 음악을 사소한 것으로 여긴다고 보겠지만, 또 다른 이론가들은 이런 시각을 통해 음악이 단순한 생존을 넘어선 열망에 기인한다는 점이 입증한다고 본다. 그 밖의 이론가들은 뇌 기능의 전용 신경 경로와 영역은 단지 자연선택을 통해 생길 수 있으며, 자연선택은 생존을 향상시키는 구조와 과정에 따라 작용할 뿐이기 때문에, 그런 시각은 현실성이 없다고 본다.

Thaut는 점진적 발달의 증거 없이 인간 발달과정에서 다소 갑자기 등장하는 게 예술성이라고 주장하는데, 이는 "문화와 문명 안에서 기본적 생존 욕구가 충족된 후 단순히 인간 뇌 발달의 무익한 첨가물(icing on the cake)"이 바로 예술이라는 개념에 이의를 제기하는 주장이다(2008, p. 25). 오히려 이러한 자료는 예술에 참여하는 게 뇌 기능의 기본적 측면이란 점을 시사한다. Thaut의 견해에 따르면 음악이 다른 과제를 수행하는 데 뇌 체계를 쓸모 있게 만드는 방식이 바로 음악의 존재 이유를 설명해 준다.

뇌가 예술에 관여하는 이유는 음악을 포함한 예술이 특정 유형의 감각적 입력, 즉 각성 및 활성 상태를 적절히 조절하기 위해 필요한 특정 지각적 언어를 생성하기 때문이다. 뇌 기능의 본질적 측면으로서, 지각적 조직 (machinery) 내 질서를 확립하고, 정확히 가다듬으며, 유지하고, 창조하기 위해, 뇌는 선과 색의 형태들의 조합, 다양한 음색의 수평 및 수직적 소리의 배열 창안, 춤추는 인간의 몸의 물리적 모양과 동작 구축에 관여해야 한다. …… 예술적 표현은 기본적인 뇌 기능들을 발휘하고 뇌가 최적의 기능 수준으로 감각, 운동, 인지적 작용을 유지하기 위해, 다른 수단을 통해서는 생성할 수 없으면서도 필요로 하는 지각적 입력의 독특한 패턴들을 생성할 수 있다.

(Thaut, 2005, p. 25)

음악을 미학적, 정신적 혹은 공동의 영감을 표명하는 것으로 묘사하는 대신 이런 식으로 묘사할 경우, 음악은 뇌를 최적의 기준 수준으로 유지하는 뇌를 위한 활동 시스템에 불과하다.

Thaut의 주장들은 인간이 음악에 관여한다는 사실에 부합하지 않는 듯 보인다. 그는 음악의 존재를 설명할 때 고려해야 하는 음악의 두 가지 본질적 측면을 인정한다. 그것은 "예술 형태로서 음악은 인류 역사의 전반에 걸쳐 알려진 모든 문화 안에 존재해 왔으며…… 음악은 인간 유기체의 생존에 대한 직접적인 물질적·생물학적 필요성과 연관이 없다."(2008, p. 114)는 것, 그리고 오히려 음악은 일차적으로 만족스러운 경험을 제공하는 것과 연관이 있다는 것이다. 이 두 가지 관찰 결과로부터 Thuat는 "음악을 통해 유도되는 행복이란 보편적 개념을 크게 초월하여 뇌와 행동 기능을 형성하는 데 있어 일정 역할을 하는 인간 뇌 안에 음악에 대한 생물학적·신경학적 근거가 존재한다."라는 결론을 내린다(pp. 114-115). 이런 주장은 음악치료에 대한 사회과학적 근거로부터 신경학-의학적 근거의 이동을 요청하는 그의 주장을 더욱 뒷받침한다.

Thaut의 주장 및 그의 전반적 의제와 관련해 여러 문제점이 존재한다. 첫째, 나타나는 현상에 대한 그의 손쉬운 연관성에도 불구하고 음악이 어디에든 존재하며 생존에 기여하지 않는다는 Thuat의 전제와 신경학적 분석이 사람들에게 음악의 근본적 중요성을 밝히는 유일한 방법이라는 그의 결론 간에는 어떤 논리적 연관성도 없어 보인다. 실제로 향상된 생존 가치의 부여가 일어나지 않고 인간이 음악에 대해 지니는 특이한 심리학적 충성심이 존재하는 가운데, 음악치료 안에서 음악의 가치에 대한 어떠한 설명이든 적어도 심리적 요소를 부각시켜야 한다는 정반대의 경우를 제시하기가 훨씬 더 쉽다.

둘째, 인간이 음악을 제작하고 소비하는 데 엄청난 양의 자원을 바치는 이유가 음악이 기본적으로 신경계를 위해 그저 미화된 작업(workout)에 불과하기 때문이란 사실 때문이라는 주장은 합리적이지 않아 보인다. 엄청난 양의 자원을 바치는 것은 최적의 뇌 기능에 도달하는 데 별 효과가 없는 방식처럼 보인다. 전반적인 심리사회적 설명 영역을 일축하면서, Thaut는 음악이 개인의 정체성, 관계, 공동의 연계성을 구축하는 데 어떤 기여를 하는가, 인간 고유의 정신적·미학적 욕망을 어떻게 충족시키는가, 일평생 동안 온갖 유형의 문화적 의식(ritual)에 대한 참여를 촉진하는 수단을 어떻게 제공하는가에 대한 인류학, 심리학, 사회학적 연구 결과들을 일축한다. 치료 분야에서 음악의 가치에 대해 의미 있는 핵심적 영향을 미치지 않았다고 해서 음악과 관련해 인간이 관여하는 이 모든 영역을 일축하는 것은 합당치 않다.

Thaut의 전반적인 프로그램이 확실히 뒷받침하기 위해 다뤄야 하는 Thaut의 관점에는 세 가지 모순이 존재한다. 첫째, 그는 음악이 단순한 생존 욕구의 충족을 초월하는 인간의 열망을 대표한다고 주장하는 동시에 생물학적 고려 사항으로 인간의 문화 안에서 음악의 존재를 충분히 설명할 수 있다는 결론을 내린다. 이런 믿음은 서로 부합하지 못한다. 둘째, 이와 관련하여 Thaut는 음악 전용 신경 구조에 대한 주장을 지지하는데, 이는 다른 저자들이 음악은 자연선택 과정으로부터 등장했다는 개념을 뒷받침하기 위해 이용하는 주장이다. 하지만 그가 생존 요소로부터 음악의 독립성을 주장할 때 그의 입장은 음악이 진화적 힘에 의해 선택되었다는 주장과 상충된다. Thaut는 음악 전용 뇌 구조란 개념이나 음악이 선택되지 않았다는 개념 중 어느 것을 포기해야 할 듯 보인다. 셋째, 만일 음악이 Thaut가 말하듯 단지 다른 과제에 필요한 뇌 기능들을 발휘하기 위한 메커니즘에 불과하다면 음악이 선택된 이유는 아마도 향상된 뇌 기능이 향상된 생존 잠재성을 부여하기 때문일 것이다. 이런 점은 음악이 뇌 기능을 향상시킨다고 주장하는 동시에 음악이 자연선택의 대상이 아니라는 Thaut의 주장과 모순되는 듯하다.

Thaut의 관점에 대한 이러한 비평 중 어느 것도 음악을 이해하고 음악치료 이론을 구축하기 위한 노력 중 음악이 어떻게 처리되고 제작되는가를 신경학적으로 이해하는 것에 대한 비판으로 간주하지 말아야 한다. 음악치료의 측면에서 신경적 손상이나 기능장애로 인해 질환을 앓는 사람들에 대한 치료는, 특히 음악과 뇌가 어떻게 상호작용하는가에 대한 지식에 의해 도움을 받을 것으로 보인다. 이와 달리, Thaut의 프로그램에 대한 비평은 두 가지 목적을 지니고 있다. 첫째, 음악치료 분야에서 신경학 기반의 이론을 지지하면서 사회과학 이론을 없애자는 그의 주장에 담긴 오류를 밝힌다. 둘째, 일반적으로 환원적 접근(reductive approach)은 여러 학문에서 이뤄지는 음악에 대한 인간의 참여에 대한 방대한 연구 결과들과 인간의 문화 안에서 음악의 편재성(ubiquity)을 설명하지 못하는 결함을 밝히는 것이다. 음악과 인간에 대한 어떤 이해든 오직 다양한 관점을 채택함으로써 가능하고, 어떤 관점을 다른 관점보다 높이 평가하려는 시도는 지식 습득이라는 보편적 목표에 반대되는 것으로서 거부되어야 한다.

음악치료의 신경학적
연관성에 대한 대안적 관점

　Gray Ansdell(1995)에 따르면, 생물학적 기반 사상에만 국한된 음악치료에 순수하게 의학적 모델을 적용할 근거가 없는 이유는 결과적인 설명의 차이 때문이다. 음악의 효과를 설명해 주는 것은 음악의 순수하게 정량적이고 물리적인 요소가 아니며, 의식(ritual)적·미학적 특질을 지닌 심리사회적 현상으로서의 음악도 고려해야 한다.

> 　두 가지 현상인 음악과 생리학 간에 존재론적 차이가 언제나 존재할 것이다. 음악을 그것의 청각적 특성만으로 설명할 수 없듯, 음악이 사람들에게 미치는 영향력은 단지 생리적 효과를 유도하는 능력 그 이상의 것이다. 실제로 음악이 하는 것처럼, 각성이나 이완이라는 생리적 패턴을 일으키는 자극은 여러 가지다.
>
> (Ansdell, 1995, p. 82)

　Ansdell이 보기에 음악에 대한 인간 참여의 심리적 측면은 소리의 생리적 효과와 함께 고려해야 하는데, 음악은 "사람들 내부, 그리고 사람들 사이의 의미와 감정의 흔적이기 때문이다."(1995, p. 82) 음악은 그것의 치료적 가치를 이해하기 위해 구성 요소로 분리될 수 없다. 가치 있는 것은 음악에 대한 현상학적 경험이며, 이는 오직 전인(whole person)이 인지할 때만 존재한다.

　Ansdell에 따르면, 음악의 가치를 설명해 주는 음악의 예술-미학적 차원들은, 그다지 논쟁적 주장이 아닐 수 있는 심리적 적용뿐만 아니라, 내담자들이 음악을 통해 신체 능력을 회복하는 데 도움을 받는 신경 및 운동 재활과 같은 영역에도 존재한다. 음악적 동작은 특별한 질을 지니고 있으며, 재활 목표의 달성을 촉진하는 생리적 과정을 활성화시키는 게 바로 이러한 동작의 질이다. 이러한 질은 필연적으로 그 특성상 미학적이고 심리학적이다. 요컨대 이러한 차원의 묘사와 설명은 음악치료 이론에서 필수 불가결하다.

광범위한 임상적 적용에 걸쳐, 음악의 효능 중 많은 부분의 원인은 우리가 동작으로 경험하는 음악의 역동적 특질 때문이다. 이러한 동작의 느낌은 개인이 육체적·정서적 차원에서 이용하며 이러한 두 가지 차원은 상호작용하고 서로를 구성한다. Ansdell(1995)에 따르면, "음악은 기계적 자극을 주어서가 아니라 몸과 영혼 모두에게 음악이 지닌 활기와 동기라는 특질을 부여함으로써 치료 작용을 한다."(p. 81) 음악은 신체적 운동을 일으키는 뇌과정의 기계적 자극을 통해서가 아니라 인간의 동기를 높임으로써 작동한다. 음악의 치료 작용을 이해하는 열쇠는, "우리는 물리적으로 움직이려면 정서적으로 움직여야(감동을 줘야) 한다는 점을 깨닫는 것이다."(p. 82)

음악의 동작은 기계적이거나 물리적이지 않고, 그 특성상 은유적이고 따라서 인지적이다. 은유는 뇌가 아닌 마음의 특성이다. 따라서 음악적 동작이 정서와 신체적 동작을 촉진하는 방식에 대한 어떤 설명이든, 장소의 변화보다는 상태의 변화와 관련된 원천으로부터 마음 안에서 동작에 대한 경험을 겪게 되는 방식을 맨 먼저 다뤄야 한다. Ansdell은 Victor Zuckerkandl의 음악철학을 자신의 분석의 토대로 삼는다. Zuckerkandl은 음색의 움직임을 듣는 과정에서 청취자가 그러한 움직임을 어떻게 자기의 것으로 체험하는지를 설명했다. "움직이는 음색을 듣는다는 것은 그 음색과 함께 움직이는 것이다."(Zuckerkandl: Ansdell, 1995, p. 83) Ansdell(1995)은 흔한 통념과 달리 음색의 움직임 안에서 공간을 가로질러 말 그대로 움직이는 물리적 사물은 없지만, 음악 안에 움직임을 구현한 것은 리듬보다는 멜로디라고 말한다.

> 멜로디는 공처럼 공간을 통과해 움직이는 음색의 움직임이라기보다, 다음 주자에게 가는 릴레이 선수처럼 그 자극을 건네는 하나의 음색이다. 멜로

디는 다른 음색과 지속적인 관계를 만드는 실제 음색이다. 실증적 차원에서 말하면, 멜로디는 공간 면에서가 아니라 시간 면에서 개별적인 음색의 연속체이지만, 그것의 주관적인 음악적 효과는 방향, 해결(resolution, 불협화음에서 협화음으로의 이행), 악구의 모양이라는 음악적 공간의 느낌을 만든다.

(Ansdell, 1995, p. 85)

인간의 의지와 의도에서 비롯된 유효한 인간의 운동(동작)은 기계적으로 반복되지 않는다. 오히려 유효한 인간의 운동은 특정한 질을 지니는데, Ansdell(1995)이 보기에 이러한 질은 "흐름, 연속성, 협동, 목표, 방향과 같이 그 특징 면에서 음악적이다"(p. 83). 음악과 인간의 몸은 "스스로를 시간 안에서 움직이는 형태로 조직"하는 방식 면에서 유사점이 있으며(p. 83), 그래서 몸이 움직일 수 있는 능력 면에서 손상되었을 때 음악치료를 통해 적절한 동작을 향상시킬 수 있다.

동작을 자극하는 음악의 효과 면에서 핵심적인 역동적-미학적 특질은 음색-멜로디 차원에서 가장 잘 드러난다(그것의 시간적 특성 때문에). 멜로디를 제외하고 리듬에 초점을 맞추는 재활음악치료는 그러한 치료 영역에서 음악을 효과적이게 만드는 핵심 요소를 놓치고 있다.

음악치료를 이해하는 과정에서 뇌 활동은 전체 그림 혹은 때때로 그 그림의 두드러진 일부가 아닌 그림의 부분에 해당하듯, 음악에 대한 순수한 신체적 설명은 전체 그림이나 그림의 가장 현저한 부분이 아닌 그 가치를 설명하는데 적합하다. 특정 문화(혹은 문화들)에 속하고 음악에 대해 특이한 취향과 사전 경험을 지닌 사람들이 맥락에 따라 음악을 인지하는 방식은 음악치료를 설명할 때 언제나 고려해야 한다. 이러한 예술-사회-개인이란 고려사항은 설명에 등장하는 가장 두드러진 요소일 수 있다. Ansdell의 요점은 신경학적 고려사항이 신체적 운동의 재활과정에서 음악치료를 충분히 이해하는 데 적합하지만, 음악이 궁극적으로 치료 작용을 하는 이유는 사람들이 이 세상에 참여하고 싶어지도록 동기부여를 할 수 있는 방식 때문이라는 것이다.

음악치료 분야에서 뇌과학의 역할을 충분히 이해하려면, 보다 큰 사회학과 생물학 분야의 연구 맥락의 경향과 그런 경향의 근간이 되는 정책들을 고려해야 한다. Legrenzi와 Umiltà(2011)는 '신경(neuro)'이란 접두사를 이용하는 학과들의 확산 현상을 논의하고, 현재 정신이란 개념을 뇌의 개념으로 대체하려는 시도가 일어나고 있다고 주장했다. 정부 기관이 뇌 연구에 기금을 지원하는 것도 그런 시도의 동기 중 일부다. 또한 신경학적 상호관계를 지지하면서, 정신에 대한 논의를 삭제한 프로그램이 특별한 사회적 영향을 미치고 있다.

> 우리는 오늘날, 정신과 몸, 프시케(psyche)와 뇌 사이의 관계에 대한 정의가 사회적 정책 및 행복 영역에서의 선택과 관련이 있을 수 있다는 점을 잊지 말아야 한다. 만일 몸 혹은 보다 정확히 말해 뇌라고 하는 몸의 일부가 참조 체계가 된다면…… 인지적 과정이 뒤로 밀려나고 결과적으로 사회적 정책과 행복이 뒤로 밀려나게 될 것이다.
>
> (Legrenzi & Umiltà, 2011, pp. vii-viii)

신경학 측면에서 표현된 설명을 우선시할 근거가 될 가치관은 곧 그 설명이 지닌 호소력의 일부가 된다. 그것이 과학의 형태라 해도, 그것의 지지자들이 지닌 가치관의 영향을 받지 않는 게 아니다. 가령, 신경학적 음악치료사인 Michael Thaut(2008)는 음악치료의 가치를 일반적인 행복감의 측면에서 설명하는 것에 대해 반감을 표현하고 그런 설명은 음악치료에 대한 사회과학적 이해에만 적합하다고 폄하했다. 신경학 분석에 대한 독점적 의존을 지지하여 인간의 마음에 대한 심리사회적 이해를 제거하자는 접근법은 고유의 가치와 수사법을 지닌 특정 유형의 과학주의에 의해 동기부여가 된다.

신경과학의 수사법은 공공정책에 영향을 발휘하는 신경과학자들에게 영향을 미칠 수 있다. 예를 들어, 신경과학은 언제나 보장되진 않는 신뢰성에 대한

측정법의 등장에 도움이 된 특정 유형의 표현(발표)에 의해 가려진다. Legrenzi
와 Umiltà(2011)는 신경과학의 수사법이 어떻게 작동하는지 설명한다.

　　신문과 잡지에는 이런저런 연구 기관이 사랑에 빠지거나 유혹에 거부하
　도록 하는 뇌의 부위를 찾았다고 보고하는 기사들이 실리며, 인간 뇌의 채색
　된 단면 사진이 첨부된다. 이 기사에는 실험실에 참가한 사람들이 자신의 연
　인의 얼굴을 볼 때 혹은 담배를 피우지 말아야 한다는 점을 아는 상황에서
　담배를 봤을 때, 활성화된 뇌 부분이 바로 채색된 단면이라고 설명하고 있
　다. 독자는 복잡하고 정교한 장비를 이용함으로써 뇌영상을 통해 어떤 사람
　이 특정 사물이나 욕망에 관해 생각하는 동안 뇌의 어떤 부분이 활성화되는
　지 직접 보게 될 것으로 믿도록 유도된다. …… 독자들은 채색된 영역과 함
　께 단순한 뇌 사진을 산출하기 위해 많은 단계가 필요하며 각 단계는 언제나
　적절하지는 않은 가설들을 근거로 삼고 있다는 점을 알지 못한다.

　　　　　　　　　　　　　　　　　　　　(Legrenzi & Umiltà, 2011, pp. 14-15)

　저자들은 외부 자극과 관련해 혈류의 변화 잠재성에 관한 가설이 통계 확률
을 통해 어떻게 평가되는지 설명한다. 뇌영상을 만들기 위해 이용하는 게 바
로 이런 확률이다. 신경의 활동을 나타내는 매력적인 컬러 사진은, 실제로 이
의가 제기될 수 있는 통계 확률을 기반으로 하는 전체 가설 집합의 결과물이
다. 이런 유형의 시각적 표현을 활용하는 것은 여러 단언에 상당한 신뢰성을
부여할 수 있는 방식과 긴밀히 연관된 기초적 근거를 토대로 이뤄진다.

　　숫자들로 덮인 뇌 다이어그램은 대중에게 메시지를 전달할 가장 효과적인
　방법은 아니다. 여러 가지 색이 다양한 차원의 우연(chance probability) 때
　문이라고 여기는 게 훨씬 더 효과적이다. 일반인에게 매우 강한 어필을 하는
　작동 중인 뇌를 볼 수 있는 생각은 오해를 일으킨다. 실제로 표현되는 것은

> 단순히 우연을 색깔로 전환시킨 다음 뇌 그림에 덧씌우는 그래픽 장치의 결과물일 뿐이다. …… 뇌영상에서 매력적인 색을 이용하는 것은 대중에게 어필하는 데 아마 결정적 역할을 할 것이다. 다른 영장류가 그렇듯 우리의 뇌는 대부분 시각적이며 시각적 자극에 반응하는 뉴런이 있는 많은 영역을 지니고 있다. 우리는 시각적 증거에 매우 쉽게 영향을 받는다.
>
> (Legrenzi & Umiltà, 2011, pp. 26-27)

신경학 자료의 표현이 지닌 미학에 의해 유혹을 받을 수 있는 건 일반 대중만은 아니다. 학술적 저널들 역시 신경학 연구의 여러 문제점과 이견이 있을 수 있는 단언들을 쉽게 간과하는 이유는 그것의 표현 양식 때문이다.

> 약간 의심스러운 통계적 유추가 담겨 있는 논문들을 감당하기 어려워 보통 거부하는, 매우 저명한 과학 저널들이 통계적 유추보다 더 의심스러운 뇌영상 연구에 관한 논문들을 발표해 왔다. 다시 말해, 발표용 과학 논문들을 평가하는 전문 검토자조차 뇌영상에 현혹되어 '눈이 멀고' 충분히 엄격한 기준을 적용하지 못한다는 말이다.
>
> (Legrenzi & Umiltà, 2011, pp. 28-29)

결국, 신경학적 해설만이 음악치료를 광범위하게 적용할 때 무슨 일이 일어나는지 설명해 줄 수 있는 생각은 받아들이지 않은 채, 모든 음악치료 과정이 신경학적 과정을 필요로 하며 그 과정을 통해 이뤄진다는 점을 인정할 수 있다. 뇌가 없으면 음악을 하지 못한다고 말하는 것은 별 의미 없다. 신경학적 설명의 탁월함을 지지하기 위해, 이런 별 의미 없는 관찰을 하는 것은 입증하고 싶은 것을 가정하는 것에 지나지 않는다.

뇌가 없으면 음악하는 것이 안 되지만, 이 말이 곧 음악적 경험과 신경학의 상관성을 이해하면 광범위한 스펙트럼에 걸쳐 음악치료의 메커니즘을 설명하게 될 것임을 의미하진 않는다. 모든 음악치료 이론이 뇌과학을 기반으로 두어야 한다고 말하는 것은 워드프로세서 프로그램이 작동하는 법을 이해하려면 컴퓨터 안의 회로 구성 부분의 원자적 특성을 이해해야 한다고 말하는 것과 같다. 워드프로세서 프로그램의 기능적 측면에 대한 통찰은 입자물리학의 물질적 특성에 대한 이해를 통해서가 아니라, 프로그래머가 적은 코드에 의해서 얻게 되는 것이다. 마찬가지로 음악치료 분야에서 신경학적 정보는 음악치료가 특정 심리적 과정에 미치는 영향을 확증하기 위한 중요한 도구이지만, 그것만으로는 누군가 인간의 동기, 의도, 경험을 고민할 때 임상적 과정을 충분히 이해하는 데 필요한 모든 정보가 제공되진 않는다.

Note

1. 역자 주: 단지 생물학적 차원에서만 보는 관점

15 CHAPTER

진화론과 음악치료

음악치료를 뒷받침하는 진화론적 근거에 대한 반박

진화론, 음악, 음악치료에 관한 모든 논의에 걸쳐 나타나는 핵심 논점은 음악이 적응의 산물인가의 여부다. 저자들은 이 질문에 대해 제각기 다른 대답을 내놓고 있으며, 어떤 어젠다나 입증되지 못한 가설들이 두 가지 가능성 모두를 뒷받침하는지 고려해 보는 게 유용할 수 있다. 또한 각각의 입장은 음악치료에 서로 다른 영향을 미치고 있다.

Lief E. O. Kennair(2000)는 성인을 대상으로 한 음악치료의 근거로서, 조기 상호작용 이론 및 정신역동 이론을 이용할지 판단하기 위해 진화 인지신경학 분야의 연구를 이용했다. 그는 다음과 같은 개념적 단계를 밟은 것이 기본 근거가 된다고 파악했다. 첫째, 성인 병리는 어린 시절, 언어를 습득하기 이전 단계의 문제에서 비롯된다. 둘째, 이런 문제의 특성은 음악이 제공하는 소통 경험 유형의 결핍에서 기원한다. 셋째, 음악과 음악치료는 이런 초기 발달단계와 손상된 의사소통 과정에 접근성을 제공한다. 넷째, 성인으로서 하는 음악적 상호작용을 통해 문제를 해결하고 병상을 치유한다.

　Kennair는 정신역학적 근거의 여러 단계들을 비판하기 위해 심리학은 물론 진화론적 주장 안에 담긴 당대의 사유를 이용하고, 비판을 위해 Daniel Stern의 이론과 같은 이론들을 분류한다. 그는 음악이 언어 습득 이전의 것이며 성인의 병리가 어린 시절의 경험에서 비롯됐다는 생각을 같은 정도로 비판한다. 그는 아동기의 경험이 성인의 성격에 영향을 미칠 수 있다는 점은 인정하면서도, 회복탄력성(resilience)이 어린 시절의 어려움에 대한 좀 더 일반적인 반응이라고 주장한다. 또한 그는 음악을 (단순히 비언어적인 현상과 반대로) 언어 습득 이전의 현상으로 고려하는 것은 그것이 유아의 매개체임을 시사하는 것이라고 말하기도 한다.

　정신역학적 근거에 대한 Kennair의 공식은 Florence Tyson(1982)의 사유와 같은 정신역학적 음악치료 분야에서의 보다 오래된 사유를 정확히 특징지어 주고 있지만, 그 이론은 Stern을 비롯한 다른 조기 상호작용 이론 이론가들의 이론을 이용한 당대의 음악치료 이론가들의 믿음을 정확히 나타낸 것은 아니다. 그들은 음악이 소통하고 표현할 수 있게 해 주는 매개변수 중 일부는 언어 습득 이전 수준에서 의사소통과 표현을 가능케 하는 매개변수와 비슷하다고 말한다. 하지만 이 말은 음악 자체가 언어 습득 이전의 것이란 말이 아니라, 다른 비언어적 의사소통 및 표현 양식과 구조와 역학을 공유한다는 말이다. 조기의 상호작용이론을 토대로 한 치료 논리에 따르면, 음악은 언어 습득 이전의 현상이라는 Kennair의 단언은 정확하지 못하다.

　Kennair(2000)는 "언어 습득 이전의 (아이의) 정신 안에서 음악이 존재해야 한다는 논리는 이론상 맞지 않는 것 같다."라고 말하면서 이러한 주장을 확대시킨다(p. 35). 하지만 "음악으로 언어 습득 이전의 기억에 접근할 수 있다."는 말은 "음악은 언어 습득 이전의 것"이란 말과 다르다. Kennair는 정신 역학적 주장을 비판하기 위해 그 주장을 보다 극단적 형태로 이끌어 낸다. 그와 동시에 언어 습득 이전 상태인 아동의 정신이 존재한다는 것은 이론상 맞지 않다는 Kennair의 진술은 그 자체로 매우 의심스럽다. 아이들이 언어 능력이 발달하기 전에 음악적 차원에서 웅얼거리고 노래하며 자신을 표현할 수 있는 것은 분명하다.

Kennair의 주장에 따르면, 음악치료를 위한 근거로서 조기 상호작용이론에 의존하려면, 내담자의 문제가 단지 언어 습득 이전의 발달단계에서 비롯되지 않아야 하며, 의사소통 면에서의 장애나 문제와 다소 연관이 있어야 한다. 그래서 음악이 단지 손상된 의사소통 과정을 위한 회복 매개체가 되어야 한다. 이는 상호 음악하기의 측면에서 관계의 질은 물론 의사소통의 내용을 고려하는 정신역학적 근거와 어울리지 않아 보인다. 정신역동이론은 Kennair가 설명한 특정 근거에 의존하지 않는다. 오히려 결핍이란 특정 유형의 의사소통에서의 결핍이 아니라 특정 유형의 관계에서의 결핍에 해당한다. 음악의 비언어적 측면을 통해, 어린 시절에 제공되지 않고 이후에 문제를 일으키는 관계에서 질의 유사물(analogue)이 제공될 수 있다.

개체발생적 의미에서 음악이 언어화에 앞선다는 개념을 토대로 정신역동치료 이론을 반박함은 물론, Kennair는 음악이 계통발생적 차원에서 언어화에 앞서며 음악이 진화적 과정의 대상이 되도록 할 음악을 위한 전용 인지 구조가 존재한다는 개념을 비판하는 데 관심을 가졌다. Kennair는 자연선택을 통해 드러난 특별한 적응물들이 있을 수 없다고 주장한다. 왜냐하면 그것은 최근에 종(species)에 대해 알려진 현상이기 때문이다. 음악을 처리하는 모든 정신적 메커니즘이 다른 유형의 정보를 처리하도록 진화되어 왔음에 틀림없다.

진화론적 사유과정에서 음악치료에 대한 근거를 반박하기 위해 이런 관찰 결과를 이용하면서, Kennair는 잠재적 내담자를 오직 음악 청취자의 위치에 두고 있다. 하지만 음악은 인간이 그 안에서 혹은 그것을 통해 살며 인간이 창조하는 것을 도와주는 하나의 매개체다. 그것은 단지 인간이 인지하고 처리하는 외부의 생태학적 광경이 아니다. 음악의 진화론적 기원과 가치에 대한 어떠한 연구도 인간을 단지 음악의 수용자가 아닌 음악 제작자로 고려해야 한다. 그리고 음악을 처리하는 신경 네트워크들이 자연선택 과정을 통해 직접 발생하지 않는다는 말은 Kennair가 옳았다 하더라도, 그 말이 곧 신경 네트워크들이 존재하지 않는다는 의미는 아니다. 오직 자연선택으로부터 생긴 능력들만이 ① 존재하고, ② 독특하며, 다른 능력들의 조합으로 환원될 수 없다는 말은 메타이론적 가설이다.

음악이 어떻게 등장할 수 있었는가에 관한 개념들을 고찰하면서, Kennair(2000)는 "음악은 여전히 인간의 적응 결과물일 가능성은 매우 낮으며, 따라서 음악의 존재 원인은 적응물들의 상호작용 탓일 가능성이 가장 높다."라고 주장한다(p. 31). 그는 Steven Pinker가 제안한 여섯 가지 유형의 메커니즘, 즉 언어 메커니즘, 청각 장면 분석, 정서적 묘사(emotional calls), 생태환경 선택, 운동 조절, 마음의 부산물(spandrel), 즉 좌반구 말하기 메커니즘의 대응물인 우반구처럼 이들 메커니즘은 시너지 효과를 일으킨다(p. 31). 그가 말한 요점은 음악하기(musicing)가 선택된 무언가일 수 없는 이유는 어떤 구체적 혹은 독창적인 적응물과 관련이 없기 때문이란 것이다.

Kennair(2000)의 관점의 또 다른 결론은 "(기능적, 적응적 신경인지 관점에서) 특정된 음악성 장애가 존재할 수 없는 이유는 음악으로 적절히 자극받지 못하는 원래 상태란 존재하지 않기 때문이다."(p. 33) 문헌에 입증되어 있듯, 음악 능력은 손상될 수 있지만, 그런 장애가 나타날 경우, 그것은 오직 비음악적 기능을 위해 고안된 조직의 손상에서 비롯될 수 있다. 즉, 장애의 원인은 음악 경험과 관련이 있는 여섯 가지 능력 영역 중 하나 안에 있어야 한다. 이런 이유로, Kennair는 음악의 탁월함이나 독창성이 과학적으로 정당화된 대상이 아니라고 생각한다.

검토해 보면, Kennair는 음악이 본능적인 게 아니며 어떤 특정된 인지(전용, dedicated cognitive)과정과 관련이 없다고 말했다. 음악을 하지 못하게 만들지만 다른 기능은 억제하지 않는 것처럼 보이는 장애의 존재와 비음악적 영역의 기능 수준과 명확히 대조를 이루며 존재하는 (자폐증, 치매, 외상적 뇌 손상과 같은) 장애 영역과 관련해, 개인의 독특한 음악적 능력의 존재를 감안하면, 이런 말은 명백히 논란이 되는 주장이다. 음악 실력과 감수성이 순차적 혹은 동시적 청각 처리와 관련된 영역과 같은 다른 영역과 연계된 인지 기능을 포괄하는 것은 틀림없다. 숲에서 다른 소리가 배경에서 들리는 가운데, 포식자 혹은 먹잇감이 내는 특정 소리를 구별하고 분간하는 데 필수적인 청각 능력은 음악적 재능을 지닌 사람이 다성악(polyphonic)적 음악환경 내에서 개인의 음성을 분간할 수 있는 능력과 비슷하다는 주장을 (아마도) 할 수 있을 것이다. 하지만 두 영역에서 동시적 청각 처리가 일어난다 해도, 화음으로 음성이 조합될 때 개별 음성을 분산할 수 있도록 하는 능력이 바람에 의해 바스락거리는 나뭇잎을 통해 지면에서 나는 발자국 소리를 분간할 수 있는 능력(skill)에서 비롯된다거나 그 능력보다 덜 독창적이란 의미는 아니다. 두 가지 유형의 판단은 전혀 다르므로, 두 가지 판단을 서로 동일시하거나, 음성 분화를 단순히 (음성 분화와 관련 없는) 소리의 분화로 환원하는 것은, 인간이 음악에 참여한다는 사실에 의해 뒷받침되지 못하는 듯하다. 순차적 · 동시적 처리를 하는 비음악적 청각 능력이 음악적 적격성(competency)에 필수적일 수 있지만, 그렇다고 해서 그런 능력으로 적격성을 설명하기에 충분하단 말은 아니다.

더욱이 사람들이 치료를 받는 원인이 되는 심리적 문제들이 반드시 음악적 문제도 아니다. 그런 문제의 병인이 반드시 Kennair 자신이 주장한 특정 치료를 필요로 하지는 않는다. 그는 사람을 돕기 위해 누군가와 음악 작업이 이뤄지긴 하지만, 그것이 곧 문제의 병인이 음악이란 말은 아니라고 말한다. 이는 맞는 말이기는 하지만, 또한 이와 마찬가지로 어떤 대안적 설명이 제시될 수 있긴 하지만 그로 인해 효과적인 치료의 음악적 특성이 감소하지는 않는다.

Kennair(2001)에 따르면, "언어는 아마도 적응물(adaptation)일 테지만 음악은 아닐 것이므로"(p. 58), 언어와 음악은 근본적으로 다르다. 하지만 이런 논점에 대한 탐구에서, 진화론적 사유의 수사법이 방어적인 자세로 음악을 옹호하는 건 분명하다. 적응물이란 말은 음악이 순수하게 반응적 현상이며, 어떤 유기체가 환경과 맺은 관계로 인해 제기되는 문제에 대한 해법이란 점을 시사한다. 행동을 특정 방향으로 조절하는 뇌 안의 중심에 있는 쾌락을 자극하는 것이 바로 유기체의 행동이다. 음악에 대한 이러한 사유 방식에는 음악이 연결, 의미, 목적에 대한 인간의 고차원적 욕구의 충족을 나타낼 여지는 없다. 음악이 인간의 열망을 충족하기 위해 고안된 창의적 성취를 나타낼 수 없는 것이다. '적응물'이란 어떤 주어진 것에 반응하는 것인 반면, '창조'는 물질적 보존과 관련된 문제해결로 환원할 수 없다는 점에서 기존에 존재하지 않던 어떤 방식이다. 음악을 순수하게 외부 환경에 대한 적응물로 고려해서는 심각한 장애를 지닌 사람들이 음악에 참여하러 매우 먼 길을 오는 이유를 제대로 설명해 주지 못한다.

생물학의 탁월함에 대한 Kennair의 옹호에는 환원적 과학철학(reductive philosophy of science)[1]이 담겨 있다. 이런 관점에 대해 구체적인 주장이 제시되지 않고, 이로 인해 심리학 혹은 사회학적 차원에서 기본적 과정의 존재가 배제되지만, 그러면서도 생물학적 차원에서의 환원도 중단된다. 결국 환원적 철학이 정확하다면, 어째서 생물학 차원에서 환원적 철학을 멈추고, 음악을 생화학 혹은 심지어 물리학의 원리를 토대로 설명하는 시도를 하려 하지 않는가? 누군가 선택한 지식 분야에서 환원이 중단된다는 사실을 통해 아마도 그러한 접근법에 대한 자만심[2]이 드러날 것이다.

> 음악 행위를 수행하는 능력은 음악 행위가 수행되도록 하는 생물학적 인간 본성을 토대로 삼아야 한다. …… 음악의 '기원'은 생물학적인 인간의 음악적 본능에서 탐구해야 한다. 그리고 이러한 인간의 본능은 오직 음악과 예술 자체에 대한 생물학적 수렴을 통해서만 적절히 탐구된다.
>
> (Kennair, 2001, p. 58)

　Kennair의 견해와 반대로, 나는 음악에 관해 흥미로운 점은 그것이 창조되고, 보존되며, 번창하고(생물학적 고려사항 때문이라기보다는 생물학적 고려사항에도 불구하고), 삶을 만족시키는 데 필수적이게 된다는 점을 관찰하였다. 인간이 그들의 생물학이 허용치 않는 것은 창조할 수 없다고 말하는 건 별 의미 없다. 그보다 흥미로운 고려 대상은 인간 활동을 오직 생물학적 고려사항으로만 설명할 수 있는지의 여부다. 모든 인간의 활동이 생물학적 유익함을 주거나 아니면 생물학적 유익함을 주는 다른 과정에 의한 부수적 유익함으로써 존재한다는, 일부 진화론자의 과대평가(conceit)는 입증되지 못한 가설이다. 이런 이론가들은 생물학적 고려사항과 관련이 없는 것의 존재를 설명할 방법을 제대로 설명하지 못한다. 만일 사회 안에 속한 인간의 삶에서 음악의 역할에 대한 최상의 설명이 실제로 생물학적 고려사항과 무관하다면, 생물학적 가설로는 그런 최상의 설명을 발견하지 못할 것이다.

음악치료에 대한 진화론적 근거에 대한 주장

　Kennair와 같은 이론가들이 고수하는 입장과 대조적으로 다른 저자들은 음악의 진화론적 가치를 옹호하며, 음악하기와 관련된 능력이 어떻게 생존과 관련된 고려사항과 연관이 있는지에 대한 설명들을 창안했다. Bjørn Grinde(2000)는 음악이 언어 실력을 향상시키고 이로 인해 생존 가치가 부여된다는 입장을 취하며, Ellen Dissanayake(2001, 2009)는 음악이 생물학적 기능을 향상시키는 방식으로 어머니-유아의 상호작용을 돕는다는 면에서 조기 상호작용 이론에 따른 음악성이 생존 가치를 지닌다는 점을 의미하는 사례를 제시한다.

음악, 언어, 진화론적 선택

음악의 진화론적 가치와 음악치료에 대한 적절성에 대한 근거를 맨 먼저 제시한 사람은 Bjørn Grinde(2000)였다. 그는 음악에 반응하고 음악을 즐기는 능력은 선천적인 것처럼 보이기 때문에, 음악의 출현은 음악이 생존 가치를 어떻게 향상시키는지를 설명하여야 한다는 전제에서 출발한다. Grinde의 제안의 기본 전제는 뇌가 소리에 집중하기 위해 인간의 행동에 영향을 미치는 즐거운 느낌을 준다는 것이다. 소리에 초점을 맞추면 인간이 듣고 목소리를 내는 능력이 개선된다. 우리가 언어에 의존한다는 점에서 언어 실력을 늘리면 생존에 유익하다.

> 언어의 진화 때문에 청각 신호는 인간에게 특히 중요하다. 결과적으로 인간의 뇌는 소리에 주의를 기울이는 것에 대해 특별히 강력한 보상을 제시하도록 고안된 것으로 예상된다. 이런 가설에 따르면, 음악에 대한 우리의 인식은 언어와 관련된 뇌 구조를 개선하기 위해 일차적으로 진화에 의해 고안되었다.
>
> (Grinde, 2000, p. 21)

이런 주장은, 언어화가 음악보다 완전히 앞서 일어나는 것은 음악이 단지 언어화에 이용되는 기술을 향상시키기 위해 존재하기 때문이라고 추정한다. 그렇다면 논리상 음악의 발달은 단어들의 발달보다 앞설 수 없다. 왜냐하면 음악이 언어를 향상시키는 매개체라면, 언어가 먼저 존재해야 하기 때문이다. 하지만 이 말은 언어가 음악이 출현하지 않아도 발달했다는 의미인데, 그렇다면 어째서 언어가 먼저 필요했을까? Grinde의 연대학(chronology)은 Erik Christensen(2000)의 비판을 받기도 했는데, 그는 인간의 "소리에 대한 몰입이 주로 언어에 의존하는 것과 관련된 행위와 연관이 있다."라는 Grinde의 주장의 전제가 틀린 이유는 "소리를 듣고 소리를 내는 능력이 언어 획득에 앞서며 언어 획득이 소리를 앞서진 못하기" 때문이라고 믿는다(p. 32).

Grinde의 관점에서 보면, 음악은 음악이 본질적으로 제공하는 그 존재의 주요 근거가 아니다.[3] 음악은 단순히 언어를 지탱하는 시스템이 된다. 그의 관점은 음악으로부터 음악만의 독특한 뭔가를 빼앗는다.[4] 음악의 존재 이유가 언어적 상호작용과 경험에 대한 보완물보다는 언어적 상호작용과 경험에 대한 종속이라고 보는 것이다.

Kennair의 경우처럼, Grinde는 음악에 대한 수용적 관계에 초점을 맞춘다. 요컨대 Grinde의 접근법은 인간이 어째서 음악을 창조하는가가 아니라 어째서 음악을 듣는가를 설명해 준다. 하지만 일차적으로 먼저 설명되어야 하는 것은 음악을 창작하는 경험이다. 왜냐하면 음악의 창작으로 심오한 보상이 이뤄지지 않으면 우리는 결코 음악을 닫지 못하게 될 것이기 때문이다. 또한 음악치료와 관련성이 높은 것은 음악의 창작이다. 그 이유는 대부분의 음악치료 중 내담자들이 음악 창작에 적극적으로 관여하기 때문이다.

Grinde의 접근법에 따른 또 다른 비평은 매우 복잡한 음악 형태들의 창작이 청각 및 음성 실력을 훈련시키는 데 매우 불충분한 전략으로 보인다는 것이다. 만일 음악의 목적이 언어화와 관련된 실력을 훈련시키고 향상시키는 것이라면, 뇌가 매우 만족스러운 느낌을 갖고 언어화 자체에 보상을 했다면 그게 더 직접적으로 효과적이기 때문이다. 만일 음악이 그저 언어화와 관련된 실력 향상을 위한 매개체일 뿐이라면, 인간에게 음악을 제작하는 데 소요되는 모든 노력(악기 습득, 여러 소재의 작곡, 몇 년간의 연습 등)을 경험하라고 요구하는 건 부당하다. 누군가 개체발생적, 계통발생적으로 사유하는 상황에서 소요되는 음악을 하기 전의 노력과 음악과 무관한 노력을 생각해 보자. 만일 음악이 일차적으로 언어화를 향상시키기 위해 존재한다면, 그런 모든 시간을 언어화를 위해 쓰는 게 훨씬 더 나을 것이다. Björn Merker(2000)는 다음과 같은 주장을 했다.

언어의 진화가 어째서 음악을 거쳐 우회해서 이뤄지는지 의문이 들 수 있다. 다시 말해, 언어 교습 장치로서 먼저 음악이 왜 필요할까? 음악 구조의 경우 Grinde가 가정한 정서적(쾌락적) 유의성(valence)[5]은 어째서 여러 가지 면에서 언어와 다른 대체적 구조가 아니라 언어 소리 자체와 직접적인 연관이 있을까?

(Merker, 2000, p. 29)

Grinde는 음악이 뇌를 언어에 대해 훈련시키고 준비시키려고 존재한다는 생각을 뒷받침하기 위해 언어의 특성과 관련된 많은 주장을 하기도 한다. 하지만 이런 주장 중 일부는 완전히 틀린 것은 아니지만 다소 의심이 들며, 그가 주장하는 기본 입장을 뒤흔든다.

음악의 복잡성을 고찰하면서, Grinde(2000)는 "단일하고 순수한 음조는 탐구하기에 흥미로운 것이 아니며, 인간의 호기심을 자극하려면 복잡성을 측정해야 할 것으로 예측된다."는 점을 관찰했다(p. 21). 하지만 만일 음악을 지배하는 게 신경 활동이라면, 어째서 뇌는 이처럼 단일하고 순수한 음색을 통해 Grinde가 음악의 근본이라고 주장한 즐거운(만족스러운) 느낌을 보상으로 제공하지 않을까? 만일 제공했다면 부족한 인간 자원을 보다 효율적으로 이용했을 것이며, 특히 Grinde가 주장했듯 음악이 선사시대에 기인했다면 그렇게 됐을 것이다. 이에 대한 그의 답변은 "음악이 가치를 지니려면 복잡성과 멜로디처럼 언어와의 유사성을 갖춰야 한다. 그렇게 되어야만 구술된 단어를 처리하는 데 쓰이는 뇌의 자원을 이용하게 되기 때문이다."라는 것이다(p. 21). 다시 말해, 음악이 지금의 형태를 갖춘 이유는 그래야 언어 시스템이 활성화되기 때문이다.

그렇다면 언어에 대한 대응물(counterpart)을 지니고 있지 않은[6] 다성음악은 어떻게 설명할 수 있을까? 미니멀리즘 음악은 어떻게 설명할 수 있을까? 언어화에 대한 대응물을 지니고 있지 않은 여러 음악의 특질들은 어떻게 설명할 수 있을까? 어째서 음악은 정서적 표현과 긴밀히 연관되어 있을까? 음악의 속성들의 우세함을 잠시 생각해 보면, 언어 가설로 음악을 설명하기 어려운 점이 드러난다.

Grinde는 "일부 저자는 순수함 그리고 가능하면 협화음(consonance)을 선호하는 것은 선천적인 것이라고 제시했다. …… 이런 특징이 선호되는 한 가지 이유는 아마도 그런 특징이 구두 의사소통을 향상시키기 때문일 것이다."라고 주장한다(2000, p. 22). (이 주장을 반박해 보면) 첫째, 이처럼 특수한 전략의 전제는 음악이 아닌 음색의 순수함에 관해 Grinde가 기존에 한 단언과 모순된다. 둘째, 불협화음으로의 진화의 길을 쫓아온 서구 음악에 관한 사실들과도 상반된다. 셋째, 그것은 다문화적 고찰의 측면에서 순진한 말 같다. 어떤 한 문화에서 불협화음이란 것이 다른 문화에서는 불협화음이 아닐 수 있다. 만일 이런(어떤 음악이 불협화음이란) 판단이 선천적으로 이뤄진 것이라면, 우리는 그런 차이를 파악하지 못할 것이다.

음악의 제작에 바쳐진 자원과 관련해, Grinde(2000)는 "그것은 적응된 수준을 초과한 특정 행동 유형을 장려하려고 예상되는 진화론적 전략이 아니다. 노래나 음악에 빠진 사람은 다른 과제나 잠재적 위험에 주의를 덜 기울이게 된다."는 것을 관찰했다(p. 22). 이는 맞는 말이며, 정확히 음악과 관련해 일어나는 일이다. 사람들은 일상의 삶의 고민에서 벗어나려고 음악의 창작과 감상을 일생 동안 즐긴다. 이런 점을 진화론의 측면에서 어떻게 설명할 수 있을까? 만일 누군가 순수하고 적응을 향상시키는 측면에서 음악의 기원과 지속적인 과정을 설명하기만 한다면, 음악성이 어떻게 진화하고 번창해 왔을까? 이런 어젠다로 설명을 환원시켜야(축소시켜야) 하는 진화론적 관점은 음악에 관한 사실을 설명하지 못한다.

정체성을 창안하고 사회적 의식을 촉진하며, 공동체를 구성하고 미학적 만족을 제공하며, 개인의 한계를 넘어 다른 영적 경험에 대한 수단을 제공하기 위해 음악 활용에 관한 많은 연구를 무시하면서, Grinde(2000)는 "언어와의 연관성과 이완시키는 특징은 인간이 음악에 몰두하게 하는 가장 중요한 요소들이다."라고 단언한다(p. 24). Grinde의 전반적인 주장이 개인이나 인류 아니면 둘 다의 발달의 측면에서 이뤄졌는지는 불분명하다. 또한 '이완시키는 특징'은 사람들이 음악을 하는 일차적 원인은 아니다. 활력을 주는 특징은 음악이 심리·사회 영역에서 하는 다양한 모든 기능만큼 중요하다. Grinde는 2차 기능을 나타내기 위해 이런 영역을 고려하며, 진화론적 관점은 이런 점을 배제하지 않는다고 주장한다. Grinde가 가장 유력한 부수적이고 이차적인 유익함[7]을 일차 기능[8]으로 격상시킨 이유는 그의 진화론적 책무 때문이었다. 그는 음악의 다양한 사회적 기능에서 구현된 이차적 유익함이 적응적 가치를 지닐 수 있다고 주장한다.

Christensen(2000)은 Grinde의 '쾌락적 해석'은 반쪽짜리에 불과하다고 비평하며, 인간이 음악 제작 중 단지 이완시키는 소리 그 이상을 채택한다는 사실을 근거로 삼았다. 그는 "음악 소리가 직접적이고 강한 정서적 반응을 유발하지만, 시끄럽고 놀라우며 불쾌하고 불협화음을 내는 소리들이 만족스럽고 이완시키며 부드럽고 협화음을 내는 소리에 비해 덜 중요한 음악 경험이 아니라는 데" 동의한다(p. 32). Christensen은 부정적 정서가 표현되고, 여러 소리가 투과되고, 충돌하며, 혼란스럽고, 위협적이며, 시끄러운—다시 말하면, 만족스럽고, 이완시키며, 부드럽고, 협화음을 내는 것에 상반되는—음악적 스타일과 작곡의 모든 것을 상세히 제시한다. 또한 그는 Grinde의 입장과 대조를 이루는 음악의 유형들이 전체 논의의 방향을 잡는, 음악치료의 적용을 고려하는 데 특히 중요하다고 말한다.

Grinde는 이 상황에서 두 가지 반응을 보일 수 있었다. 첫째, Christensen이 언급한 유형의 음악이 만족스러운 느낌을 주며, 그 만족이 이완이나 협화음의 질과 연관은 없다고 주장할 수 있었다. 둘째, 그는 음악이 언어훈련 장치의 기능을 할 때 음악의 기원들이 만족과 연관이 있고, Christensen이 말한 음악 유형은 음악의 원래 기능이 아닌 이차적 원인에서 비롯되었다는 주장을 할 수 있었다.

Grinde는 음악이 인류 생존을 위해 입증된 어떤 가치도 지니고 있지 않더라도, 자연선택 과정을 통해 음악에 대한 감상이 조성될 수 있다고 주장한다. 그가 보기에, "성적 선택으로 음악적 능력의 진화가 촉진되었다고, 말하자면 짝짓기가 일정 정도 음악적 능력에 따라 좌우될 수 있다고 생각할 수 있는 건 명백하다."(2000, p. 24) 하지만 이러한 관찰은 Grinde의 요점과 모순되는 듯하다. 그는 인간이 그 생존적 가치와 별개로 존재하는 음악을 감상할 선천적 성질을 지니고 있다고 말한다. 사람들은 음악의 존재를 토대로 짝짓기를 즐기고 선택하므로, 음악이 선택을 통해 더욱 발달했다는 것이다. 이로 인해 그런 일이 왜 일어나는가 하는 의문이 생긴다. 이에 대한 유일한 논리적 답변은, 음악에 대한 고유의 감상은 어떤 실용적 활용이나 가치와 별개이며, 정확히 말하면 Grinde가 진화론적 관점에서 다루는 것은 인정하고 싶지 않은 것이다.

Grinde는 자기 입장의 이처럼 해결되지 않거나 모순된 측면을 인식한 듯 보인다. 음악의 기원에 관한 이 이론에서 언어 준비의 탁월함이 주어졌다고 생각하는 것과는 반대로, Grinde(2001)는 그럼에도 불구하고 인간이 언어를 소유하고, 의사소통을 위한 음악을 요구하지 않는다는 사실은 인간이 특별히 흥미로운 음악에 몰두하도록 만든다는 것을 인식한다. "노래와 음악이 의사소통 목표에 보탬이 될 수 있는 건 사실이지만, 그것이 음악의 일차적 기능은 아닌 듯하다."(2001, p. 101) "진화론적 설명을 요하는" 소통의 의도가 없어도 인간이 음악을 감상할 수 있는 건 사실이다(p. 101).

Grinde(2001)는 Christensen이 계통발생과 개체발생을 혼돈한다고 비난한다. Grinde는 개인의 발달과정에서 "유아의 언어 발달 이전에 음악감상이 이뤄지지만" "우리의 진화의 역사에서 음악감상 능력이 언어 능력이 생기기 이전이 아니라 함께 진화했다."는 데 동의한다(p. 101). 여기에서 Grinde는 음악과 언어를 서로 하나가 다른 것을 앞서는 것이 아닌 동시적 현상으로 보는 듯하다.

모든 인간 활동에 대해 진화론적 설명을 제공할 필요성은 모든 이론가가 입증할 의무가 있는 가설이 아니다. 음악과 같은 유의미한 인간의 활동들이 비진화론적 설명을 가질 가능성은 분명히 있다. 생물학적 사유에 대한 가설과 반대된다고 해서 설명이 없다는 의미는 아닌 것이다.

음악, 어린 시절 상호작용, 진화론적 선택

Ellen Dissanayake(2001)는 음악에 관한 비교행동학적 관점이 음악치료는 물론 그 밖의 창조적 예술치료를 위한 포괄적 기반을 제공할 수 있으며, 기본적 정신역동 이론들을 뒷받침하는 역할을 할 수도 있다고 보았다. 그녀는 음악의 본래 목적을 통찰하면 동시대의 임상적 적용에 대한 이해가 향상될 수 있다고 믿었다. 다시 말해, 음악은 생존을 촉진하며, 음악이 생물학적 생존을 촉진하는 방식은 오늘날 음악이 어째서 장애인에게 도움이 되는지 설명해야 한다. Dissanayake의 입장에 이의를 제기한다는 것은 생물학적 유익함을 촉진하는 활동이 어째서 심리학 영역과 관련이 있는지 설명하는 것이다.

비교행동학적 사유의 기본 전제는 "해부학과 생리학처럼 행동은 발생한 다음 특정 환경 내 삶의 방식에 동물이 더욱 적합해지도록 하기 위해 시간이 지남에 따라 진화해 왔다는 것이다."(Dissanayake, 2001, p. 161) Dissanayake는 이런 입장이 문제가 없다고 말하지만, 특히 음악치료 이론과 관련된 문제에 대한 적용을 고려할 때 여러 가지 방식으로 그 입장에 이의를 제기할 수 있다. 그 이유는 첫째, 일부 행동이 진화된 적응물로 설명할 수 있다 해도 이 말이 곧 모든 행동을 그런 식으로 설명할 수 있다는 의미는 아니기 때문이다. 둘째, 음악을 행동으로 개념화한다 해도 구현된 지적인 행위로서 음악을 생각할 다른 방법은 반영하지 못하기 때문이다. 셋째, 인간의 활동 영역을 적응물로 고려하지 않기 위해, 맨 먼저 그 활동이 적응적이지 않음을 입증해야 한다고 가정할 이유가 없기 때문이다. 다시 말해, 산을 오르면 생물학적 심혈관의 유익

함이 촉진되지만, 그런 촉진을 위해 산을 오르는 게 아니듯 그 활동이 적응적
이라 해도 그것이 존재의 이유는 아닌 것이다.

　Dissanayake(2001)의 비교행동학적 접근법의 일반적 개요는 다음과 같다.
음악은 "인간의 조상들의 건강(생존 및 생식의 성공)에 기여하는 진화된 혹은
적응적 행동"(p. 159)으로 나타나는 조기 상호작용 이론의 계통발생적 전조다.
음악의 전조들은 "어머니-유아 상호작용의 의식화된 음성, 시각, 운동 요소"
(p. 159)인데, 그것은 현재 우리가 음악이라 부르는 제례 의식의 관습에서 채
택되어 진화하면서 점진적으로 예술적 요소로 받아들여졌다. 음악을 창작할
동기는 공동의 의식을 통해 다루는 인간의 삶의 불확실성에 관한 우려에서 비
롯된다. 음악은 개인의 불안을 완화하고 의식을 통해 공동의 노력에 협조하는
기능을 했다.

　이 이론의 핵심은 여러 시각·운동·청각적 특징과 어머니-유아 상호작용
의 구체적 특징이다. 의식화 과정을 통해 이런 행동들은 어머니-유아 양자관
계를 더욱 단단히 결속시키는 역할을 하는 독특한 의미를 획득했으며, 이로
인해 유아의 생물학적 생존 가능성이 증가했다. 조기 상호작용 이론을 구성하
는 다양한 표현은 음악이 아닌 음악의 전조들이다. Dissanayake(2009)가 어머
니-유아 상호작용이 음악적이라고 생각한 이유는 다음과 같다.

　　시간에 따라 정확히 조직화된 규칙적 진행(악구), 선율적 음성의 윤곽, 리
　　드미컬하고 규칙적인 발성 같은 음악적 특성의 사용, 몸 동작, 그리고 공간
　　에서 역동적 대조와 변화 표현(크고-작고, 위-아래), 규칙적인 진행들 사이
　　에 행동적 '휴식' 또는 침묵을 가지고 있는 시간(빠르게-느리게, 짧게-길
　　게)이기 때문이다.

　　　　　　　　　　　　　　　　　　　　　　　　　　(Dissanayake, 2009, p. 22)

　조기 상호작용 이론에 나와 있듯 의사소통의 음악성 요소들은 Dissanayake

(2009)에 의해 "음성, 시각, 운동의 동시적 표현의 간소화 혹은 형식화, 반복, 과정, 정교화[그리고 나이가 든 유아의 경우, 그들의 기대나 놀람(surprise)의 조작]"로 식별된다(p. 23). 이러한 조기 상호작용 이론에 이후 음악과의 상호작용에 필요한 능력의 기원이 담겨 있다. 이러한 능력은 어머니와 유아를 긴밀히 결속하는 게 일차적 기능이기 때문에, Dissanayake는 "궁극의 음악 능력은……사랑 혹은 '상호관계'에서 기원한다."라고 주장한다(p. 23).

음악의 전조들이 음악으로 발달하려면 몇몇 외부 상황이나 동기가 필요하다. Dissanayake는 "중요한 일을 기리기 위한 인간의 의식(ceremonial)적 맥락에서 주로 박자에 맞춘 두드리기(percussive timekeeping), 무용, 마임이 수반된 노래와 유사한 음성화를 보편적으로 이용하는 건, 음악에 대한 독창적 동기가 불확실성이나 불안에 대한 반응으로서 발달할 수 있다."(2001, p. 166)는 점을 시사한다. 음악은 사냥, 전쟁, 통과의례와 관련된 의식(ritual)을 구성하는 반복적인 동작과 소리들로부터 점진적으로 진화했다.

> 음악과 예술로 채워진 의식 행위들에 참여함으로써, 사람들은 의식에서 다루는 불확실한 상황에 대처하는 느낌을 받았고 이에 따라 스트레스 반응의 효과가 개선되었다. …… 타인과 함께 뇌와 몸을 동조화하는 생리학적이고 신경학적 효과는—제례관습에서 의사소통적 음악성과 궁극적으로 음악/예술을 확립하기 위해 진화된 음성, 시각, 운동 행동과 심미적 작용을 통한—행동적 통제감을 요구하고 확립했으며, 실제로 우리 조상들은 정서적 불확실성에 대처할 수 있게 되었다.
>
> (Dissanayake, 2009, p. 25)

음악치료의 근거는, 음악이 주로 치료 초점 대상이 되는, 불쾌한 감정에 대한 해독제로서 생겨났다는 점에 있다. 몇 가지 면에서, 이러한 근거를 통해 진화론적 접근법의 전체적인 모순이 집중 조명된다. 불쾌한 감정은 사람들이 생존을 위협하는 어떤 행동을 피하도록 유도할 때 뇌로부터 만들어진다. 하지만 뇌는 뇌로 인해 생긴 불쾌한 감정을 완화하기 위해 음악으로 유도된 즐거운 감정을 제공하기도 한다. 이러한 주장의 노선은 뇌가 뇌 자신과 전쟁을 벌이는 것으로 묘사하는데, 액면 그대로 보면 비논리적인 것 같지만 적어도 기본 접근법에 대해 의심이 들게 하는 자원의 비효율적 활용을 시사한다.

　Dissanayake의 조기 상호작용이론이 Pavlicevic와 Smeijsters의 이론과 다른 이유는, 개체발생적 근거보다는 계통발생적 근거를 지닌 조기 상호작용 이론을 토대로 음악치료 이론에 대한 기반을 제시하기 때문이다. Dissanayake의 접근법의 한 가지 강점은 두 가지 주요 치료 목표들—① 불안 줄이기, ② 사회적 기능 향상시키기—과 관련성이 높은 영역에서 음악에 대한 두 가지 독창적인 동기를 제시하는 데 있다. 그녀의 전략은 음악이 인간의 다른 활동들, 즉 진화론적 유익함을 제공하지 않으면 나타나지 않을 활동들과 유사하다는 주장에 기반을 두고 있다.

> 이러한 보편적인 인간의 성향, 말하자면 음악을 제작하고, 의미 있는 집단적 관습에 타인과 함께 참여하는 성향은 진화된 행동으로 볼 수 있다. 다른 복잡한 행동들처럼, 그런 행동은 생물학적으로 유용했을 것이며, 개인이나 사회 차원에서 그다지 광범위하거나 심지어 보편적이지 않았을 것이다. 그런 행동은 적응적이다. 즉, 그런 행동을 하는 사람은 말하기, 음악 제작하기, 동료와 함께 참여하기를 하지 않는 사람보다 더 잘 생존하는 데 도움을 주었다.
>
> (Dissanayake, 2001, p. 160)

　Dissanayake의 전제는 어떤 공통된 행동이나 관습이 생물학적 생존에 기여했을 것이라는 점이다. 그런 기본 가설은 실제로 틀린 것일 수 있다. 이에 대해 Kennair와 다른 학자들은 절대 동의하지 않으며, 음악이 적응적인 여러 능력의 조합으로 생겼다는 점을 말하기 위해 음악을 선택적 진화[9] 부산물이라 부른다. Dissanayake가 쓴 수사적 기법은 음악을 언어 및 사회적 행동과 결합하는 것이다. 하지만 이는 하나의 가설에 해당한다. 만일 음악이 적응을 용이하게 하는 측면에서 언어와 근본적으로 다르면, 음악을 언어와 동일한 것으로 생각하지 말아야 한다.

음악치료사들이 건강을 향상시키기 위해 음악의 여러 측면에 의존하는 모습은, Dissanayake에 따르면 암묵적으로 비교행동학적 접근법을 수정하고 있다는 점을 시사한다. 음악은 정신생물학적 행복에 기여하기 때문에, 이런 점은 음악이 생물학적 의미에서 적응적이라는 증거로 고려된다. 이런 주장은 틀림없이 이의 제기의 대상이 될 수 있다.

Dissanayake는 음악이 사람들에게 도움을 주기 때문에 음악이 적응적이라고 설명할 수밖에 없다고 말하고 있다. 하지만 단지 음악이 사람들에게 유익하다고 해서 그것이 생물학적 의미에서 적응적인 것은 아니다. 오히려 인간이 하는 모든 일과 가치는 어떤 활동이 신체적 · 생리적 환경에 대한 적응을 어떻게 촉진하는가 하는 면에서 생물학적으로 설명되어야 한다. 여기에서 환원적 가설은 음악이 자기실현에 대한 내적 욕구의 외적인 표명이라기보다 외부의 고려사항에 대한 반응적 적응을 대표한다는 것이다. 이런 의미에서 음악이 적응물로서 생겨났다 해도(이는 상당한 논쟁거리다), 이 말이 곧 음악치료 면에서 음악의 기능이 적응적 기능에 국한된다는 말은 아니다.

음악치료에 대한 Dissanayake의 접근법이 지닌 중요한 강점들 중 하나는 그것이 발달적 · 사회문화적 근거들을 하나의 이론으로 통합하는 방법에 있다. 음악의 기원에 대한 그녀의 이야기 중 발달적 측면만큼 중요한 것은 의식, 기념식의 측면을 중시하는 것이다. Dissanayake가 보기에, 기념적 의식은 예술 컬렉션이다. 그녀는 독특한 음악의 기원에 대한 그녀 자신의 가설을 특징지었다. "최초의 음악은 동시에 주어진 음성, 시각, 평범한 동작 행동들로 구성되었는데, 그것들은 어느 정도 변칙적으로 만드는—간소화되거나, 공식화되고, 반복되고, 과장되고, 정교화되고, 때로는 예측되는 바를 지연시키는(혹은 혼동시키는)—것으로 고쳤다.” (Dissanayake, 2009, p. 24)

Dissanayake에 따르면, 조기 상호작용 이론, 기념적 의식, 예술에 대한 의식적(conscious) 창작이라는 세 가지 활동 영역은 모두 전자에서 후자까지 발달적 진전과 연관이 있고 동일한 인간의 능력에 의존한다.

> 음악으로 구성되어 있고 예술과 연관된 의식은 종교적 교리와 믿음의 행동 혹은 표현적 대응물이며, 과거든 현재든 미래든 유한한 존재의 불확실성과 문제를 인식하고 대처하는 시도를 하는 인간을 위해 행할 뭔가 특별한 (모양을 갖추고 꾸며진) 것을 제공한다. 의식에서 소통적 음악성에 대한 원형 미학적(protoaesthetic) 조작을 기반으로 한 시간적 예술들은 사람들을 비슷하게 협력하고 동참할 수 있게 만들며, 집단의 성과가 번창한다는 정서적 안도감을 얻게 한다.
>
> (Dissanayake, 2009, pp. 24-25)

음악이 중심이 되는 의식은 일차적으로, 소통하는 느낌을 확립하고 인생의 불확실성, 특히 유한성(죽음)을 둘러싼 존재적 우려와 관련된 불확실성에 대한 답을 제시하는 기능을 했다. 이런 식으로, 음악의 독창적 기능은 여전히, 불안의 완화와 공동체 느낌의 확립이 주요 목표인 현대의 음악치료 안에 존재하는 것으로 볼 수 있다. Dissanayake가 보기에, 우리가 인간관계를 형성하고 근본적인 인간의 고민에 답을 해 줄 수 있게 해 주는 바로 그 과정이 음악성과 음악 안에 존재한다. 이러한 인식을 통해 음악치료에 확고한 설명적 이론과 근거가 제공된다.

하지만 Dissanayake의 가설, 가령 ‘원형음악(protomusic)으로부터 정제된 음악’ 이란 말은 음악이 새로 생긴 특성으로 발달된 무언가이기보다 원형음악 내 잠재된 것이라는 가설을 시사한다. 이러한 가설을 통해, 음악과 음악성 간의 차이를 부각시키고 그런 차이점 면에서 음악치료의 효능을 탐구하거나 아니면 그런 차이를 최소화하고 공통점 면에서 음악치료의 효능을 탐구해야 할지의 여부에 대한 의문이 제기된다.

Dissanayake(2001)는 유아가 지닌 고유의 음악성을 통해, 음악성이 인간 삶의 본질적 측면임이 입증된다고 보았다. 유아와 유아를 돌봐 주는 성인 간의 음악적 상호작용은 건강과 발달을 위해 필요하다. 이는 "손상을 입은 사람과 치료사 간의 음악적 상호작용 면에서의 유사성이 단순히 개인의 어머니와의 관계뿐만 아니라, 지난 200만 년 동안 인간의 심리학의 발달을 특징지어 온 진화된, 적응적 만남을 재개시킨다."는 점을 시사한다(p. 171). 요컨대 Dissanayake는 정신분석학적 이론을 넘어, 우리의 심리치료가 개인의 어린 시절의 발달에 관한 요약(개체발생)이 아니라 계통발생 모델을 근거로 삼아야 한다고 주장한다. 정신분석학적 사유와의 유사성은, 음악치료 이론의 근거가 음악보다는 음악성이라고 주장하는 데 있다.

Dissanayake는 어머니-유아 상호작용의 원형음악적 행동이 음악이 되려면 예술화되고 의식화(ritualized)되어야 하며, 음악은 음악화와 의식화 과정을 거친 후 존재한다는 점을 인정한다. 어째서 진화론적·개체발생적 전조(어머니-유아의 상호작용)의 특징이 음악을 이해하는 것과 관련이 있는지는 불명확하다. 왜냐하면 음악은 음악의 기원이 되는 관계의 어머니-유아 상호작용의 특징을 초월해 발달해 왔기 때문이다. 음악을 가능케 하는 것의 토대가 어머니-유아 상호작용에서 기원하며 이러한 원형음악적 토대의 기능은 개인을 결속하는 것이었다고 말해도 좋을 것이다. 의문이 드는 대상은 음악치료 이론의 근거가 음악과 음악성 간의 공통점에 있는가 아니면 그들 간의 차이점에 있는가 하는 점이다. 다시 말해, 음악치료의 가치가 원형음악적 기원에 있는가 아니면 예술의 한 형태로서 그것의 정체성에 있는가?

특히 음악을 경시하거나(Kennair) 음악을 다른 과정에 보조적인 것으로 특징짓는(Grinde) 이론가들이 제시하는 관점에서 볼 때, Dissanayake가 음악을 높이 평가하며 그녀의 생각들이 음악치료사들에게 매력적으로 보이는 건 분명하다. "음악성이 음악을 포함해 모든 인간의 소통의 근간이 되는 심리생물학적 능력"(2009, p. 17)이라고 단언하면서, Dissanayake는 음악의 중요성을 떨어뜨리면서까지 음악성의 지위를 고양시키는 듯 보인다. 그녀는 음악성이 "인간 본성의 보편적 특징이 될 정도로 진화해 왔으며…… 우리를 인간으로 만드는 것의 일부"라고 보고 있다(p. 17).

음악성과 음악을 인간의 본질적인 것으로 식별하면서 Dissanayake는 음악치료 제공을 위한 확고한 근거를 마련하는데, 이는 특히 음악 중심의 근거에 적합하다. 하지만 음악성과 음악을 융합함으로써, 이러한 근거는 둘 사이의 중요한 차이를 모호하게 만드는데, 이게 바로 문제의 핵심이다. 음악성에 너무 높은 설명적 비중을 둠으로써, 창의적이고 미학적인 예술 형태의 역할 면에서 음악의 효능을 설명할 여지가 별로 없는 것이다. 음악치료의 토대로서, 조기 상호작용 이론과 음악의 진화론적 가치를 강조하는 모든 이론가는 음악에 건강을 촉진하는 가치를 부여하기 위해 음악성과 음악의 연계성을 중시한다. 이와 대조적으로, 나의 관점과 음악중심의 이론가들의 관점은, 음악성과 음악 간의 차이는 음악치료의 가치를 이해하는 데 핵심적 열쇠를 쥐고 있다는 것이다. 계통발생적 차원에서든, 개체발생적 차원에서든 아니면 이 두 가지 차원에서든, 음악이 음악성으로 환원되지 않고 음악성으로부터 발생한다고 볼 경우, 음악을 단지 성인이 조기 상호작용 이론을 표명하는 것이 아닌, 실제로 음악으로서 체험하고 이용하는 것으로 설명해야 한다.

생물학과 비교행동학에서 하는 비평에 대한 답변

비평해야 할 비교행동론적 설명에 대한 첫 번째 가설[10]은 Grinde와 Dissana yake 모두 진술했다. 이 가설은 두 가지 면을 지니고 있다. 즉, (음악과 같은) 광범위한 행동은 생물학적으로 유익하다는 설명만 이뤄지며, 정서적 경험과 미학적 선호는 단지 생물학적으로 유익한 행동에 대한 보완물일 뿐이라는 것 이다.

이 가설은 액면 그대로 보면 틀린 말 같다. 널리 확산되어 있고 사람들이 참 여하기 쉬운 경향이 있는 모든 활동이 그들 자신의 행복에 유익하고 인류의 생존을 촉진한다는 말은 사실이 아니다. 만약 그 말이 옳다면, 만족스러운 것 은 뭐든지 적응적일 것이다. 하지만 여러 쾌적한 느낌이 부적응적 행동에서 비롯될 수 있다는 건 명확한 사실이다.

또한 사람들은 자신의 행복을 위험에 빠뜨리는 이타적 행동을 하기도 한다. 예전에 나는 세계무역센터의 고층에서 일했던 어떤 사람에 관한 글을 읽은 적 이 있다. 2001년 테러 사건이 발생하자, 그는 사람들을 안전한 곳으로 인도하 기 위해 몇 번을 오르락내리락하였다. 그러나 그는 무역센터가 붕괴되어 사망 했다. 분명, 그의 이타적 행동은 그처럼 용감한 사람의 생존 능력을 향상시키 지 못했고 실제로 정반대의 기능을 했다. 즉, 그의 생명을 위험에 빠뜨린 것이 다. 여기에 인간의 존재 면에서 가장 고귀한 것을 예시하는 행동의 예가 있으 며, 인간의 기질로서 그런 행동이 나타나는 현상은 그 행동이 향상된 생존적 가치를 부여한다는 말로는 설명할 수 없다.

어떤 한 종 안에서 이타성이 나타나면, 다른 종과의 경쟁 중 생존을 촉진시 킬 수 있지만, 개체의 생존은 향상시키지 못한다. 이타적 경향을 지닌 한 유기 체는 생존 가능성이 낮으므로, 그런 유기체의 존재는 자연선택의 과정으로 설 명할 수 없다. 만일 유전적인 이타적 성향이 존재한다면, 그런 유전자들은 전

수되기 어려울 것이다. 왜냐하면 그런 성향을 지닌 자들은 그런 성향이 없는 자들에 비해 스스로를 위험에 처하게 할 가능성이 높기 때문이다. 그래서 비교행동학적 설명이 의존하는 자연선택의 과정으로는, 본질적으로 인간의 기질의 존재를 설명할 수 없다.

생물학적/비교행동학적 관점의 기본적 결함은 그것이 음악의 본질적 가치를 부정하고, 생존적 가치와 관련된 순수한 실용적 근거를 토대로 음악의 존재를 설명한다는 것이다. 예를 들어, Grinde(2000)의 관점에서 볼 때, "음악에 대한 우리의 감상은, 일차적으로 언어와 관련해 뇌 구조를 개선하기 위한 진화에 의해 이뤄졌다."(p. 21) Christensen(2000)과 Merker(2000)가 이런 주장의 세부사항을 논박해 오긴 했지만, 이 두 저자 중 누구도 음악의 존재(출현)를 음악이 다른 유형의 행동을 가능케 하는 방식에 의해 설명해야 한다는 믿음을 반박하진 못했다. 즉, 그들은 그저 음악이 촉진하려는 게 언어 발달이라는 주장에 대해서만 반박했을 뿐이다.

이런 관점은 아이들을 좋은 음악과 음악적 경험에 노출시키면, 수학과 같은 다른 영역에서의 성취도가 향상될 것이라는, 음악교육을 위한 (의심을 받아온) 'Mozart 효과'라는 근거를 떠올리게 한다. 음악의 가치는 관련 과제를 위해 뇌를 훈련시킨다는 데 있다는 것이다. 진화론적 관점에서 볼 때, 공동으로 음악을 제작하는 부족들이 더욱 잘 협력하는 법을 배워서 집단으로서 보다 나은 사냥꾼들이 되고 거친 환경 속에서 생존할 가능성이 높다고 가정할 수 있다. 음악이 향상시킬 것으로 추정되는 기능의 영역은 다양하지만, 이 주장은 여전히 마찬가지다.

문제는 음악을 함께 창작하는 게 결코 수행을 하고 보다 나은 사냥꾼이 되고 여러 다른 유형의 비음악적 활동에 참여하는 가장 효과적인 방법이 아닐 것이란 말이다. Grinde의 말에 답변해 보자면, 진화론적 과정이 음악보다는 언어 놀이에 직접 즐거운 느낌을 부여하는 게 훨씬 더 효과적일 것으로 보인다. 누군가 언어 활동을 하도록 준비시키기 위해 비언어적 활동을 이용하는 것은 비효율적이며 간접적인 것처럼 보이듯, 음악과 관련된 활동에 관여하는 것은 비음악적 실력을 개발하는 가장 효과적인 방법이 결코 아닐 것이다. 음악가, 음악치료사, 음악치료 내담자, 온갖 유형의 음악 애호가들은 음악적 경험의 정서적 부수물들이 일차적으로 음악 자체로 회귀하도록 장려하는 기능을 한다는 것을 알고 있다.

또한 음악과 음악치료의 가치에 관한 비교행동학적 설명의 논리에도 문제는 있다. 그런 논리로는 음악이 유발하는 즐거움이 왜 맨 먼저 나타나지 않았는지를 설명하지 못한다. 이런 유형의 설명이 지닌 논리를 떠올려 보자. 우리가 음악에서 경험하는 만족은 뇌가 특정 행동을 장려하기 위해 만든 것이다. 이런 설명을 성적 만족이 생식적(procreative) 활동을 고무시키는 방식과 같은 것에 적용하면 합리적 설명처럼 보인다. 하지만 활동들을 음악과 같은 직접적 생존 가치 없이 고려할 때 그런 설명은 부적절해 보인다. 인간의 뇌는 인간이 창작하는 음악-사회적 형태들이 언어 발달, 사냥, 사회적 구조 안에서의 공존과 같은 비음악적인 기능 영역에 유익할 것이란 점을 어떻게 예측할 수 있을까? 다시 말해, 생식과 달리 음악하기 자체는 직접적 생존 가치를 지니지 못한다. 특히 일상의 생존이 절박한 고민거리인 상황에서, 직접적 생존과 관련이 없는 활동을 위해 뇌가 즐거운 경험을 창안할 것이라고 가정하는 것은 비논리적으로 보인다.

Grinde와 Dissanayake 모두 많은 사람이 치료적 잠재성을 부여하는 음악의 특징이라고 생각하는 것을 최소화하는 과정에서 음악치료사들이 그들의 관점이 환원적이라고(축소된다고) 생각할 것으로 예측해 왔다. Grinde(2000)는 "현재의 음악감상 이론은 모든 음악과 관련된 적응적인 행동을 필요로 하지 않는다는 점을 지적해야 한다."(p. 24)라고 말하면서 이러한 비평을 예측한다. 그리고 나서 그는 "음악이 사회적 결속 유지와 같은 이차적 기능(역할)을 떠안을 수 있으며, 그런 기능들이 적응적 가치를 지니고 있을 수도 있다."(p. 24)는 점을 인정한다. 문제는 음악치료에 관한 미학 이론에서 가장 중시하는 특징이 음악의 이차적인 것, 부수적인 것으로 좌천된다는 점이다. 미학적 경험들이 인생에 부가하는 향상된 가치는 향상된 적응을 이루게 하는 특성으로 환원될 수 없다.

같은 맥락에서, Dissanayake(2001)는 "비교행동학적 관점은 음악으로 느껴지는 심오함과 복잡성을 '둘러대려는' 의도는 없으며, 오히려 인간의 생물학과 진화론의 역사에서 그런 심오함과 복잡성에 대한 초자연적 기반보다는 자연적 기반을 제공하려는 것"이라고 주장한다(p. 172). 하지만 음악의 '심오함과 복잡성'을 인정하게 된 동기는 본질(substance)보다는 감각(sentiment)에 있는 듯하다. 또한 그가 제시하는 선택은 틀린 선택이다. 생물학적 필요사항으로 음악을 환원하는 것을 거부한다고 해서, 초자연적주의를 수용하는 것은 아닌 것이다.

비교행동학적 관점은 필시 이런 유형의 환원에 해당한다. 왜냐하면 음악의 정서적·경험적 부수물, 즉 한 개인이 음악치료의 효능을 설명할 능력 없이[11] 음악에 참여하도록 동기부여를 하는 것이기 때문이다. 그리고 이게 바로 비교행동학적 관점의 주요 결함이다. 음악을 치료의 매개체로 만드는 요소들은 그저 음악과 상호작용을 하게 되는 간접적 원인일 뿐 설명적 역량 면에서의 기능은 금지된다.

뇌, 진화, 문화, 어린 시절 상호작용, 음악치료에 관한 입장들의 종합

Brynjulf Stige(2002a)는 발달적, 진화적, 기타 생물학적 고려사항을 포함하는 음악치료에 관한 광범위한 일반 이론의 윤곽을 제시한다. 그는 생물학 이론이 음악치료 내에서 일정 역할은 하지만, 생물학이 지닌 특정 제약들이 음악치료로 전이되어서는 안 되는 이유는 문화나 그 밖의 맥락적 고려사항들이 생물학적 고려사항들만큼 중요하기 때문이라고 말한다. 소통적 음악성과 원형적 음악성이라는 개념을 음악치료 이론의 기반으로 이용하는 Trevarthen과 Malloch(2000), Dissanayake(2001)의 연구는 추가적인 탐구를 해 보긴 해야겠지만, "음악치료의 단일한 토대로서 생물학을 지지하는 주장으로 간주해서는 안 된다."(Stige, 2002a, p. 104) 생물학이 문화에 일정 제약을 가하긴 하지만, "문화로서의 음악은 생물학에 대한 반성 그 이상의 것이다."(p. 104)

Stige(2002a)가 보기에 원형적 음악성이란 개념 안에 존재하는 진화론적 고려사항과 어린 시절의 발달적 고려사항은 여러 영역에 걸쳐 임상적 음악치료와 관련이 있다. 그 이유는 "소리와 운동을 통한 상호작용이 기본적인 인간의 동기"이기 때문이다(p. 105). 하지만 이런 역량은 "개체발생적으로 함양되기 때문에" 완벽한 음악치료 이론에는 "음악하기의 관습적·사회적 측면"(p. 105)이 포함되어야 한다. 생물학적 개념에서는 음악하기의 전인습적 측면들을 논하지만, 그런 개념들은 음악치료 안에서 음악이 지닌 힘을 충분히 설명하는 데 필요한 "음악치료 음악하기의 인습적(관습적), 후인습적 측면들은 다루지 못한다."(p. 105)

Stige(2002a)가 관찰했듯, "여러 행위 가운데 가장 자발적인 것들도 이해가 가능하려면, 사회적·문화적으로 정의된 표현 양식을 통해 전달되어야 한다"(p. 105). 음악치료에서 음악의 치료적 가치에 관한 설명들은 예술화된 매개체로서 음악의 가치를 설명해야 한다. 미리 정해진 스타일의 제약 없이, 음악적으로 관계를 맺으려는 여러 시도를 할 때, 그 결과적 연주는 인습적이기보다 후인습적인 것으로 생각하는 게 나을 것이다. 프리 재즈와 같은 비임상적인 음악하기 영역에서는 여전히 특정 인습(관습)을 따르고 있다. 그리고 고의로 부정되는 인습들조차 그 나름의 금지를 통해 새로운 인습을 창안한다. Stige의 말에 따르면, 이러한 사회적 측면은 그것들에 대한 부정에도 불구하고 언제나 관련성이 있다. 문화의 필수적 역할이란, "계통발생에서 개체발생까지 직접 가기는 불가능하다."라는 의미다(Stige, 2003, p. 157). 인류의 진화과정에서 음악의 역할은 개체의 발달과정 중 음악의 역할에 무비판적으로 적용될 수 없다.

Stige가 계통발생, 개체발생, 문화 간의 관계를 명확히 밝히는 특별한 이유는 그것이 음악치료와 관련이 있기 때문이다. 그는 만일 인류의 어린 시절에서 비롯된 특정한 음악적 성향이 존재한다면, 이는 모든 잠재적 인간이 음악적이며, 음악치료에 독창적 잠재성을 제시하는 것이란 의미라고 주장한다.

> 만일 후인습성이 계통발생 면에서 진화된 음악 역량으로서의 음악이라면, 그것은 모든 인간 존재의 발달에 대한 잠재성을 대표할 것이다. 이 잠재성은 어떻게든 발달할 것이며, 개체의 개체발생에 따라, 그리고 다시 집단의 문화적 역사와 개체가 접촉하게 되는 사람들에 따라 다양한 방향으로 모양을 형성할 것이다.
>
> (Stige, 2003, p. 151)

음악의 스타일 형태는 임의적 구성체가 아니며, 오히려 다양한 생물학적ㆍ문화적ㆍ물리학적 고려사항의 상호작용에 따라 결정된다. 음악의 진화에 관한 John Blacking의 관점을 채택하면서, Stige(2003)는 "음악적 참여의 법칙과 구조가 사회적ㆍ문화적 삶, 인간의 생물학적 역량은 물론 개인의 경험과 긴밀히 연관되는 광범위한 기반의 프레임워크를 명확히 제시한다."라고 말한다(p. 153).

Stige는 음악치료 이론을 창안하는 과정에서 음악으로서의 음악을 고려해야 한다는 본 저자의 견해에 동의한다. 그는 전인습적 음악과정들을 통해 음악치료 과정들을 설명할 수 있다고 생각하지 않는다. 이러한 전인습적 관점들이 관련이 있는 이유가 음악이 그런 과정 없이는 존재하지 못하기 때문인 것은 맞다. 하지만 이는 생물학적 기반의 개념으로 음악치료를 설명하기 불충분한 이유를 설명해 주는 문화의 미학적 정체성과 더불어 혹은 문화의 미학적 정체성을 제외한 문화적 고려사항을 음악이 반영하는 방식이다. Stige에 따르면 음악치료 과정에서 발생하는 모든 것을 고려하는 데 그것들이 필요하지만 설명하기에 충분치는 않다. Stige(2003)는 음악은 언제나 어떤 표현 장르 안에서 발생할 것이므로, 음악치료 분야에서의 음악을 "전인습적이기보다 후인습적인 것으로" 생각하는 게 더 합당하다고 계속해서 말한다(p. 171).

음악치료에 관한 생물학적 기반의 이론의 적절한 한계점에 관한 나 자신의 관점은 Stige의 비판을 받아 왔다. Stige는 내가 생물학적 관점을 비판하는 주요 원인 중 하나는 그런 관점들이 음악의 가치의 진화론적 요소들로의 환원을 대표하기 때문이라고 정확히 말한 인물이다. Stige는 그런 유형의 환원이 필연적인가에 관해 적절한 질문을 한다. 그는 현재 생물학 이론의 결함이 원칙적으로 생물학 이론의 가치에 불리하게 작용한다고 믿지 않는다. 오히려 "생물학적 관점은 인류에 대한 이해에 필요하지만 충분하지는 않은 관점이라고 생각할 수 있다"(Stige, 2008a, p. 26). 생물학이 음악치료 이론과 관련이 있는지의 여부를 주장하기보다는, "음악과 음악감상에 관한, 진화론적 정보에 입각한 어떤 관점이 음악치료에 관해 최상의 정보를 제공할지" 판단하는 게 더 유익할 것이다(Stige, 2008a, p. 26).

음악치료의 기본이 되는 생물학 이론에 대해 내가 거부하는 부분적 원인은 음악을 자연선택의 직접적 대상이거나 아니면 인간의 행복에 중요하지 않은 것으로 보는 기존 문헌에서 그릇된 이분법이 나오기 때문이다. 음악의 기원에 관한 기존의 생물학적 관점의 자만심은 만일 그것이 (선택을 위한 대상이란 점에서 반영되는) 생존적 가치를 지니지 않는다면, 그것은 실제로 인간에게 비본질적 가치에 해당하거나 중요하지 않은 것이다. 음악치료사들은 개체발생적인간의 발달과 긴밀하게 연관된 방식으로 음악의 진화론적 가치를 옹호하는 Dissanayake의 이론과 같은 여러 이론을 뒷받침하는 과정에서 암묵적으로 이런 자만심에 동감하게 된다. 이런 생각은, 만일 음악이 선택된다면 일반적으로 음악의 가치를 위한, 구체적으로 음악치료를 위한 근거를 제공하게 된다는 것이다.

음악치료에 대한 토대로서 진화론적 관점은 두 가지 측면에서 오류가 있다. 첫째, 음악을 생물학적 생존과 번영에 연관시킴으로써, 인간의 삶에서 음악이 지닌 가치의 심리사회적 측면이 감소하고 부수적·이차적 결과물로 환원되었다. 여러 저자가 음악의 주요 가치를 설명해 준다고 믿는 것들이 부수적인 부산물로 환원되는 것이다. 둘째, 생물학적 관점에 특권이 부여되고 음악은 오직 진화와 개별 인간의 발달의 측면에서 생물학적 의의 때문에 가치를 지니게 된다.

하지만 나는 음악 철학자인 David Elliott(1995)의 입장에 동의하는데, 그는 음악하기가 가장 귀중한 인간의 경험이라고 주장한 사람이다. 그는 자기성장, 자기지식, 즐거움이 음악 제작의 주요 이유라고 단언한다. 그것들은 모두 다른 것들의 근본이 된다. 음악에 대한 인간의 참여는, 자기에게 명령을 내리고 자기를 강화하는 활동들로 구성되며, 인류로서 우리의 목표는 이런 욕망을 반영한 활동에 관여하는 것이다. 우리는 자기개발을 지향하는 우리의 기본 욕구에 부합하는 활동이 즐겁고 의미 있으며, 자기의 발달은 일차적으로 생물학적 필요성이 없는 활동들로부터 비롯된다고 생각한다.

요컨대 나는 음악이 생물학적 가치를 지녔다고 표현되는 게 잘못된 게 아니라고 생각한다. 내가 틀렸다고 믿는 것은 음악이 생물학적 가치를 입증하는 데 필수적이란 것이다. 생물학적 사유를 음악치료에 적용할 때, 그런 필요성을 기본 가설로 삼지 않고 적용할 수 있는 관점을 찾아야 한다.

신경학자인 Aniruddh Patel(2008)이 제안한 구조가 바로 그러한 관점이다. 그는 분석을 통해, 위에서 설명한 이분법이 잘못된 것이며 기존의 증거로는 음악의 선택적 가치를 드러내지 못한다는 것, 그리고 가장 중요하게 하고 이로 인해 인간을 위한 음악의 가치가 감소하지 않는다는 것이 입증된다.

음악 능력이 선택된 것인지 아니면 음악이 다른 목표를 위해 고안된 능력을 이용하여 발생한 것인지 판단하는 데 충분한 증거가 존재한다고 말하기는 어렵다. 우리는 음악이 선택된 것인지 혹은 이러한 선택 가치(예: 성적 매력, 집단 결속, 언어 준비 등)의 특성이 무엇인지 결코 알지 못할 것이다. Patel의 관점은 음악치료사들이 다음 두 가지 이유에서 진화론적 의문들에 대한 답변을 기다리지 말아야 한다는 점을 보여 준다. 첫째, 그 답변은 결코 나타나지 않을 것이다. 둘째, 그 답변이 음악의 주요 가치를 설명하는 데 부적절할 수 있다.

Patel(2008)은 "진화론적 견지에서 언어와 음악이 특이한 현상인 이유는 단지 하나의 종에게서 나타나기 때문"이란 점을 인정한다(p. 355). 하지만 음악이 보편적이며 인간에게 독특한 것이기 때문이란 것이 음악이 반드시 자연선택의 과정을 통해 나타난다는 의미는 아니다.

> 불을 피우는 예는 우리가 보편적으로 독특한 인간의 기질을 볼 때 단순히 그 기질이 선택의 직접적 대상이라고 가정할 수 없다는 것을 우리에게 가르쳐 준다. 실제로 과학적 관점에서 볼 때, 해당 기질이 선택의 직접적 대상이 아니라는 영가설을 취하는 게 낫다(왜냐하면 직접적 대상이란 가정은 거의 안 하므로). 누군가는 이런 가설을 부정할 충분한 증거가 있는지 물어볼 수 있다.
>
> (Patel, 2008, p. 356)

그 문헌에 대한 Patel의 철저한 조사를 통해 그는 영가설을 거부할 수 없다는 결론을 내리게 된다.

일부 저자는 뇌조직이 음악에 특정되어 있고 선택을 통해 나타난다고 주장하기 위해 뇌의 특정 영역이 손상됐을 때 나타나는 음악 기능의 상실이라는 특이성을 언급한다. Patel은 이런 경우, 음악 능력의 상실은 그 자체로 음악의 기원이 선택과정에 있음을 입증해 주지 않는다고 말한다. 음악 전용 뇌 영역을 예시하는 이러한 기능의 단위성(modularity)이 존재하기 때문이라고 해서, 그런 기능들이 음악적 참여를 통해 발달한 것이라기보다는 선천적이란 점이 입증되지는 않는다. 왜냐하면 그런 기능은 "선천적으로 특정된 뇌의 특수화를 반영하기보다는 발달의 결과물일 수 있기 때문이다."(Patel, 2008, p. 357)

음악치료에 관한 새롭고 중요한 관점에서 볼 때 Patel은 음악을 인간이 창조한 자기변화를 위한 기술이라고 묘사한다. 왜냐하면 음악은 사람들이 매우 가치 있게 여기는 경험을 제공하기 때문이다. Patel의 새로운 관점은 그가 쓴 책의 여러 장 중 하나인 '음악은 적응물도 장식물도 아니다.'에 요약되어 있다. Patel은 인간의 마음이 구체적으로 음악 역량을 위해 고안되었다는 증거가 발견되지 않았다면, 우리는 음악이 인간 존재의 장식물이란 결론을 내려야 하는가라는 수사학적 질문을 던진다. 그럴 경우, 음악은 순수하게 쾌락적 환기를 제공하며, 인류에게 큰 대가를 요구하거나 요구하지 않고도 쉽게 이행될 수 있다는 건 사실일까? Patel은 이 질문에 대해 부정적인 답변을 한다.

> 나는 적응물과 장식물 간의 선택은 잘못된 이분법이며 음악은 다른 범주에 속한다고 주장하고 싶다. 호모사피엔스는 그 존재를 변화시키는 것들을 발명하는 능력의 측면에서 살아 있는 모든 유기체 중 독특하다. 저술된 언어가 그 좋은 예다. 이런 기술[12]을 통해 시공을 가로질러 복잡한 사유를 공유하며, 어떤 단일 인간의 마음이 지닌 한계를 초월해 지식을 누적할 수 있다. …… 음악은 이러한 사고적 틀 내에서 현명하게, 다시 말해 우리가 인간의 삶을 변화시키기 위해 발명한 것으로 생각할 수 있다. 다른 변형적 기술처럼 일단 발명되고 체험하게 되면 그것은 사실상 포기하기 불가능해진다.
>
> (Patel, 2008, pp. 400-401)

음악을 변형적 기술로 개념화하면, 인간의 문화 안에서 음악의 편재성이 설명된다. 음악의 보편성은 인간이 보편적인 가치가 있다고 보는 경험을 하도록 하는 음악의 역량에 있다. Patel(2008)은 이러한 경험 유형의 두 가지 예로 "정서적인 미학적 경험과 정체성 형성"을 제시한다(p. 401).

음악은 (인간의 문화 안에서 보편적으로 존재하는) 불과 비슷하다. 왜냐하면 불을 통제하는 것은 인간의 삶을 매우 가치 있게 변화시킨다는 점에서 비슷하기 때문이다. 그리고 이러한 변형적 기술(불, 음악, 저술된 언어)의 발달 방향은 순환적이지 않고 선형적이다. 이런 현상이 일단 나타나면 사라지지 않는 이유는 인간이 그런 특정 기술 없이 살 수는 있지만, 그렇다고 포기하기에는 가치가 매우 높기 때문이다.

인간의 몸과 뇌가 음악이 아닌 언어 실력을 위한 자연선택에 의해 형성되었다는 Patel의 입장은 독단적으로 정한 게 아니라 기존 증거에 대한 엄격한 분석에 의거해 정한 것이다. 그는 아직 발견되지 않은 증거가 이런 점에서 음악의 지위를 변화시킬 수 있기 때문에 가능성을 열어 두고 있다. 그러나 다시 말하지만, 그는 음악이 '생물학적 적응물이나 장식물의 결과물'이라는 잘못된 이분법을 거부하기 때문에, 음악이 인간의 발명품이라 하더라도, 그로 인해 음악의 지위나 중요성이 떨어지지는 않는다는 것이다. 실제로 Patel이 음악을 불을 관리하는 능력보다 더 놀라운 현상으로 보는 이유는 음악이 인간의 자기변형 능력을 대표하기 때문이다. 음악은 "우리 뇌의 정신력의 산물일 뿐만 아니라, 뇌를 변화시킬 힘을 지니고 있다. 그것은 인류의 상징물이며, 우리 자신의 본성을 변화시킬 독특한 능력이다."(p. 412)

이런 식으로 Patel은 음악을 자기변형에 대한 우리의 내적 욕구의 반영물로서 인간을 창조한 것으로 보고 있다. 인간을 환경의 압박에 따라 순수하게 반응하는 유기체로 고려하는 대신, 그의 관점에서 사람들은 지속적인 진화의 방향으로 향해 가면서 일정한 역할을 할 수 있는 역량을 부여받았다. 이런 면에서 음악에 대한 Patel의 관점이 중요한 이유는 생물학적 기반을 둔 관점이면서도, 음악치료의 실천과 이론에 담긴 인류라는 개념에 부합하기 때문이다.

Notes

1. 역자 주: 환원주의(reductionism)는 복잡하고 추상적인 사상(事象)이나 개념을 단일 레벨의 더 기본적인 요소로부터 설명하려는 입장이다. 어떤 실체는 그보다 더 간단한 기본적인 실체로 이루어져 있다고 전제하고 전자에 관한 설명을 좀 더 기본적인 후자의 설명으로 대치하려는 사고의 형태다.

2. 역자 주: 환원적 철학에 대한 자만심(conceit)

3. 역자 주: 음악이 그 자체로 존재할 근거가 없다는 의미

4. 역자 주: 독창성을 인정하지 않는다는 의미

5. 역자 주: 유의성(valence)은 서로 반응하거나 영향을 주고받는 사람(사물)의 포용력 또는 개인 행위 따위가 갖는 끄는 힘을 말한다.

6. 역자 주: 대칭성, 유사성이 없다는 의미

7. 역자 주: 이완시키는 등의 유익함

8. 역자 주: 심리·사회 영역의 기능들

9. 역자 주: 선택적 진화(exaptation)는 어떤 환경에서 진화된 후 다른 환경에서 다른 기능을 위해 진화된 구조를 말한다.

10. 이러한 반응은 Aigen(2008)에서 최초로 보고되었다.

11. 역자 주: 효능을 모름

12. 역자 주: 글 쓰는 기술

제6부

음악치료 이론이 어떻게 발전하고 있는가

16 CHAPTER 음악치료의 구조적 경향에 관한 개요

이론: 어떤 점에 이로운가

음악치료 분야에 담겨 있는 전통적인 지혜를 통해 이론의 중요성이 항상 확인되어 왔으며, 연구 및 임상 실습 분야에 걸쳐 이론은 음악치료라는 지식분야의 세 가지 중심축 중 하나로 구별되어 왔다. 이러한 생각은 곧, 이론에 의해 인도되지 않는 실습과 연구는 각각 체계적이지 못하고 변변치 못하게 될 위험을 안게 된다는 것이다. 이론에 의해 인도되지 못한 임상 실습은, 착수된 절차에 대한 논리적 근거를 제시하지 못하고, 이론에 의해 인도되지 못한 연구는 그 연구를 임상에 적용하는 게 적절하다는 점을 보장할 수단을 지니지 못하게 된다.

하지만 여러 사회적 영역에 담긴 전통적인 지혜의 경우 흔히 그렇듯, 자주 반복되는 주장에는 오류가 존재한다. 음악치료 실습에 대해 가장 오래되었고 가장 유명한 고유의 모델 세 가지—분석적 음악치료(AMT), 유도된 심상과 음악(GIM), Nordoff-Robbins 음악치료(NRMT)—는 매우 실용적인 방식으로, 즉 일차적으로 절차와 프로토콜을 지시하기 위한 최상의 한 가지 이론이 없는 임상 실습의 형태로 진화했다.[1] 이러한 임상 모델들은 실험적 차원에서 발달되어 왔으며, 완전히 발달된 이론 없이도 성공적으로 시행되어 왔다. 두 모델 내에서 발달되어 온 이론은 어째서 그 접근법들이 인과적(post-hoc)인 방식으로 유효할 수 있는지 이해하는 데 유용하지만, 실습이 그런 이론에 기반을 두고 있지 않은 것은 분명하다.

전통적인 관점에서 보면, 이론은 필연적으로 연구 내 검증을 위한 가설을 생성한다. 대다수 형태의 과학(학문)에서도 이론이 가설을 생성하긴 하지만, 음악치료 연구에서 양적 문헌 기반을 얼핏 살펴보면, 연구는 많이 발견되지만 이론은 거의 발견되지 않을 것이다. 게다가 이론이 질적 연구 분야에서 매우 다양한 역할을 하면서도 별로 눈에 띄는 역할을 하지 못하는 이유는, 이러한 형태의 탐구가 일차적으로 인간 경험에 관한 통찰력을 얻는 데 초점을 맞추고 있기 때문이다.

음악치료에 관한 두 가지 대조적인 시각은 이론에 관한 다양한 태도에서 확인할 수 있다. 음악치료에 관한 과학적 시각에서 볼 때, "설명적 모델을 제공하고, 관찰 중인 현상들의 인과관계에 관한 역동적 이해를 진전시키도록 도움을 주는 게 바로 이론의 기능이다"(Thaut, 2000, p. 4). 더욱 예술적인 음악 기반의 관점, 즉 반드시 인과관계를 구하지는 않는 관점에서 치료는 전형적인 예에 의해 인도된다. 이론은 인과적 근거, 전반적인 세계관과 가치 체계, 음악치료사들의 성공적 교육에 필수적인 기술 유형을 위한 지침을 제시함으로써 음악치료 내 사회적 구조를 지탱하는 대안적 역할을 한다.

음악치료 이론의 단계들

이론에 관한 전통적인 지혜와 관련된 이러한 차이들과 경고에도 불구하고, 1940년대 중반에 현대적인 (음악치료) 학과가 생긴 이래로 이론의 개발과 적용은 음악치료의 일부가 되어 왔다. 음악치료 이론에 관한 세 가지 발달단계를 구분할 수 있다. 이런 각각의 단계에서 이론은 임상 실습과 다소 다양한 관계를 맺었다.

제1단계에서 임상심리학에서 가져온 이론들은 지배적인 경향이 있었는데 1950년대부터 1960년대 말까지는 최초의 정신분석학이, 1960년대 말 이후에는 행동학적 학습이론이 지배적이었다. 몇 가지 면에서 음악치료 이론 자체는 없었다고 말하는 게 더 정확할 것이다. 왜냐하면 음악치료 이론가들은 심리학에서 가져온 구성체(construct)를 으뜸으로 여겼으며, 그러한 이해에 관한 모델들을 통해 음악치료 이론을 해석했기 때문이다. 예를 들어, 정신분석을 이용하는 과정에서 음악은 치료 면에서 유용한 초기 발달단계로의 회귀(퇴행)를 위한 도구로 간주되었으며, 행동학적 음악치료 분야에서 음악은 강화의 한 형태로 고려되었다. 새로운 메커니즘이 제시되지 않았고, 고유의 실습이나 개념이 촉진되지 않았다. 그 대신 음악치료는 그처럼 이전부터 존재하던 개념적 체계들에 맞춰지게 되었으며, 음악치료 실습이 그 체계들 안에 어떤 순응(accommodation)을 강제적으로 시행한다는 개념은 전혀 생각하지 않게 되었다.

1965~1981년 동안의 제2차 발달단계에서는 네 가지 음악치료 모델들이 제시되었는데 그 모델들보다 앞선 모델들과의 질적 차이점이 나타난다. 그 모델들이 처음 등장한 연대기적 순서에 따라, Nordoff-Robbins 음악치료(NRMT; Nordoff & Robbins, 1971, 1977, 2007), 분석적 음악치료(AMT; Priestley, 1975), 유도된 심상과 음악(GIM; Bonny, 1978a, 1978b, 1980), 그리고 Benenzon 음악치료(Benezon, 1981)는 임상 실습, 훈련방법, 지지하는 개념적 구조를 포

〈표 16-1〉 음악치료와 관련된 이론 모델의 발달 3단계

단계	연도	특징
1	1945~1964	심리학으로부터 차용된 아이디어
		거의 새로울 것 없는 구성
		이론과 실제(practice) 간의 빈약한 연관성
		이론과 연관된 특별한 교육이나 훈련의 부재
2	1965~1981	실제에서 발전된 치료 모델
		실제의 독점적 모델을 지원하기 위해 발전된 독창적 이론
		이론과 실제 간의 강력한 연관성
		특별한 훈련방법의 발전
3	1982~현재	고유의 이론 개시
		주로 사회과학, 예술, 생명과학으로부터 차용된 이론들
		실제의 일반적인 양식과 다중 모델에 관련된 광범위한 일반적 이론들

함해 최초의 완전히 발달된 음악치료 모델들을 대표했다. 그 모델들 간에 유의미한 차이가 있긴 하지만, 그것들은 여러 중요한 유사점을 지니고 있었다. 첫째, 각각의 모델은 임상 실습의 특정 영역에서 긴밀히 협력하는 단일 개인 혹은 팀 작업에 의해 창작되었다. 둘째, 각 모델은 임상 실습으로부터 실용적으로 개발되었다(이론이 실습을 유도하기보다 실습이 이론을 유도한다). 셋째, 각 모델은 음악과 음악적 경험의 공유의 특징을 이용했다. 넷째, 각 모델의 개발자들은 음악치료사로서, 그들의 임상적 경험에서 기인한 새로운 개념들을 제시한다. 다섯째, 각 모델은 그 모델을 정의해 주는 특유의 임상 실습을 담고 있다. 이런 모든 면에서 네 가지 모델은 그 이전의 모델에 비해 질적인 진전을 대표했다.

여러 가지 이유로 이론은 이 모델들 내에서 특별히 눈에 띄지 않는데, 아마도 Benenzon 접근법은 예외인 듯하다. 대부분의 경우, 그 모델들의 절차는 몇 가지 핵심적 원칙에 기반을 둔 실습 내에서 실용적으로 개발되었으며, 분

석적 음악치료(AMT)와 유도된 심상과 음악(GIM)의 경우는 그 모델들의 창시자가 수행한 자기실험(self-experimentation)에 의해 개발되었다. NRMT의 경우, Paul Nordoff와 Clive Robbins는 장애아동에게 즉흥연주를 제공해 주면 잠재되어 있는 능력을 일깨운다는 근본적 믿음을 지니고 있었다. GIM을 개발하는 과정에서 Helen Bonny는 의식이 변화된 상태에서 구체적으로 기획된 음악 프로그램에 귀 기울이면 심리적 치유와 발달을 용이하게 하는 심상이나 그 밖의 경험을 떠올리게 할 수 있다고 믿었다. AMT의 경우, 여러 AMT 중재가 정신분석적 추론에 기반을 두고 있다는 점에서 암묵적인 이론적 기반이 존재한다고 주장할 수 있지만, Mary Priestley가 자신의 접근법을 개발하는 데 근거로 삼은 분석적 구조 내에서 음악이 어떤 기능을 할 수 있는가에 관해 기존에 나온 이론은 없었다.

물론 그렇다고 해서 이론이 그런 모델 내에서 아무런 역할을 하지 않는다는 뜻은 아니다. 이는 이론이 하위(종속적) 역할을 한다는 것으로, 즉 사실이 발견된 다음에 개발되었고, 일차적으로 모델들의 기본 메커니즘 중 일부를 설명해 준다는 의미다. 예를 들어, Nordoff와 Robbins은 "음악 아동(music child)"이란 개념, 즉 "모든 아이가 태어날 때부터 지닌 개별화된 음악성"(2007, p. 3)"이란 개념을 개발하여, 반응이 없던 아이들에게 목격되는, 즉흥음악에 특별히 반응하는 모습을 설명하였다. Mary Priestley는 "공명체 기능(resonator function)"이란 개념을 개발하여, 음악치료사가 창작된 음악의 잠재적 내용과 공명함으로써 "임상적 유의미성을 어떻게 이해하는지" 설명하였다(Langenberg, Frommer, & Tress, 1993, p. 61). 하지만 이러한 메커니즘은 성공적인 임상 실습에 관한 인과적 반성으로부터 발생했다. 이론은 실습을 좌우하기보다 실습을 반영한다.

제3차 발달단계, 즉 21세기의 첫 10년이 되어서야 실제로 완전히 모습을 드러냈던 단계에서 이론은 음악이 성숙해짐에 따라 음악치료 분야에서 더욱 눈에 띄게 되었다. 하지만 Thaut(2008)의 경우를 제외하고 제3차 단계에서 나타난 음악치료에 관해 생각하는 모든 방식은 실습을 좌우하기보다 실습을 설명해 주는 이론을 제시한다는 윤리를 따르게 되었다. 추상적인 개념 체계들, 기금 지원과 관련된 실용주의적인 사회적 우려, 혹은 연구 및 의료 분야에서 협소하게 한정되는 인식론의 위치에 의해 지시되는 어젠다에 충성하기보다 내담자에게 제공하는 서비스를 중시하는 이러한 실용주의적 접근법은 서비스 직업으로서 음악치료의 가치에 깊이 뿌리내리고 있다. 이와 동시에 그 접근법은 인식론, 과학철학, 그리고 음악치료 분야의 여러 저명한 이론가가 순응해 온, 광범위한 기반을 둔 인문주의적 가치 체계를 나타낸다.

제3차 단계에서 나타난 다양한 방향이 이 장^{2}의 초점의 대상이다. 〈표 16-2〉에 제3차 발달단계에 등장하는 저자들과 출간물들이 연대기 순으로 제시되어 있다.

이러한 세 가지 단계에 정확히 들어맞지 않는 모델들과 이론들을 고려할 때, William Sears(1968, 2007a, 2007b)와 Carolyn Kenny의 연구를 반드시 검토해야만 한다.

Sears는 음악치료라는 현대적 직업의 초창기에 근거를 두고 있지만, 현대의 이론가와 관련성을 지닌 확장적 시각을 소유한 심오한 사상가였다. 이후의 이론가들에 대한 Sears의 관련성은 Kenny와 Rolvsjord와 같은 저자들의 연구에서 확인할 수 있다. 이들 중 후자(Rolvsjord)는 "Sears의 범주화의 목록이 자원 지향적 음악치료에 대한 선언서와 비슷하다."는 점을 관찰한다(Rolvsjord, 2010, p. 6). 그가 특정 형태의 실습과 연관이 없는 이유는 그의 사상의 내용 및 스타일이 임상적 모델 및 학술적 학과들을 구별하는 수준을 초월했기 때문이다. 그의 사상은 이 장에서 상세히 논의하지는 않을 테지만, 음악치료 분야에서 현대의 사상이 지닌 맥락을 충분히 이해하기 위해 그의 기여도의 특성을 상세히 다루는 게 중요하다.

Sears는 상당히 영향력 있는 연설가이자 교사였지만, 문서화된 기록물 면에서는 별로 남긴 게 없다. 실제로 '음악치료의 과정'에 관한 출간물(Sears, 1968)은 1968년에 출간된 것으로, 그 출간물의 개정판 및 앞서 발표되지 않는

〈표 16-2〉　제3단계 음악치료 방향 연대순 제시

놀이의 장/신화적 근간 Field of Play / Mythic Artery (Kenny, 1982, 1987, 1989, 2006)
생물의학적 음악치료 Biomedical Music Therapy (Taylor, 1997)
신경학적 음악치료 Neurological Music Therapy (Thaut, 2000, 2008)
문화중심 음악치료 Culture-Centered Music Therapy (Stige, 2002)
심미적 음악치료 Aesthetic Music Therapy (Lee, 2003)
공동체 음악치료 Community Music Therapy (Pavlicevic & Ansdell, 2004)
복합성 기반 음악치료 Complexity-Based Music Therapy (Crowe, 2004)
음악중심 음악치료 Music-Centered Music Therapy (Aigen, 2005a)
유사 기반 음악치료 Analogy-Based Music Therapy (Smeijsters, 2005)
대화적 음악치료 Dialogical Music Therapy (Garred, 2006)
페미니스트 음악치료 Feminist Music Therapy (Hadley, 2006)
자원 지향적 음악치료 Resource-Oriented Music Therapy (Rolvsjord, 2010)
인문 지향적 음악치료 Humanities-Oriented Music Therapy (Ruud, 2010)

몇 편의 연구로 구성된 하나의 저작물 전체가 2007년에 만들어지기 전까지 활용 가능했던 유일한 저작물들 중 하나였다. 현재의 맥락에서 몇 가지 논의를 담고 있는 것이 1968년의 출간물이다.

Sears의 연구는 세 가지 광범위한 경험의 범주, 즉 구조 내 경험, 자기조직 (self-organization) 내 경험, 타인과의 관계에서의 경험 안에서 발생하는 것에 관한 세부적인 분류법으로 구성된다. 그의 분류법의 내용이 현대의 기준에서 볼 때 포괄적인 것은 아니며, 그것의 용어법이 그 당시 정확성을 확보하고 있던 행동주의 접근법에 의해 유의미한 정도로 영향을 받긴 했지만(다만, Sears는 행동주의에 대해 반감을 가지고 있었다), 자신의 연구에 대해 Sears가 접근한 방식 중 몇몇 측면은 이후의 발달에 대한 의미 있는 전조로서 행동주의를 제안하고 있다.

① 그의 능동적 바람은 특정 심리학적 방향에 국한되지 않는 함축적 아이디 어지만, 음악치료의 포괄적 구성요소로서 그것들을 표현하기에 음악치료가 실행되는 가운데 모든 다양한 방향과 관련성이 있어야 한다.
② 음악치료의 유익함을 생각하도록 하는 요소로서 인간 경험의 중요성, 즉 Taylor와 Thaut의 방향을 제외하고, 현대 음악치료의 방향성의 우월성(지배성)에 의해 뒷받침되는 개념에 대한 강조
③ 음악이 독특한 특징과 구조를 지니며, 음악치료의 유익함이 음악이 개인 안에서 불러일으키는 구조화의 과정에서 비롯된다는 인식
④ 음악과 음악적 경험이 발생하는 맥락 간의 상호작용에 대한 강조
⑤ 음악치료에 대한 정확한 모델이 비선형적이고 비계층적이어야 한다는 믿음(이는 그의 원래 모델을 개정하는 과정에서 강조되는 것이다)

(Sears, 2007b)

현대의 이론가들은 Sears의 사유가 지닌 이런 온갖 요소를 다양한 정도로 받아들여 왔다. 이런 경향에 관한 논의를 하기 전에 나는 지적인 단계들이란 개념에 관해 몇 가지 논평을 하려 한다. 별개의 독립된 단계로 진행되는 사유의 발달에 대한 묘사는 추상적이지만, 이해를 촉진하는 데 도움을 줄 수 있다.

각 단계에서 저자들은 여러 본질적 특징을 공유하지만 일부 저자는 과도기적 인물로 생각하는 게 더욱 정확하며, 그들이 지닌 생각의 배열 때문에 그 생각들을 정확히 범주화하기가 어려워진다.

특히 Carolyn Kenny와 같은 저자들의 경우가 그렇다. 1980년대에 걸쳐 그녀의 주요 발간물이 나온 시점은 초기 발달단계와 일치하며, 그녀의 사상에 담긴 내용은 제3차 발달단계의 내용에 가장 적절해 보인다. 그녀는 독창적인 인물로서 그녀의 글들은 주로 이후의 저자들이 더욱 추가로 진척시켰던 새로운 영역을 개척하고 있었다. 실제로 1982년에 제3차 단계가 시작된 유일한 이유는 그해에 Kenny의 발간물을 수용했기 때문이다. 만일 그녀의 연구들을 고려하지 않았다면, 제3차 단계의 시작은 실제로 Taylor(1997)의 서적이 등장한 15년 뒤로 미뤄졌을 수 있다.

Kenny의 기여사항에는 광범위한 학술적 사유가 포함되며, 그녀는 여전히 현대의 음악이론에 상당한 기여를 하고 있다. 그녀의 두 가지 주요 저작물 (Kenny, 1982, 1989)[3]에는 음악이론 문헌 면에서 독특한 과도기적 인물로서 그녀의 입지를 공고하게 만들어 준 중요한 측면들이 담겨 있다. Kenny의 최초의 주요 발간물은 음악 및 음악 경험의 고유의 특질로부터 도출한 음악이론의 공식화를 명확히 하는 데 초점이 맞춰져 있으며 그것은 의료, 치료, 과학이라는 전통적인 개념을 의식적으로 초월하려는 최초의 음악치료 발간물 중 하나였다. 임상 조건 및 필요를 토대로 하는 치료 양식으로서 음악치료에 대한 근거를 공식화하기보다, 그녀는 음악이 창작적 배출구(outlet), 아름다움의 경험, 의식(ritual)을 통한 공동의 지혜의 연관성에 대한 보편적인 인간의 욕구를 어떻게 충족시키는지에 초점을 맞췄다. 그녀가 지닌 건강에 대한 개념은 전체론적이며, 그녀는 음악치료사들이 음악이 자기 내담자 안의 자원을 활성화시키는 방식을 취하도록 하고 있다. 그녀의 저작물은 신화와 의식(ritual)에 관한 인류학적 사유를 서양의 고전적 전통 안에서의 음악에 관한 음악학적 사유와 연결시킨다는 점에서 통합적이며, 동일한 신화적 힘이 두 영역 모두에 존재한다는 점을 보여 준다.

그녀의 두 번째 주요 저작물(Kenny, 1989)에서는, 광범위한 임상적 모델과 접근법에 적용시키려는 음악치료 실습을 위한 이론적 모델을 명확히 제시한다. '놀이의 장(Field of Play)'이라 불리는 이 모델은 "음악치료 경험의 본질적 요소들"(Kenny, 2006, p. 98)로 구성되며, 3개의 일차적인 장(미학, 음악적 공간, 놀이의 장)과 4개의 이차적인 장[의식(ritual), 의식(consciousness)의 상태, 힘, 창의적 과정]을 포함하는, 7개의 장으로 분화된다. 그것은 제3단계 내 여러 저작물보다 몇 년 더 앞선 것이지만, 그것의 지배적인 특징들을 통해 Kenny의 저작물은 이러한 후기 단계에 포함된다는 점이 뒷받침된다. 이런 특징에는 실습하는 법 및 여러 다양한 임상적 모델에 적용되는 능력에 대한 규정과 반대로, 기존의 실습을 묘사하는 데 초점을 맞추고 있다는 점이 있다. 이를 통해 다양한 형태의 치료를 가로지르는 임상 실습을 묘사하고 개념화하며 설명하는 방식이 제시된다. 제2단계의 모델들과 그 방식의 주요 유사점 및 제3단계의 모델들과의 주요 차이점은 그것의 기원이 한 개인의 독특한 시각에 따른 산물이란 점이다. 이 차이점 때문에 Kenny가 분류를 하기가 더욱 어려워지지만, 그녀를 제3단계에 놓을 때 나는 그것들의 기원보다 그녀의 개념에 담긴 내용을 더욱 중시하였다.

여섯 가지 요소들은 제3단계 방향들 중 많은 것에 공통적인 것들로서, 〈표 16-3〉에 목록으로 제시되어 있다. '실행적 반영' 영역에서, 열세 가지의 현대의 방향(orientation) 중 아홉 가지는 기존의 임상 실습에 관한 관점 혹은 견해를 제공하는 데 초점을 두며, 열한 가지 접근법[4]은 고찰할 만한 새로운 임상 모델을 제시하지 않는다. 이는 아마도 제2단계의 이론들, 즉 이론, 중재, 훈련 방법으로 구성된 임상 모델을 제안한 이론들 간에 가장 명확한 차이일 것이다. '음악의 강조' 및 '음악 기반의 설명'은 열세 가지 방향 중 열두 가지를 특징지으며, 이러한 이론적 선호는 심리학에서 나온 개념들이 지배하고 있던 과거 음악치료의 시대와 첨예한 대조를 이룬다. 광범위한 기존 실습의 영역을

〈표 16-3〉 제3단계 방향의 특징

	실행적 반영	비임상적 모델	음악의 강조	통합적 초점	의학적 모형 비평	맥락의 강조
놀이의 장 Field of Play	✓	✓	✓	✓	✓	
생물의학적 음악치료 Bio-Medical MT		✓	✓	✓		
문화 중심 음악치료 Culture-Centered MT	✓	✓	✓	✓	✓	✓
심미적 음악치료 Aesthetic MT		✓	✓		✓	
공동체 음악치료 Community MT	✓	✓	✓	✓	✓	✓
복합성 기반 음악치료 Complexity-Based MT	✓	✓	✓	✓	✓	
음악중심 음악치료 Music-Centered MT	✓	✓	✓	✓	✓	
유사 기반 음악치료 Analogy-Based MT	✓	✓	✓	✓		
신경학적 음악치료 Neurological MT			✓	✓		
페미니스트 음악치료 Feminist MT				✓	✓	✓
대화적 음악치료 Dialogical MT	✓	✓	✓	✓	✓	✓
자원 지향적 음악치료 Resource-Oriented MT	✓	✓	✓	✓	✓	✓
인문 지향적 음악치료 Humanities-Oriented MT	✓	✓	✓	✓	✓	✓

가로질러 적용 가능한 보편적 혹은 기본적 이론을 창출하려고 시도하는 통합적 초점 역시 다루고 있는 방향들 중 열한 가지의 지배적인 특징이다. 음악치료 실습을 위한 토대로서, '의학 모델 비평'은 열세 가지 방향 중 열 가지를 특징짓는다. 그리고 '사회적 맥락'에 대한 고려로, 여러 접근법 중 여섯 가지가 특징지어진다.

〈표 16-3〉에 대한 피상적인 검토를 통해 그 방향들 중 아홉 가지 방향이 여섯 가지 특징 중 적어도 네 가지를 지니고 있고, 그 방향들 중 네 가지는 세 가지 혹은 그 미만의 공동의 특징을 지니고 있음이 드러났다. 이러한 네 가지 외부 요인(outlier)은 심미적 음악치료, 페미니스트 음악치료, 생의학적 음악치료, 신경학적 음악치료다. 이런 접근법 중 첫 번째 것이 이론적 스펙트럼의 한쪽 끝에 존재하는 이유는 그 방향들 중 가장 탄탄하게 예술에 기반을 두고 있기 때문이며, 나머지 두 개의 접근법이 스펙트럼의 다른 한쪽 끝에 존재하는 이유는 그것들이 전통적인 의학 및 자연과학 원리들과 가장 긴밀히 연계되어 있기 때문이다. 흥미로운 점은 가장 상반된 두 가지 접근법인 심미적 음악치료와 신경학적 음악치료가 공유하고 있는 한 가지 특징이 음악을 강조한다는 점이다.

현대 음악치료의 방향들

음악치료 분야에서 현대의 사상을 구성하는 이러한 실체들은 정확히 무엇일까? 놀라운 점은 신경학적 음악치료에 관한 자신의 생각을 세부적으로 제시한 Thaut의 발간물을 제외하고 다른 어떤 발간물도 음악치료의 제2차 단계 중 개발된 유형에 대한 임상 모델을 제시하지 않는다는 점이다. 제2단계에서 네 가지 치료 모델에는 구체적인 절차, 기법, 목적, 이론들이 담겨 있으며, 이것들 모두 실습 작업 중인 임상가들에게 방향을 제시하기 위해 상호 도움이 되는 방식으로 기능을 한다. 신경학적 음악치료를 제외한 열두 가지 방향을 고려해 보면, 그들 중 어느 것도 이런 의미에서 임상적 치료가 아니다. 내가 그것들을 방향(orientation)이라 부르는 이유는 그것들이 생각의 경향들이기 때문이다. 그것들은 기존의 음악치료 실습의 가치를 경험, 묘사, 설명하는 양식을 제안한다. 가치, 개념, 명백한 철학적 기반을 구성하는 그것들은 단순히 이론이라고 묘사할 수 없으며, 다만 이론적 구성체를 포함하고 있다. 그것들이 특정 중재, 절차, 목표를 포함하고 있지 않기 때문에, 모델이란 용어는 적절치 않을 것이다. 내가 방향이란 용어를 선택한 이유는, 그것들 모두 다양한 기존 실습을 관찰할 수 있거나 새로운 실습을 개발할 수 있는 관점을 나타내기 때문이다. 실제로, 그것들은 ① 기존 실습을 설명하는가, ② 새로운 실습을 위한 토대를 제시하는가, ③ 실제로 새로운 실습을 개발하는가와 관련된 그것들의 상대적인 입장에 따라 다음과 같이 범주화될 수 있다.

그룹 1: 기존의 실행에 대한 지원 제공

Aigen, Garred, Kenny, Pavlicevic, Ansdell, Rolvsjord, Smeijsters, Stige

최대 하위 그룹 안에서 이러한 발간물 각각은 기존의 임상 실습을 바라보는 방식을 나타내며, 그러한 실습에 반응하여 창작되었다고 주장한다. Smeijsters의 유사(analogy)에 관한 초점은 대규모 음악치료 문헌에 대한 그의 실증적 분석으로부터 생겼다. 음악중심 음악치료에 관한 나의 생각과 공동체 음악치료라는 Pavlicevic과 Ansdell의 개념들은 이 분야에 이미 만연한 작업 방식에 대한 설명 및 근거를 제시하기 위해 존재한다. Garred는 이미 이 분야에 존재하는, '치료로서의 음악' 접근법을 뒷받침하기 위한 이론을 개발했다. Kenny는 이미 존재하는 과정을 정확히 반영하는 방식으로 음악치료 경험을 설명하기 위해 언어와 모델을 개발하고 싶어 하며, 특히 자신의 초기 연구에서 그녀는 정신과 내 음악치료 분야에서 자신이 경험했던 바에 일치하는 음악치료의 효율성에 대한 근거를 제시한다. 자원 지향적 음악치료에 관한 Rolvsjord의 생각을 통해 의학 모델 개념화를 다뤄 온 음악치료 문헌의 틈이 메워졌고, 그녀가 단언한 실제 실습은 자원 지향적 원리에 더욱 잘 맞춰 순응되었다. Stige(2002a)의 사상을 통해, 문화 지향적 음악치료를 개발하는 의도가 "특정한 새로운 형태의 실습을 촉진하는 게 아니라…… 음악치료의 새로운 실습과 확립된 실습 모두를 새롭게 이해하는 방식을 개발하는 것"임이 진술되었다(p. 5).

이러한 방향들 각각은 특정한 핵심적 구성체나 현상을 취하며(그것은 음악, 공동체, 문화, 유추 혹은 자원, 역량강화일 수 있다) 구성체의 중요성에 대한 주장을 하는 동시에 현재의 실습이 핵심적 구성체로부터 발달된 생각들을 통해 개념적 차원에서 뒷받침받을 수 있는 방식들을 상세히 제시한다. 이런 유형의 방향이 과잉된다는 것은 여러 해 동안 음악치료 실습이 음악치료 이론보다 앞서 발달되었다는 점을 시사한다. 제2단계의 네 가지 모델이 발달했음에도, 전 세계 음악치료사들의 대다수는 이러한 전매특허(proprietary) 모델들 중 하나 안에서 실습하기보다는 개인의 취향, 기술, 그들이 훈련을 받는 학술 프로그램의 방향을 조합한 보다 포괄적인 방법으로 일한다. 기존의 실습에 대한 토대를 제공하는 게 목표인 여러 방향의 증식은—그들의 개념적 정교화를 토대로 음악치료에 관한 새로운 사유방법이 개발되기도 하지만—이론 및 이론이 최종적으로 실습을 따라잡게 된다는 증거에 대한 강한 필요성을 시사한다.

그룹 2: 새로운 실행에 대한 기반 제공

Crowe, Hadley, Lee, Ruud, Taylor

제1그룹과 대조적으로, 이 이론가 그룹은 그들이 주장하는 바가 음악 치료에 대한 새로운 개념적 접근법을 나타내는데, 이는 이행될 경우 기존의 실습과 새로운 형태의 임상 실습 모두를 뒷받침할 것이다. 그들 모두는 개념들의 집합, 기본적인 철학, 특정한 가치 체계를 토대로 하는 새로운 형태의 실습을 위해 개념적 토대를 제공함으로써 임상적 음악치료의 개발에 영향을 미치고자 하는 욕망에 의해 특징지어진다. Crowe는 복잡성 과학과 혼동이론을 토대로, 음악치료에 대한 새로운 접근법을 개발하는 과정에서 시스템 이론으로부터 그녀가 '음악과 영혼 만들기(soulmaking)'라 부른 것을 도출했다. Hadley는 기존의 실습을 비평하고 새로운 실습 구축을 통한 페미니스트 치료와 모든 페미니즘 활용 원리의 다양한 관점을 정리한다. 그는 자신이 Nordoff-Robbins 음악치료에 빚을 지고 있음을 인정하지만, Lee(2003)는 음악 중심적이고 인본주의적인 측면을 지닌 "음악치료에 대한 새로운 접근법을 위한 청사진을 발견"하기 위해 음악학적 개념들을 이용한다(p. xvi). Ruud는 인간의 존엄, 공감, 자기결정과 같은 특징을 강조하는 인본주의를 토대로 하는 음악치료 실습의 한 형태에 대한 윤곽을 잡고, Taylor(1997)는 "음악의 기본 영역이자 모든 음악치료 응용 면에서 변화를 위한 일차적 초점으로서 인간의 뇌"라는 개념을 토대로 음악치료 실습에 대한 생물의학적 토대를 주장한다(p. 15). 생물의학적 접근법을 채택함으로써 "음악치료사들이 음악치료 지식영역을 설명하고, 전문임상가들을 가르치고 훈련시키며, 임상적 절차를 실행하고, 연구를 수행하는 방식에서 나타나는 변화들의 여러 함축적 의미"를 수반하게 되었다(p. 122).

Crowe, Lee, Ruud가 제공한 지침에 따른 실습은 이미 존재한다고 주장할 수 있다. Crowe의 경우 복잡성 과학이 새로운 형태의 치료로 이어질 것이라는 주장은 미국의 대부분의 곳에서 지배적이지만 미국 내 모든 음악치료를 대표하지도 않고, 음악치료의 국제적 실습을 정확히 묘사해 주지도 못하는 활동기반의 행동주의 형태의 음악치료로서, 음악치료 분야의 전형적인 실습에 대한 그녀의 고찰로 인해 강하게 색이 입혀진 듯 보인다. 명상, 직관, 음악적으로 규정적인 접근법에 대한 강조의 감소, 인간에 대한 전체적인 이해, 음악적 요소들에 대한 높아진 주의력과 같은 복잡성 음악치료의 요소들은 모두, 기존의 임상 실습 대부분을 특징짓는다고 말할 수 있다.

Lee의 경우, 그의 접근법과 Nordoff-Robbins 음악치료 간의 차이점들은 정확히 구분되지 못하고 있다. Lee는 자신이 분석적 · 구성적 관점을 통해 음악치료 즉흥연주를 분석했다는 점에서 자신의 개념들이 NRMT와 다르다고 말한다. 이런 관점을 통해, 기존의 NRMT에 영향을 받은 실습과 얼마만큼 의미 있는 차이를 나타내는 실습이 유도되었는지는 명확히 해결되지 못한 의문점이다.

마찬가지로, Ruud가 명확히 나타낸 관점 내에서 이미 수많은 음악치료 실습이 수행되고 있다고 주장할 수 있다. 그럼에도 이 모든 저자의 의도는 음악치료의 실습이 이뤄지는 방식의 변화에 영향을 미치는 것이며, 그것들을 연결시킨 다음 그룹 1 내 방향과 그것들의 방향을 구분하는 게 그들의 의도다.

그룹 3: 새로운 임상 모델에 대한 기반 제공

Thaut

Thaut는 과학과 의료에 관한 자신의 전통적 입장을 토대로 음악치료에 대해 전혀 새로운 방향을 홀로 제시하고 있으며, 전통적인 의학 모델의 교훈을 고집하고 있다. 그는 자신의 연구를 통해, 사회과학 구성체에 주로 의존하는 상황에서 순수하게 신경과학에 의해 지배되는 상황으로의 음악치료의 전형적인 변화가 표명된다고 생각한다. Thaut(2008)는 전통적인 관점의 한계는 "음악치료를 위해 산만하고, 보조적이며, 보완적인 역할을 했다."는 점이라고 믿는다(p. 114). 그의 생각은 진단에 특정된 기능적 치료 목표를 음악과 뇌에 관해 알려진 바를 토대로 하는 계획되고 체계적인 중재를 통해 어떻게 달성할 수 있는지 명확히 설명해 주는 신경과학적 프레임워크에 기반을 두고 있을 때 음악치료를 위한 보다 중심적 역할이 개척될 수 있다는 것이다. 그는 이러한 원리를 기반으로 하는 중재들의 표준화를 신경학적 음악치료(NMT)로 알려진 모델에 결합하였다. 하지만 Thaut의 접근법이 AMT, GIM, NRMT 같은 실습 형태와 같은 식의 실습 모델이 아니라고 믿을 만한 합당한 이유가 있다. NMT 는 며칠간 시행되는 훈련인 반면, 다른 형태의 실습은 수백 시간의 경험을 토대로 학습하는 데 몇 년이 걸린다. NMT로 구성된 기술 유형은 제2단계 모델을 구성하는 음악적 · 창작적 · 직관적 기술의 조합과 반대되는 응용 기술에서 많이 나타난다.

현대적 지향들의 통합적 초점

이 장에서 고려한 현대적 프레임워크 중 한 가지를 제외하고는[5] 통합적 초점을 주장한다. 그 프레임워크들은 각자의 방식대로 겉으로 보기에 공통점이 없는 실행들 간의 연계성을 확립하고 내담자 집단, 장애 상태, 치료 환경 혹은 중재와 같은 전통적인 부문을 가로지르는 방식으로 임상 연구를 위해 개념적 지원을 제공하려 한다. 그것들은 얼마나 폭넓게 그것들의 의미를 해석하는지, 그리고 그것들이 강조하는 영역을 실습을 제한하는 제약적인 방식으로 보는지 아니면 임상 실습을 확장하는 개방적 방식으로 보는지에 있어서 차이가 난다. 이처럼 광범위한 기반의 지침은 제2단계 음악치료 이론가들과 대조를 이루는데, 그 이론가들은 일차적으로 특정 임상 모델을 지향하는 이론을 고민했다.

음악치료와의 통합

나는 기본이론과 일반이론을 구분하면서도, 이런 경향(Aigen, 2005a)에 관해 앞서 논의해 왔다. 기본이론들은 임상 실습을 과학과 의료에 대한 전통적 관점을 토대로 합당하다고 생각하는 것으로 국한시키는 선험적인 인식론적 가설, 메타이론적 전념(참여), 실용주의적 고민을 토대로 삼고 있다. 일반이론들은 더욱 순응적이며, 기존의 실습에 대해 포괄적 보호를 하려 애쓴다. 이런 이론들이 주로 상향식 절차를 통해 만들어지는 이유는 실습을 조정하기 위해 개발되었기 때문이다. 기본이론들은 이와 반대에서, 하향식 양식으로 개발된 경우가 많다. 일반이론이 일반성과 독특성이라는 보완적 양극의 균형을 맞추는 일에 관여한다는 Kenny의 개념은 일반이론의 순응적 추진력을 뒷받침해 준다.

기본적 접근법에 대한 가장 강력한 지지자인 Thaut(2000)는 자신의 합리적인 과학적 중재 모델(rational scientific mediating model: RSMM)이 음악치료 실습의 미래를 대표한다고 주장한다. 실용적·인식론적 이유 때문에, Thaut는 음악치료 실습은 의학 모델을 특징짓는 과학의 전통적 개념을 고수해야 하며, 그 개념을 토대로 삼아야 한다고 믿었다. 음악치료 연구의 초점을 통해, 그가 음악치료의 초점이라고 주장한 비음악적 기능 영역에 대한 음악적 반응을 전달하는 일에 관여하는 메커니즘이 밝혀져야 한다. 모든 이론 모델—특히 그 특성상 기본적인 것으로 제시되는 이론 모델들—은 "① 음악 인지, ② 음악의 정서적 반응, ③ 음악 및 감각운동 과정" 에 관한 기본 지식을 토대로 삼아야 한다(Thaut, 2008, p. 117).

Thaut의 기본이론이 전반적인 직업에서 이행됨으로써 음악치료 분야가 통합되었지만, 독점적인 실습이 됨으로써 다른 임상적 접근법과 이론의 원천을 위한 여지를 남기지 않게 되었다. Thaut는 자신의 개념을 음악치료가 진전하도록 도움을 주는 수단으로서 제시했지만, 그런 개념을 엄격히 고수하게 되면 직업 내에서 다른 저자와 이론가들은 지지하지 않는 일정한 획일성이 생기게 되고, 내담자가 이용 가능한 임상적 서비스의 선택권을 크게 제한하게 된다.

Thaut의 위치는 명확히 기본적 위치인 반면, Taylor의 위치는 좀 더 모호하다. 그는 현재 필요한 것이 음악치료의 개념, 즉 "음악치료사들이 상대하는 극도로 광범위한 장애, 질병, 환경, 연령 집단의 유형까지…… 충분히 포괄적인"(Taylor, 1997, p. 5) 개념이라는 기준을 설정하는 과정에서 자기 이론을 위해 의도한 광범위한 범위를 보여 준다. 그는 자기 연구가 "음악의 치료적 가치에 관한 과거 이론의 위치를 지지, 교체 혹은 불신하려는 의도를 지니지 않고 있다."라고 주장하는 과정에서 다른 위치에 더욱 순응하는 듯 보이며, "그것이 공통점이 없으며 겉으로 보기에 양립 불가능한 이론들 간의 일관된 연계성에 해당하는, 다양한 이론을 위한 공동의 기반을 제공할 것"으로 예측한다(p. viii).

하지만 Taylor(1997)가 자신의 접근법을 상세히 묘사할 때, 그는 "그것이 의학 분야에서 음악의 응용 및 연구를 위해 실천적이고 유용한 기반을 제공할 것"이라고 말하며(p. 15), 따라서 좀 더 협소한 범위를 개척하는 듯 보인다. 하지만 그는 또한 음악치료의 생의학적 이론이 "전체 내담자 모집단 범위에 적용 가능하다는 측면에서, 음악치료 중재들을 체계적이고 객관적으로 정의한다."는 대조적이고(contrasting) 더욱 일반적인 주장을 하기도 한다(p. 15). Taylor는 뇌가 모든 다양한 음악치료 응용 분야에서 치료의 일차적인 초점이자 영역이라고 주장하는 것을 볼 때, 뇌 과학의 탁월함을 믿는 게 분명하다. 이러한 배제적 관점은 신경학적 고려를 기반으로 하지 않거나 그런 고려로 환원되지 않는 다른 형태의 음악치료 실습을 소외시킨다. 요약해 보면, Talyor가 심정적으로는 일반이론의 개념을 더욱 지향할 수 있지만, 그의 이론의 특이성(specifics)은 배제적 방식으로 기능하는데, 이는 기본이론의 특징에 더 가깝다.

이러한 주제상에서, 페미니즘 음악치료의 위치는 분별하기가 더 어렵다. 한편으로 어떠한 페미니즘 음악치료의 글에서도 적절한 형태의 실습을 명령하기 위해 페미니즘 원리가 이용되어야 한다고 주장하려는 노력은 보이지 않는다. 실제로 이는 내담자들의 역량강화 및 내담자들이 음악치료를 어떻게 받을지 선택하도록 하는 허용의 중요성에 관한 핵심 원칙들 중 하나와 대조를 이룬다. 다른 한편으로, Adrienne(2006)는 음악치료의 전체적인 사회-임상적 구조, 즉 현재 존재하는 방식대로의 구조를 비평하기 위해 페미니즘적 관점을 이용하며, 직업 관습이라는 현대의 개념들이 진정한 페미니즘 음악치료를 불가능하게 만든다고 단언한다.

> 음악치료의 직업화(전문화) 때문에 실제로 음악치료가 모델 면에서 페미니즘적이게 될 수 없는 것일지 모른다. …… 평가, 목적, 목표, 평가, 임상적 주의사항들 및 보험 진단의 구성체는 모두 우리가 우리의 직업 및 우리의 업무의 필요성을 합법화하기 위해 필요한 것을 사회적으로 창안해 내는 방식들이다.
>
> (Adrienne, 2006, p. 47)

이런 관점에서 현대의 음악치료는 여성 내담자의 영향력을 빼앗은[6] 파괴적인 사회적 구조를 유지하는 데 공모를 한다. 요컨대 페미니즘 음악치료에 대한 보다 극단적 해석은 페미니즘 프로그램을 이행하면 모든 임상 영역에 적용 가능한 직업에 근본적인 변화가 일어난다는 것이다.

이런 세 가지 접근법과 대조적으로, 자신들의 생각의 적용성이란 영역에 관한 의문들을 다루는 나머지 프레임워크들의 모든 저자는 일반이론이란 개념에 일치하는 위치들을 명확히 나타낸다.

일반이론을 옹호하는 이론가들 내에서, 세 가지 서로 다른 접근법을 분별할 수 있다. Crowe는 기존의 모든 접근법을 하나의 거대하고 적용적인 이론으로 통합하려 하는 한 가지 접근법을 예로 든다. Aigen, Kenny, Stige는 다양한 기존 모델에 적용할 수 있는 개념들을 제시하고, 이에 따라 그것들 간의 공통성을 드러내지만, Crowe의 경우처럼 어떤 통합적 보호물의 유형은 제시하려 하지 않는다. 마지막으로 Garred, Smeijsters는 더욱 제한된 지침을 명확히 나타내고, 음악치료 실습의 특정 영역에 대한 설명을 제시하려 한다. 즉, Garred의 경우 음악 기반의 사례와 Smeijsters의 경우 심리치료 적용 중 즉흥적인 음악치료가 있다.

Crowe(2004)는 음악치료 이론을 통합하는 과정에서 "음악치료에서 발견되는 음악과 인간 역할의 매우 복잡한 상호작용에서 관찰되는 모든 접근법과 과정을 포괄하는 것이다."라고 자신의 관심사를 명확히 밝히고 있다(p. 334). 하나의 과학적 패러다임으로서 복잡성 과학과 음악 및 음악과 관련된 음악치료 이론으로서 영혼제작(soulmaking)은 Crowe의 주장을 통해 "모든 음악치료 접근법과 이론적 방향"(p. 335)의 통합이 가능해질 것이라는 광범위하고 보다 균형 잡힌 관점을 구성한다.

나는 모든 음악치료 적용 시 음악을 이용하기 때문에, 음악중심 이론(Aigen, 2005a)이 음악치료 내에서 작동하는 모든 양식에 잠재적으로 적용 가능하다고 주장해 왔다. 음악 중심의 사유 역시 모든 것을 포용하는 관점으로 묘사될 수 있고, 그것의 신조들이 어떤 주어진 임상적 환경이나 내담자에게 적합할 때 존재할 수 있는 임시적·자세적·일반적 적용성을 뒷받침하는 유연성으로 묘사될 수 있다. 성격이론들이 심리치료 모델들을 뒷받침하듯, 여기에서 그 개념은 음악이론이 음악치료 모델을 뒷받침해야 한다는 것이다. 흥미롭게도, 이런 접근법은 거의 모든 다른 차원에서 Thaut의 접근법과 정반대 입장이지만, 그것들은 음악을 중시한다는 공통점이 있다. "음악을 경험하고 개념화하는 방식의 특성이 곧 모든 유형의 음악치료에 가장 공통된 요소라는 사실을 통해…… 음악치료 분야에서 일반이론의 원천으로서 음악 중심의 개념들의 생존력(실행 가능성)이 확실히 논증된다."(Aigen, 2005a, p. 164)

Kenny의 '놀이의 장'에 관한 정교화는 일반이론의 영역에서 이뤄지며, 따라서 그것은 "특정 모집단에 국한되지 않는다"(Kenny, 2006, p. 125). Kenny의 모델은 여러 다양한 유형의 음악치료 실습에서 나타날 수 있는 상호작용의 장 및 역동적인 특질에 초점을 맞춘다. 그것들의 특질은 발견을 자극하는 것들에게 열려 있기 때문에, 모델 자체는 그 특성상 적용적이며 여러 방법, 임상 모집단, 치료환경들에 걸쳐 적용될 수 있다.

이와 마찬가지로, Stige는 문화가 인간 경험 및 인지 안에 만연한 힘과 같은 것이어서, 모든 음악치료 적용 시 문화의 영향력을 고려해야 한다고 주장한다. 문화를 인간이 사는 터전이라고 생각하는 대신, 문화의 영향력을 한 걸음 떨어져서 생각할 수 있었던 Stige는 문화가 지각 있는 존재들의 삶에 스며들었다고 생각했다. 간단히 말해, 우리는 문화 안에 살지 않고 문화가 우리 안에 산다는 것이다. 만연하여 모든 것을 포괄하는 힘으로서, 문화의 영향력은 모든 적용과 관련해 고려해야 한다.

그의 연구의 초점의 대상이 즉흥적인 음악치료인 것으로 인정되고 있지만, Smeijsters(2005)는 그의 유사 이론(theory of analogy)이 일반이론이 될 만한 후보라고 생각한다. 왜냐하면 "그 이론을 통해 어째서 음악치료가 작용하는가에 대한 보편적 설명이 제시되기" 때문이다(p. 31). 게다가 Smeijsters는 "이제 다양한 음악치료 모델의 비특이적 공통 특징을 연구할 때다."라고 주장한다(p. 37). 일반 음악치료 이론의 핵심 구성체로서 유사라는 개념은 Smeijsters의 문헌에 관한 탐구로부터 생겨났으며, 다만 그의 저서의 제목은 보편적인 적용이 아니라 음악치료 분야에서 즉흥곡의 이용에 관한 것을 시사한다. 그는 자기 이론이 "다양한 이론적 프레임워크로 작업하는 음악 이론가들"을 화합시키는 동시에, "개별 내담자들 간의 차이 및 다양한 방법론적 접근법들의 차이에 대한 여지를 남겨 둔다."는 입장이다(p. 12). 그의 이론이 그런 일을 할 수 있는 이유는 각 개별 내담자의 문제가 "음악 내에서 고유의 유사한 과정을 지니고 있기" 때문이다(p. 12).

Garred(2006) 역시 자신의 대화적 접근법이 음악치료의 일반이론으로서 도움을 줄 수 있으며, 그 이유는 그 이론이 "즉흥적인 것이든 구조화된 것이든, 개별적 환경에서든 집단적 환경에서든 아니면 공동체 환경에서든, 혹은 누군가 음악을 적극적으로 연주하든 그냥 듣든, 이용 중인 어떤 음악 양식에도 적용될 수 있기 때문이라고" 명시적으로 밝힌다(p. 317). 요컨대 그 이론은 음악치료에 관한 어떤 하나의 모델과도 연관되어 있지 않다.

음악 영역과 임상 영역 간의 통합

이러한 통합적 초점의 일부인 한 가지 중요한 경향은 음악과 임상적 관심 영역 간의 연결을 확립해 줄 수 있는 이론 창조에 관심을 갖는 것이며, 주로 심리적 현상으로 구성된다. 이러한 노력은 그 의미 안에 담긴 두 가지 단어인 음악과 치료를 연결하기 위한 음악치료 분야에서 지속적인 고민거리 중 일부로 이해할 수 있다.

음악치료가 (신경 혹은 행동 차원과 반대로) 심리적 차원에서 작용한다고 믿는 이론가들에게 도전 과제는 음악 현상을 심리 현상과 연결하는 방법을 찾는 것이다. 음악 중심의 사유과정에서, Lakoff와 Johnson(1980)의 인지적 은유이론(cognitive metaphor theory)은 모든 인간의 사유와 인지의 근간이 되는 기본적인 선험적 도식(schemas)이 음악적 경험 내에 어떻게 존재하며 실제로 그런 경험을 위해 얼마나 필요한지를 보여 주기 위해 이용된다. 요컨대 선험적 도식 이론은 음악 경험과 기본적이고 본질적인 인간의 욕구를 연결시킨다.

이와 대조적으로, Smeijsters는 유사(analogy)란 개념이 은유(metaphor)에 의해 제공되는 보다 강한 설명적 연계성을 제공하는 이유는, 그것이 음악과 음악치료사들이 관심을 갖는 심리적 과정들 간의 비상징적 연계성을 제공하기 때문이라고 주장한다. Smeijsters(2005)에 따르면, "당신이 음악적 소리로 당신 자신을 표현할 때, 당신이 곧 소리이고 소리가 곧 당신이다"(p. 46). 그러나 전통적인 정신분석학적 관점에서 그러하듯이, 음악은 개인의 측면을 상징화시키지 않으며 오히려 소리가 그 개인의 실행(enactment)에 해당한다. 음악적 형태 면에서 Smeijsters는 기본적인 인간 사회의 상호작용의 유사점들, 특히 유아와 보호자의 정상적인 발달 패턴을 특징짓는 유사점들을 살펴본다. 이러한 전통적인 패턴을 통해 그의 시스템 안에서 음악과 심리학 간의 연결이 이뤄진다.

Smeijsters와 내가 심리학 개념으로부터 음악과 치료를 연결시킨 반면,

Garred는 철학 특히 Martin Buber가 개발한 '대화'란 개념을 토대로 한 접근법을 택한다. 음악중심 이론가로서, Garred는 Pavlicevic, Ansdell, Lee와 같은 저자들 및 본 저자의 도전 과제, 즉 매개체 자체의 질을 토대로 음악의 가치를 설명하는 방법을 찾는 과제를 공유한다. Buber의 철학에서는 상호주의와 상호성을 인간관계의 명확한 특징으로서 강조하며 Garred(2006)가 음악치료 실습의 토대로서 이러한 특징의 적절성을 단언하는 이유는 그런 특징(질)을 통해 사람들이 음악에 관여하고 음악을 통해 서로 관계를 맺을 때 발생하는 것의 핵심에 있는 "상호관계의 역동성이 조명될 수 있기" 때문이다(p. 37).

Garred의 독특한 기여는 Buber의 생각을 Ansdell(1995)이 처음 제안한 방식으로서 음악치료 중 발생하는 대인 간 상호작용에 적용한 것은 아니다. 하지만 Garred는 대화적 관점을 음악의 역할 및 음악의 역할과 대인 간 연계 간의 상호작용 모두에 적용함으로써 그러한 사유의 노선을 취한다. 다시 말해, 그것은 단지 Buber의 '나와 너'라는 프레임워크의 의미로 특징지을 수 있는 대인관계(내담자-치료사, 내담자-내담자)가 아니며, 음악에 대한 내담자의 관계도 이러한 특징을 지니고 있다.

음악치료를 인간 사유의 다른 영역과 연결시키고자 하는 동기는 Kenny의 '놀이의 장' 모델의 이면에 있는 원동력들 중 하나다. 그녀의 목표는 음악치료 경험을 묘사하고 정확히 반영하기 위해 언어 및 일반 모델을 창안하는 것이며, 그런 모델은 "다른 분야의 전문가들도 이해하고 이용할 수 있는 것이다"(2006, p. 82). 이런 식으로, Kenny의 지침은 Aigen, Garred, Smeijsters의 경우와 같은 의미인 명백히 설명적 지침이 아니다. 그녀의 목표는 반드시 음악을 임상적 현상과 연계 짓는 게 아니라 예술과 인간의 행복에 대한 배경을 지닌 사람이면 충분히 알 수 있을 정도로 광범위한 구조적 틀을 창안하는 것이다.

이러한 지침은 연구의 패널이 작곡가, 동부 의료 전문가, 정신과 의사, 신경학자, 철학자, 무용-운동 치료사인, Kenny(1987)의 독창적인 연구 설계 안에 반영되어 있다. 이 설계에 암시되어 있는 개념은 만일 예술 및 건강 관련 우려에 대한 자신의 관계를 의식하는 개인이 그녀의 모델을 이해하고 음악치료 과정의 미묘함을 파악할 수 있다면 (음악치료사 과정 및 그들의 내담자들에 대한 직접적인 경험이 없이도) 그 모델이 설명적 이론의 토대가 될 수 있다는 것이다. Kenny의 모델 내 단 하나의 요소(음악 공간)만이 음악에 특정된 것이기 때문에 그것은 다학제적 이해 및 음악치료 내 현상을 보편적인 인간의 우려 및 욕구에 연결시키는 데 적합하다.

핵심 구성체로서의 통합

통합이란 개념은 Pavlicevic과 Ansdell의 공동체 음악치료의 형성에 핵심이 된다. 전통적인 음악치료 접근법에서 혹은 Pavlicevi과 Ansdell(2004b)이 묘사했던 일치 모델을 대표하는 접근법들에서, 통합이 일반적으로 개인내적 현상인 이유는 음악이 성격의 다양한 구성 요인들의 능력들이 더욱 협력하여 기능하도록 촉진하기 때문이다. 하지만 이러한 저자들에게, "공동체 음악치료를 구성하는 핵심 개념은 음악 공동체(communitas)"다(p. 28). Victor Turner의 연구에서 개정된 공동체에 대한 경험은 특정 유형의 의식(ritual)을 겪는 개인들 사이에서 확립된 우정 및 연대에 대한 특수한 느낌이다. 요컨대 1차 수준의 통합은 보다 소규모 하위 그룹을 대상으로 이뤄진다.

공동체 음악치료의 기본적인 초점의 대상은 다양한 공동체와 또 다른 공동체의 통합이다. 즉, 재활센터에 거주하는 사람들, 정치적 망명자, 공동의 정신과적 상태를 공유하는 사람들과 같은 사람들로 이뤄진 부수적 공동체들은 그 공동체가 내재되어 있는 보다 큰 사회, 정치, 시민 공동체 안에서 통합된다. 이런 의미에서 통합은 공동체 음악치료 이면에 있는 원동력이다.

그리고 페미니즘 음악치료에서 핵심 원리는 개인이 정치적이라는 믿음이다. 치료를 할 때는 내면 및 외면 영역에 동시에 초점을 맞춰야 한다. 사회적 변화가 치료사들의 필수적인 초점의 대상인 이유는, 모든 치료사가 하는 일이 여성들이 기능장애 상태인 문화에 적응하도록 돕는 것이기 때문이다. 요컨대 사회 및 개인의 세상의 통합은 페미니즘 음악치료의 핵심이 된다.

이런 접근법에서 통합에 대한 임상적 초점만큼 중요한 것은 확장적인 다학제적 활동으로서, 그 활동을 통해 다른 음악 연구 분야와 학술적 영역으로서 음악치료를 더욱 잘 통합하는 기능을 하는 무언가가 발생한다. 공동체 음악 연구는 이론적 기반을 구축하는 과정에서, 음악의 사회학(예: DeNora, 2000), 민족음악학(예: Charles Keil & Steven Feld, 1994), 음악철학(예: Christopher Small, 1998)과 같은 비임상적 음악 영역으로부터 광범위한 것을 끄집어낸다. 이러한 전략이 중요한 이유는, 치료 분야에서의 음악 활용이 치료 밖에서 음악이 이용되는 방법과 연속성을 지닌다는 점을 시사하며, 음악치료를 이해하는 열쇠가 일상의 자연스러운 활용에 있다는 기본 전제를 반영하기 때문이다. 이러한 개념들은 현재 진행 중인 논의에서 두 가지 중요한 의의를 지닌다. 첫째, 그 개념들은 다른 음악학과의 음악치료의 학술적 측면의 통합을 조성하며, 이는 음악치료사들이 그런 영역으로부터의 도출을 통해 이득을 볼 수 있으며, 그런 다른 영역에 기여를 할 독특한 뭔가를 지니고 있음을 시사한다. 둘째, 비임상적 이론이 음악치료가 어떻게 기능하는지 설명하는 데 적절하다는 주장에 함축되어 있는 개념은 장애인이 음악을 다루는 방식이 비장애인이 음악을 다루는 방식과 다르지 않다는 것이다. 이러한 믿음을 통해, 다양한 공동체 출신의 사람들의 통합이 보강되며, 이러한 통합은 공동체 음악의 중심에 있으며 장애인에게 덧씌워진 오명을 줄여 준다. 이러한 전략을 통해, 장애인은 더 이상 '다름'이나 비장애인과 다소 다른 사람으로 정의되지 않게 된다.

실습 및 이론적 차원에서 음악치료가 직면한 가장 중요한 논점들 중 두 가지는 실습에 대한 의학 모델의 관계와 음악의 활용을 개념화하는 기본 방법이다. 현재 다루고 있는 다양한 접근법에 대한 세부적인 묘사를 통해, 광범위한 맥락 내에서 두 가지 핵심적 논점상의 다양한 위치를 고려할 수 있다. 이러한 검토가 제17장에 나올 것이다.

Notes

1. AMT의 설립자 Mary Priestley는 어느 정도는 기존의 정신분석적인 이론을 적용하면서, 그녀의 실제 임상은 GIM 및 NRMT와 구별되지 않는 방법에서 실험적이며 실용적으로 개발되었다.

2. 이 장과 다음 장은 음악치료에서 총체적인 이론을 검토하려는 것은 아니다. 처음 제1단계의 저자가 여기에서 고려하고 있지 않은 작업은 단계 1의 이론가들의 작업의 확장인 음악치료 이론에서 현재 발달된 것은 아니다. AMT는 Scheiby (2002, 2010), GIM은 Bruscia(2002)와 Summer(2002); 인지행동적 접근에서의 발달은 Baker, Gleadhill, & Dinge(2007)와 Hilliard(2001); MRMT는 Ansdell(1995), Aigen(1998), Turry(1998); 음악치료에서 총체적인 관점은 Bruscia(2012)를 참고하라.

3. Kenny의 두 가지 중요한 출판물은 1982년과 1989년에 발표되었으며, 모두 인류학에 포함되었다(Kenny, 2006). 일반적으로 Kenny의 아이디어를 토론할 때 처음 출판물이 적절한 시기의 관점을 유지하기 위해 인용될 것이다. 그녀의 작업이 직접 인용될 때 2006년 출판물은 관심 있는 독자들을 위해 쉽게 접근하기 위해 사용될 것이다.

4. 기존의 여성학적 음악치료에서의 연구는 특정한 임상 혹은 교육적인 모델에서 제시되어 오지 않았지만 음악치료의 많은 비평은 여성학적 사고가 이러한 모델의 기초를 제공한다고 제안한다.

5. 하나의 이상점은 Lee의 심미적 음악치료이며 이는 Nordoff-Robbins 음악치료의 개별화된 변형으로 제안된 제2단계 이론과 더 유사하다.

6. 역자 주: 앞에서 페미니즘을 불가능하게 한다는 말의 의미를 고려할 것(disempower)

17 CHAPTER

음악치료의 구조적 경향에 대한 비교분석

현대적 음악치료 이론에 내포된 가치와 과학적 견해

현대의 역사를 통틀어, 정당한 과학 활동을 구성하는 것과 임상적 실행이 이러한 과학 개념과 맺어야 하는 관계에 대한 개념은 음악치료 문헌 내에서 논의의 주제가 되어 왔다. 아마도 이러한 역사 중 첫 40년인 1945~1985년 동안, 음악치료사들은 임상 실습이 확고한 연구 기반에 의존해야 한다는 관련된 개념에 따라, 행동주의에서 비롯된 협소하고 전통적인 과학 개념을 수용해 왔다. 이는 1950년대부터 의학 전문가들의 기준을 충족하기 위해 자주 발표된 권장사항에서 명백히 나타났다. 증거 기반의 실습의 기준을 충족하기 위한 현재의 주장들은 단지 이런 입장을 가장 최근에 표명한 것일 뿐이다.

학술적 이론가들이 과학 기반의 방법을 옹호하는 반면, 임상가들은 전통적인 과학의 협소한 지침을 토대로 하지 않는 실용주의적 경험을 통해 실습의 형태들을 계속 개발해 왔다.[1] 1980년대 초가 되어서야 음악치료 학자들과 학술적 환경 내 이론가들은 보다 많은 구성주의 인식론들과 함께, Kuhn 학파 및 과학의 논리적 실용주의 철학에 대한 그 밖의 비평가들이 지지하는 질적 연구 방법들을 옹호하기 시작했다.

따라서 몇 가지 현대의 접근법 내에서 한 가지 중요한 주제가 치료에 대한 포괄적인 기반을 제공하는 과정에서 전통적인 과학적 방법의 부족함이었다는 점은 놀라운 일이 아니다. 예를 들어, Crowe(2004)는 "음악치료와 관련된 복잡하고 미묘한 과정을 연구하기 위한 도구인 실증적이고 과학적인 방법이 적절하지도 충분하지도 못하다는 것을 어떻게 명백히 알고 있었는지" 설명한다(p. xiii). 추정에 의한 통계를 어떤 편향된 방식으로 이용할 수 있는 방법을 집중 조명하는 과정에서, Kenny(1982)는 증거 기반의 실습에 대한 현재의 비평을 예측했으며, 임상적 음악치료 실습을 위한 보다 광범위한 인식론적 기반을 옹호했다. 그리고 본 저자(Aigen, 1991b, 2005b)는 실험적 연구 설계에서 검증을 위한 가설들을 단순히 제공하는 것을 넘어서는, 과학이론을 위한 기능들을 포괄하는 후기 Kuhn 학파의 과학철학을 명백히 옹호한다.[2]

음악치료가 질적·양적 연구로부터 이득을 볼 것이라는 생각에 관한 합의가 진척되어 왔다. 그러한 연구는 Ruud(2010), Smeijsters(2005), Stige(2002a), 그 밖의 학자들이 강력히 지지한 입장인 혼합된 방법의 연구로서 협동적·독립적으로 채택되어 온 것이다. 연구에 대한 두 가지 접근법 모두 유익함을 지니고 있으며, 방법의 선택은 특정한 연구철학이나 인식론에 대한 엄격한 고수보다는 연구가 제시하는 목표 및 제기하는 의문점에 의해 결정되어야 한다는 게 보편적인 정서다. 분명한 점은, 이처럼 보다 포괄적인 접근법을 지지하는 저자들은 모두 양적인 연구보다는 질적인 연구와 연관되어 있다는 것이다.

그들의 임상적 모델들이 전통적인 과학 패러다임에 확고한 기반을 두고 있는 Taylor(1997)와 Thaut(2000, 2008)는 방법론적 다양성이 하나의 강점이란 생각을 지지하지 않으며, 대신 유효한 임상적 접근법만이 증거 기반의 실습 계층(hierarchy)에 근거를 두고 있다고 믿는다. 그들이 고민하는 문제는 질적인 연구로, "임상적 환경에서 다른 의학적 중재에 음악치료를 포함시키는 것을 정당화할 예측 가능한 치료 결과"가 존재한다는 점을 드러내지 못한다는 것이다(Taylor, 1997, p. 124). Taylor와 Thaut(그리고 정도는 덜하지만 Smeijsters)를 제외하고, 다른 모든 이론가는 음악치료를 일차적으로 의학적 중재로 고려치 않으며, 따라서 의학에 속하는 기준에 의해 제약을 받아야 한다는 주장을 지지하지 않는다. 그 이유는, 음악치료에 대한 자신들 각각의 접근법을 개발하는 과정에서 그들이 보다 포괄적이고 확장된 가치로 유도된다는 핵심적인 개념 때문이다.

의학적 모델과 건강 개념의 관계

음악치료사들은 1960년대 중반 정도인 과거부터, 음악치료에 대한 의학 모델의 적절성에 이의를 제기해 왔다. Lester Glick(1966)은 음악치료의 위치를 의학 기반의 정신과와 상대적인 위치에 있는 임상심리학의 위치에 비유했다. 이런 맥락에서, 그는 다음과 같은 감상—미국심리학협회에서 연설을 한 심리학자의 견해를 표현하는—을 음악치료에도 똑같이 적용할 수 있다고 단언했다. "저는 심리학이 행동주의적 일탈에 대한 설명으로서 질병 모델의 부적절성에 성공적으로 대처하고 그러한 부적절성을 명시적으로 다루기 전까지 고유의 자리를 잡지 못할 것이라고 주장합니다"(Albee: Glick, 1966, p. 120). 건강 및 의학 실습에 대한 전통적인 개념에 비해, 현대의 음악치료 이론가들이 여러 다양한 위치를 차지하고 있지만, 현대의 음악치료 이론가들의 대다수는 전통적인 의학 모델이 제시하는 것을 넘어선 음악치료에 대한 구조적 틀을 찾고 있다.

앞서 언급했듯, 여러 현대의 학자와 달리, Taylor와 Thaut는 전통적 의학 모델을 수용하며, 그러한 세계관에 맞게 자신들의 접근법을 공식화한다. 음악치료에 대한 그들의 개념은 하나의 수련의 개념이며, 그 수련의 요소들은 의학 실습의 요소들과 일치해야 한다. 예를 들어, Taylor는 다음과 같은 질문을 다소 수사학적으로 제기한다. "음악치료는 전문(직업)적인 학문분야인가? 그것은 의학 실습의 장과 독립적으로 정당화된 직업으로 자리매김 하는가?" (1997, p. 120). 겉으로 보기에 모순된 두 가지 위치가 여기에서 암묵적으로 옹호된다. 그것은 첫째, 음악치료의 자율성(autonomy)에 대한 개념 지지, 둘째, 의학 실습의 한 범주로서 음악치료란 개념에 대한 지지다. 자율적 학문분야로서 음악치료의 정체와 지위라는 논점은 제1장에서 광범위하게 논의했으므로 여기서는 언급하지 않을 것이다. 하지만 "인간의 뇌 기능에 미치는 음악적 영향의 계획된 활용을 통한 인간 역량의 향상"(p. 120)을 촉진하는 것으로서 음악치료 개념에 대한 Taylor(1997)의 공약은 그가 의학 실습의 원리에 부합하는 음악치료의 관점을 기본적으로 지지한다는 점을 보여 준다.

　이와 유사하게, 의학 실습과 일치하는 음악치료의 개념에 대한 Thaut의 지지는 인식론적 차원과 실용주의 차원 모두를 지니고 있다. Thaut는 음악치료의 비의학적 개념들로 인해 자율적 학문분야로서의 그것의 발달이 가로막혔다고 단언한다. 그는 자신의 관점과 대비되며, 음악치료의 목표를 가령 행복과 같은 비의학적으로 정의된 목표의 측면에서 공식화하는 음악치료라는 개념들이 "음악치료가 산만하고 보조적이며 보완적인 역할을 하게 했다." (Thaut, 2008, p. 114)라고 단언한다. 의료 내에서 핵심적 역할을 하는 일차 치료 양식의 지위까지 음악치료를 향상시키려면, 음악치료를 "진단에 특정되고, 기능적 치료라는 목표에 초점을 맞춤으로써" 특징지어지는 치료의 형태로 정의해야 한다(p. 114).

　Smeijsters(2005)는 진단에 특정된 음악치료 중재들의 중요성 역시 받아들였지만, 그가 그러한 믿음을 실현한 방식을 통해 그는 독특한 위치에 있게 된다. 그는 전통적인 의학적 사유의 격언들을 수용하는 동시에 그런 사유 방식에 대한 창의적 해석을 제시하였으며, 그리하여 보다 진보적 형태의 음악치료가 그러한 요구에 부응할 수 있게 되었다. Smeijsters의 경우, 외부세계에서 음악치료의 합법화를 위한 이론의 사용이, 선택된 구조적 틀이 음악치료의 "매개체를 공평히 다룰"(p. 5) 경우에만 수용 가능하다고 보았다. 실용주의적 고찰만으로는 음악치료에서 어떤 특정한 프레임워크의 적용이 보장될 수 없다.

Smeijsters는 음악치료 내에서 서로 다른 두 가지 유형의 이론들 간의 차이를 구분한다. Taylor와 Thaut는 전통적인 과학-의학 패러다임을 완전히 수용하고, 음악치료의 절차가 그 기준에 맞아야 한다고 주장한다. Aigen(1991b), Kenny(2006), Rolvsjord(2010), Stige(2002a)와 다른 학자들은 과학과 의료의 새로운 개념이 60년간의 음악치료 실습을 통해 등장해 온 음악에 대한 인간 참여의 특성에 적응하는 쪽으로 발달해야 한다고 주장한다. Smeijsters는 아마도 전통적인 과학 및 의학 양식과 완벽히 일치하는 비전을 명료하게 하는 동시에, 창의적, 즉흥적, 심리치료적 음악치료 실습을 어떻게 이행할 수 있는지 설명하기 위한 방법을 개발한 면에서 독창적이었다.

Smeijsters(2005)의 접근법의 핵심은 언제 음악치료를 이용해야 할지, 어떻게 이행해야 할지, 그리고 증거 기반의 실습의 현대적 기준에 부합하는 방침을 결정하는 과정의 판단을 위한 지침들에 대한 기준이다. 다섯 가지 핵심 기준의 중점 사항은 다음과 같다. ① 내담자가 지닌 문제의 특성, ② 문제에 적합한 목표, ③ 그런 목표에 대한 음악치료의 적절성, ④ 그 목표 도달에 대한 음악치료의 영향을 설명해 줄 수 있는 심리 및 심리치료 모델들을 토대로 한 음악치료 이론의 존재, ⑤ 성공적 치료를 위한 조건들이다. Smeijsters는 특정한 장애 상태, 그와 관련된 증상, 증상 제거 면에서 음악치료의 유익함을 중시하는 기준의 예를 제시한다. 이에 따라 그의 전반적인 구조적 틀은 질병에 기반을 두며, 음악치료에 대한 그의 개념은 전통적인 음악 중재의 개념이다. 하지만 그는 실습되는 음악치료가 건강, 의료, 과학의 전통적 기준 안에서 어떻게 제 위치를 찾을지 보여 주는 시도에 신선한 기여를 한다.

Kenny의 초기 연구, 예컨대 그녀의 1982년 출간물에는 음악치료에 의학적 접근법을 시행한 최초의 비평 중 하나가 담겨 있으며, 그녀가 개발한 개념들은 이후의 저자들에 의해 수용되었다. 그녀의 관점은 전통적인 의학이 개인의 권한을 빼앗고, 그들 자신의 행복을 위한 자주성과 책임을 강탈했다는 것이다. 전통적인 의학은 건강에 필수적인 중요한 여러 특징을 허용치 않는데, 그 중에는 자유, 선택, 자기결정, 책임, 자기표현, 영적·철학적 실현, 혁신적 사고와 행동의 기회가 있다. 창의적 과정을 토대로 한 음악치료는 전통적인 의학에서 거부하는 바로 그 표현을 제안한다. Kenny를 따른 이론가들 중 일부를 고려해 보면, 음악치료 실습이 전통적인 의학 모델에 잘 부합하지 않는다고 믿는 이론가들은 많으며, 그들이 취한 두 가지 서로 다른 전략을 분별할 수 있다.

Crowe, Rolvsjord, Stige, Ruud와 같은 저자들은 의학에 대한 현대적 비평을 포용하며, 음악치료 실습을 통해 전통적인 의학 접근법에는 없던 요소들을 어떻게 제시할 수 있는지를 보여 준다. Aigen, Kenny, Garred와 같은 다른 저자들은 음악치료가 의학적 중재와는 다른 것으로 생각하는 음악치료의 개념을 공식화한다.[3]

Crowe(2004)는 전통적인 과학방법 및 폭넓게 보면 전통적인 의학 접근법이 음악치료에서 발생하는 것에 대한 포괄적 이해를 위해 적합하지 않다고 믿는다. 그녀는 전통적인 과학방법이 음악치료에 맞지 않는 게 아니라 단지 불완전한 표상을 제시할 뿐이라고 단언하며, 전통적 접근법들의 부족한 점을 보완하기 위한 복잡성 과학의 관점을 지지한다.

Crowe(2004)의 연구의 제목—'음악과 영혼 만들기'—은 "영혼을 하나의 관점, 즉 세계를 바라보는 방식, 진정한 심리학의 영역"(p. 341)으로 보았던 James Hillman의 연구에서 도출된 것이다. 건강에 대한 그녀의 접근법은 그 특성상 근본적으로 심리학적 접근법이 아니며, "마음, 정서, 몸, 정신"으로 구성되는 "인간 기능의 모든 요소 간의 조화로운 관계"를 수용한다(p. 341). 복잡성 과학의 관점에서, "건강은 혼돈의 비선형적 상태"이며, 건강한 인간의 기능은 "동작 중인 역동적 시스템"으로 묘사된다(p. 341). 이러한 건강 개념은 질병이 없는 상태라는 전통적인 건강의 개념과 불일치한다. 오히려 건강은 인간이 "변화, 외상, 그리고 도전에 맞서 최상의 기능을 하기 위해" 관여하는 과정으로 정의된다(p. 342).

건강이 시스템의 복잡한 상호작용 수준만을 토대로 등장하는 특성이기 때문에 그것은 부분들의 합(合) 이상이며, Crowe(2004)가 음악과 음악치료에 귀속된 것으로 본 특질이기도 하다. 보다 오래된 실증적 과학 모델을 토대로 한 전통적인 의학적 이해의 양식은, 음악치료가 어떻게, 왜 작동하는지 이해하기에는 부적절한 도구다. 즉, "음악치료의 치료 효과는 창의적 출현의 과정이며, 출현 중인 전체 건강 및 치유의 유익함을 재창조하기 위한 구성 부분으로 환원될 수 없다"(p. 347). 음악치료 분야의 중재가 모든 내담자에게 일관된 영향을 미치지 않을 것이라는 개념은, 현실의 기본적 측면을 나타내는 복잡성 과학의 원리 및 인간이 음악과 상호작용하는 방법을 토대로 한다. 따라서 중재와 중재들의 효과의 표준화를 요하는 증명의 기준은 "이 세계의 실질적이고 복잡한 특성을 토대로는 불가능하고 비현실적이게 된다"(p. 347). 요약해 보면, 음악치료 과정에서 조우하는 현실에 반응하기 위해서는 전통적 과학과 의학을 넘어서야 한다.

Stige, Ruud, Rolvsjord는 건강의 특성에 관한 공동의 관점을 공유한다. Stige는 건강이 단순히 생물학적 차원에서 아프지 않은 상태라는 개념을 기반으로 하는 의학적 전통에 이의를 제기한다. 그는 건강이 심리적 · 사회적 · 문화–역사적 측면도 지니고 있다고 단언한다. Stige는 Uffe Juul Jensen이 마련한 건강의 정의에 대한 동의를 "사람들 간의 돌봄 및 소통과 연결된, 공동체 내 참여를 위한 개인의 자질"이라고 표명한다(Stige, 2002a, p. 187). Stige에게 건강과 삶의 질은 긴밀히 연결되어 있다.

누군가의 문화에 포함된다는 것은 삶의 질의 필수적인 요소인 건강이다. 건강은 활동, 자존감, 타인과의 관계를 맺고 자신의 삶을 의미 있게 만들 능력을 요한다. Stige에게 "건강은 상태나 조건이 아닌 과정"이다(2002a, p. 116). 건강, 삶의 질, 문화에 대한 참여가 친밀한 관계를 지니고 있기 때문에, 건강 목표를 향한 노력을 하려면 장애인의 탈시설화(deinstitutionalization)를 지원할 사회적 조치가 필요할 수 있다.

Ruud(2010)는 건강의 개념이 "인생의 의미와 행복"에 대한 경험이라는 데 동의한다(p. 103). 건강은 사람들이 스스로 설정한 목표를 달성할 수 있도록 해 주는 자원이다. 그는 건강을 상태가 아닌 과정으로 생각했으며, 음악치료 중 다양한 음악 이용이 "다양하게 창의적 · 완화적 · 예방적 촉진 혹은 건강 촉진"으로서 건강의 다른 개념들을 암시한다고 믿는다(p. 104). 사람들은 자기만의 음악 활용 면에서 전문가이며, Ruud는 전문가가 음악을 처방할 수 있는, "음악 소비자들에 부과된 약물학 모델들"(p. 106)과 반대인, 그런 유형의 음악치료 개념을 지지한다.

Ruud 역시 건강의 중요한 요소로서, 인류학 문헌에서 도출된 Stige의 '참여에 대한 논의'를 인용한다. 질병과 장애는 사람들을 시간적 · 공간적 차원에서 공동체로부터 분리시킨다. 건강은 문화적 참여의 재확립을 요한다. Ruud(2010)에 따르면, 건강은 삶의 질과 동일시된다. 건강이 필연적으로 관계적 요소를 지니는 이유는 건강해지려면 자신이나 타인 및 "중요한 실존적 가치"와 좋은 관계를 지녀야 하기 때문이다(p. 112).

삶의 질이란 개념을 포함하는 행복에 대한 전체론적 접근법 역시 Garred의 사유와 관련이 있다. Garred(2006)가 보기에, 자신의 실습에 대한 대화적 근거 안에서 전인을 다루는 게 필수적이다. 사회 안에서 건강 촉진의 장은 예측 가능한 과학적 증거의 개념의 방법들에 의존하기에, 대화적 접근법은 이러한 프레임워크에 포함될 수 없다. "직관적이고 창의적인 실습"(p. 256)으로서, 그것은 엄격히 과학적인 방법에서 요하는 기법 유형으로 조작화(operationalized)될 수 없으며, 예술 활동의 특성을 띠어야 한다.

Garred(2006)는 음악치료에 대한 음악 기반의 접근법이 평가, 진단, 치료라는 전통적 개념에 호소할 수 없는 이유는 그런 활동들이 권위적 전문가가 그런 과정을 통해 내담자/환자의 객관화에 관여하는 의학 모델로부터 비롯되었기 때문이라고 주장했다. Garred는 이런 과정들 중 일부가 음악치료를 하는 데 필수적이지만, "그런 평가 혹은 사정 계획 중 어느 것도 최종적이거나 결정적인 것으로 생각할 수 없다."(p. 258)는 점을 인정하며, 이런 객관화 활동이 부차적인 역할을 담당해야 하는 이유는 "치료의 변화가 일차적으로 관계적 과정 안에서 그 과정을 통해 발생하며"(p. 258) 그런 변화의 결과는 예측할 수 없기 때문이다.

의학 모델에 대한 강한 비평은 페미니즘 관점 고유의 것이며, 이런 상황에서 치료라는 단어의 사용에 이의가 제기된다. 페미니즘 음악치료에서 용어의 기본적 딜레마는 McFerran과 O'Grady(2006)가 묘사하였다. "'치료'란 말이 페미니즘의 이념과 쌍을 이룰 때 심각한 문제가 되는 주된 원인은, 치료의 심리치료 및 의학 모델들의 가부장적인 함축적 의미와 밀접하게 오랫동안 연관이 있었기 때문이다"(p. 77).

페미니즘 관점으로부터 특정 비평을 도출한 의학 모델의 한 요소는 참조, 사정, 중재, 평가 시스템에 대한 의존성이다. 이러한 절차를 통해, "내담자와 음악이 어디로 유도되는가"에 따라 임상적 과정의 발달이 금지된다(Mcferran & O'Grady, 2006, p. 65). 또한 페미니즘 사유 안에서, 치료사를 내담자에 비해 우월한 관계에 두는 전문가-환자 이분법이 고수되지 않으며, 전통적인 심리치료와 의학 모델 안에서 초점이 맞춰지던 진단과 증상에 대한 강조가 포기되는 이유는 인간의 건강한 측면을 대상으로 한 연구에 전체론적 초점이 맞춰지기 때문이다.

한 가지 근본적인 논점은 단어치료가 페미니즘 원칙에 위배되는 함의를 지니고 있다는 점이다. 전통적으로, 한 개인의 어려움은 심리내적인 방식으로 그 개인 내부에 놓여 있는 것으로 암시되어 왔다. 이런 접근법은 개인의 자주성을 과하게 강조하고 개인이 도움을 필요로 함을 암시하는데, 권한이 박탈된 사람들은 그런 도움이 자신들의 위치를 특징짓는다고 믿지 않는다. 문제의 핵심은, 만일 한 당사자가 도움을 필요로 한다면, 이로 인해 필수적이지 않을 뿐만 아니라 실제로 내담자의 이익에 반하는 작용을 할 수 있는 한쪽으로 쏠린 힘의 차별이 생기게 된다는 것이다.

고찰 중인 모든 이론가 중 Rolvsjord(2010)는 전통적인 의학 모델에 대해 가장 한결같고, 광범위하며, 잘 다듬어진 비평을 한다. 그녀의 분석은 정치적이고 인식론적인 측면은 물론, 음악치료의 고민거리와 더욱 전통적으로 연관을 지닌 요소들을 지니고 있다. 건강에 미치는 문화적 · 정치적 · 사회적 힘과 이런 맥락에서 건강을 고려하는 일의 중요성에 대한 강조를 통해, 다른 학자들 중 Ruud와 Stige가 지지해 온 관점이 확장된다. 하지만 전통적인 사유에 대한 Rolvsjord의 비평(그리고 그에 따른 그녀의 접근법의 근거)은 전통적 접근법과 대비함으로써 가장 명확히 나타난다.

이런 점은 사실이다. 비록 그녀는 "다양한 정신건강 문제, 증상, 질병과 관련된 다양한 중재의 효과를 토대로 한 증거 기반의 실습의 지시사항(dictate)에 따라 실행된 연구가…… 음악치료에 중요한 기여를 했다."고 단언했지만 말이다(Rolvsjord, 2010, p. 4). 하지만 그녀의 구조적 틀의 근거는 전통적 접근법이 강점의 개발, 긍정적 정서의 경험, 사회적 참여와 관련된 음악치료의 필수적 측면들뿐만 아니라 내담자들이 자신의 치료 결과에 한 독특한 기여사항들을 불투명하게 만든다는 것이다. Rolvsjord의 다원론적 정서에도 불구하고, 그녀의 연구는 의학 및 의료에 대한 전통적 접근법에 대한 강력한 비평의 기능을 한다. Rolvsjord는 자신의 분석이 오직 정신의료만을 대상으로 삼도록 했지만, 그녀의 주장들은 광범위한 영역에도 영향을 미친다.

그녀의 자원 지향적 접근법은 '병리해결 및 문제해결'만을 토대로 하기보다 치료 시 "자원 및 강점 키우기"에도 초점을 맞출 수 있다는 입장이다(Rolvsjord, 2010, p. 5). 심리치료는 전통적으로 문제와 외상의 탐구에 초점을 맞춰 왔지만, Rolvsjord는 "강점을 탐구하고, 만족, 즐거움, 탁월함을 체험하도록 하고,

음악을 일상의 삶의 자원으로 이용하는 방식을 시도할 기회"를 포함시키는 게 중요하다고 말한다(p. 5). 이에 따라 그녀의 프레임워크의 본질은 건강 및 의료에 대한 전통적인 질병 기반의 모델과 상반된 위치에 존재한다.

이러한 전통적인 접근법은 이면에 강력한 정치, 사회, 경제적 힘을 지닌 "질병 이념"으로 특징지어진다(Rolvsjord, 2010, p. 18). 질병 이념의 여러 요소는 Rolvsjord의 분석에서 공격을 받고 있다. 이런 요소에는 전통적인 진단 시스템 및 중재가 결과를 결정하는 생각, 증거 기반의 실습(실천) 운동이라는 신조, 여러 문제들에 과도한 초점 맞추기, 건강에 대한 지나친 개인주의적 초점, 질병 이념을 유지하는 정신과 간호의 권력 구조가 있다. 이러한 질병 이념은 언어의 헤게모니를 통해 특정 철학을 보급하는 거대 서사 혹은 거대 담론이다. 결과적으로, 그것에 대한 비평을 시작할 때, 질병 담론에 대한 조사 및 정신의료 및 음악치료에 대한 특정 접근법에 특권을 부여하기 위해 그런 담론이 어떻게 조작되었는지에 대한 조사가 이뤄져야 한다.

Rolvsjord의 독특한 접근법에 대한 한 가지 강력한 예는 음악치료 담론에서 이용되는 단어 중재에 대한 그녀의 분석이다. 치료과정 중 치료사의 역할에 대해 겉으로 보기에는 중립적 묘사 같지만, Rolvsjord는 치료사의 중재를 치료과정 중 핵심 요소로 우선시하는 성향이 내담자와 치료사 간의 동등함과 상호성이란 개념에 적응하지 못한 전통적인 의학적 접근법 안에 담겨 있으며 그런 접근법을 강화한다고 주장한다. Rolvsjord는 치료사에서 내담자로의 방향성 없는 흐름을 시사하는 중재에 관해 이야기하기보다 "자원 지향적 음악치료의 과정을 묘사할 때 나타나는 협력, 협상, 상호작용"이란 개념을 선호한다 (2010, p. 23).

Rolvsjord는 심리치료 연구에 대한 메타분석이 특정 중재가 심리치료 실습에서 일차적인 인과적 요소들이란 개념과 모순된다는 매우 유효한 주장을 전개한다. 그녀는 유효성을 인도하는 것이 심리치료 모델의 특정 이론적 요소가 아니며, 효능을 결정하는 것은 모든 심리치료 모델에 공통된 요소들의 존재라는 입장을 보이는 설명에 대한 공통된 요소들의 접근을 집중 조명한다. 이런 요소에는 치료관계의 질, 발생하는 상호작용의 유형, 심리치료의 기본적인 의식(ritual) 구조가 있다.

하지만 증거 기반의 의학 기준에 따르는 연구가 중재를 평가하는 데 초점을 맞추기 때문에 음악치료에 적용될지 전혀 보장되지 않으며 잘못된 가설을 토대로 적합한 실습을 협소화시키게 된다. 이런 이유로, Rolvsjord의 분석은 음악치료의 미래에 매우 중요하다. 그것은 동시에 음악치료 내 실습에 대한 의학 모델의 기준을 제시하는 동시에, 현재 음악치료에 영향을 미치는 가장 강력한 사회적 힘들 중 하나의 지시사항을 따르는 어리석음을 보여 주기도 한다.

Rolvsjord는 음악치료사들이 "치료사와 음악의 역량이 아닌 내담자가 건강 및 삶의 질을 위해 음악과 음악치료를 어떻게 이용하는지, 그리고 심지어 음악 및 음악 경험과 활동 쪽으로 초점을 돌려야 한다."고 주장한다(2010, p. 52). 내담자들은 치료와 일상의 삶에 음악을 이용하는 방법에 대한 기술을 지니고 있으며, 음악치료사들이 내담자들만의 음악 활용을 고려한다면 임상과정을 더욱 잘 이해하게 될 것이다.

이런 개념을 통해 우리는 음악중심 음악치료의 기본 전제들 중 하나, 즉 본 저자가 명확히 제시한 프레임워크로 유도된다. 즉, 음악치료 중 음악을 이용하는가는 대부분의 경우 음악이 비임상적 환경에서 어떻게 이용되는가와 연관이 있다. 음악치료 중 내담자들은 다른 사람들처럼 동일하게 필수적인 인간의 욕구를 지니며, 음악치료를 통해 그들은 자신들의 욕구를 충족하기 위해 음악을 이용하는 법을 발견하는 과정에서 적극적인 도움을 받게 된다. 이러한 프레임워크 내에서, 음악치료는 특수화된 치료의 매개체보다는 특수화된(음악의 암시적 기능 중 일부가 보다 명시적으로 표현된다는 의미에서 특수화된) 음악의 적용으로 개념화된다.

따라서 음악치료의 실습이 의학 모델에 포함될 수 없는 이유는 (치료 분야에서든 치료 이외의 분야에서든) 음악의 여러 활용에서 의학 프레임워크에 의해 정확히 묘사할 수 있는 문제들을 다루지 않기 때문이다. 그것들은 특정 문제, 질병이나 상태를 중재의 토대로 삼는, 권위적인 전문가의 조치를 요하는 질병 이념에 의해 개념화될 수 없다. 이런 면에서 음악 중심의 사유는 Rolvsjord가 제시하는 분석과 매우 잘 정렬된다.

음악 중심의 관점은 "음악이 하나의 예술 형태, 소통을 위한 수단 혹은 심지어 치료를 위한 수단 그 이상의 것이란 개념에 기반을 두고 있다. 그것은 특정 가치를 구체화하는 다른 사람들과 함께 존재하는 방식이다."(Aigen, 2005a, p. 77) 경험적 상태, 표현 형태 및 음악 제작 형태에 자연스러운 관계는 음악치료 실습의 토대를 형성한다. 전통적 의학 모델의 지지자들이 호소하는, 사회적 혹은 실용주의적 욕구보다는 음악치료의 근거로서의 음악에 인간이 관여함으로써 나타나는 현상, 과정, 경험의 위치를 정함으로써, 음악 중심의 접근법이 실제로 보다 과학적인 전략을 따르고 있다는 주장을 제기할 수 있다. 그 접근법은 과거의 인식, 사회, 심지어 재정적 고민을 통해 그것의 기반이나 이론이 결정되도록 하기보다는, 관심이 가는 현상을 통해 관찰된 것을 설명하기 위해 개념화와 설명들이 결정되도록 한다.

음악치료에 대한 전통적인 접근법에 담긴 공리(truism)를 통해 그것은 비음악적(임상적) 목적을 달성하기 위한 음악의 활용으로 정의된다. 음악 중심의 사유는 음악의 목적은 곧 음악치료의 합당한 초점의 대상이라는 상반된 개념을 뒷받침한다. 어느 누구도 음악교육, 음악감상, 음악이론의 목적이 그 특성상 음악적이란 점을 반박하지 못한다. 음악치료 분야에서 그것은 단지 음악적 목표의 활용을 규정하며, 그에 따라 다른 음악학과와의 정렬을 차단하는 의학적 프레임워크의 지시사항(명령, 결정)일 뿐이다. 하지만 음악치료 내담자들의 대다수가 음악적 목표를 지니고 있다는 것은 분명하다. 즉, 그들은 악기를 연주하고 노래하고 작곡을 하고 싶어 한다. 이런 이유로 그들은 음악치료를 받으러 오며, 이것이 곧 그들에게 동기부여를 한다. 음악 제작이라는 자연주의적 본질 및 그 학과가 존재하는 이유인 내담자들[4]의 핵심적 고민에 설명적 개념의 근거를 둠으로써 음악 중심의 접근법은 일차적으로 의학적 노력의 결과물인 음악치료라는 개념에 대한 강한 반박을 제시한다.

현대적 지향에서 음악의 역점

하나의 전체로 취급되는 현대적 방향에 관해 놀라운 점은 음악치료 이론과 실습 분야에서 음악과 음악적 현상의 보다 강력한 역할을 옹호하는 보편적 주장이 이뤄진다는 점이며, 이를 통해 음악치료 중 음악의 특정 역할이 역사적으로 충분한 주의를 받지 못했다는 점이 제시된다. 이에 해당하는 것은 음악 중심 음악치료 및 대화적 음악치료와 같이 명백히 음악에 기반을 둔 접근법들은 물론, 신경학적 음악치료와 같은 대비되는 토대를 기반으로 한 접근법들이다. 음악치료 분야에서 음악의 독특한 기여사항을 고려할 필요성은 1960년대 초 이래로 Nordoff-Robbins 접근법 안에 존재하긴 하지만, 1980년대에 이르러서야 그 필요성이 명백히 주장되기 시작했다. Forinash와 Gonzalez(1989)는 "인간의 삶에 대한 비음악적 모델"을 통해 음악적 상호작용의 형태를 설명하지 못하는 연구방법을 옹호하는 과정에서 이러한 정서를 명확히 나타냈다(p. 36). 이 영역에서의 개념적 발전들은 이러한 필요성에 대한 음악치료 분야의 치료사들의 반응을 나타낸다.

각각의 접근법 안에서 방법론적 혹은 인식론적 참여에 따라, 음악에 대한 초점이 증가된 다양한 근거가 제시된다. 하지만 앞서 언급한 모든 접근법의 공통점은 음악이 무엇이고, 음악에 관여되고 경험되며, 비임상적 영역은 물론 임상적 영역에서 인지적·신경학적으로 처리되는 방식을 토대로 음악치료 분야의 이론을 공식화한 점이다. 다시 말해, 이런 경향은 독특한 임상적 차원보다는 인간의 문화와 경험의 거의 보편적 측면으로서 음악의 자연주의적 정체성을 태도로 한 음악치료의 가치를 설명하는 것이다. 다시 말해, 다양한 프레임워크들은 음악으로서 음악의 질이 설명적 역량 면에서 정렬되는 정도에 따라 세 가지의 다소 자연주의적 그룹을 형성하는 듯 보인다.

그룹 1: 핵심 조직화 요소로서 음악

Aigen, Lee, Pavlicevic, Ansdell

미학적 음악치료(Lee, 2003), 공동체 음악치료(Pavalicevic & Ansdell, 2004a), 음악중심 음악치료(Aigen, 2005a)는 전적으로 음악에 기반을 둔 치료들이다. 그것들 간에 차이가 있긴 하지만, 그들은 음악이 본질적으로 가치 있는 경험이며, 음악 경험에 대한 인간의 동기가 음악치료에 대한 정당한 자기 정당화라는 개념을 공유한다. 다시 말해, 그들은 서로 음악으로서의 음악에 대한 경험이 음악치료의 유익함을 설명하기에 충분하다고 믿는다. 따라서 음악치료 중에 내담자들이 그것들을 구두로 해석하거나(현재형) 해석해 올(완료형) 필요가 없었으며, 음악치료에 대한 음악적 경험을 가치 있는 것으로 고려하기 위한 여분의 음악적 경험의 유의미성도 없다. 이런 접근법 내에서 음악적 가치와 음악치료를 충분히 이해하기 위해 음악적 담론을 넘어설 필요는 없다.

몇몇 비평과 대조적으로, 음악을 강조한다고 해서 이런 접근법이 반지능적(anti-intellectual)이거나 그런 비평들이 개념적 토대와 본질적인 음악적 경험의 가치를 더욱 잘 설명할 특정 방식들을 위한 다양한 출처에 의존하기 때문이다. 음악중심 음악치료에 대한 본 저자의 정의는 그 자체로 Ansdell의 초기 개념을 토대로 확장된 것이며, 음악 중심의 사유가 작동하게 하는 관점을 묘사한다. "음악-음악치료 내에서, 음악치료 과정의 메커니즘은 음악의 힘, 경험, 과정, 구조 안에 위치해 있다."(Aigen, 2005a, p. 51) 이런 측면들 각각은 음악을 고찰하게 하는 다양한 학과에 반영되어 있다. 즉, 음악철학은 음악 내 힘이란 개념을 포함해, 음악의 특성에 관한 전통적 · 형이상학적 숙고사항을 고려하게 된다. 음악과 인식론의 사회학을 통해, 사회 및 대인 간 관계, 그리고 음악치료에 관여하는 맥락을 살펴보며, 음악학과 음악이론은 음악의 구조와 관련된 의문점을 고찰한다.

이 그룹에서 세 가지 방향 각각은 이러한 음악적 하위 학과들 중 한 가지 이상을 향하게 된다. 음악중심 음악치료는 심미적 철학(예: Dewey, 1934), 음악 형이상학(Zuckerkandl, 1956), 인지적 스키마 이론(Lakoff & Johnson, 1980)에 의존하여, 음악 중심의 사유의 근간을 확립하고 의의를 도출한다. Pavlicevic과 Ansdell은 새로운 음악학, 음악사회학(DeNora, 2000), 그리고 사회학 내 사유에 의존하여, 맥락 안에서 음악의 자연주의의 이용에 대한 이해로 어떻게 음악치료 실습을 위한 기반이 형성될 수 있는지 탐구한다. Lee는 음악치료 분야에서 창작된 음악의 기본적인 음악 형태가 그것의 임상적 가치를 이해하기 위한 열쇠를 어떻게 쥐게 되는지 탐구하는 과정에서, 서양의 음악학으로부터 나온 사상에 일차적으로 머문다.

하지만 이런 접근법들 모두가 공동으로 지닌 점은 음악 경험과 표현이 사람들이 치료를 받으러 오는 이유를 다루기 위한 적합한 방식들인 본래 유익한 인간 활동이란 인식이다. 이런 식으로 이런 방향들과 그것들의 전조들 간에, 그리고 이런 방향들과 현대의 다른 프레임워크들 간에 근본적인 구분이 이뤄진다. 음악치료 분야의 다른 방향들은 음악에 전념(참여)하듯, 다양한 정도로 비슷한 개념적 전념(commitments)을 한다. 이 그룹은 개념적 시스템의 핵심 측면인 음악 경험에 전념한다는 점에서 독특하다.

예를 들어, 공동체 음악치료에서, 음악치료가 공동체의 참여를 요하는 이유는 "파급효과"라는 음악의 특징 때문인데, 이를 통해 "음악은 마치 연못에 자갈을 떨어뜨리면 동심원을 그리며 확산되는 에너지의 파장을 보게 되는 것처럼" 자연스럽게 퍼진다(Parlicevic & Ansdell, 2004b, p. 16). 그리고 일반적으로 음악치료 내 사례와는 대조적으로, 미학적 음악치료의 경우 "음악적 형태가 임상적 형태에 영향을 미치며" 그래서 음악치료 안에서의 음악은 "무엇보다도 음악적 분석 및 구성적 기반"을 통해 고찰된다(Lee, 2003, p. 9). 음악에 대한 이러한 참여의 결과로서, 치료 중 음악의 활용은, 음악치료에 대한 다른 접근법의 사례보다는 비임상적 영역 내에서 음악이 이용되는 방법과 더욱 연속성을 지니게 된다.

이러한 접근법 그룹은 음악에 치료 안에서의 가치를 부여하는 것은, 곧 음악에 치료 밖에서의 가치를 부여하는 요소와 동일하다는 점을 시사한다. 이러한 전념은 (아래 그룹 3에 속하는) Rolvsjord, Ruud, Stige도 공유하긴 하지만, 그룹 1에 속하는 이론가들과 구별되는 점은 음악의 임상적 가치를 설명하는 과정에서 사회적으로 구성된 실체로서의 음악이 아니라 음악 자체의 속성을 고려하려는 보다 강한 의지다.

그룹 2: 다른 동등한 전념과 조합되어 존재하는 중요한 요소로서의 음악

Crowe, Garred, Kenny, Taylor, Thaut

세 방향이 매우 강한 상호 보완성(mutual compatibility)을 지닌 그룹 1과 대조적으로, 이 그룹은 이론적 스펙트럼의 끝이 전혀 다른 네 명의 이론가로 구성되어 있다. Garred와 Kenny는 음악학적 · 철학적 · 사회학적 요소들을 포함한 음악치료의 개념을 강력히 지지하는 반면, Taylor와 Thaut는 전통적인 의학 프레임워크에 대한 가장 강력한 지지자다. Crowe의 접근법은 이 두 가지 영역 모두에 발을 걸치고 있으며, 실제로 모든 인간 사상의 영역으로부터 도출된 것이다.

초기 연구에서 Kenny는 "음악을 인간 발달을 위해 암묵적 치유 패턴을 전달하는 것으로 식별하였으며"(Kenny, 2006, p. 82) 이후의 연구에서 음악이 그녀의 방향의 핵심적 부분으로 남은 이유는 음악적 공간이 음악치료 과정에서 세 가지 일차적인 장들 중 하나이기 때문이다. 하지만 Kenny의 모델의 다른 일차적 요소들인 미학과 놀이의 장은 음악보다 덜 근본적이다.

이와 마찬가지로, Garred(2006)의 목적은 정신분석학 이론에 의존적인 것과 상반된 "매개체 자체의 질을 토대로 한 음악치료"(p. 29)라는 개념을 공식화하는 것이다. 하지만 그는 음악치료에서 음악의 역할과 대인 간 관계 모두를 위한 기반을 제공하기 위해 순수한 음악 중심의 사유를 넘어서고 싶다고 분명하게 설명한다. 이에 따라 그는 자신의 이론을 구축하는 과정에서 Buber의 대화적 철학을 특징짓는 관계를 떠올리게 한다. 요컨대, 음악 연구 고유의 고민거리에 동등한 비중을 두는 것이다.

Taylor(1997)는 행동, 마음 혹은 인간의 정서 이상의 것으로서, 인간의 뇌가 "음악치료의 진정한 영역"이라고 주장한다(p. 18). 그는 음악이 뇌에 의해 처리되기 때문에, 그리고 음악의 과정에 다양한 임상적 조건에서 암시되는 뇌의 영역과 관련된 대뇌피질 활동의 독특한 패턴이 포함되기 때문에, 음악치료가 하나의 학과로 발전할 유일한 길은 뇌과학을 그것의 실습과 설명의 근거로 삼는 것이라는 주장을 통해 음악치료의 의학 모델에 대한 자신의 전념(참여)을 조작할 수 있게 한다. 어떤 의미에서 보면, 그의 모델에서 음악이 전면에 내세워지는 이유는 음악의 치료 효과가 대인관계와 같은 것들을 배제하고 고려되기 때문이지만, 그의 동등하게 근본적인 전념 대상이 뇌과학임은 분명하다.

마찬가지로, Thaut(2000)은 "음악이 본질적으로…… 고유의 구조와 패턴"일 뿐만 아니라 "음악 안에서 미학적인 질, 문화적 의미, 개인적 연계 및 경험과 관련된…… 청중의 가치"를 전달한다고 단언한다(p. 3). 그는 음악치료 이론을 구축하는 중에 비음악적 영역으로부터 이론을 도출하는 관행을 비평한다. 왜냐하면 그렇게 할 경우, "치료적 매개물로서 음악에 대한 이해가 비음악적 치료 모델에 의해 미리 정해지기 때문"이며, "음악적 치료 효과를 오해하거나 잘못 이해할 수 있기 때문이다."(2000, p. 6). "재활 및 의학에 대한 음악치료의 독특한 기여 요인은 음악을 이용한다는 점이기" 때문에(2000, p. 5), Thaut는 음악치료에서 가장 유용하고 일반화가 가능한 이론을 통해 음악이 치료 방식 면에서 심리적 및 생리적 과정에 어떤 영향을 미치는지 설명할 수 있다고 주장한다.

자신의 후기 연구에서, Thaut(2008)는 음악이 "음악 전용인 신경회로를 지 닌…… 인간 뇌의 생물학적으로 깊이 있는 기능"이란 개념을 근거로 삼았다 (p. viii). 그는 오직 음악의 리듬 측면에 기반을 둔 치료적 프레임워크를 창안 한다. 요컨대 Thaut는 Taylor와 유사한 방식으로 음악치료에 대한 자신의 접 근법에서 (리듬의 한 요소이긴 하지만) 음악적 현상을 중시했으며, Taylor와도 비슷한 방식이긴 하지만 뇌를 중재의 초점이라고 생각했다.

복잡성 과학이란 전제를 토대로, Crowe(2004)는 음악치료 내에서 음악의 역할에 관한 보다 나은 각성을 할 것을 주장한다. 이런 주장의 전제는 복잡성 과학에서 "비선형적 시스템 내에서 작은 것들이 큰 결과를 초래할 수 있기 때 문에"(p. 351) 작은 변화와 결합해 하나의 장 안의 초기 조건들이 어떻게 특이 하게 극적인 변화를 유도할 수 있는가에 초점을 맞추고 있다는 것이다. 이는 치료사들이 음색 및 역동성과 같은 요소뿐만 아니라 "특정 간격, 멜로디의 윤 곽, 리듬 패턴의 중요성"에 더욱 주의를 기울여야 한다는 의미다(p. 351). 이렇 게 하려면 여러 기존의 음악치료 이론보다 음악에 더 초점을 맞춰야 한다.

그룹 3: 음악은 더 큰 관심을 요구하지만 특별히 독특한 역할을 하지는 않는다

Hadley, Rolvsjord, Ruud, Smeijsters, Stige

이런 저자들의 그룹은 그들 각자의 관점으로 음악을 탐구한다. 비록 음악 자체가 특별하거나 눈에 띄는 역할을 하지는 않지만 말이다. Rolvsjord, Ruud, Stige는 음악을 특별히 강조하지만, 음악이 연관된 맥락에 따라 다양한 경험을 하게 해 주는 어떤 상황 속의 활동으로서 음악을 보는 공통된 시각을 지니고 있다. 이런 관점은 Pavlicevic과 Ansdell도 지닌 관점인데, 한 가지 차 이점은 음악의 고유한 가치가 현재 그룹을 구성해 주는 관점에서보다 공동체 음악치료에서 좀 더 강조된다는 점이다. 다만 이런 차이는 강조 대상 중 하나일 뿐이다. J. J. Gibson(지각을 연구하는 심리학자), Christopher Small(음악학자), Tia DeNora(음악 사회과학자)가 말하는 개념을 통해, 강력하고 상호 보완적인 신념 체계가 형성되며, 이 체계의 신조는 Rolvsjord, Ruud, Stige가 지지하는 것이다.

Taylor, Thaut와 매우 대비되는 이런 저자들은 필수적 요소(이 요소들의 인과적 특성을 탐구해야 한다)가 지닌 자주적 객체라는 음악의 개념에 대한 비평을 공식화하는 과정에서 Gibson의 개념들을 이용한다. 탐구하기에 적합한 의문점은 음악이 무엇을 일으키는가가 아니라(맥락이 중요할 때, 구체적 원인-결과 관계는 관련이 없게 되기 때문에), 음악의 특성으로 어떤 유형의 경험과 활용이 가능한가, 그리고 음악하는 사람들이 어떤 활용을 수용할 수 있는가다. Small(1998)의 음악하기란 개념은 (인간이 아는 무언가 혹은 대상이라기보다) 인간이 하는 무언가라는 음악의 개념을 수용한 것이며, 소리를 생산하는 작용과 관련된 모든 활동을 포괄하며, 맥락의 중요성과 일맥상통한다. 일상에서의 음악 활용은 음악치료에서의 음악 활용과 연속성을 지닌 것으로 생각되기 때문에, 이 분야에서 DeNora(2000)의 탐구를 통해 음악치료 이론에 대한 근거가 제시되기도 한다.

Stige(2002a)는 어떤 상황 속 활동이라는 음악 개념에 대한 자신의 탐구를 가장 상세히 진행하며, 음악학 내 두 가지 계통인 첫째, 음악과 생물학, 둘째, 음악과 문화로부터 추론한다. 그는 인간의 문화에 의해 생성된 인공물과 결합된 인간의 심리학에서 발달된 원형적 음악성(protomusicality)이 음악을 통해 누군가의 삶의 역사를 어떻게 생성하는지 묘사한다. 그는 "문화 학습의 중요성에 대한 민감도와 양립 가능한 방식으로, 음악 제작에 대한 생물학적 토대"를 구체화하고 싶어 한다(2002a, p. 90).

Hadley(2006)가 제시한 페미니즘적 견해이든, Smeijsters가 옹호하는 자세든, 그 집단의 이론적 초점과 관심사항을 공유하지 않는다. 하지만 그들 모두 다른 형태의 음악치료에 존재하는 음악적 의미에 관한 전통적 개념과 고민을 넘어서고자 한다.

이와 관련해, Smeijsters(2005)는 음악의 특성을 참조적 언어보다는 소리로 생각하고자 하며, 이런 방식으로, 그는 정신분석학적 프레임워크를 통해 음악 치료에 관한 몇 가지 전형적인 사유 방식들을 피해 간다. 그의 초점의 대상은 음악치료의 초점의 대상인 인간의 심리학적 과정과 음악 간의 보다 직접적 연관성을 확립하는 것이다. 그는 자신의 유사 이론을 제시하는데, 그 이론을 통해 은유와 같은 다른 개념보다 사람들과 음악 간에 보다 강하고 직접적이며 가까운 관계가 확립됐다고 주장한다.

Smeijsters에게는 음악적 형태가 심리학적 과정에 비유된다. 따라서 음악으로서 음악의 구체적인 속성들은 기존의 정신분석학 이론에 비해 그의 접근법에 핵심이 되지만, 음악적 형태가 있는 그대로 존재하는 이유는, 음악 중심의 접근법의 경우 그렇듯, 음악 자체의 어떤 측면들을 나타내기 때문이 아니라 유아와 양육자 간의 초기 사회적 상호작용을 구성하는 소통의 패턴과 같은 인간 경험의 측면들을 나타내기 때문이다.

몇몇 페미니즘 접근법에서, 전통적인 음악의 활용은 반치료적인 것으로 생각된다. 기존의 전통적인 음악은 필연적으로, 내담자를 권한이 박탈되어 치료를 받도록 한 위치에 유지시키는, 압제적으로 젠더화된 형태를 구현한다. Adrienne(2006)가 묘사했듯, 음악의 모든 전통은 실제로, 사회구조를 지탱하는 사회적 기능들 안에 내재되어 있다. "음악의 음조와 음색 시스템은 산업화된, 기업 및 가부장적 사회를 건설하는 데 필요한 가치들을 구성하도록 도움을 주었다. …… 고전음악은 중립적이고, 무해하며, 순수하지 않다. 그것은 관료화된 기준을 제외한 모든 것을 소외시킨다."(p. 54)

음악치료 방향에서의 향후 발전

미래에는 어떤 음악치료 이론이 유효할까? 이론 발달의 제3단계의 일부로서 묘사되는 것들과 같은 프레임워크가 증대될까 아니면 특정 임상적 모델이 발달한다는 제2단계 유형의 사유로 회귀할까? 확실히 아는 것은 불가능하지만, 단계 2의 특징을 나타내는 거대 담론 모델의 시대가 회귀하지 않을 것이며, 음악치료 분야에서 단계 3을 특징짓는 노선과 함께 이론적 발달이 계속해서 확대될 것임을 시사하는 특정 상태가 존재한다.

AMT, GIM, NRMT의 모델들은 대체로 학술적 환경 및 구조의 외부에서 작업하는, 선도적이고 몰두하는 사람들에 의해 발달했다. 이례적인 비전, 창의성, 선구자를 특징짓는 경험에 대한 몰두로부터 독창적 공식이 생겨났다. 틀림없이 이러한 독창적 공식들은 맥락에 민감하지 않았으며, 이는 단계 3의 프레임워크들 중 많은 것의 특성이다. 하지만 이러한 맥락 민감성은 보다 순수한 형태의 실습(관행)이 마련되는 경우에만 가능해진다.

학술적 환경 외부에서 독창적인 모델들이 개발되었다는 사실과 반대로, 단계 3의 프레임워크들 모두는 학술적 공동체 내에서 기인하며 그 안에서 확산되고 있다. 적어도 다른 맥락에서 더욱 그렇겠지만, 북미에서 현대적 교육기관의 일반적 특징은 실습의 모델 및 비상품적(nonproprietary) 접근법들을 뒷받침하는 것이다. 대학들은 다양한 임상적 환경에서 일할 준비가 되어 있고, 다양한 임상적 도구를 이용하는 제너럴리스트로서 유능한 치료사들을 교육시키고 훈련시킬 것으로 기대된다. 제대로 교육을 받은 음악치료사는 그 분야에 존재하는 매우 다양한 접근법에 관한 지식을 지닐 것(반드시 실행할 능력을 말하는 것은 아님)으로 예상된다. 요컨대 실습에 대한 특정 전매특허(proprietary) 모델에 대한 명백한 전용인 대학 기반의 학위 프로그램을 찾기는 어렵다.

이론과 실습의 발달이 일차적으로 학술적 환경으로 나아갈 때, 단계 3의 프레임워크들에 의해 대표되는 발달을 확인할 수 있다. 이는 음악치료의 현 상태이기 때문에, 미래의 발달이 계속해서 학술적 연구의 전통 및 의무에 의해 영향을 받을 것임을 시사한다. 이와 관련해 여러 학과에 속한 개념들, 음악치료 분야의 사유의 이론과 연결시키려는 노력, 다른 인간 탐구 영역에 속한 개념들에 대한 노출이 발생하고, 이러한 학술적 고민들을 특정 기술을 지닌 채 특정 직업에 속한 사람들을 교육시키는 데 필요한 실용주의적 지시사항과 결합시킬 필요성이 생긴다. 이런 모든 생각은 제3단계에서 음악치료 내 사유를 특징짓는 발달의 유형이 지속될 것임을 시사한다.

Notes

1. 행동주의적 음악치료는 이러한 점에서 눈에 띄는 예외 중 하나다. 약 1950년부터 1980년대 중반까지 음악치료에서 수행된 연구의 철학적인 분석을 위해서는 Aigen(1991b)을 참고하라.

2. Thomas Kuhn(1970)은 과학에서의 진보가 어떻게 철학적으로 이해될 수 있는가에 대한 변화에 영향을 미친 역사학자였다.

3. 비록 모든 경우 논쟁이 전통적인 의학 모델과 직접적으로 갈등을 일으키는 체계 안에서의 요소들에 의해 만들어질 수 있지만 Lee(2003), Pavlicevic과 Ansdell(2004) 같은 몇몇 이론가는 이러한 문제를 직접적으로 다루지는 않았다.

4. 역자 주: 학과가 내담자를 위해 존재함

결 론

나는 음악치료의 미래에 관한 보다 개인적인 생각이 담긴 이 책의 결론을 내리고 싶다. 나는 이 직업에 종사하는 4명의 독창적인 인물, 2명의 임상가, 2명의 교육가와 긴밀히 협력한 점에서 운이 좋았다. 나의 경력 중 후반부 단계로 나아감에 따라, 나는 음악치료 분야의 선구자를 대상으로 직접 연구를 한 우리도 곧이어 성장하게 될 것임을 깨달았다. 이들 네 사람 각각이 내가 음악치료에 관해 사유하는 방식에 지울 수 없는 흔적을 남김에 따라, 나는 그들에게 배운 바를 공유함으로써 이 책의 결론을 맺고자 한다. 그 이유는 그들 모두가 음악치료의 미래가 어떻게 될지 결정을 할 다음 세대의 음악치료사들에게 본질적 가치를 던지고 있다고 믿기 때문이다.

내가 이런 말들을 글로 작성할 때, Barbara Hesser는 뉴욕 대학교에서 음악치료 프로그램의 수장으로서 40년을 일해 왔다. 이처럼 오래되었다는 사실이 틀림없이 음악치료 교육에 대한 그녀의 비전이 지닌 힘을 증명해 주지만, 단지 오래 했다는 점보다 더 중요한 점은 음악치료의 핵심에서 음악으로 확장된 교육 공동체를 창안하는 게 유능한 음악치료사를 발달시킬 최상의 방법이라는 그녀의 믿음이다. 음악치료 인력, 뉴욕 대학의 학생과 졸업생에게 스며든 공동의 정신이 그런 임상가들의 내담자들에게 확대된다. 이는 음악치료가 계속 번창하려면, 음악치료의 모든 임상, 이론, 교육, 연구의 측면에 살아 있는 음악의 정신을 유지하는 것이 필요함을 증명한다.

1950년대 말 정도인 초창기에, Florence Tyson은 정신분석학 원리에 기반을 둔, 심리치료적 음악치료에 대한 깊이 있는 접근법을 개발하고 있었다. 그녀의 비전이 지닌 힘은 모든 유형의 지원자에게 도움이 되었고, 그녀는 정신질환이 있는 사람들을 위해 음악, 예술, 무용, 연극, 시 치료를 제공하는 외래 환자 시설을 성공적으로 지었다. 창의적 예술재활센터(CARC)가 맨해튼의 중간 지구에 있는, 엘리베이터가 없는 건물 내 프랑스식 선술집 바로 위층인 3, 4층에 있다. CARC에 들어가려면 치료사와 내담자는 선술집의 바 영역을 통과해 걸어가야 했다.

언젠가 한번 나는 Florence가 환자와 함께 바에 앉아 술을 마시는 모습을 보았다. 가장 전통적인 치료의 관점에서 볼 때, 그리고 특히 Florence가 자신의 연구를 표현할 때 이용한 정신분석 관점에서 볼 때, 그러한 행위는 비윤리적이긴 않더라도 매우 반치료적인 것으로 생각될 것이다. 내가 그 일에 관해 질문했을 때, Florence는 자신이 함께 술을 마신 내담자와 개별치료를 20년 했으며, 자신이 성인이 된 후 처음으로 그 내담자가 성공적으로 일자리를 구했으며, 정기적인 급료를 벌고 있다고 설명했다. Florence에 따르면, 내담자가 선호하는 방식대로 주요 삶의 성취를 인정하지 않는 것은 반치료적일 것이며, 누군가의 임상적 책임이 폐기될 것이다.

Florence가 주는 교훈은 치료사로서 무엇을 할까에 대한 지침이, 우리의 친구인 인류의 투쟁과 승리에 대한 본능적인 인간의 반응 및 상식에 의해 영향을 받을 수 있다는 점이었다. 자신의 이론적 학습에서, Florence는 전형적인 정신분석학자였지만, 이처럼 추상적인 개념적 시스템에 대한 맹목적 충성이 내담자와 함께하는 순간에 해야 할 올바른 일이라고 믿는 것보다 우선시된다는 점은 인정하지 않았다.

이 책의 헌정 대상인 Clive Robbins는 자신을 만났던 모든 사람에게 강한 인상을 남겼다. 우리는 15년 동안 매일 함께 연구했고, 그가 나에게 미친 영향은 광범위하며, 내가 음악치료에 관해 생각하고 실천한 방식은 물론, 내가 동료들과 교류하는 방식에도 영향을 미쳤다. 하지만 내가 음악을 연주하는 법에 영향을 미친 한 가지 사건을 통해 현재의 내가 있을 수 있었다.

나는 피아노로 연주할 곡들을 준비 중이었다. 피아노는 Clive가 일본, 오스트리아, 뉴질랜드로 함께 강의-교습 여행을 가기 위해 학습하길 원했던 것이었다. 나는 〈뭔가 일어날 것이야〉[1]라는 노래를 연주했는데, 그 곡은 Clive가 Paul Nordoff와 함께 작곡한 것이었다. 나는 기술적으로 능숙한 피아니스트가 아니었으며, 언제나 느낌으로 연주하는 것이 나의 강점이라고 느꼈고 Clive가 그 노래에 대한 나의 연주에 기뻐해 주길 바랐다.

그 노래를 마치자마자(그 곡은 비교적 짧았고, 9박자의 길이였으며, 안단테로 연주했다) 나는 모든 게 옳지는 않다는 점을 알 수 있었다. 개인적 기준이 아닌 매우 직접적인 방식으로, Clive는 그 노래에 대한 나의 접근법에서 불필요한 점을 말해 주었다. 나는 너무 감성적인 방식으로 연주했으며, 음악 고유의 표현성이 그 자체를 드러낸다는 점은 인정하지 않은 채 정서적 표현성이라는 나 고유의 개념을 음악에 투사하고 있었다. 정서는 곡에 잠재되어 있고 구현되었다. 나 자신의 감정을 그 위에 층을 이루도록 할 필요는 없었다. 그로 인해 음악은 표현적이기보다 감성적이 되었던 것이다. Clive의 분석을 통해 나를 완벽히 인식하게 되었고, 명백하고 직접적이며 객관적인 방식에 관한 것으로서, 그가 나에게 제공한 피드백을 통해 음악을 듣고 음악을 수용하게 되었다. 내가 그 당시 이후 16년간 그 사건을 기억하는 이유는 그로 인해 내가 연주하는 방식이 영원히 변했기 때문이다. 음악치료사를 위한 교훈은 우리가 내담자와 하는 작업 중 하는 음악의 방식에서 벗어나야 한다는 점을 기억하는 것이다.

1990년대 초에, 나는 미국음악치료협회(AAMT)의 장이 되었다. 그 당시 그

협회는 국가음악치료협회(NAMT)[2]와의 다양한 논쟁적 논점에 관여했다. 이런 논점을 협상하는 과정에서 지침을 구하기 위해 나는 AAMT의 전임 의장 및 국제적으로 음악치료 분야의 최고의 학자로 인정받는 Kenneth Bruscia와 지속적으로 서신을 교환했다. 그의 저서, 교습, 강의의 질, 폭, 깊이, 영향력이 이 분야에 막대한 도움을 주었고 나는 그를 '스승들의 스승'이라고 생각한다.

그 당시, 나는 내가 다루고 있던 정치적 논점들 중 일부의 원인이 AAMT가 교육 및 임상철학 면에서 일차적으로 인본주의적 방향을 지니고 있는 반면, NAMT는 교육, 임상, 연구정책 면에서 행동주의의 어젠다를 지침으로 삼고 있다는 사실 때문이라고 느꼈다. 비록 Ken의 저서들 및 내가 템플 대학에서 그의 교육 프로그램에 대해 알고 있는 내용 때문에 아직 그와 개인적 관계는 맺고 있지 못하지만, 나는 그도 공감할 것으로 기대한다. 내가 받았던 것은 매우 귀중한 것이었다.

Ken이 나에게 보낸 서신은 한 가지 핵심 요점에서 비롯된 것이었다. 그 자신의 관점을 토대로, 어떤 전문가 협회에서 명시적이든 암묵적이든 정책을 인도하는 어떤 유형의 기본 철학을 보유하는 것은 옳지 못하며, Ken은 다양성과 포괄성을 중시하는 다원적 견해의 핵심적 중요성을 일부러 강조했다. 일단 어떤 관점이 논의로부터 혹은 협상 테이블의 한 좌석으로부터 배제되면, 그 논의는 이미 실패한 것이었다. 나는 그 논의를 행동주의적 가치들에 비해 인본주의적 가치들 중 하나로 틀을 잡고 싶었지만, Ken의 주장을 통해 나는 실질적인 논의는 포함과 다양성의 가치 대 배제와 강요된 획일성의 가치 간의 논의였다는 점을 확신하게 되었다. Ken의 주장은 나를 흔들리게 했고, 그 때문에 나는 그에게 영원히 감사함을 느끼게 되었다. 이 책의 전반에 걸쳐 다양성의 수용을 반복적으로 요청하는 이유는, 그런 문제들에 관한 Ken Bruscia의 사유의 힘과 열정 때문이다.

이 책의 전반에 걸쳐 내가 지지했던 이런 다양한 입장을 되돌아보는 과정에서 나는 이들 네 사람의 영향력과 그들이 표명한 가치를 확인할 수 있다. 그

가치는 음악의 핵심적 중요성, 개념적 시스템의 헌신보다 사람들에 대한 헌신을 우선시함, 음악이 제 기능을 하도록 함, 다양성 고유의 가치 등이다. 이 책에서 내가 옹호한 특정 위치들 중 어떤 것보다 중요한 것은 이런 네 가지 가치다. 음악치료 분야에서 지속적인 논의의 필수적 측면으로서 그런 가치를 보존하면, 그 직업이 존재하는 이유가 되는 내담자들의 욕구와 욕망을 충족하는 쪽으로 계속해서 발달한다는 점이 보장될 것이다.

Notes

1. 〈뭔가 일어날 것이야(Something is going to happen)〉는 1962년 『The First Book of Children's Play-Songs』에서 발표되었다.
2. 두 기관들은 그들의 차이점과 통합을 의결하고, 1998년에 AMTA(American Music Therapy Association)를 창설했다.

참고문헌

Aasgaard, T. (2000). "A Suspiciously Cheerful Lady": A study of a song's life in the paediatric oncology ward, and beyond.... *British Journal of Music Therapy, 14*(2), 70-82.

Aasgaard, T. (2005). Song creations by children with cancer: Process and meaning. In D. Aldridge (Ed.), *Case study designs in music therapy* (pp. 67-96). London: Jessica Kingsley.

Adrienne, J. (2006). A feminist sociology of professional issues in music therapy. In S. Hadley (Ed.), *Feminist perspective in music therapy* (pp. 41-62). Gilsum, NH: Barcelona.

Aigen, K. (1991a). The voice of the forest: A conception of music for music therapy. *Music Therapy, 10*(1), 77-98.

Aigen, K. (1991b). *The roots of music therapy: Towards an indigenous research paradigm.* Doctorial Dissertation, New York University.

Aigen, K. (1995a). Cognitive and affective processes in music therapy with individuals with developmental delays: A preliminary model for contemporary Nordoff–Robbins practice. *Music Therapy, 13*(1), 13–46.

Aigen, K. (1995b). The aesthetic foundation of clinical theory: A basis of Nordoff–Robbins music therapy. In C.B. Kenny (Ed.), *Listening, playing, creating: Essays on the power of sound* (pp. 233–257). Albany, New York: State University of New York Press.

Aigen, K. (1998). *Paths of development in Nordoff-Robbins music therapy.* Gilsum, NH: Barcelona.

Aigen, K. (1999). The true nature of music–centered music therapy theory. *British Journal of Music Therapy, 13(2),* 77–82.

Aigen, K. (2004). Conversation on creating community: Performance as music therapy in New York City. In M. Pavlicevic & G. Ansdell (Eds.), *Community music therapy* (pp. 186–213). London: Jessica Kingsley.

Aigen, K. (2005a). *Music-centered music therapy.* Gilsum, NH: Barcelona.

Aigen, K. (2005b). *Being in music: Foundations of Nordoff-Robbins music therapy.* Gilsum, NH: Barcelona.

Aigen, K. (2005c). *Playin' in the band: A qualitative study of popular music styles as clinical improvisation.* Gilsum, NH: Barcelona.

Aigen, K. (2006). Theoretical issues in considering music as a therapeutic medium: An essay on Music as Therapy: A Dialogical Perspective. *Nordic Journal of Music Therapy, 15*(2), 154–166.

Aigen, K. (2007). In defense of beauty: A role for the aesthetic in music therapy theory (part I): The development of aesthetic theory in music therapy. *Nordic Journal of Music Therapy, 16*(2), 112–128.

Aigen, K. (2008). In defense of beauty: A role for the aesthetic in music therapy theory (part II): Challenges to aesthetic theory in music therapy: Summary and response. *Nordic Journal of Music Therapy, 17*(1), 3–18.

Aigen, K. (2009). Verticality and containment in improvisaton and song: An application of schema theory to Nordoff–Robbins Music Therapy. *Journal of Music Therapy, 46*(3), 238-267.

Aigen, K. (2012). Community music therapy. In G. McPherson & G. Welch (Eds.), *Oxford handbook of music education, Volume 2* (pp. 138-154). New York: Oxford University Press.

Aigen, K. (2013). Social interaction in jazz: Implication for music therapy. *Nordic Journal of Music Therapy, 22*(3), 180-209.

Aluede, C.O., & Iyeh, P.M.A. (2008). Music and dance therapy in Nigeria: The task before the potential Nigerian music therapists in the twenty-first century. *Voices: A World Forum for Music Therapy, 8*(1). Retrieved December 19, 2012, from https://normt.uib.no/index.php/voices/article/view/446/364.

American Music Therapy Association (AMTA). (2012). What is music therapy? Retrieved September 28, 2012, from www.musictherapy.org/about/quotes/

Amir, D. (1999). Musical and verbal interventions in music therapy: A qualitative study. *Journal of Music therapy, 36*(2), 144-175.

Ansdell, G. (1995). *Music for life: Aspects of creative music therapy with adult clients.* London: Jessica Kingsley.

Ansdell, G. (1999a). Challenging premises. *British Journal of Music Therapy, 13*(2), 72-76.

Ansdell, G. (1999b). *Music therapy as discourse and discipline: A study of "music therapist's dilemma"* (Doctoral Dissertation, City University, London).

Ansdell, G. (2002). Community music therapy and the winds of change. *Voices: A World Forum for Music Therapy, 2*(2). Retrieved September 27, 2012, from https://normt.uib.no/index.php/voices/article/view/83/65.

Ansdell, G. (2003). Community music therapy: Big British balloon or future international trend? In *Community, relationship and spirit: Continuing the dialogue and debate.* London: British Society for Music Therapy Publications.

Ansdell, G. (2004). Rethinking music and community: Theoretical perspectives in support of community music therapy. In M. Pavlicevic & G. Ansdell (Eds.), *Community music therapy* (pp. 65–90). London: Jessica Kingsley.

Ansdell, G. (2005). Being who you aren't; Doing what you can't: Community music therapy and the paradoxes of performance. *Voices: A World Forum for Music Therapy, 5*(3). Retrieved December 14, 2012, from https:// normt.uib.no/index.php/voices/article/view/229/173.

Ansdell, G. (2010). Where performing helps: Processes and affordance of performance in community music therapy. In B. Stige, G. Ansdell, C. Elefant, & M. Pavlicevic. *Where music helps: Community music therapy in action and reflection* (pp. 161–186). Farnham, UK: Ashgate.

Austin, D. (1991). The musical mirror: Music therapy for the narcissistically injured. In K.E. Bruscia (Ed.), *Case studies in music therapy* (pp. 291–307). Gilsum, NH: Barcelona.

Austin, D. (1996). The role of improvisational music in psychodynamic music therapy with adults. *Music Therapy, 14*, 29–43.

Austin, D. (2004). *When words sing and music speaks: A qualitative study of in-depth psychotherapy with adults* (Doctoral dissertation, New York University).

Austin, D. (2006). Response to "Music psychotherapy and community music therapy: Questions and consideration." *Voices: A World Forum for Music Therapy.* Retrieved December 14, 2012, from https://normt.uib.no/index.php/voices/article/view/208/152.

Austin, D., & Dvorkin, J. (1993). Resistance in individual music therapy. *The Arts in Psychotherapy, 20*(5), 423–430.

Baker, F.A. (2013). Front and center stage: Participants performing songs created during music therapy. *The Arts in Psychotherapy, 40*, 20–28.

Baker, F.A., Gleadhill, L.M., & Dingle, G.A. (2007). Music therapy and emotional exploration: Exposing substance abuse clients to the experiences of non-drug-induced emotions. *The Arts in Psychotherapy, 34,* 321-330.

Barz, G. (2006). *Singing for life: HIV/AIDS and music in Uganda.* New York: Routledge.

Benenzon, R.O. (1981). *Music therapy manual.* Springfield, IL: Charles C. Thomas.

Berliner, P. (1994). *Thinking in jazz: The infinite art of improvisation.* Chicago, IL: University of Chicago Press.

Bonny, H. (1978a). *Facilitation GIM sessions.* Baltimore, MD: ICM Books.

Bonny, H. (1978b). *The role of taped music programs in the GIM process.* Baltimore, MD: ICM Books.

Bonny, H. (1980). *GIM therapy: Past, present and future implications.* Baltimore, MD: ICM Books.

Bonny, H. (2002). *Music consciousness: The evolution of guided imagery and music.* Gilsum, NK: Barcelona.

Borczon, R.M. (1997). *Music therapy: Group vignettes.* Gilsum, NH: Barcelona.

Boxill, E.H. (1985). *Music therapy for the developmentally disabled.* Rockville, MD: Aspen.

Brooks, D.M. (1998). *Anima experiences of men in Guided Imagery and Music* (GIM). Doctoral Dissertation, Temple University.

Broucek, M. (1987). Beyond healing to "whole-ing": A plea for the deinstitutionalization of music therapy. *Music Therapy, 6*(2), 50-58.

Brown, S. (1999). Some thoughts on music, therapy, and music therapy. *British Journal of Music Therapy, 13*(2), 63-71.

Brown, S., & Pavlicevic, M. (1996). Clinical improvisation in creative music therapy: Musical aesthetic and the interpersonal dimension. *The Arts in Psychotherapy, 23*(5), 397-405.

Bruscia, K.E. (1989). *Defining music therapy.* Gilsum, NH: Barcelona.

Bruscia, K.E (Ed.). (1998a). *Defining music therapy* (2nd ed.). Gilsum, NK: Barcelona.

Bruscia, K.E. (1998b). An introduction to music psychotherapy. In K.E. Bruscia (Ed.), *The dynamics of music psychotherapy* (pp. 1-15). Gilsum, NH: Barcelona.

Bruscia, K.E. (2002). Client assessment in the Bonny Method of guided imagery and music (BMGIM). In K.E. Bruscia & D.E. Grocke (Eds.), *Guided imagery and music: The Bonny Method and beyond* (pp. 273-295). Gilsum, NH: Barcelona.

Bruscia, K.E. (2012). *Readings in music therapy theory*. Gilsum, NH: Barcelona.

Bunt, L. (1994). *Music therapy: An art beyond words*. London: Routledge.

Bunt, L., & Pavlicevic, M. (2001). Music and emotion: Perspectives from music therapy. In J.A. Sloboda (Ed.), *Music and emotion: Theory and research* (pp. 181-204). New York: Oxford University Press.

Chase, K.M. (2003). Multicultural music therapy: A. review of literature. *Music Therapy Perspectives, 21*(2), 84-88.

Christensen, E. (2000). Music precedes language. *Nordic Journal of Music Therapy, 9*(2), 32-35.

Crowe, B. (2004). *Music and soulmaking: Toward a new theory of music therapy*. Lanham, MD: The scarecrow Press.

Crowe, B. J., & Scovel, M. (1996). An overview of sound healing practice: Implication for the profession of music therapy. *Music Therapy Perspectives, 14*(1), 21-29.

Darrow, A., & Molloy, D. (1998). Multicultural perspectives in music therapy: An examination of the literature, educational curricula, and clinical practices in culturally diverse cities of the United Sates. *Music Therapy Perspectives, 16*(1), 27-32.

Day, T., Baker, F., & Darlington, Y. (2009). Beyond the therapy room: Women's experiences of "going public" with song creation. *British Journal of Music Therapy, 23*(1), 19-26.

DeNora, T. (2000). *Music in everyday life.* Cambridge: Cambridge University Press.

Dewey, J. (1934). *Art as experience.* New York: Wideview/Perigee.

Dileo, C. (1999). Introduction. In C. Dileo (Ed.), *Music therapy and medicine: Theoretical and clinical applications* (pp. 1-10). Silver Spring, MD: American Music Therapy Association.

Dissanayake, E. (2001). An ethological view of music and its relevance to music therapy. *Nordic Journal of Music Therapy, 10*(2), 159-175.

Dissanayake, E. (2009). Root, leaf, blossom, or bole: Concerning the origin and adaptive function of music. In S. Malloch & C. Trevarthen (Eds.), *Communicative musicality: Exploring the basis of human companionship* (pp. 17-30). New York: Oxford University Press.

Edwards, J. (2002a). Debating the winds of change in community music therapy. *Voices: A World Forum for Music Therapy.* Retrieved December 14, 2012 from http://voices.no/?q=content/re-debating-winds-change-community-music-therapy.

Edwards, J. (2002b). "Music therapy by any other name would smell as sweet" or "community music therapy" means "culturally sensitive music therapy" in our language. *Voices: A World Forum for Music Therapy.* Retrieved December 14, 2012 from http://voices.no?/q=content/context-and-culture#comment-621.

Elefant, C. (2010). Giving voice: Participatory action research with a marginalized group. In B. Stige, G. Ansdell, C. Elefant, & M. Pavlicevic, *Where music helps: Community music therapy in action and reflection* (pp. 199-215). Farnham, UK: Ashgate.

Elliott, D.J. (1995). *Music matters: A new philosophy of music education.* New York: Oxford University Press.

Ellis, A. (1995). Rational emotive behavior therapy. In R.J. Corsini & D. Wedding (Eds.), *Current psychotherapies* (5th ed., pp. 162–196). Itasca, IL: F.E. Peacock.

Epp, E. (2001). Locating the autonomous voice: Self-expression in music-centered music therapy. *Voices: A World Forum for Music Therapy, 7*(1). Retrieved December 12, 2012, from http://normt.uib.no/index.php/voices/article/ view/463/372.

Feld, S. (1994). Aesthetics as iconicity of style (Uptown title); or (Downtown title) "Lift-up-over sounding" : Getting into the Kaluli groove. In C. Keil & S. Feld, *Music grooves* (pp. 109–150). Chicago, IL: University of Chicago Press.

Forinash, M., & Gonzalez, D. (1989). A phenomenological perspective of music therapy. *Music Therapy, 8*(1), 35–46.

Garred, R. (2006). *Music as therapy: A dialogical perspective.* Gilsum, NH: Barcelona.

Gaston, E.T. (1964). The aesthetic experience and biological man. *Journal of Music Therapy, 1*(1), 1-7.

Gaston, E.T. (1968). Man and music. In E. Thayer Gaston (Ed.), *Music in therapy* (pp. 7-29). New York: Macmillan.

Gfeller, K.E. (2012). Music as communication. In K.E. Bruscia (Ed.), *Readings in music therapy theory* (pp. 493–511). Gilsum, NH: Barcelona.

Glick, L.G. (1966). Music as therapy in community agencies. *Journal of Music Therapy, 3*(4), 120–125.

Gouk, P. (Ed.). (2000a). *Musical healing in cultural contexts.* Aldershot, UK: Ashgate.

Gouk, P. (2000b). Introduction. In P. Gouk (Ed.), *Musical healing in cultural contexts* (pp. 1-25). Aldershot, UK: Ashgate.

Grinde, B. (2000). A biological perspective on musical appreciation. *Nordic Journal of Music Therapy, 9*(2), 18-27.

Grinde, B. (2001). Response to the comments made by Bjørn Merker and Erik Christensen. *Nordic Journal of Music Therapy, 10*(1), 100-102.

Hadley, S. (2006). *Feminist perspectives in music therapy.* Gilsum, NH: Barcelona.

Henderson, H. (1991). Improvised song stories in the treatment of a 13-year-old sexually abused girl from the Xhosa tribe in South Africa. In K.E. Bruscia (Ed.), *Case studies in music therapy* (pp. 207-217). Gilsum, NH: Barcelona.

Hesser, B. (2001). The transformative power of music in our lives: A personal perspective. *Music Therapy Perspectives, 19*(1), 53-58.

Hesser, B. (2002). Music in psychotherapy. Unpublished paper.

Hibben, J. (Ed.). (1999). *Inside music therapy: Client experiences.* Gilsum, NH: Barcelona.

Hilliard, R.E. (2001). The use of cognitive-behavioral music therapy in the treatment of women with eating disorders. *Music Therapy Perspectives 19*(2), 109-113.

Hodson, R. (2007). *Interaction, improvisation, and interplay in jazz.* New York: Routledge.

Horden, P. (Ed.). (2000a). *Music as medicine: The history of music therapy since antiquity.* Aldershot, UK: Ashgate.

Horden, P. (2000b). Introduction. In P. Horden (Ed.), *Music as medicine: The history of music therapy since antiquity* (pp. 103). Aldershot, UK: Ashgate.

Horden, P. (2000c). Musical solutions: Past and present in music therapy. In P. Horden (Ed.), *Music as medicine: The history of music therapy since antiquity* (pp. 4–40). Aldershot, UK: Ashgate.

Jampel, P. (2006). *Performance in music therapy with mentally ill adults.* Doctoral dissertation, New York University.

Janzen, J.M. (2000). Theories of music in African ngoma healing. In P. Gouk (Ed.), *Musical healing in cultural contexts* (pp. 46–66). Aldershot, UK: Ashgate.

John, D. (1995). The therapeutic relationship in music therapy as a tool in the treatment of psychosis. In T. Wigram, B. Saperston, & R. West (Eds.), *The art and science of music therapy: A handbook* (pp. 157–166). Chur, Switzerland: Harwood Academic Publishers.

Johnson, D.R. (1984). Establishing the creative arts therapies as an independent profession. *The Arts in Psychotherapy, 11*(3), 209–212.

Jones, C., Baker, F., & Day, T. (2004). From healing rituals to music therapy: Bridging the cultural divide between therapist and young Sundanese refugees. *The Arts in Psychotherapy, 31*, 89–100.

Keil, C. (1994). Participatory discrepancies and the power of music. In C. Keil & S. Feld, *Music grooves* (pp. 96–108). Chicago, IL: University of Chicago Press.

Keil, C. (1995). The theory of participatory discrepancies: A progress report. *Ethnomusicology, 39*(1), 1–20.

Keil, C., & Feld, S. (1994). *Music grooves.* Chicago, IL: University of Chicago Press.

Kennair, L.E.O. (2000). Developing minds for pathology and musicality. The role of theory development of personality and pathology in clinical thinking illustrated by the effect of taking an evolutionary perspective. *Nordic Journal of Music Therapy, 9*(1), 26–37.

Kennair, L.E.O. (2001). Origins: Investigations into biological human musical nature. *Nordic Journal of Music Therapy, 10*(1), 54–64.

Kenny, C.B. (1982). *The mythic artery: The magic of music therapy*. Atascadero, CA: Ridgeview.

Kenny, C.B. (1987). *The field of play: A theoretical study of music therapy process*. Doctoral dissertation, The Fielding Institute.

Kenny, C.B. (1989). *The field of play: A guide for the theory and practice of music therapy*. Atascadero, CA: Ridgeview.

Kenny, C.B. (1996). The dilemma of uniqueness: An essay on consciousness and qualities. *Nordic Journal of Music Therapy, 5*(2), 87–96.

Kenny, C.B. (2006). *Music and life in the field of play: An anthology*. Gilsum, NH: Barcelona.

Kestenberg, J. (1975). *Children and parents: Psychoanalytic studies in development*. New York: Jason Aronson.

Kigunda, B.M. (2003). Music therapy: A therapeutic force remains anonymous in Kenya. *Voices: A World Form for Music Therapy, 3*(3). Retrieved December 19, 2012 from https://normt.uib.no/index.php/voices/article/view/131/107

Kigunda, B.M. (2004). Music therapy canning and the healing rituals of Catholic charismatics in Kenya. *Voices: A World Forum for Music Therapy, 4*(3). Retrieved December 19, 2012 from https://normt.uib.no/index.php/voices/article/view/186/145.

Kovach, A.M.S. (1985). Shamanism and guided imagery and music: A comparison. *Journal of Music Therapy, 22*(3), 154–165.

Kuhn, T.S. (1970). *The structure of scientific revolutions* (2nd ed., enlarged). Chicago, IL: University of Chicago Press.

Lackoff, G., & Johnson, M. (1980). *Metaphors we live by*. Chicago, IL: University of Chicago Press.

Langenberg, M., Frommer, J., & Tress, W. (1993). A qualitative research approach to analytical music therapy. *Music Therapy, 12*(1), 59–84.

Lee, C. (1992). The need for professional questioning. *Journal of British Music*

Therapy, 6(1), 23.

Lee, C. (1996). *Music at the edge: The music therapy experiences of a musician with AIDS.* London: Routledge.

Lee, C. (2003). *The architecture of aesthetic music therapy.* Gilsum, NH: Barcelona.

Legrenzi, P., & Umiltà, C. (2011). *Neuromania: On the limits of brain science.* Trans. by F. Anderson. New York: Oxford University Press.

Logis, M., & Turry, A. (1999). Singing my way through it: Facing the cancer, the darkness, and the fear. In J. Hibben (Ed.), *Inside music therapy: Client experiences* (pp. 97–118). Gilsum, NH: Barcelona.

McFerran, K., & O'Grady, L. (2006). Birthing feminist community music therapy: The progeny of community music therapy practice and feminist therapy theory. In S. Hadley (Ed.), *Feminist perspectives in music therapy* (pp. 63–80). Gilsum, NH: Barcelona.

McGuire, M.G. (Ed.). (2004). *Psychiatric music therapy in the community: The legacy of Florence Tyson.* Gilsum, NH: Barcelona.

McNiff, S. (1988). The shaman within. *The Arts in Psychotherapy, 15*(4), 285–291.

Maratos, A. (2004). Whatever next? Community music therapy for the institution in M. Pavlicevic & G. Ansdell (Eds.), *Community music therapy* (pp. 131–146). London: Jessica Kingsley.

Maratos, A. (2005). Response to discussion paper on community music therapy. *Voices: A World Forum for Music Therapy.* Retrieved December 14, 2012, from https://normt.uib.no/index.php/voices/article/view/208/152.

Marshman, A.T. (2003). The power of music: A Jungian aesthetic. *Music Therapy Perspectives, 21*(1), 21–26.

Mereni, A-E. (1996). "Kinesis und catharsis" The African traditional concept of sound/motion as music: Its applications in, and implications for, music therapy. *British Journal of Music Therapy, 10*(1), 17–23.

Mereni, A-E. (1997). "Kinesis und catharsis" The African traditional concept of sound/motion as music: Its applications in, and implications for, music therapy–part III. *British Journal of Music Therapy, 11*(1), 20–23.

Merker, B. (2000). A new theory of music origins: The language auxiliary hypothesis. *Nordic Journal of Music Therapy, 9*(2), 28–31.

Michel, D.E. (1976). *Music therapy: An introduction to therapy and special education through music.* Springfield, IL: Charles C. Thomas.

Monson, I. (1996). *Saying something: Jazz improvisation and interaction.* Chicago, IL: University of Chicago Press.

Moreno, J. (1988a). The music therapist: Creative arts therapist and contemporary shaman. *The Arts in Psychotherapy, 15*(4), 271–280.

Moreno, J. (1988b). Multicultural music therapy: The world music connection. *Journal of Music Therapy, 25*(1), 17–27.

Moreno, J.J. (1995a). Candomblé: Afro–Brazilian ritual as therapy. In C.B. Kenny (Ed.) *Listening, playing creating: Essays on the power of sound* (pp. 217–232). Albany, NY: State University of New York Press.

Moreno, J.J. (1995b). Ethnomusic therapy: An interdisciplinary approach to music healing. *The Arts in Psychotherapy, 22*(4), 329–338.

Nettl, P. (2005). *The study of ethnomusicology: Thirty-one issues and concepts.* Champaign, IL: University of Illinois Press.

Nolan, P. (1994). The therapeutic response in improvisational music therapy: What goes on inside? *Music Therapy Perspectives, 12*(2), 84–91.

Nolan, P. (2005). Verbal processing within the music therapy relationship. *Music Therapy Perspectives, 23*(1), 18–28.

Nordoff, P., & Robbins, C. (1971). *Therapy in music for handicapped children.* London: Victor Gollancz.

Nordoff, P., & Robbins, C. (1977). *Creative music therapy: Individualized treatment for the handicapped child.* New York: John Day.

Nordoff, P., & Robbins, C. (2004). *Therapy in music for handicapped children.* Gilsum, NH: Barcelona.

Nordoff. P., & Robbins, C. (2007). *Creative music therapy: A Guide to fostering clinical musicianship* (2nd ed., revised and expanded). Gilsum, NH: Barcelona.

O'Brien, E. (2006). Opera therapy: Creating and performing a new work with cancer patients and professional singers. *Nordic Journal of Music Therapy, 15*(1), 82–96.

O'Grady, L., & McFerran, K. (2007). Community music therapy and its relation-ship to community music: Where does it end? *Nordic Journal of Music Therapy, 16*(1), 14–26.

Patel, A.D. (2008). *Music, language, and the brain.* New York: Oxford University Press.

Pavlicevic, M. (1990). Dynamic interplay in clinical improvisation. *Journal of British Music Therapy, 4*(2), 5–9.

Pavlicevic, M. (1995). Interpersonal process in clinical improvisation: Towards a subjectively objective systematic definition. In T. Wigram, B. Saperston, & R. West (Eds.), *The art and science of music therapy: A handbook* (pp. 167–178). Chur, Switzerland: Harwood Academic Publishers.

Pavlicevic, M. (1997). *Music therapy in context: Music, meaning and rela-tionship.* London: Jessica Kingsley.

Pavlicevic, M. (1999). Thoughts, words, and deeds. Harmonies and counter-points in music therapy theory. *British Journal of Music Therapy, 13*(2), 59–62.

Pavlicevic, M. (2000). Improvisation in music therapy: Human communication in sound. *Journal of Music Therapy, 37*(4), 269–285.

Pavlicevic, M. (2001). Music therapy in South Africa: Compromise or synthesis?

Voices: A World Forum for Music Therapy, 1(1). Accessed December 19, 2012, from https://normt.uib.no/index.php/voices/article/view/43/27.

Pavlicevic, M. (2004). Learning from *Thembalethu*: Towards responsive and responsible practice in community music therapy. In M. Pavlicevic & G. Ansdell (Eds.), *Community music therapy* (pp. 35–47). London: Jessica Kingsley.

Pavlicevic, M. (2006). Worksongs, playsongs: Communication, collaboration, culture, and community. *Australian Journal of Music Therapy, 17*, 85–99.

Pavlicevic, M., & Ansdell, G. (Eds.). (2004a). *Community music therapy.* London: Jessica Kingsley.

Pavlicevic, M., & Andsell, G. (2004b). Introduction: "The ripple effect." In M. Pavlicevic & G. Ansdell, (Eds.), *Community music therapy* (pp. 15–31). London: Jessica Kingsley.

Pavlicevic, M., & Ansdell, G. (2009). Between communicative musicality and collaborative musicing: A perspective from community music therapy. In S. Malloch & C. Trevarthen (Eds.), *Communicative musicality: Exploring the basis of human companionship* (pp. 357–376). New York: Oxford University Press.

Pelliteri, J. (2009). *Emotional processes in music therapy.* Gilsum, NH: Barcelona.

Priestley, M. (1975). *Music therapy in action.* London: Constable.

Priestley, M. (1987). Music and the shadow. *Music Therapy, 6*(2), 20–27.

Priestley, M. (1994). *Essays on analytical music therapy.* Gilsum, NH: Barcelona.

Priestley, M. (2012). *Music therapy in action* (2nd ed.). Gilsum, NH: Barcelona.

Rolvsjord, R. (2010). *Resource-oriented music therapy in mental health care.* Gilsum, NH: Barcelona.

Ruud, E. (1995). Improvisation as a liminal experience: Jazz and music therapy as modern "rites de passage." In C.B. Kenny (Ed.), *Listening, playing, creating: Essays on the power of sound* (pp. 91-117). Albany, NY: State University of New York Press.

Ruud, E. (1997). Music and identity. *Nordic Journal of Music Therapy, 6*(1), 3-13.

Ruud, E. (1998). *Music therapy: Improvisation, communication, and culture.* Gilsum, NH: Barcelona.

Ruud, E. (2004). Defining community music therapy. *Voices: A World Forum for Music Therapy.* Retrieved December 14, 2012 from http://voices.no/?q= content/re-debating-winds-change-community-music-therapy-1.

Ruud, E. (2010). *Music therapy: A perspective form the humanities.* Gilsum, NH: Barcelona.

Schmais, C. (1988). Tread with care! *The Arts in Psychotherapy, 15*(4), 301.

Scheiby, B.B. (2002). Improvisation as musical healing tool and life approach: Theoretical and clinical applications of analytical music therapy (AMT) in short- and long-term rehabilitation facility. In J.T. Eschen (Ed.), *Analytical music therapy* (pp. 115-153). London: Jessica Kingsley.

Scheiby, B.B. (2010). Analytical music therapy and integrative medicine: The impact of medical trauma on the psyche. In K. Stewart (Ed.), *Music therapy and trauma: Bridging theory and clinical practice* (pp. 74-87). New York: Satchnote Press.

Schneider, E.H., Unkefer, R.F., & Gaston, E.T. (1968). Introduction. In E.T. Gaston (Ed.), *Music in therapy* (pp. 1-4). New York: Macmillan.

Sears, W.W. (1968). Processes in music therapy. In E.T. Gaston (Ed.), *Music in therapy* (pp. 30-44). New York: Macmillan.

Sears, W.W. (2007a). Processes in music therapy. In M.S. Sears (Ed.), *Music:*

The therapeutic edge: Readings from William W. Sears (pp. 1-15). Gilsum, NH: Barcelona.

Sears, W.W. (2007b). A re-vision and expansion of processes in music therapy. In M.S. Sears (Ed.), *Music: The therapeutic edge: Readings form William W. Sears* (pp. 16-41). Gilsum, NH: Barcelona.

Shapiro, N. (2005). Sounds in the world: Multicultural influences in music therapy in clinical practice and training. *Music Therapy Perspectives, 23*(1), 29-35.

Simpson, F. (2000). Speaking with clients: Perspectives from creative music therapy. *British Journal of Music Therapy, 14*(2), 83-92.

Small, C. (1988). *Musicking: The meanings of performing and listening.* Hanover, NH: University Press of New England.

Smeijsters, H. (1993). Music therapy and psychotherapy. *The Arts in Psychotherapy, 20*(3), 223-229.

Smeijsters, H. (2003). Forms of feeling and forms of perception: The fundamentals of analogy in music therapy. *Nordic Journal of Music Therapy, 12*(1), 71-85.

Smeijsters, H. (2005). *Sounding the self: Analogy in improvisational music therapy.* Gilsum, NH: Barcelona.

Smeijsters, H. (2008). In defense of the person: Limitations of aesthetic theory of music therapy. *Nordic Journal of Music Therapy, 17*(1), 19-24.

Sobey, K. (1992). Relatedness in music therapy and psychotherapy. *Journal of British Music Therapy, 6*(1), 19-21.

Stige, B. (2002a). *Culture-centered music therapy.* Gilsum, NH: Barcelona.

Stige, B. (2002b). History and heritage: On tradition and innovation in creative music therapy. In B. Stige (Ed.), *Comtemporary voices in music therapy: Communication, culture, and community.* Oslo: Unipub Forlag.

Stige, B. (2002c). The relentless roots of community music therapy. *Voices: A*

World Forum for Music Therapy, 2(3). Retrieved December 14, 2012 from https://normt.uib.no/index.php/voices/article/view/98/75.

Stige, B. (2002d). The "jambo" means "hello" in African syndrome. *Voices: A World Forum for Music Therapy*. Retrieved December 14, 2012, from https://testvoices.uib.no/?q=fortnightly-columns/2002-jambo-means-hello-africa-syndrome.

Stige, B. (2003). *Elaborations toward a notion of community music therapy*. (Doctoral Dissertation, Faculty of Arts, University of Oslo).

Stige, B. (2004). On defining community music therapy. *Voices: A World Forum for Music Therapy*. Retrieved December 14, 2012, from http://voices.no/?q =content/re-debating-winds-change-community-music-therapy-2.

Stige, B. (2008a). The aesthetic or multiple aesthetics? *Nordic Journal of Music Therapy, 17*(1), 25-29.

Stige, B. (2008b). Dancing the drama and singing for life: On ethnomusicology and music therapy. *Nordic Journal of music Therapy, 17*(2), 155-161.

Streeter, E. (1999). Finding a balance between psychological thinking and music awareness in music therapy theory: A psychoanalytic perspective. *British Journal of Music Therapy, 13*(1), 5-20.

Streeter, E. (2006). Response to "Music psychotherapy and community music therapy: Questions and considerations." *Voices: A World Forum for Music Therapy*. Retrieved December 14, 2012, from https://normt.uib.no/index. php/voices/article/view/208/152.

Summer, L. (1995). Unsound medicine. In C.B. Kenny, (Ed.), *Listening, playing, creating: Essays on the power of sound* (pp. 59-64). Albany, NY: State University of New York Press.

Summer, L. (1996). *Music: The new age elixir*. Amherst, NY: Prometheus.

Summer, L. (2002). Group music and imagery therapy: Emergent receptive techniques in music therapy practice. In K.E. Bruscia & D.E. Grocke (Eds.), *Guided imagery and music: The Bonny Method and beyond* (pp. 297-306). Gilsum, NH: Barcelona.

Taylor, D.B. (1997). *Biomedical foundations of music as therapy.* St, Louis, MO: MMB Music.

Thaut, M.H. (2000). *A scientific model of music in therapy and medicine.* San Antonio, TX: IMR Press.

Thaut, M.H. (2008). *Rhythm, music, and the brain: Scientific foundations and clinical applications.* New York: Routledge.

Tønsberg, G.E.H., & Hauge, T.S. (2003). The musical nature of human interaction. *Voices: A World Forum for Music Therapy, 3*(1). https://normt.uib.no/ index.php/voices/article/view/111/87.

Toppozada, M.R. (1995). Muticultural training form music therapists: An examinations of current issues based on a national survey of professional music therapists. *Journal of Music Therapy, 32*(2), 65-90.

Trevarthen, C., & Malloch, S. (2000). The dance of wellbeing: Defining the musical therapeutic effect. *Nordic Journal of Music Therapy, 9*(2), 3-17.

Turner, V. (1969). *The ritual process. Structure and anti-structure.* Chicago, IL: Aldine.

Turry, A. (1998). Transference and countertransference in Nordoff-Robbins music therapy. In K.E. Bruscia (Ed.), *The dynamic of music psychotherapy* (pp. 161-212. Gilsum, NH: Barcelona.

Turry, A. (1999). Performance and product: Clinical implications for the music therapist. *Music Therapy World.* Retrieved December 1, 2009, from http://musictherapyworld.net/.

Turry, A. (2005). Music psychotherapy and community music therapy: Questions and considerations. *Voices: A World Forum for Music Therapy, 5*(1). Retrieved December 14, 2012, from https://normt.uib.no/index.php/voices/article/view/208/152.

Turry, A. (2010). Integrating musical and psychological thinking: The relationship between music and words in clinically improvised songs. *Qualitative Inquiries in Music Therapy, 5*, 116-172.

Turry, A. (2011). *Between music and psychology: A music therapist's method for improvising songs.* Colne, DE: Lambert Academic Publishing.

Tyson, F. (1981). *Psychiatric music therapy.* New York: Creative Arts Rehabilitation Center.

Tyson, F. (1982). Individual singing instruction: An evolutionary framework for psychiatric music therapists. *Music Therapy Perspectives, 1*(1), 5-15.

Tyson, F. (2004). Music and the primary relationship. In M.G. McGuire (Ed.), *Psychiatric music therapy in the community: The legacy of Florence Tyson* (pp. 7-11). Gilsum, NH: Barcelona.

Verney, R., & Andsell, G. (2010). *Conversations on Nordoff-Robbins music therapy.* Gilsum, NH: Barcelona.

Viega, M. (2012). *"Loving me and my butterfly wings:" An arts-based study of songs written by inner city adolescents.* (Doctoral Dissertation, Temple University).

Wexler, M.M.D. (1989). The use of song in grief therapy with Cibecue White Mountain Apaches. *Music Therapy Perspectives, 7*, 63-66.

Wheeler, B. (1983). A psychotherapeutic classification of music therapy practices: A continuum of procedures. *Music Therapy Perspectives, 1*(2), 8-12.

Winn, T., Crowe, B., & Moreno, J.J. (1989). Shamanism and music therapy: Ancient healing techniques in modern practice. *Music Therapy Perspectives, 7*, 67-71.

Wood, S. (2006). "The matrix": A model of community music therapy processes. *Voices: A World Forum for Music Therapy, 6*(3). Retrieved September 28,

2012, from https://normt,uib.no/index.php/voices/article/view/279/204.

Wood, S., Verney, R., & Atkinson, J. (2004). From therapy to community: Making music in neurological rehabilitation. In M. Pavlicevic & G. Ansdell (Eds.), *Community music therapy* (pp. 48-62). London: Jessica Kingsley.

World Federation of Music Therapy (2011). What is music therapy? Retrieved May 14, 2013, from www.musictherapyworld.net/WFMT/About_WFMT.html.

York, E. (2006). Finding voice: Feminist music therapy and research with women survivors of domestic violence. In S. Hadley (Ed.), *Feminist perspectives in music therapy* (pp. 245-265). Gilsum, NH: Barcelona.

Zharinova-Sanderson, O. (2004). Promoting integration and socio-cultural change: Community music therapy with traumatised refugees in Berlin. In M. Pavlicevic & G. Ansdell (Eds.), *Community music therapy* (pp. 233-248). London: Jessica Kingsley.

Zuckerkandl, V. (1956). *Sound and symbol Volume I: Music and the external world*. Trans. by W.R. Trask. Princeton, NJ: Princeton University Press.

찾아보기

〈인명〉

〈내용〉

▶ 저자 소개

Kenneth S. Aigen

뉴욕대학교의 음악치료학과 교수다. 그는 Nordoff-Robbins 음악치료
(NRMT) 재단의 장이며, NRMT를 위한 국제 위탁사업체의 장이다. 그는
미국음악치료협회(American Association for Music Therapy: AAMT)의
협회장이었으며, 또 다른 미국음악치료협회(American Music Therapy
Association: AMTA)에서 연구와 출판에 대한 수상을 하였다.

▶역자 소개

김경숙(Kim Kyungsuk)
숙명여자대학교 음악치료대학원 졸업(석사)
미국 미네소타대학교 음악치료학전공 졸업(Ph.D.)
현 한세대학교 대학원 음악치료전공 교수
　한국음악치료학회 이사

황은영(Hwang Eunyoung)
숙명여자대학교 음악치료대학원 졸업(석사)
숙명여자대학교 음악대학 졸업(Ph.D.)
현 숙명여자대학교 음악치료대학원 조교수
　한국음악치료학회 이사

박소영(Park Soyoung)
숙명여자대학교 음악치료대학원 졸업(석사)
숙명여자대학교 음악대학 음악치료학전공(박사수료)
현 가톨릭대학교 신경재활 음악치료학 강사
　한국음악치료학회 교육부장

음악치료 탐구: 논점과 이해

The Study of Music Therapy: Current Issues and Concepts

2016년 10월 25일 1판 1쇄 발행
2017년 9월 25일 1판 2쇄 발행

지은이 • Kenneth S. Aigen
옮긴이 • 김경숙 · 황은영 · 박소영
펴낸이 • 김 진 환
펴낸곳 • (주) **학지사**

　　　　　04031 서울특별시 마포구 양화로 15길 20 마인드월드빌딩 5층
대표전화 • 02) 330-5114　　팩스 • 02) 324-2345
등록번호 • 제313-2006-000265호

홈페이지 • http://www.hakjisa.co.kr
페이스북 • https://www.facebook.com/hakjisabook

ISBN 978-89-997-1099-5 93180

정가 20,000원

이 도서의 국립중앙도서관 출판시도서목록(CIP)은 서지정보유통지원시스템
홈페이지(http://seoji.nl.go.kr)와 국가자료공동목록시스템(http://www.nl.go.kr/kolisnet)
에서 이용하실 수 있습니다.
(CIP제어번호: CIP2016024189)

교육문화출판미디어그룹 **학지사**

학술논문서비스 **뉴논문** www.newnonmun.com
심리검사연구소 **인싸이트** www.inpsyt.co.kr
원격교육연수원 **카운피아** www.counpia.com